EDITION PAGE

D1750630

Springer
*Berlin
Heidelberg
New York
Barcelona
Hongkong
London
Mailand
Paris
Singapur
Tokio*

Ulrike Häßler

Photoshop 5

Der sichere Weg zur
erfolgreichen Bildbearbeitung

Springer

Ulrike Häßler
Media Engineering
Augustinusstraße 11 e

50226 Frechen-Königsdorf

Die Deutsche Bibliothek – CIP-Einheitsaufnahme

Häßler, Ulrike: Photoshop 5: Der sichere Weg zur erfolgreichen Bildbearbeitung / Ulrike Häßler. – Berlin; Heidelberg; New York; Barcelona; Honkong; London; Mailand; Paris; Singapur; Tokio; Springer: 1999 (Edition PAGE).
ISBN 3-540-64868-2

ISBN 3-540-64868-2 Springer-Verlag Berlin Heidelberg New York

Dieses Werk ist urheberrechtlich geschützt. Die dadurch begründeten Rechte, insbesondere die der Übersetzung, des Nachdrucks, des Vortrags, der Entnahme von Abbildungen und Tabellen, der Funksendung, der Mikroverfilmung oder der Vervielfältigung auf anderen Wegen und der Speicherung in Datenverarbeitungsanlagen, bleiben, auch bei nur auszugsweiser Verwertung, vorbehalten. Eine Vervielfältigung dieses Werkes oder von Teilen dieses Werkes ist auch im Einzelfall nur in den Grenzen der gesetzlichen Bestimmungen des Urheberrechtsgesetzes der Bundesrepublik Deutschland vom 9. September 1965 in der jeweils geltenden Fassung zulässig. Sie ist grundsätzlich vergütungspflichtig. Zuwiderhandlungen unterliegen den Strafbestimmungen des Urheberrechtsgesetzes.

© Springer-Verlag Berlin Heidelberg 1999
Printed in Germany

Die Wiedergabe von Gebrauchsnamen, Handelsnamen, Warenbezeichnungen usw. in diesem Werk berechtigt auch ohne besondere Kennzeichnung nicht zu der Annahme, daß solche Namen im Sinne der Warenzeichen- und Markenschutz-Gesetzgebung als frei zu betrachten wären und daher von jedermann benutzt werden dürften. Text und Abbildungen wurden mit größter Sorgfalt erarbeitet. Verlag und Autor können jedoch für eventuell verbliebene fehlerhafte Angaben und deren Folgen weder eine juristische Verantwortung noch irgendeine Haftung übernehmen.

Umschlaggestaltung: Künkel + Lopka Werbeagentur, Heidelberg
Texterfassung und Layout durch die Autorin
Druck: Schneider Druck, Rothenburg o. d. Tauber
Bindearbeiten: Schäffer, Grünstadt
SPIN 10689505   33/3142 – 5 4 3 2 1 0 – Gedruckt auf säurefreiem Papier

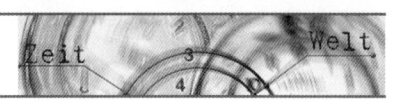

Inhaltsverzeichnis

Einleitung 9

Kapitel 1   Zum Warmwerden 13

    1.1   Ein Computer, ein Computer 13
    1.2   Installation und Verzeichnisse 17
    1.3   Pixel à la Carte: das Photoshop-Menü 19
    1.4   Die unerschöpfliche Werkzeugleiste 23
    1.5   Alles paletti? 29
    1.6   Rundflug über die Oberfläche 33
    1.7   Ein gutes Gedächtnis 37
    1.8   PHOT-O-MATIK 41

Kapitel 2   Kamera und Scanner 49

    2.1   Die digitale Kamera 49
    2.2   Scanner aufstellen und einrichten 57
    2.3   Aktion »Der saubere Scan« 61
    2.4   Bilderfassung per Twainprogramm 63
    2.5   Schwarzweißvorlagen scannen 67
    2.6   Weitere Vorlagentypen 71

Kapitel 3   Die klassische Bildkorrektur 77

    3.1   Corrigez la Fortune 77
    3.2   Tonwertkorrekturen 83
    3.3   Farbkorrekturen 93
    3.4   Fit für den Druck 97

Kapitel 4	Montage und Retusche	103
4.1	Die Qual der Auswahl	103
4.2	Kanalarbeiten	113
4.3	Auf höchster Ebene	119
4.4	Auf dem Pfad der Tugend: das Zeichenwerkzeug	133
4.5	Hilfsfunktionen für Montagen	141
4.6	Ins Nirwana geschickt	145
4.7	Agfarelle	157
4.8	Schrift im Bilde, Bild in der Schrift	169

Kapitel 5	Farbmanagement	173
5.1	Warum, wozu, für wen?	173
5.2	Einrichtung des Monitors und RGB-Farbraums	179
5.3	CMYK und Graustufen einrichten	185
5.4	Profile einrichten	187
5.5	CD-Produktion und Internet	189

Kapitel 6	Wie gedruckt	191
6.1	Die 256 Stufen zum richtigen Ton	191
6.2	Völlig aufgelöst	199
6.3	Alles eine Frage des Formats	203
6.4	Bilder im Layout	207
6.5	Bild und Illustration	209
6.6	Separiert und aufgerastert	211
6.7	Jedermanns Liebling: der Tintenstrahldrucker	217
6.8	Verdruckt, abgesoffen und voll daneben	221

Kapitel 7	Nichts geht ohne Web	225
7.1	Komprimiert, reduziert und indiziert	225
7.2	Der Umgang mit Farbpaletten	233
7.3	Auf ins Web	237

Kapitel 8 Phot-o-Rama 243

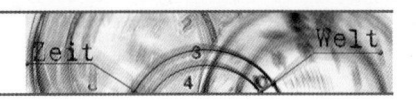

    Zeit 244
    Farben 244
    Kerstins Seeschlange 245
    Franks Platte 245
    Blaue Hortensie 246
    Farbrauschen 246
    Fragen 247
    Verweht 247
    Überblenden 248
    Bewegte Knöpfe 248
    Dithermuster 249
    Gefüllt mit Bildern 249

Glossar der Bildbearbeitung 251

Anhang A Bildautoren und Fototechnik 261

Anhang B Literatur 262
                Quellen im Web 263

Anhang C Referenzen 264

Index 265

Zeit und Welt genug

Einleitung

Das Spektrum der elektronischen Bildbearbeitung reicht vom spielerischen Umgang mit den eigenen Fotos über die professionelle Bildbearbeitung für die Werbung und die Printmedien bis hin zur Kunst aus dem Computer. Welche Ziele hier auch immer verfolgt werden: Wenn die Sprache auf die Bildbearbeitung kommt, fällt immer der Name eines Programms: Adobe Photoshop.

Seit vielen Jahren ist er unangefochten die Nummer Eins in der Bildbearbeitung. Der Photoshop aus dem Hause Adobe stellt hervorragende Werkzeuge für die Qualitätsverbesserung zur Verfügung, bietet solide Retusche- und Montagefunktionen und lädt mit einer solchen Vielzahl von Möglichkeiten zum Experimentieren und Spielen ein, daß so manch eine Nacht dabei zum Tag wird. Allerdings ist die digitale Bildbearbeitung ein so breit angelegtes und komplexes Metier, daß mitunter auch viele Tage und Nächte vergehen, bis der Benutzer tatsächlich frei experimentieren oder ganz schnell ein Bild gezielt korrigieren kann – bei einem Programm wie dem Photoshop ist das auch kein Wunder.

Der erste Schritt in die digitale Bildbearbeitung bringt nicht nur das x-te Programm mit sich, dessen Oberfläche der eifrige Benutzer erlernen muß – vielmehr braucht jeder, der mehr will, als ein paar Filter über das Bild zu jagen, eine profunde Idee von den Arbeitsabläufen, die von der Erfassung des Bildes bis zu seinem Druck und seiner Archivierung anfallen.

Wer im Duden nachschlagen will, wie ein bestimmtes Wort geschrieben wird, muß bereits eine konkrete Vorstellung über die Schreibweise des Wortes haben, sonst findet er das Wort in der alphabetischen Auflistung nicht. Dem Einsteiger in die Bildbearbeitung ergeht es nicht anders – ein erster Einblick und Verständnis für die Materie muß aufgebaut werden, bis man sich mit der Onlinehilfe, mit Handbüchern und zusätzlicher Literatur durch das Programm lavieren kann und so Funktion für Funktion in den Griff bekommt.

Darum wird hier weder die komplette Oberfläche des Programms, noch jede Funktion im einzelnen beschrieben, sondern dem Einsteiger die Möglichkeit gegeben, sich anhand klassischer Aufgabenstellungen in die Bildbearbeitung mit dem Photoshop einzuarbeiten. Wer seinen Photoshop schon gut im Griff hat, findet hier viele Tips und Tricks für den täglichen Umgang.

Und da der Photoshop bei vielen Benutzern nur ein Teil der Verarbeitungskette für Printprodukte, Multimedia-CDs und Internetseiten ist, nehmen Themen wie Farbmanagement, der Einsatz von Bildern im Layout und der Im- und Export von Vektorgrafiken, Drucken und Webgrafik einen breiten Rahmen ein.

Warmwerden

Brauchen Sie ein paar Entscheidungshilfen bei der Anschaffung des Computers? Wenn der Rechner dann endlich aufgestellt ist, können Sie den Photoshop installieren und loslegen – machen Sie sich mit der Oberfläche des Photoshops vertraut und klicken Sie sich durch Paletten und Werkzeuge. In Kapitel 1 geht es darum, Menüs und Dialogfelder, Paletten und Werkzeugleisten in den Griff zu bekommen.

Digitale Kamera und Scanner

Digitale Kamera und Scanner bannen das Bild auf die Festplatte des Computers. Was Sie schon immer über die Handhabung digitaler Kameras wissen wollten, erfahren Sie anhand praktischer Beispiele aus der professionellen Kodak DCS 520 und der modernen Agfa ePhoto.

Oder wollen Sie fotografische Abzüge, Dias, Negative oder Grafiken scannen und die Bilder anschließend für den Offsetdruck aufbereiten oder am eigenen Drucker ausgeben? Was es mit den Twainprogrammen und Kamerabrowsern auf sich hat und wie sie als Photoshop-Plug-ins funktionieren, das erfahren Sie in Kapitel 2.

Qualität heben

Qualität ist Ihr höchstes Ziel, und Sie wollen Fehler wie eine falsche Belichtung und Farbstiche in der Vorlage beheben oder dem Bild einfach nur den letzten Schliff geben? Dann finden Sie in Kapitel 3 nicht nur eine Schritt-für-Schritt-Anleitung für die Tonwert- und Farbkorrektur, für das Schärfen und die Archivierung der besten Aufnahmen, sondern darüber hinaus noch viele nützliche Tips und Tricks für ein reibungsloses Arbeiten.

Retusche und Montage

Wollen Sie Kratzer und Flecken auf der Vorlage beheben, ein ausgebranntes Spitzlicht im Bild reparieren, stürzende Wände gerade rücken oder eine Mülltonne aus dem Weg räumen, dann zeigt Ihnen Kapitel 4 die grundlegenden Methoden für die digitale Retusche und Montage im Photoshop. Und weil kaum jemand mit einem Bildbearbeitungsprogramm wie dem Photoshop der Versuchung widerstehen kann, Bilder zu Collagen und Fotomontagen neu zusammenzusetzen, mit Texteffekten zu spielen oder ein Bild mit einem aufsehenerregenden Filter zu verfälschen, finden Sie hier Hinweise und Beispiele für den Umgang mit Filtern und Effekten.

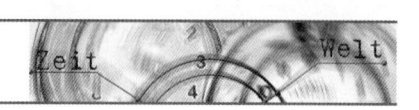

Alle meine Farben

Bringen Sie Ihrem Monitor bei, was Farbe ist – Farbmanagement ist eine der großen Neuheiten in der Version 5.0 des Photoshops. Es bietet Ihnen durchgängige Farben von der Kamera und vom Scanner über den Monitor bis zu Druck oder zur Präsentation im World Wide Web. Damit die Farbe hält, was der Monitor verspricht, beschäftigt sich Kapitel 5 mit dem ICC-Farbmanagement und seinen Folgen.

Pixelansammlungen

Die Basis des digitalen Bildes ist das Pixel, das Picture Element. Wer die Qualität seiner digital erfaßten Bilder steigern will, der muß um die Natur des Pixels und um seine Erscheinungsformen auf Monitoren und Druckern, in Illustrations- und Satzprogrammen Bescheid wissen. Wie Bilder in andere Anwendungen gelangen, was Setzer und Grafiker dort mit ihnen anstellen und was dem Bild beim Druck zustößt, beschreibt Kapitel 6.

Internet und Multimedia

Bilder für das Internet in die richtige Form bringen und komprimieren oder für eine Multimedia-CD aufbereiten – das gehört heute neben der Druckaufbereitung zum größten Anwendungsgebiet digitaler Bilder. In Kapitel 7 dreht sich alles darum, wie Bilder komprimiert und für das World Wide Web oder für die CD optimiert werden und was es mit den Farbtabellen auf sich hat.

Fit mit der Maus?

Ich gehe davon aus, daß Sie Ihre ersten Schritte auf einem Computer bereits hinter sich gebracht haben, sich mit Ihrem Betriebssystem schon ein wenig auskennen und meisterhaft mit der Maus die richtigen Knöpfe, Programmsymbole und Menüpunkte treffen.

Arbeiten Sie mit dem Mac oder dem PC? In diesem Buch spielt das keine Rolle. Wenn es Unterschiede zu beachten gilt, weist eine Anmerkung auf die Besonderheiten hin.

Und jetzt wünsche ich Ihnen ein ungetrübtes Vergnügen und gutes Gelingen, wenn Sie Ihre Fotos zu digitalen Höchstleistungen treiben.

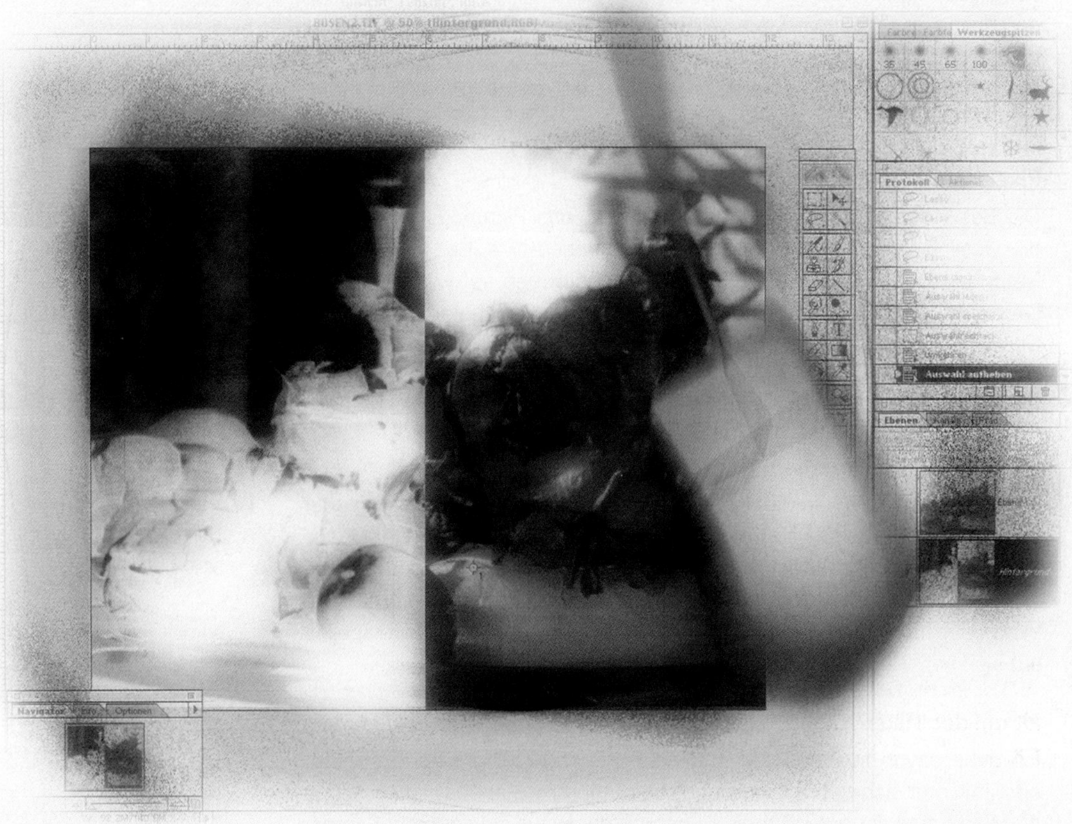
Werkzeugspitzen
Protokoll
Auswahl aufheben
Ebenen
Navigator
Optionen

KAPITEL 1 ZUM WARMWERDEN

Photoshop auspacken, installieren und loslegen? Wer sein digitales Equipment schon beisammen hat und jetzt ein Update seines Photoshops ausgepackt hat, für den mag das gelten. Wer sich allerdings gerade für die Einrichtung der »digitalen Dunkelkammer« entschieden hat, dem stehen noch einige Vorbereitungen ins Haus.

1.1 Ein Computer, ein Computer ...

Die Bildbearbeitung stellt höchste Ansprüche an die Ausstattung des Computers – der Spruch »ein Bild sagt mehr als 1000 Worte« erfährt in der Bildbearbeitung ein ganz neues Gewicht. Und so verlockend der Umstieg von der Dunkelkammer auf das angenehmere Wirken mit Zeichentablett oder Maus auch sein mag, als erstes muß eine finanzierbare Ausstattung angeschafft werden.

Der Rechner
Der Prozessor, auch CPU (Central Processing Unit) genannt, ist verantwortlich für die Berechnung von Filtern und Effekten, er berechnet eine Größenveränderung eines Bildes und verschiebt die Pixel des Bildes beim Rotieren. Ein Pentium oder Power PC beziehungsweise ein G3 sollte es schon sein. Je schneller, desto besser – aber üblicherweise sind die drei schnellsten unter den Prozessoren für die meisten Normalverdiener unerschwinglich. In so einem Fall legt man sich am besten etwas im mittleren Preissektor zu und verzichtet auf das Schnellste vom Schnellen. Außerdem: Mehr RAM bringt gerade in der Bildbearbeitung mehr Power als mehr CPU.

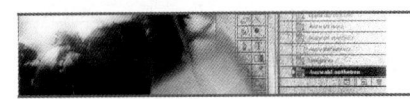

RAM

Der RAM (Random Access Memory) ist ein besonders schneller Speicher, der die berechneten Daten aufnimmt, bevor sie auf der langsameren Platte gespeichert werden. 64 MB sind für die Bildbearbeitung das nackte Minimum. Da die Preise für RAM endlich gefallen sind: Kaufen Sie soviel RAM, wie Sie sich nur leisten können. Ein großer RAM-Speicher bringt Ihnen nicht nur eine schnellere Verarbeitung, sondern mit mehr RAM laufen die Anwendungen auf allen Systemen stabiler, und Sie können auch lockerer mit mehr als einer Anwendung gleichzeitig arbeiten.

Monitor

Unterhalb von 17" macht der Monitor Sie nur unglücklich. Ein 19"-Monitor ist allerdings besser und heutzutage auch nicht mehr so viel teurer. Andererseits: Sie kaufen heute einen 17"-Monitor, und wenn Ihr Schreibtisch groß genug ist, erwerben Sie nächstes Jahr, wenn er einen Tausender billiger geworden ist, einen zweiten, größeren Monitor dazu. Das ist eine noble Langzeitlösung. Der feinste Monitor versagt allerdings kläglich, wenn er mit einer mageren Grafikkarte betrieben wird. 6 oder 8 MB Grafikspeicher – VRAM – braucht die Grafik, um TrueColor in einer hohen Auflösung auf den Schirm zu bringen.

Festplatte

Wenn Sie sich heute eine Festplatte mit 2 GB zulegen und morgen einen Scanner, dann brauchen Sie übermorgen eine größere Platte. Ein Foto von 13 x 18 cm, mit 300 dpi für die Bearbeitung und anschließenden Druck gescannt, bringt 9,34 MB auf die Platte. Ein Kleinbilddia, das mit 2700 dpi auf einem Filmscanner gescannt wurde, belastet die Platte mit 28 MB. Stellen Sie sich vor, wieviel Platz Sie für einen einzigen Kleinbildfilm brauchen ...

Modem oder ISDN?

Ein schnelles Modem, besser einen ISDN-Anschluß und eine ISDN-Karte brauchen Sie, sobald Sie mit Ihren Kunden oder mit der Druckerei Daten austauschen wollen; die Bilderwelten des Internets bescheren Ihnen Anregungen, und die Hardware- und die Softwarehersteller bieten neue Treiber für Kameras und Scanner, kostenlose Demoprogramme und seitenweise Tips und Tricks zur Bildbearbeitung.

Wechselspeicher

Ein ZIP-Laufwerk oder ein anderes Laufwerk mit einem Wechselspeicher wird spätestens dann fällig, wenn Sie nicht mehr nur im eigenen Kämmerchen Ihre Bilder bearbeiten wollen. ZIPs speichern rund 100 MB und eignen sich schon ganz gut, um Daten in die Druckerei oder zum Copy-Shop mit dem DIN-A0-Drucker zu befördern.

Der Wunsch nach einem CD-Brenner zur Archivierung der besten Bilder wird schneller wach, als Sie denken. CDs sind preiswert und können unter allen Betriebssystemen Bilddaten sicher und übersichtlich archivieren.

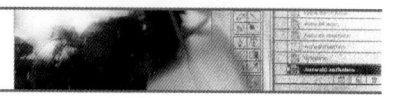

Drucker

Ein Tintenstrahldrucker der neusten Generation bringt Ihre Arbeit auf den Punkt. Mit den richtigen Einstellungen liefert er die Farben des Bildschirms, ohne dabei deutliche Rasterpunkte zu zeigen. DIN-A4- und selbst DIN-A3-Drucker mit 6 Farben sind heute erschwinglich und liefern Ihnen schon fast die Qualität eines Abzuges. Wenn Sie herausfinden, mit welchem Papier Ihr Drucker zur Höchstform aufläuft, werden Drucke zu einem optischen Vergnügen und Ihr Geldbeutel um einiges leichter.

Digitale Kameras

Digitale Kameras sind zwar immer noch eine heftige Investition, aber ihr Vormarsch ist unaufhaltsam. Wer seine Bilder schnell braucht oder wer fürs Layout fotografiert, muß ganz einfach rechnen: Was kosten Film und Entwicklung, die Zeit für das Einscannen der Fotos? Denn schließlich und endlich bleibt keinem Bild, das gedruckt werden will, der Weg der Digitalisierung erspart. Durch den CCD-Sensor müssen sie alle ... früher oder später.

Scanner

Bei den derzeitigen Preise erhebt sich in erster Linie die Frage: Kann man es sich überhaupt leisten, keinen zu haben?

Sobald Sie wissen, ob Sie besser mit einem Flachbettscanner oder Diascanner fahren, sind die vielfältigen Vergleichstests in den Computer- und Fotozeitschriften die beste Grundlage für eine Kaufentscheidung. Und: Die billigste Methode, an den Adobe Photoshop zu kommen, ist der Kauf eines Scanners oder Druckers, der mit dem Photoshop »gebundelt« ist. Leider gibt Adobe die Vollversion des Photoshops nicht mehr für Bundlelösungen frei. Allerdings kann man von der Light-Version des Photoshops sehr preisgünstig auf die Vollversion umrüsten.

So weit, so gut – als Nächstes brauchen Sie Software

Auf Ihrer Einkaufsliste sollte noch Platz für etwas Software rund um die Bildbearbeitung sein, wenn Sie Ihre Bilder mit Illustrationen mischen wollen oder aufsehenerregende Fotomontagen in Szene setzen wollen:

- Vielleicht ein Illustrationsprogramm wie Adobe Illustrator oder Freehand oder Corel Draw!. Allerdings dauert das Erlernen eines Zeichenprogramms mindestens genauso lang wie das Erlernen des Photoshops.
- Vielleicht ein 3D-Programm für besonders ausgefallene Effekte und Montagen? Mit MetaCreations Bryce schaffen Sie wilde Landschaften, ohne sich lang in die Konstruktion von Netzgittern zu vertiefen, und mit MetaCreations Poser setzen Sie künstliche Menschen, Hände und Köpfe in be-

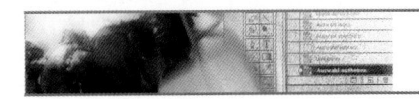

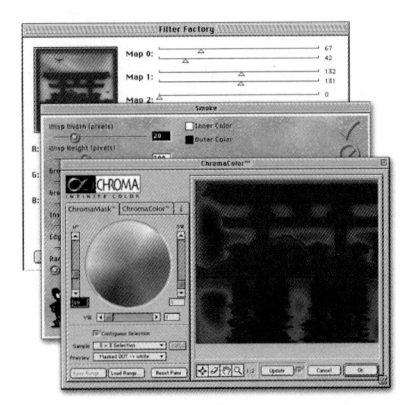

Plug-in-Filter liegen im Photoshop unter dem Menü FILTER – ebenso wie die Filter, die der Photoshop selber mitbringt.

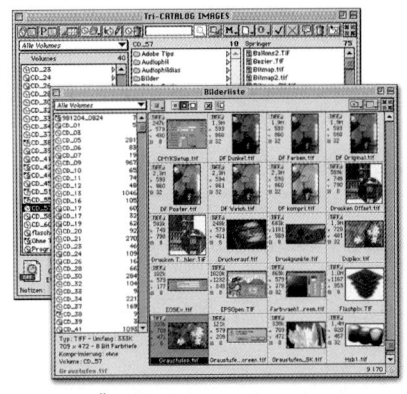

Den Überblick behalten über eine Flut von Speichermedien: TriCatalog

Hand in Hand: Die Oberfläche der Director-Anwendung wurde im Photoshop erstellt.

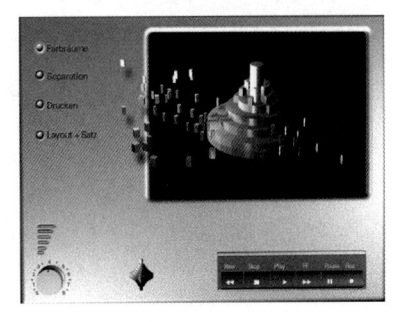

liebigen Posen ins Bild. Beide Programme erfordern wenig Einarbeitungszeit und setzen Kreativität schnell um.

– Vielleicht ein paar Plug-in-Filter für den Photoshop: Kai´s Power Tools von MetaCreations, Eye Candy von Alien Skin Software. Hier muß man nichts dazulernen, sondern taucht unter in freies Experimentieren.

– Oder lieber ein verspieltes Malprogramm wie Fractal Design Painter? Wer mit dem Photoshop schon umgehen kann, ist fit für den Painter.

– Wenn regelmäßig große Datenmengen durch den RAM-Speicher Ihres Bildbearbeitungscomputers gehen, wenn Sie viele Bilder für den Offsetdruck separieren oder immer wieder neue Bilder für das Internet aufbereiten, werden Sie für Programme wie den DeBabelizer dankbar sein. Zwar kann auch der Photoshop viele Arbeitsgänge automatisieren, aber so professionell wie der DeBabelizer von Equilibrium kann das kein Programm.

– Wer sich dem Thema Multimedia widmen möchte und das nötige Kleingeld hat, schafft sich den Macromedia Director an. Mit dem Director werden die Benutzeroberflächen von Multimedia-Anwendungen und edle Internetseiten entworfen und umgesetzt – hier werden Filme und Musik eingebunden, und der Benutzer navigiert sich durch »gestylte« Oberflächen. Aber auch hier gilt wieder: Die Zeit für die Einarbeitung in die Materie ist beliebig lang, denn das Mögliche ist ungeheuer.

– Bevor Sie sich auf die Produktion von Multimedia-CDs verlegen, möchten Sie vielleicht Ihre Bilder im World Wide Web ausstellen. HTML-Editoren nennen sich die Programme, in denen Webseiten aufgebaut und mit Fotos und Leben gefüllt werden. Macromedia Dreamweaver, GoLive Cyberstudio oder Net Object Fusion befreien Sie von der Notwendigkeit, sich dabei mit der Programmierung von Seiten aufzuhalten.

– Immer auf der Suche nach dem Datenträger mit dem Bild von der Frau im roten Kleid? Ein Archivprogramm wie TriCatalog nimmt alle Dateien und Verzeichnisse Ihrer CDs, Ihrer Festplatten und Disketten mitsamt einer daumennagelgroßen Abbildung aller Bilddateien auf und hilft bei der Suche nach dem richtigen Hintergrund für die Montage.

1.2 Installation und Verzeichnisse

Auf dem PC landet der Photoshop im Verzeichnis Programme, wenn der Benutzer nicht ausdrücklich ein anderes Verzeichnis angibt. In den Unterverzeichnissen gibt es eine Menge Sehenswertes zu entdecken.

Ein alternativer Screen findet sich auf dem PC, wenn man mit gedrückter Strg+Alt-Taste (auf dem Mac: Ctrl + Apfel-Taste) im Hilfemenü die Option ÜBER PHOTOSHOP aufruft.

Im Verzeichnis KALIBRIERUNG befinden sich die kleinen Programme, die Sie für die Einrichtung des Monitors brauchen: GAMMA und GAMMA LOADER. Und seit vielen Jahren liegt hier die Bilddatei »Testpict.jpg« (die auf dem Mac »Olé no Moiré« heißt) – die sich gut eignet, um festzustellen, ob der Drucker auch tatsächlich die Farben ausgibt, die auf dem Monitor erscheinen. Im Ordner GOODIES finden Sie noch mehr Nützliches: Hier gibt es zusätzliche Werkzeugspitzen und Aktionen.

Auf dem Mac erscheint der Photoshop im Ordner ADOBE PHOTOSHOP 5 und die einzelnen Unterordner sind genauso angeordnet wie auf dem PC.

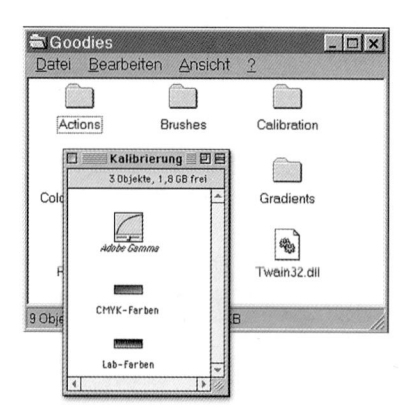

Und diese ganzen Plug-ins?

Plug-ins sind kleine Dateien, die einen Programmcode enthalten. Sie erweitern die Funktionen des Photoshops – oder auch anderer Programme, die mit dieser Technik arbeiten. Photoshop-Plug-ins decken die folgenden Bereiche ab:

- BILDERFASSUNG. Die Twainprogramme der Scanner und der digitalen Kameras sind Plug-ins für Bildbearbeitungsprogramme.
- EXPORT. Damit ein Programm wie der Photoshop auch immer brav mithalten kann, wenn ein neues Bildformat auf dem Markt erscheint, müssen auch hier Plug-ins her, mit denen Bilddateien in einem neuen Format gespeichert werden können. Als ein Beispiel finden Sie auf der Photoshop-CD im Ordner GOODIES/PLUG-INS/ALTRNATE einen alternativen GIF-Export-Filter: GIF 98b.
- IMPORT. Natürlich braucht der Photoshop bei neuen Bildformaten auch neue Funktionen, um Bilder, die in diesem Format gespeichert wurden, korrekt öffnen zu können.
- FILTER sind die populärsten Plug-ins. Sie sorgen für ein effektheischendes Aufmischen der Pixel.
- AUTOMATIKEN sind neu in der Version 5.0 des Photoshops. Sie sind Plug-ins für die Automatisierung komplexer Vorgänge wie das Erstellen eines Kontaktbogens. Vielleicht werden demnächst also neben den von Adobe mitgelieferten Automatiken neue Ideen von Drittanbietern auftauchen.

Bereits an den Dateinamen erkennt man die Aufgaben der Plug-in-Filter.

	Mac	Windows
Allgemein (jede Art von Plug-in)	8BPI	8BP
Bilderfassung	8BAM	8ba
Export	8BEM	8be
Filter	8BFM	8bf
Dateiformat	8BIF	8bi
Automatisieren		8li

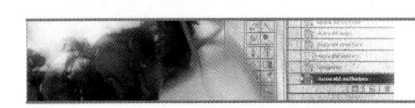

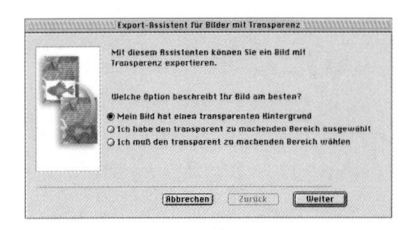

Ordentliche Sammlungen von Plug-in-Filtern installieren sich selbsttätig in die richtigen Verzeichnisse. Filter, die man sich aus dem Netz lädt, muß man häufig selber in das richtige Verzeichnis einsortieren.

Auf dem PC unter Windows 95/98 oder Windows NT hat das Verzeichnis PHOTOSHOP 5 ein Unterverzeichnis PLUG-INS. Das ist der Ort, an dem alle Plug-ins untergebracht werden. Anhand der Namen der Unterverzeichnisse kann man gut ablesen, wozu die einzelnen Ordner gut sind: Da gibt es Ordner wie EXPORT, AUTOMATISIEREN, FILTER.

Sie wollen ein Bild mit Transparenz ins World Wide Web stellen oder drucken?

Einfach zauberhaft

Neu in der Version 5 ist eine neue Sorte Plug-ins: Assistenten. Sie geleiten den Einsteiger in die Bildbearbeitung Schritt für Schritt durch verschiedene Arbeitsvorgänge. Für den Anfang hat Adobe erst einmal zwei Wizzards spendiert: Einen, um Bilder mit Transparenz zu exportieren, und einen, der beim Vergrößern und Verkleinern von Bildern hilft. Assistenten finden Sie unter dem Hilfemenü in der Menüleiste.

Eigene Filter? Filter Factory

Wenn Sie eigene Filter erstellen wollen, können Sie das mit der Filter Factory von Adobe. Filter werden auf der Basis der Rot-, Grün- und Blau-Kanäle eines Bildes und arithmetischer Operationen erstellt.

Magische drei Buchstaben: die Dateierweiterung

Für den PC ist es eine liebenswerte Gewohnheit, beim Mac arbeitsreicher Luxus – die Dateierweiterung. Machen Sie es sich zur Gewohnheit, Ihre Dateien immer mit der korrekten Dateierweiterung zu speichern. Die korrekten Bezeichnungen entnehmen Sie der Liste, die Ihnen der Photoshop bei jedem Speichern oder Öffnen einer Datei aufzeigt. Auf dem PC braucht der Photoshop die Erweiterung, am Mac braucht er sie nicht. Wenn Sie also wollen, daß ein PC-Benutzer Ihre Bilddateien problemlos öffnen kann, Sie sich aber nicht jedes Mal der Mühe der manuellen Eingabe unterwerfen wollen, aktiveren Sie im Dateimenü unter den VOREINSTELLUNGEN/ANHÄNGEN die Option IMMER, damit der Photoshop die Endung automatisch einsetzt.

Tip: Der PC kann Mac-formatierte Datenträger nicht so ohne weiteres öffnen. Damit er das schafft, braucht er ein Zusatzprogramm. Das kleine Programm MacOpener kann Mac-Medien aller Art – von der Diskette über das ZIP bis zur CD – öffnen, und zeigt dabei alle Dateinamen, so wie es sich gehört: nämlich in voller Länge. Was noch fehlt: Umgekehrt kann der Mac zwar DOS-formatierte Medien öffnen und lesen, aber leider geht es den Dateinamen dabei wieder an den Kragen.

Wer »gemischt« arbeitet, kann mit Programmen wie MacOpener am PC Mac-formatierte Medien benutzen – so kommt auch der Mac in den Genuß langer und trotzdem korrekter Dateinamen bei Daten vom PC.

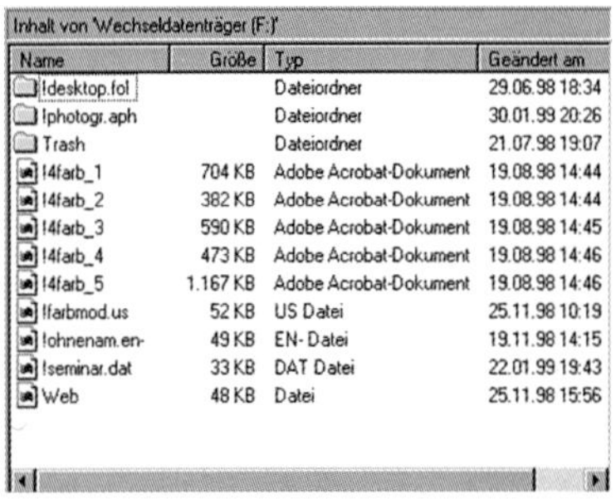

Und so sieht's aus, wenn der Mac Daten an den PC liefert: Alle Dateinamen, die länger sind als 8 Zeichen, werden gestutzt und kräftig aufgemischt.

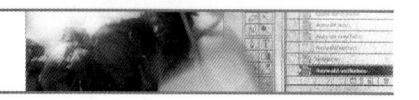

1.3 Pixel à la Carte: das Photoshop-Menü

Seine Oberfläche hat ihn so berühmt gemacht: ein Standard-Windows-Menü, unter dem unzählige Funktionen und Parametereinstellungen verborgen liegen – und dabei sind die Wege durch die Menüstrukturen kurz und einleuchtend gehalten. Es sind vor allem die Paletten und seine Werkzeugleiste, die einen schnellen Zugriff auf Funktionen und häufig gebrauchte Einstellungen möglich machen.

Menüleiste, Werkzeuge und Paletten sorgen für kurze Wege.

Die Elemente der Oberfläche, mit denen der Benutzer durch die vielfältigen Werkzeuge und Einstellungen navigiert und mit denen Werkzeuge für eine spezielle Bearbeitung eingerichtet werden, sind:
- die Menüleiste,
- die Werkzeugleiste,
- die Paletten – und – nicht zu vergessen –
- die Fenster, in denen die Bilder untergebracht werden.

Zahlreiche Funktionen lassen sich dabei verschieden erreichen: Viele der Funktionen für Ebenen etwa findet man sowohl im Ebenenmenü als auch in der Ebenenpalette. Für eine ganze Reihe von Funktionen gibt es Shortkeys – das sind Tastaturbefehle oder Kombinationen aus Tastatur und Mausklick.

Datei

Was seit vielen Jahren unter Windows »Datei« hieß, wurde auf dem Mac immer »Ablage« genannt. Der Photoshop 5 bereitete dem ein Ende und vereinheitlichte das Photoshop-Menü auf PC und Mac.

Hier in der Menüleiste liegen alle Funktionen, die mit der Verwaltung von Bildern und mit der Verwaltung des Programms selber zu tun haben: das Öffnen und Speichern von Bilddateien, der Import von Fotos aus Bilderfassungsgeräten wie Scanner und digitale Kamera, die Einrichtung des Druckers und der Druckbefehl sowie die individuelle Einrichtung des Programms.

Wer die Oberfläche gerne mit der Tastatur bearbeitet, kann gleich anfangen, die Tasten im Menü DATEI/VORGABEN zu belegen und seinen individuellen Bedürfnissen anzupassen.

Bearbeiten

Ein großer Teil der Funktionen unter dem Menüpunkt BEARBEITEN sieht nicht anders aus als in einer Textverarbeitung: Hier lassen sich markierte Elemente kopieren, löschen und einfügen, außerdem sind hier eine Reihe von Funktionen untergebracht, die sich auf das gesamte Bild als solches und nicht auf einzelne Pixel beziehen: Das Füllen des Bildes mit Farben und Mustern und die Transformationen – wie etwa das Drehen und Skalieren eines Bildes.

Bild

Unter dem Bildmenü sitzen die wesentlichen Funktionen der Bildbearbeitung: Der Bildmodus entscheidet über Farbtiefe und Farbaufbau. Fast alle Funktionen für die Bildkorrektur liegen bescheiden und unscheinbar hinter dem Menü EINSTELLEN:Tonwertkorrekturen und Farbkorrekturen.

Ebenen

Wie Dias oder Overheadfolien lassen sich verschiedene Bilder oder Ausschnitte aus Bildern per Ebenentechnik übereinanderlegen. Anfangs waren die Ebenen im wesentlichen für raffinierte Bildmontagen gedacht, inzwischen erlauben die Ebenen eine Bildkorrektur, die das Original des Fotos nicht verändert, sondern nur die Korrektur in einer eigenen Ebene speichert. Außerdem sind sie die Basis für die beliebtesten Texteffekte: Schlagschatten und das Abkanten von Buchstaben.

Auswahl

Das Auswählen von Pixelgruppen und Motiven im Bild ist Grundlage für viele Aufgaben der Bildbearbeitung – ob es nun darum geht, einen zu dunkel geratenen Bildbereich aufzuhellen oder ein Motiv für eine Montage auszuschneiden. Das Menü AUSWAHL enthält viele nützliche Funktionen, die Auswahlen umkehren, einengen, ausweiten sowie Auswahlen speichern und laden.

Filter

Nicht nur all die beliebten Effektfilter finden sich unter dem Menüpunkt FILTER im Photoshop, sondern auch die klassischen Filter, die man bei fast jeder Bildkorrektur braucht: Bilder schärfen, Weichzeichnen, Helligkeit interpolieren.

Ansicht

Scharenweise lassen sich Paletten öffnen – zusätzliche Fenster –, in denen Parameter für einzelne Funktionen eingerichtet werden. Hier werden die Werkzeugspitzen dicker oder dünner gemacht, werden die Ebenen einer Montage angezeigt oder die Farbkanäle eines Bildes. Auch Raster und Hilfslinien werden im Menü ANSICHT sichtbar gemacht.

Fenster

Nicht alle Funktionen des Photoshops sind über die Befehle der Menüleiste erreichbar. Statt dessen bietet der Photoshop eine ganze Reihe von Paletten an, in denen Werte abgelesen und Parameter für bestimmte Aufgaben individuell eingerichtet werden. Farbpaletten, Informationspaletten und Navigationspaletten helfen bei der Bildanalyse, durch die verschiedenen Ebenen einer Montage laviert sich der Benutzer mit Hilfe der Ebenenpalette. Häufig wiederkehrende Aufgaben erledigt man einmal in der Aktionspalette und zeichnet die Aktion dabei auf.

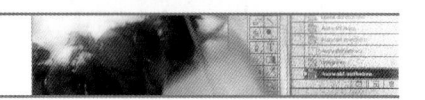

Für ein Bilddokument können Sie gleich mehrere Fenster anlegen – das hilft schon mal bei Montagen gegen das permanente Hin- und Herschieben. Oder Sie lassen sich in einem Fenster die RGB-Darstellung und im anderen die CMYK-Darstellung eines Bildes anzeigen, ohne das Bild dafür explizit in den CMYK-Modus zu konvertieren.

Drag & Drop und Photoshop

- Per Drag & Drop können Sie nicht nur mehrere Dateien gleichzeitig öffnen, sondern den Photoshop gleichzeitig starten. Markieren Sie die Dateien im Ordner und ziehen sie einfach auf das Photoshop-Symbol auf dem Desktop. Das gilt für den PC als auch für den Mac.
- Per Drag & Drop zieht man Bilddateien nicht nur in den Photoshop hinein, sondern ebensogut auch aus dem Photoshop direkt in eine Anwendung – ohne Umwege etwa direkt in den PageMaker: Ziehen Sie das Bild mit dem Bewegen-Werkzeug direkt in die Anwendung. Unter Windows muß die Anwendung OLE-kompatibel sein.
- Wenn Sie per Drag & Drop eine Vektorgrafik direkt in den Photoshop ziehen, wird sie in eine Bitmap umgewandelt.
- Durch die Befehle BEARBEITEN/KOPIEREN gelangen Daten fast jeder Art in die Zwischenablage. Bilddaten lassen sich auf diese Weise direkt in den Photoshop importieren: Wählen Sie das Bilddokument, in dem sie eingefügt werden sollen und rufen Sie BEARBEITEN/EINFÜGEN auf. Wenn Sie vorher eine neue Datei anlegen (DATEI/NEU), wird die neue Datei mit den exakten Maßen der Bilddaten in der Zwischenablage erzeugt.

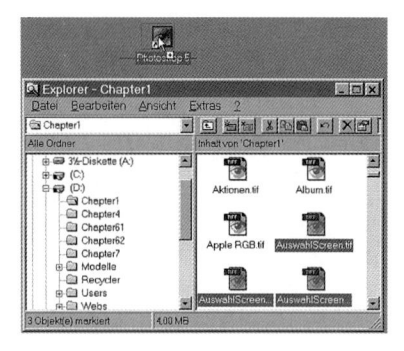

Dateien öffnen und dabei den Photoshop starten funktioniert auf dem Mac und dem PC nach dem gleichen Muster: Ziehen Sie die Dateien aus dem Ordner direkt auf das Photoshop-Symbol.

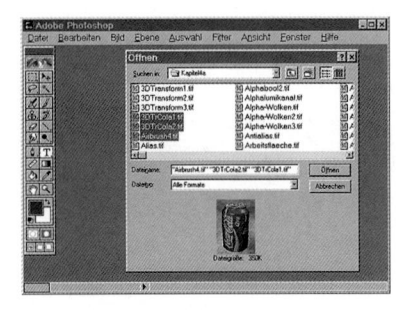

Wenn der Photoshop bereits geöffnet ist, ziehen Sie Bilddateien direkt aus einem Ordner in den Photoshop, um sie alle gleichzeitig zu öffnen.

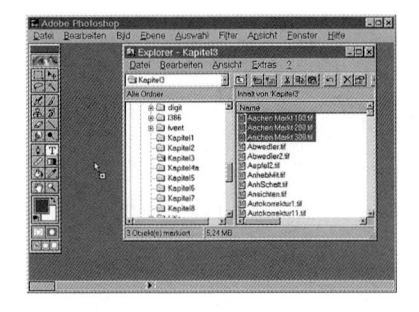

Auf dem PC markieren Sie mehrere Dateien mit gedrückter Umschalttaste. Wenn die Dateien nicht aufeinander folgen, drücken Sie die Strg-Taste.

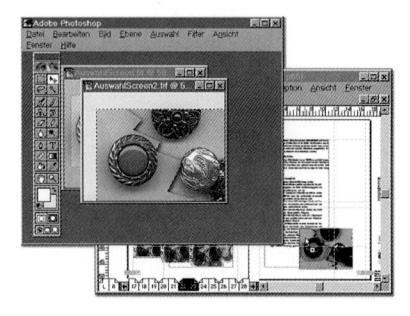

Aus dem Photoshop direkt in die Anwendung – ziehen Sie das Bild direkt mit dem Bewegen-Werkzeug in die Anwendung.

21

Die ganze Welt der Werkzeugleiste

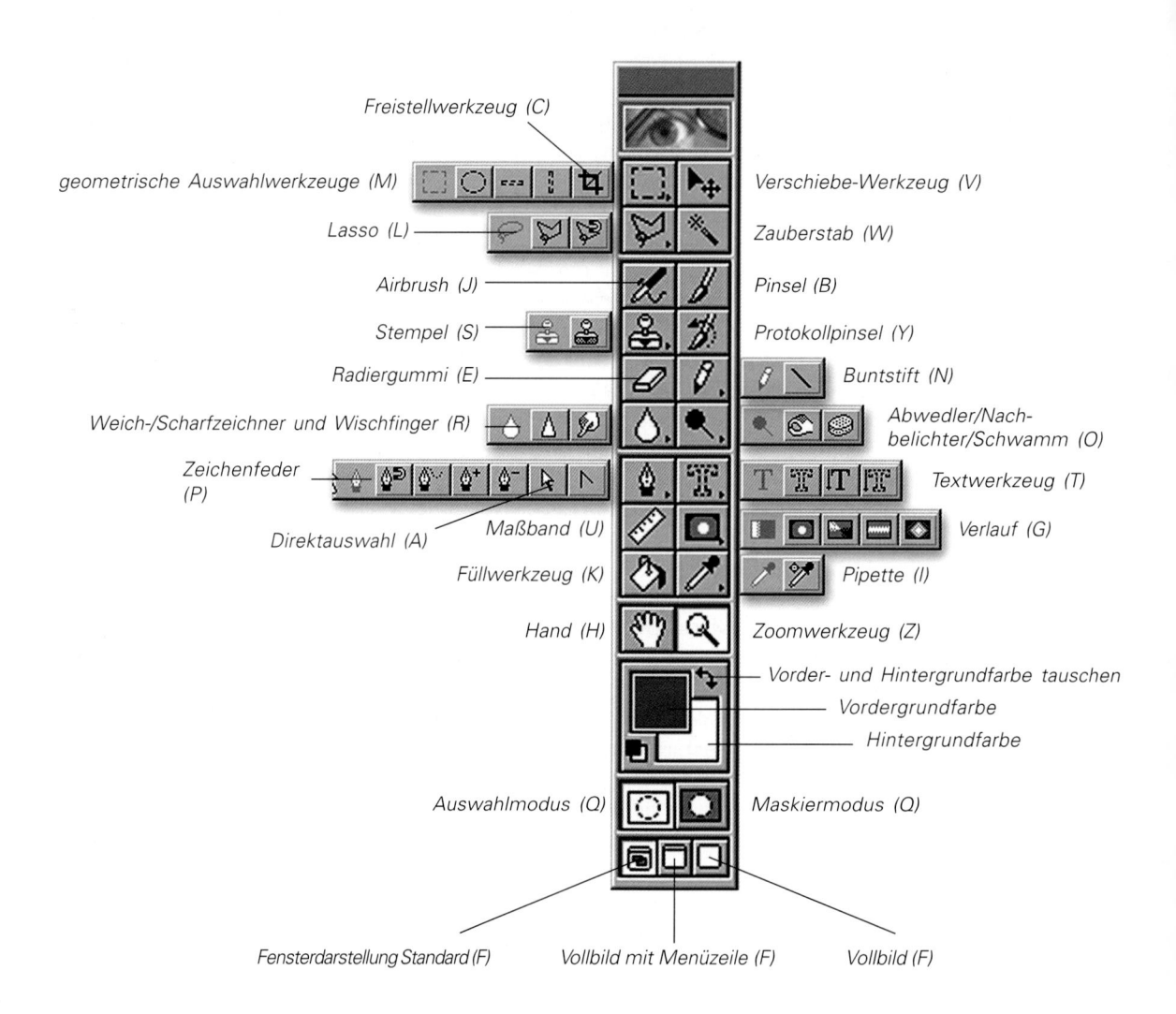

Freistellwerkzeug (C)

geometrische Auswahlwerkzeuge (M)

Lasso (L)

Airbrush (J)

Stempel (S)

Radiergummi (E)

Weich-/Scharfzeichner und Wischfinger (R)

Zeichenfeder (P)

Direktauswahl (A)

Maßband (U)

Füllwerkzeug (K)

Hand (H)

Verschiebe-Werkzeug (V)

Zauberstab (W)

Pinsel (B)

Protokollpinsel (Y)

Buntstift (N)

Abwedler/Nachbelichter/Schwamm (O)

Textwerkzeug (T)

Verlauf (G)

Pipette (I)

Zoomwerkzeug (Z)

Vorder- und Hintergrundfarbe tauschen

Vordergrundfarbe

Hintergrundfarbe

Auswahlmodus (Q)

Maskiermodus (Q)

Fensterdarstellung Standard (F)   Vollbild mit Menüzeile (F)   Vollbild (F)

(Zeichen in Klammern: die Tastaturkürzel des jeweiligen Werkzeugs)

1.4 Die unerschöpfliche Werkzeugleiste

Das spannendste Moment der Photoshop-Oberfläche ist mit Sicherheit die Werkzeugleiste. Sie befindet sich beim ersten Start des Photoshops bereits auf der Arbeitsfläche und lädt zum Ausprobieren ein.

Mit der Alt-Taste schalten Sie von einem Werkzeug eines Fly-outs in das nächste: z.B. vom Auswahlrechteck in das Auswahloval in die Auswahlzeile ...

Bei den meisten Werkzeugen erscheinen Variationen des Werkzeugs, wenn Sie die Maustaste eine Sekunde lang auf dem Werkzeug gedrückt halten. Bei allen Werkzeugen taucht auf einen Doppelklick hin eine Palette auf, in der Sie Parameter des Werkzeugs einstellen können.

Rechteck und Oval

Die Auswahlwerkzeuge sorgen für eine Differenzierung, damit nicht immer alle Pixel im Bild einer Prozedur unterworfen werden müssen, sondern gezielt ein bestimmter Bereich behandelt werden kann. Insbesondere für die Montage und Retusche von Bildern sind sie unerläßlich.

Rechteck und Oval zeichnen die Umrißlinie eines Rechtecks oder einer Ellipse in das Bild. Alle Pixel innerhalb der Umrandung gehören zur Auswahl und beim Aufruf einer Funktion wie »Tonwertkorrektur« oder »Umkehren« oder bei der Anwendung eines Filters sind nur die Pixel innerhalb der Auswahl von der Manipulation betroffen.

Eine einzelne Pixelzeile oder Pixelspalte reicht schon aus, um im World Wide Web einen Verlauf als Hintergrundbild zu inszenieren.

Das Freistellwerkzeug befreit ein Bild von einem überflüssigen Rand.

Wählen Sie viereckige oder runde Konturen.

Freihand-, Polygon- und magnetische Auswahl

Nun kommt es in der Natur (und in den meisten Fotos) recht selten vor, daß ausgerechnet einfache, viereckige oder runde Bereiche einer Sonderbehandlung bedürfen. Mit dem Freihand- und Polygonwerkzeug zeichnet man unregelmäßige Umrisse nach. Das magnetische Lasso im Photoshop 5 steuert ein Stückchen Intelligenz bei: Wenn Sie die Linie nicht mit permanent gedrückter Maustaste zeichnen, sondern bei kontrastreichen Konturen in der Nähe der Kontur klicken und dann die Maus oder den Zeichenstift locker um das Motiv herumführen, paßt sich das Lasso der Kontur wie von einem Magneten angezogen automatisch an.

Oder zackige oder ungleichmäßige Konturen für differenzierte Veränderungen.

Zauberstab

Der Zauberstab arbeitet nach dem Ähnlichkeitsprinzip. Tippen Sie mit dem Zauberstab auf einen einzelnen Pixel einer Farben, dann werden alle Nachbarpixel auf ihre Ähnlichkeit zur ausgewählten Farbe hin überprüft. Wer innerhalb einer vorgegebenen Toleranzgrenze liegt (ein Doppelklick auf das Zauberstabwerkzeug öffnet die Palette für die Parametereinstellung), wird ein-

Nur selten können komplexe Auswahlen mit einem Werkzeug allein erzeugt werden.

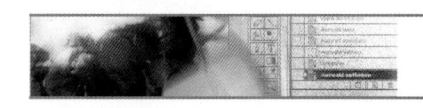

gefangen. Der Zauberstab leistet immer dann die besten Dienste, wenn unregelmäßige Motive vor einem relativ flachen – sprich einfarbigen – Hintergrund liegen. Dann wird einfach der Hintergrund mit dem Zauberstab eingefangen, und die Auswahl wird umgekehrt.

Verschieben ganzer Pixelgruppen

Wenn nicht die Auswahlkante, sondern die ausgewählten Pixel selber verschoben werden sollen, kommt das Bewegen-Werkzeug zum Einsatz. Greifen Sie mit dem Bewegen-Werkzeug in die Auswahl und verschieben Sie die Pixel. Pixelgenau können Sie übrigens auch Auswahlen und sämtliche Pixel einer ganzen Ebene mit den Pfeiltasten der Tastatur verschieben.

Mit der Strg/Ctrl-Taste schalten Sie aus anderen Werkzeugen vorübergehend auf das Bewegen-Werkzeug um. Das Bewegen-Werkzeug ist dann so lange aktiv, wie die Strg/Ctrl-Taste gedrückt bleibt.

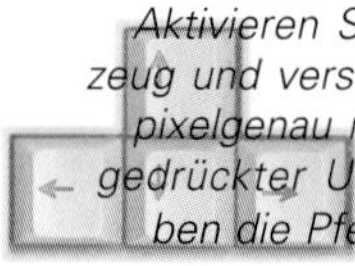

Stempel

Niemand, der jemals die Risse und Flecken in einem alten Photo repariert hat, möchte dieses Werkzeug missen. Der Stempel nimmt das Muster an einer unbeschädigten Stelle in der Nähe einer beschädigten Stelle auf und stempelt das Muster mit einem butterweichen Rand über den Flecken. Mit dem Stempel können Sie Pixel auch von einem Bilddokument in ein anderes Bilddokument klonen.

Airbrush/Pinsel

Mit dem Airbrush und mit dem Pinsel wird gemalt: Sie tragen die eingestellte Vordergrundfarbe auf der Arbeitsfläche des Bildes auf – und das in ähnlicher Weise, wie man es von den realen Werkzeugen gleichen Namens erwartet.

Radiergummi

Der Radiergummi entfernt die Farbe und ersetzt sie durch die Hintergrundfarbe. Mit dem Radiergummi lassen sich Auswahlmasken stellenweise weichzeichnen, um innerhalb einer ansonsten harten Auswahlkante an eine weiche Auswahlkante zu kommen.

Buntstift

Der Buntstift zeichnet eine Linie mit einer harten Kante in der Vordergrundfarbe. Mit gedrückter Umschalttaste zeichnet der Buntstift gerade Linien von einem Mausklick bis zum nächsten – wie übrigens auch der Pinsel, der Airbrush und der Radiergummi.

Weichzeichner/Scharfzeichner/Wischfinder

Der Weichzeichner glättet harte Kanten bei Montagen und Retuschen, damit die Montagekanten nicht deutlich ins Auge springen. Das Scharfzeichnen-Werkzeug schärft kleine Pixelgruppen, und der Wischfinger verwischt nebeneinanderliegende Pixelgruppen wie nasse Farbe.

Mit gedrückter Strg/Apfel-Taste wird sofort aus jedem Werkzeug in das Bewegen-Werkzeug geschaltet.

Aktivieren Sie das Bewegen-Werkzeug und verschieben Sie Auswahlen pixelgenau mit den Pfeiltasten. Mit gedrückter Umschalttaste verschieben die Pfeiltasten um je 10 Pixel.

Mit dem Stempelwerkzeug verschwinden Flecken, Risse und Unliebsames.

Mit dem Airbrush werden die coolen Oberflächen des Internets gesprüht.

Die Malwerkzeuge wie Buntstift, Pinsel, Airbrush etc. zeichnen mit gedrückter Umschalttaste gerade Linien.

Abwedler/Nachbelichter/Schwamm

Abwedeln ist ein Begriff aus der Dunkelkammer. Dort hellt man ein Bild an dunklen, unterbelichteten Stellen durch Abwedeln auf. Das gleiche erreicht der Bildbearbeiter im Photoshop mit dem Abwedler-Werkzeug: Es hellt die dunklen Bereiche stärker auf als helle Bereiche im Bild. Der Nachbelichter dunkelt überbelichtete Bereiche ab und holt dabei vielleicht sogar noch etwas Zeichnung in eine ausgebrannte Fläche. Der Schwamm sättigt Farben stärker oder schwächt die Farbsättigung ab. Alle drei Werkzeuge arbeiten am besten bei kleinen Korrekturen in begrenzten Bildbereichen.

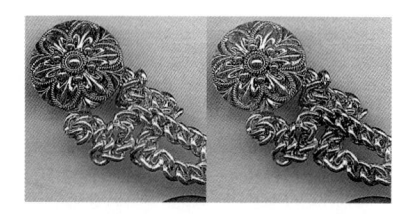

Abwedler und Nachbelichter korrigieren kleine Bereiche, die zu hell oder zu dunkel sind oder die stärker betont werden sollen.

Lupe

Um sich in ein Bild hinein- oder hinauszuzoomen, benutzt man die Lupe. Klicken Sie auf den Bereich des Bildes, den Sie näher inspizieren wollen, oder ziehen Sie mit gedrückter Maustaste diagonal über den Bildbereich. Jeder Klick zoomt in die nächst höhere Zoomstufe. Die jeweilige Zoomstufe zeigt der Photoshop in der Kopfleiste des Bildfensters an. Mit gedrückter Alt-Taste zeigt die Lupe ein kleines Minuszeichen, und der nächste Klick in das Bildfenster zoomt aus dem Bild heraus.

Die Lupe zoomt einen aufgezogenen Bereich.

Pfadwerkzeug

Die Zeichenfeder dient der Erstellung von Pfaden. Pfade gehören in das Lager der Vektorgrafik; mit einem Pfad wird ein Motiv an seiner Kontur umrandet, damit es exakt aus seiner Umgebung herausgeschnitten werden kann. Insbesondere, wenn ein Motiv viel zu komplex ist, um es mit einer Lasso- oder Zauberstabauswahl einzufangen, wird statt dessen ein Pfad um das Motiv gelegt. Der Pfad besteht aus Kurven und Knoten und kann wie ein Gummiband an einen Umriß angepaßt werden. Mit den übrigen Werkzeugen des Pop-up-Fensters wird der Pfad in Form gebracht.

Mit gedrückter Strg/Alt-Taste wird die Zeichenfeder zum Direktauswahl-Werkzeug.

Meßwerkzeug

Wer mit genauen Maßen arbeiten muß – etwa bei einer Montage –, benutzt das Maßband, um die Distanz zwischen zwei Bildstellen auszulesen. Der Abstand und der Winkel zur horizontalen Fenstergrenze werden im Fenster INFORMATIONEN (aus dem Fenstermenü) als Parameter D und W angezeigt.

Verlauf

Damit Hintergründe nicht immer einfarbig sein müssen, setzt der Verlauf einen Hintergrund aus mehreren Farben zusammen, die nahtlos ineinander verlaufen. So kann der Himmel im unteren Teil des Bildes weiß sein und im oberen Bereich dunkelblau werden. Verläufe können auch radial von der Mitte aus laufen.

Füllwerkzeug

Tauschen Sie Farben aus, indem Sie mit dem Farbeimer eine neue Farbe oder gleich ein ganzes Muster über der alten Farbe auskippen. Die Füllung

Mit sanften Verläufen wird ein neuer Hintergrund eingestrippt oder ein Bild eingefärbt.

funktioniert aber je nach Einstellung nur auf zusammenhängenden Farbpixeln innerhalb einer eingestellten Toleranz – das Werkzeug eignet sich also nicht dazu, etwa alle Blätter eines Baumes blau einzufärben.

Mit dem Füllwerkzeug können Sie die Farbe der Montagefläche des Bildes einfärben, die immer dann sichtbar wird, wenn das Fenster größer als die Darstellung des Bildes aufgezogen ist. Stellen Sie eine beliebige Vordergrundfarbe ein (siehe unten) und klicken Sie mit gedrückter Umschalttaste und dem Füllwerkzeug auf die Montagefläche. Den gewohnten Grauton erhalten Sie zurück, wenn Sie die Montagefläche mit 25% Grau füllen (Rot, Grün und Blau im FARBWÄHLER jeweils auf den Wert 191 einstellen).

Pipette

Wenn Sie herausfinden wollen, welche Farbwerte in einem bestimmten Bildbereich vertreten sind, nehmen Sie die Farbe mit der Pipette auf. Den Farbwert lesen Sie wieder in der Infopalette auf. Mit dem Farbmeßwerkzeug, das als weitere Option der Pipette neu im Photoshop 5.0 hinzukommen ist, können Sie bis zu vier Farbmeßpunkte dauerhaft ins Bild setzen – eine sehr willkommene Hilfestellung bei der Einrichtung der Tonwerte und bei Farbkorrekturen.

Hand-Werkzeug

Das Hand-Werkzeug hilft beim schnellen und intuitiven Verschieben des Fensterinhaltes, wenn dieser größer ist als das aufgezogene Fenster des Bildes. Als hätte man ein Stück Papier vor sich, das man auf einem Schreibtisch hin- und herschiebt, zieht das Hand-Werkzeug das Bild durch das Fenster.

Mit der Leertaste schalten Sie aus jedem Werkzeug in das Hand-Werkzeug, ohne das aktuelle Werkzeug zu deaktivieren.

Textwerkzeug

Texte werden waagerecht oder senkrecht, gefüllt mit Farbe auf einer eigenen Ebene oder als Auswahl in die aktive Ebene gesetzt. Farbig gefüllter Text auf einer eigenen Ebene bleibt als Text bestehen und seine Schriftattribute lassen sich immer wieder ändern, bis der Text »gerendert«, also in Pixel umgerechnet wird. Eine Auswahl mit der Kontur eines Textes hingegen bleibt nur so lange aktiv, bis der Text durch das Beenden der Auswahl mit seinem Hintergrund verschmilzt.

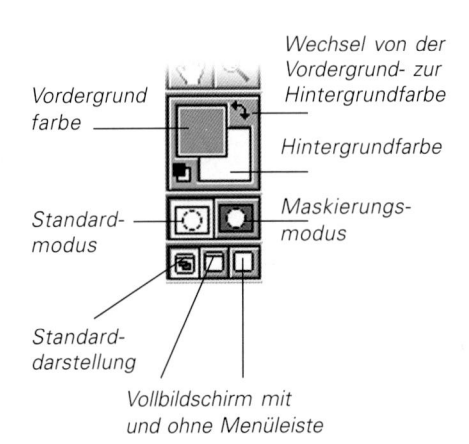

Vordergrundfarbe/Hintergrundfarbe

Die beiden großen Farbflächen im unteren Bereich der Werkzeugleiste stellen die Vordergrund- bzw. die Hintergrundfarbe ein. Klicken Sie auf die Farbfläche, um eine neue Farbe einzustellen, und Sie erreichen den Farbwählerdialog, in dem Sie eine Farbe mit dem Farbregler wählen.

Der runde Pfeil tauscht Vorder- und Hintergrundfarbe gegeneinander aus. Ein Klick auf das schwarze und weiße Viereck macht Schwarz zur Vorder- und Weiß zur Hintergrundfarbe, egal, welche Farben momentan eingestellt sind.

Vordergrundfarbe

Wechsel von der Vordergrund- zur Hintergrundfarbe

Hintergrundfarbe

Standardmodus

Maskierungsmodus

Standarddarstellung

Vollbildschirm mit und ohne Menüleiste

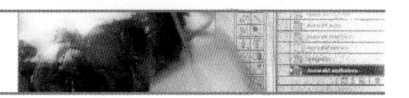

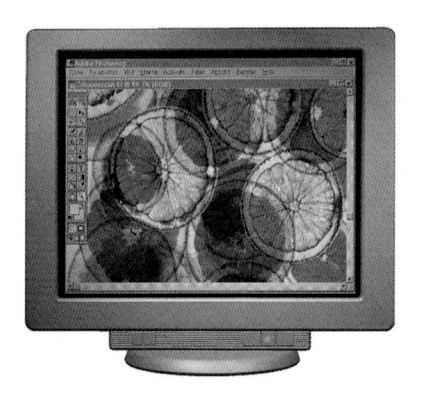

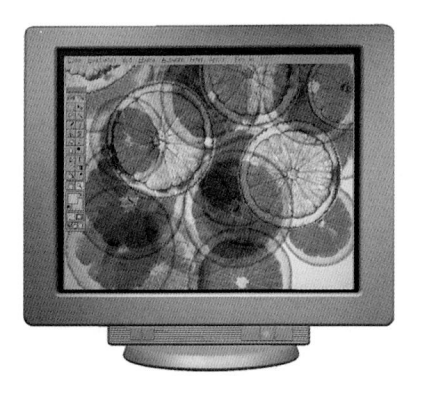

Die Standarddarstellung zeigt Menüleiste und Bildfenster.

Das Vollbild mit Menüleiste räumt dem Bild mehr Platz ein.

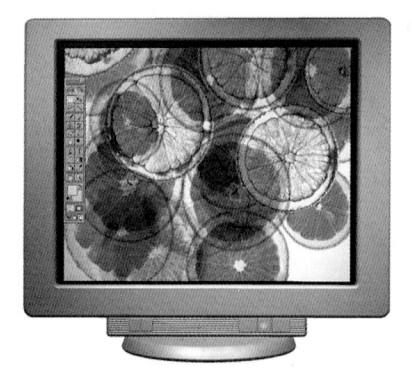

Vollbild ohne Menüleiste zeigt nur noch das Dokumentenfenster.

Darstellung von Auswahlen

Im Standardmodus werden Auswahlen als umlaufende, irisierende Linien dargestellt. Bei der Bearbeitung eines Bildes im Maskierungsmodus wird die Umgebung einer Auswahl mit einem roten Schutzfilm überzogen, der mit den Malwerkzeugen (Pinsel, Radiergummi) verändert werden kann.

Darstellungsmodi

Sie können das Bild auf der Arbeitsfläche in verschiedenen Modi angehen: Im STANDARDMODUS wird das Bild in einem Fenster dargestellt, das Sie an den Rändern (Windows) oder am unteren rechten Rand (Mac) vergrößern und verkleinern können. Wenn Sie mit dem VOLLSCHIRM MIT MENÜLEISTE arbeiten, wird das Bildfenster auf die Größe des Monitors vergrößert (wobei die Menüleiste des Photoshops erhalten bleibt), beim Arbeiten mit dem VOLLSCHIRM wird auch noch die Menüleiste ausgeblendet, damit Sie den gesamten Bildschirm als Arbeitsfläche erhalten.

Um auf dem Mac den Desktop und alle anderen geöffneten Dateifenster auszublenden, schalten Sie die Ansicht am besten auf die Vollbild-Darstellung (oder drücken zweimal die Taste F).

Shortkeys für die Werkzeugleiste

– 0 aktiviert das zuvor aktivierte Werkzeug wieder.
– Strg/Apfel + H verbirgt eine Auswahl und holt sie wieder hervor. Sehr nützlich, wenn die umlaufende irisierende Ameisenlinie den Anblick auf die Pixel nur stört.
– Mit der gedrückten Umschalttaste folgen Pinsel und Zeichenstift nur einer horizontalen oder vertikalen Linie, und Sie können schöne gerade Striche ziehen.

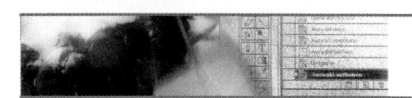

Mit gedrückter Umschalt-Feststelltaste wird die Werkzeugspitze zum zielgenauen Fadenkreuz.

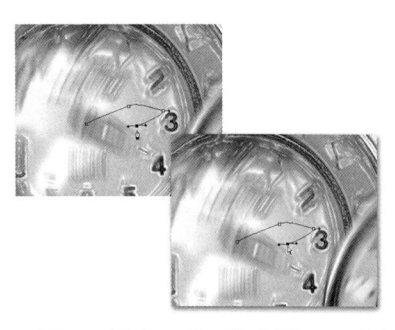

Mit gedrückter Strg/Apfel-Taste wird das Direktauswahl-Werkzeug aktiviert, wenn ein Pfad im Bild aktiviert ist.

- Mit der gedrückten Umschalttaste und Klicken von Punkt zu Punkt malt der Pinsel perfekte Polygone.
- Mit der gedrückten Umschalttaste wird eine aufgezogene Elipsenauswahl zum perfekten Kreis und eine Rechteckauswahl zum perfekten Quadrat.
- Mit gedrückter Alt-Taste zoomt die Lupe mit jedem Mausklick in die nächst kleine Zoomstufe. Ein Doppelklick auf das Lupensymbol in der Werkzeugleiste zoomt das Bild auf die 100%-Ansicht.
- Ein Doppelklick auf das Handsymbol in der Werkzeugleiste vergrößert oder verkleinert das Bild auf die zur Verfügung stehende Bildschirmfläche.
- Mit gedrückter Alt-/Optionstaste werden Airbrush, Zeichenstift, Linie, Pinsel, Textwerkzeug, Verlaufswerkzeug und Füllwerkzeug zur Pipette.
- Mit gedrückter Strg/Apfel-Taste wird das Bewegen-Werkzeug aktiviert, solange die Befehlstaste gedrückt bleibt. So können Sie eine Ebene oder eine Auswahl immer verschieben, egal welches Werkzeug gerade aktiviert ist.

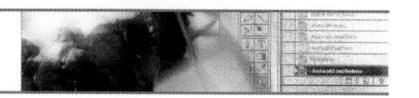

1.5 Alles paletti?

Überhaupt sind die Paletten ein kleiner Clou des Photoshops. Sie halten die Menütiefe überschaubar, zeigen ohne Verzögerungen vielfältige Informationen auf und ermöglichen den schnellen Zugriff auf unzählige Parameter für Pinselbreiten, Toleranzen, Überblendmodi und mehr.

Vier Paletten sind es, die der Photoshop – frisch installiert – auf den Bildschirm setzt. Hinter den Karteireitern jeder Palette stecken allerdings noch weitere Karteikarten zu einem artverwandten Thema, so enthält etwa die Palette NAVIGATOR noch die Variationen INFO und AUSWAHLOPTIONEN.

Sämtliche Paletten erreichen Sie über das Menü FENSTER. Unter Windows können die Paletten sowohl im Programmfenster als auch außerhalb des Programmfensters gelegt werden.

Die Protokollpalette
Bis der Speicher bricht: In der Protokollpalette führt der Photoshop alle Aktionen des Benutzers akribisch auf. So lassen sich bis zu 99 Bearbeitungsschritte rückgängig machen, indem einfach Aktionen aus der Aktionenpalette auf das Papierkorbsymbol in der Fußleiste der Palette gezogen werden.

Die Aktionenpalette
In der Aktionenpalette werden Reihen von Befehlen aufgezeichnet, die an mehreren Bildern durchgeführt werden sollen. Wie mit einem Videorecorder nehmen Sie eine Folge von Befehlen auf – wie etwa eine Farbkorrektur, das Schärfen des Bildes und die Anwendung eines Filters – und können anschließend die Befehle durch einen Klick auf die jeweilige Aktion in der Aktionenpalette an einem anderen Bild wiederholen.

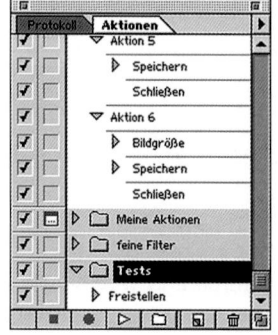

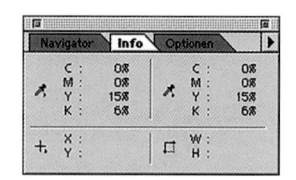

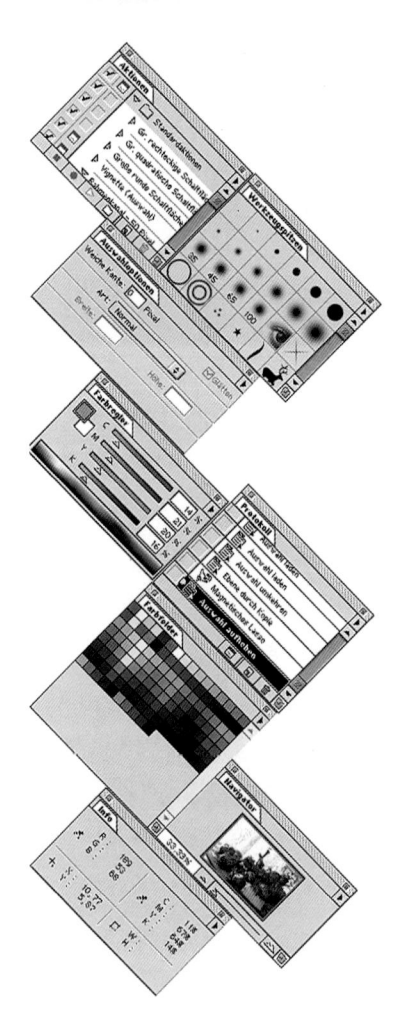

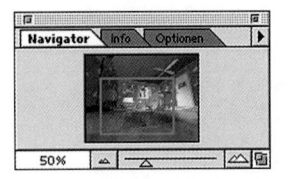

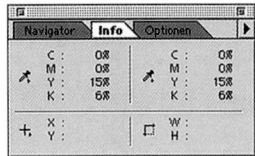

Die Navigatorpalette

Mit Hilfe einer Miniatur in der Navigatorpalette bewegen Sie sich schnell und gezielt durch ein Bild, das zu groß für die Darstellung auf dem Monitor ist. Verschieben Sie einfach mit dem Mauszeiger im Navigator den angezeigten Rahmen.

Die Informationenpalette

Sie ist fast unverzichtbar auf dem Desktop: Die Informationenpalette zeigt die Farbwerte der Pixel unter dem Mauszeiger an, und – abhängig vom aktuellen Werkzeug – auch die jeweiligen Parameter des Werkzeugs, wie etwa die TOLERANZ einer Lassoauswahl oder WINKEL und ABSTAND beim Maßwerkzeug.

Die Werkzeugoptionen

In den Werkzeugoptionen werden die Parameter des jeweils aktiven Werkzeugs eingestellt. Da die Palette für die unterschiedlichsten Werkzeuge arbeitet, zeigt sie bei jedem Werkzeug ein anderes Gesicht – so besitzen Werkzeuge wie der Airbrush und der Weichzeichner die Eigenschaft DRUCK, Werkzeuge wie der Pinsel, Radiergummi und Stempel lassen sich durch mehr oder weniger DECKKRAFT opak (deckend) oder transparent einstellen.

Die Ebenenpalette

Die Miniaturbilder geben einen schnellen Überblick über die Ebenen eines Bildes. Dabei zeigen sie Ebenenmasken und weisen auf Ebeneneffekte hin. Ziehen Sie Miniaturen an eine andere Stelle der Ebenenpalette, um die Reihenfolge der Ebenen zu ändern und blenden Sie Ebenen durch einen Klick auf das Augensymbol ein und aus.

Die Kanalpalette

Auch die Kanalpalette arbeitet mit Miniaturen: Sie zeigt alle Farbkanäle des Bildes als Miniaturen und verwaltet die vom Benutzer angelegten Alphakanäle, in denen Auswahlen gespeichert wurden.

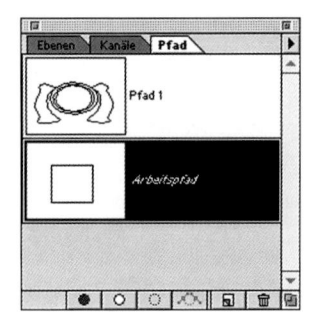

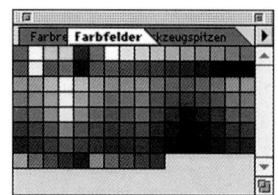

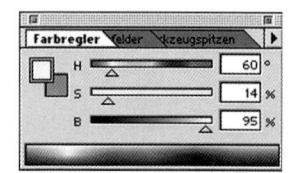

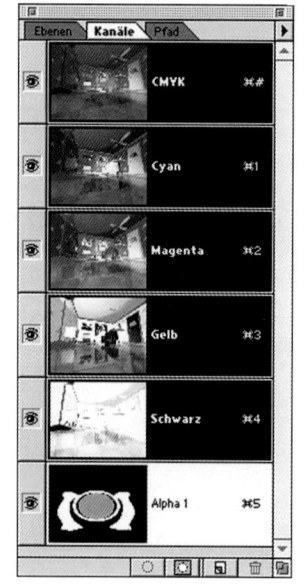

Die Pfadpalette

Auf die gleiche Weise arbeitet auch die Pfadpalette: Sie zeigt alle Pfade als Miniaturen. Pfade speichern komplexe Auswahlen und stellen als »Beschneidungspfade« einen Bildteil im Druck frei.

Die Farbreglerpalette

Wird das verwendete Farbsystem über das kleine schwarze Dreieck an der rechten Seiten der Kopfleiste der Palette eingestellt, kann der Benutzer eine Farbe über die Regler mischen oder in den Farbfeldern mit einer Pipette eine Farbe aufnehmen, die daraufhin zur Vordergrundfarbe wird. Stellen Sie hier Ihre Farbpalette auf CMYK ein, wenn Sie mit dem Airbrush, dem Pinsel oder anderen Malwerkzeugen malen, damit Sie keine Einbrüche befürchten müssen, wenn das Bild separiert wird.

Die Farbfelderpalette

Vorgefertigte Farben für die Hinter- und Vordergrundfarbe bietet Ihnen die Farbfelderpalette an. Sie können auch eigene Paletten anlegen, etwa um sicherzustellen, daß Sie in einer Reihe von Bildern mit den gleichen Farben für Verläufe, für Texte oder Füllungen arbeiten.

Die Werkzeugspitzenpalette

Wichtige Requisiten für diverse Werkzeuge wie Pinsel und Stempel sind die Werkzeugspitzen. Mit einem Doppelklick auf eine Werkzeugspitze gelangen Sie in ein neues Fenster, in dem Sie eine Werkzeugspitze für Ihre Bedürfnisse einrichten können: vergrößern oder verkleinern, den weichen Rand verbreitern oder einengen. Über das Palettenmenü, das Sie durch einen Klick auf das Dreieck in der Kopfleiste der Palette erreichen, laden Sie weitere Werkzeugspitzen.

Markieren Sie einen Bildausschnitt und definieren Sie den Ausschnitt als Werkzeugspitze, indem Sie im Palettenmenü WERKZEUGSPITZE FESTLEGEN aufrufen.

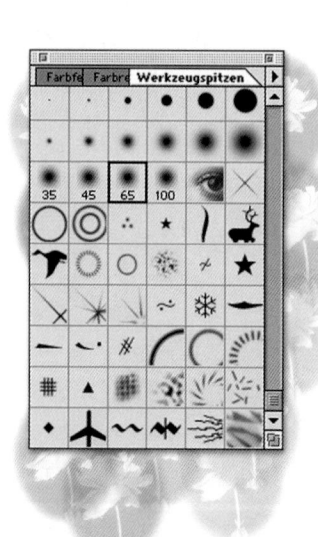

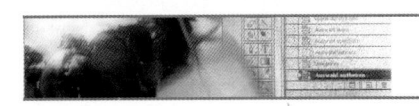

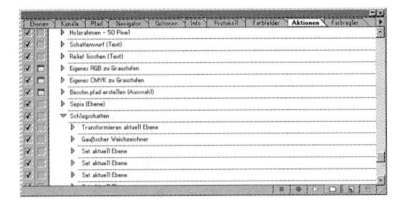

Für die Superpalette werden alle Reiter in eine Palette gezogen.

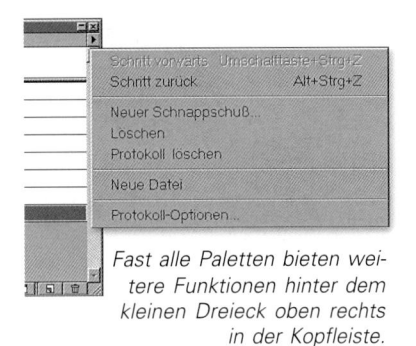

Fast alle Paletten bieten weitere Funktionen hinter dem kleinen Dreieck oben rechts in der Kopfleiste.

Hinter den PALETTENOPTIONEN verbirgt sich das Feld, in dem die Größe der Palettensymbole eingestellt wird.

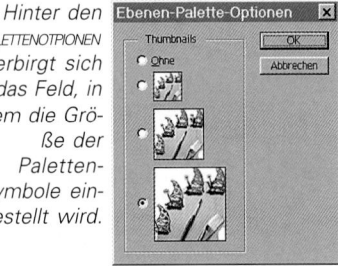

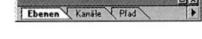

Der Doppelklick auf den Reiter minimiert die Palette.

Tips und Shortkeys

Wer seine eigene Superpalette einrichten möchte, kann eine Karteikarte an einem Reiter anfassen und in eine andere Palette ziehen. Oder ziehen Sie einen Karteireiter auf den Desktop, damit er eine ganz private Palette erhält. Auf diese Weise lassen sich individuelle Paletten für Jedermanns Geschmack einrichten.

Hinter den Kulissen

Alle Paletten zeigen in ihrer rechten oberen Ecke ein schwarzes Dreieck. Hier wird das Outfit der Palette verändert und oft liegen hier noch ein paar nützliche Befehle verborgen: Bei der Ebenen-, Kanal- oder Pfadpalette lassen sich die kleinen Vorschaubilder mehr oder minder groß anzeigen, in der Aktionenpalette kann sich der Benutzer die Einträge auch in Form von Schaltflächen anzeigen lassen.

Die Größe der Miniaturen in Paletten wie der Ebenen-, Kanal- oder Pfadpalette kann allerdings auch zu einer heftigen Belastung eines eng ausgebauten Systems werden. Wenn der Photoshop die Miniaturen in den Paletten nur langsam und zögerlich aufbaut, schalten Sie die Miniaturen kleiner oder verzichten Sie unter Umständen sogar auf diese visuelle Hilfestellung und verbessern Sie so die Darstellungsgeschwindigkeit Ihres Rechners.

Die Paletten, die ich rief:

Mit der Tastatur erscheinen Paletten auf dem Bildschirm und verschwinden wieder mit einem einzigen Tastendruck: Werkzeugspitzenpalette: F5, Farbreglerpalette: F6, Ebenenpalette: F7, Infopalette: F8, Aktionenpalette: F9.

Platzsparende Paletten

- Um eine Palette auf ihre Kopfleiste zu reduzieren, klicken Sie unter Mac OS doppelt auf den oberen Rahmen einer Palette. Das schafft Platz auf dem Desktop, ohne daß Sie auf die Palette verzichten müssen. Sobald Sie die Palette wieder brauchen, klicken Sie wieder doppelt auf die Kopfleiste.
- Unter Windows minimiert ein Klick auf das Minimieren-Symbol der Kopfleiste die Palette, und ein weiterer Klick auf das dadurch entstandene Vollbild-Symbol stellt die Palette wieder her. Oder man entscheidet sich für den Doppelklick auf den Karteireiter der Palette und holt die Palette ebenso wieder mit einem Doppelklick aus der Minimaldarstellung zurück.
- Benutzen Sie die Tab-Taste, um alle Paletten verschwinden zu lassen und dem Bild den maximalen Platz auf dem Desktop zu bieten.
- Umschalten + Tab läßt alle Paletten außer der Werkzeugleiste verschwinden und ein weiteres Umschalten + Tab holt sie alle wieder zurück.
- Die Ränder der Paletten sind leicht magnetisch. So lassen sich alle geöffneten Paletten einfach exakt zusammenschieben.

1.6 Rundflug über die Oberfläche

Sobald die erste Serie von Bildern korrigiert, montiert und retuschiert wird, rückt effektives Arbeiten in den Vordergrund. Kürzen Sie wiederkehrende Arbeitsabläufe durch Shortkeys und raffinierte Mausklicke.

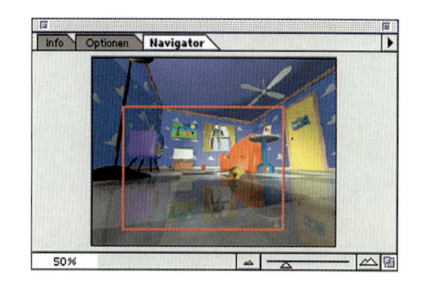

Die Navigatorpalette wird in der Ecke unten rechts vergößert.

Die Kunst der Navigation

Wenn Bilder zu groß sind, um vollständig im Dokumentenfenster angezeigt zu werden, oder so weit eingezoomt werden, daß sie größer als das Dokumentenfenster werden, zeigt das Dokumentenfenster die bekannten Schieberegler, an denen der sichtbare Bildausschnitt eingestellt wird.

Man muß kein ausgesprochener Grobmotoriker sein, um im Eifer des Gefechts den Schieber immer in die falsche Richtung oder zu weit oder zu wenig zu ziehen – der Umgang mit dem Schieber erfordert ein geregelt Maß an Erfahrung. Schnell und gezielt arbeiten Sie mit der Navigatorpalette – hier ist der sichtbare Bildausschnitt als roter Rahmen in einem Miniaturbild dargestellt, den Sie direkt mit der Maus verschieben.

Wem auch das noch zu umständlich ist, benutzt das Hand-Werkzeug aus der Werkzeugleiste – aber ohne das Werkzeug einzuschalten. Die Hand wird sofort aktiv, wenn die Leertaste gedrückt wird, und zwar sowohl auf dem PC als auch auf dem Mac. So brauchen Sie nicht von einem Werkzeug in ein anderes zu schalten. Sie können einen Zeichenpfad mit einem 200%igen Zoom aufziehen und jederzeit mit gedrückter Leertaste den sichtbaren Bildausschnitt verschieben, ohne die Zeichenfeder zu deaktivieren, oder mit dem Stempel im Bild arbeiten und gleichzeitig das ganze Bild nach Staub und Fusseln absuchen. Das Hand-Werkzeug ist das intuitivste Werkzeug, den Ausschnitt im Fenster zu verschieben.

Kryptische Informationen

In der unteren linken Ecke des Photoshop-Fensters gibt es eine Menge Informationen zu holen. Ein kleiner schwarzer Pfeil läßt Sie die Informationsart wählen:

– DATEIGRÖSSE: Die erste Zahl zeigt an, ob die Datei vollständig in den RAM-Speicher des Computers paßt. Ist dies der Fall, so ist hier der Eintrag 100% zu sehen. Ist der Prozentsatz geringer als 100%, hat der Photoshop Teile der Bilddaten auf dem virtuellen Speicher auf der Platte ausgelagert, was sich insbesondere durch eine verminderte Geschwindigkeit bei den meisten Funktionen bemerkbar macht. Die erste Zahl rechts daneben zeigt an, wie groß die Datei ist, wenn sie ohne Ebenen und Masken unkomprimiert gespeichert wird. Die zweite Zahl gibt die unkomprimierte Gesamtgröße der Datei mit allen Ebenen und Masken an.

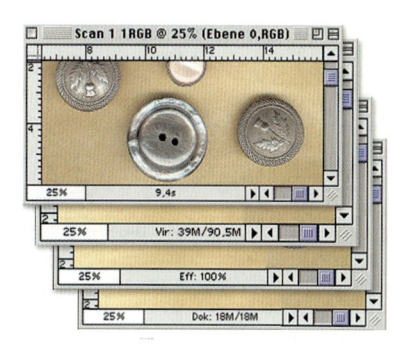

- Die EFFIZIENZ zeigt an, wie viele Operationen auf dem virtuellen Speicher, also auf der Festplatte, durchgeführt werden. Liegt sie unter 100%, so rührt das von den Festplattenzugriffen her.
- Wieviel Zeit die letzte Operation in Anspruch genommen hat, erfahren Sie aus der Einstellung TIMING.

Effektives Arbeiten mit der Tastatur

Möchten Sie Ihre Arbeit im Photoshop etwas schneller erledigen, lernen Sie ein paar Tastaturkürzel.

Strg/Apfel-Taste + A	Alles auswählen
Strg/Apfel-Taste + C	Kopieren
Strg/Apfel-Taste + V	Einfügen
Strg/Apfel-Taste + S	Speichern
Strg/Apfel-Taste + Z	Widerherstellen

Diese Tastaturkürzel, auch »Shortkeys« genannt, gelten nicht nur im Photoshop – die gleiche Wirkung zeigen sie in Microsoft Word, in QuarkXPress und in jedem anderen Programm, das sich an die Windows-Konventionen hält. Und sie gelten auf dem Mac genauso wie auf dem PC.

Voreinstellungen

Unter dem Dateimenü in den VOREINSTELLUNGEN richten Sie die Oberfläche und das Verhalten des Photoshops nach Ihren eigenen Wünschen ein. Hier werden allgemeingültige Einstellungen wie die Form der Werkzeugspitzen, die Größe des Rasters, die Größe des Cachespeichers, die Darstellung der Farbkanäle und mehr geregelt.

Der Photoshop kennt drei Methoden, eine Datei zu skalieren – die Voreinstellung BIKUBISCH stellt die hochwertigste Methode dar, während PIXELWIEDERHOLUNG und BILINEAR schneller sind.

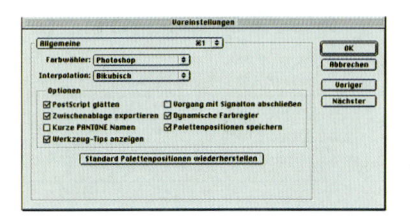

Photoshop-Dateien werden kleiner und lassen sich schneller öffnen, wenn man darauf verzichtet, daß der Photoshop immer eine Ebene mit allen eingeblendeten Bildebenen mitspeichert.

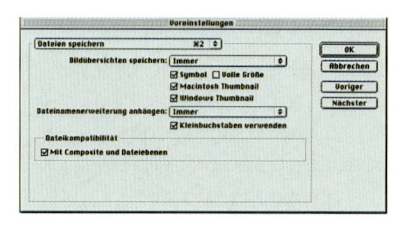

Wer mit dem Airbrush, dem Pinsel, dem Stempelwerkzeug, Weichzeichner und Wischfinger arbeitet, wird dankbar sein, wenn er die Größe der Werkzeugspitze im Dokumentenfenster sieht.

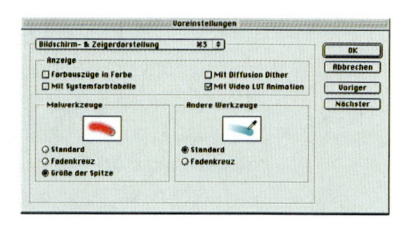

Arbeitsspeicher für Millionen

Wenn Sie mehr vorhaben, als nur Paßfotos zu bearbeiten, müssen Sie dem Photoshop auf dem Mac nach der Installation mehr RAM zuweisen, denn sonst erscheint schnell die Meldung »Nicht genug Speicher«. Öffnen Sie den Programmordner ADOBE PHOTOSHOP 5 und markieren Sie die Programmdatei (nicht etwa das Alias auf dem Desktop). Im Ordner ABLAGE des Finders wählen Sie INFORMATIONEN und setzen den Wert für den Speicher Ihren Bedürfnissen entsprechend herauf: Um Bilder mit mehr als 10 MB zu bearbeiten, bei Montagen aus drei, vier oder mehr Bilddateien, bei intensiver Nutzung der Ebenentechnik und der neuen Protokollfunktionen weisen Sie dem Photoshop 50 MB RAM und mehr zu, wenn es im Rahmen der Ausstattung Ihres Macs liegt.

Im Photoshop 5.0 lassen sich auf dem Mac erstmalig bis zu vier Auslagerungsdateien auf verschiedenen Platten festlegen. Arbeitsvolumes sind Bereiche auf der Festplatte des Rechners, die – ohne daß der Benutzer es bemerkt – Bilddaten aufnehmen, die nicht mehr vom RAM des Rechners bewältigt werden. Wenn Sie den virtuellen Speicher eingeschaltet haben, sorgen Sie für ausreichenden Platz auf den Platten, sonst erscheint die Fehlermeldung, der Arbeitsspeicher wäre voll.

Der virtuelle Arbeitsspeicher sollte auf jeden Fall immer mindestens genauso groß wie der RAM-Speicher sein, sonst kann es unversehens zu Abstürzen des Photoshops kommen. Wenn Sie über genügend RAM-Speicher verfügen, werden Sie auf dem Mac besser auf den Einsatz des virtuellen Speichers verzichten – der Photoshop arbeitet dann deutlich schneller.

Was der Arbeitsspeicher hergibt – Ebenentechnik und Protokolle fordern ihren Tribut.

Speichertechnik auf dem PC

Anders als am Mac ist es unter Windows üblich, immer mit dem virtuellen Speicher zu arbeiten. Auch hier ist es jetzt möglich, bis zu vier Arbeitsvolumes anzugeben.

Stellen Sie sicher, daß dem Photoshop immer mindestens ebensoviel virtueller Speicher zur Verfügung steht, wie RAM vorhanden ist. Ansonsten wird der Photoshop nur die Menge an RAM benutzen, die auch als virtueller Speicher vorgegeben wurde. Sie müssen also immer darauf achten, daß auf den angegebenen Arbeitsvolumes noch ausreichend Speicherplatz vorhanden ist. Sinkt der freie Platz auf der Festplatte zum Beispiel auf 20 MB, arbeitet der Photoshop auch nur noch mit 20 MB RAM.

Für den Profi

Wer ausschließlich Bilder bearbeitet und dabei keine anderen Programme benötigt, wird dem Photoshop das Maximum an RAM zuweisen. Wer aber Präsentationen erstellt, bildlastige Satzdateien bearbeitet oder Seiten für das Internet zur gleichen Zeit zusammenstellen möchte, braucht auch gleichzeitig Speicher für andere Programme.

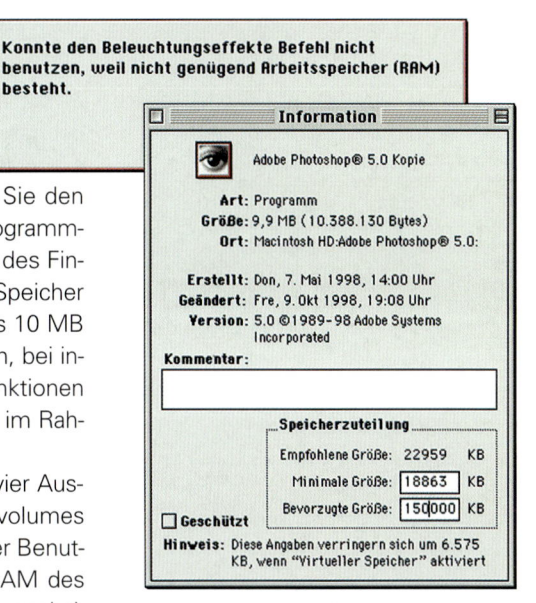

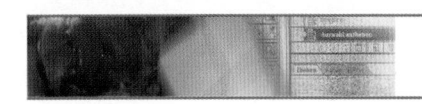

Kopieren Sie die Programmdatei (Menü ABLAGE/DUPLIZIEREN im Finder des Macs) und weisen Sie den Duplikaten unterschiedliche Speichermengen zu – auf einem Mac mit 128 MB RAM z.B. einmal 100 MB und einmal 50 MB. Legen Sie von beiden ein Alias auf dem Desktop an und starten Sie den Photoshop entsprechend Ihrer jeweiligen Anforderungen.

Abgestürzt?

Wenn auf dem PC der Platz auf der Platte ohne sichtbaren Grund langsam zur Neige gehen, suchen Sie nach .tmp-Dateien. Auf dem PC hinterläßt der Photoshop bei Abstürzen temporäre Dateien, die Informationen der geöffneten Bilder enthalten. Auf dem Mac lagern die temporären Dateien nach einem Absturz im Papierkorb; leeren Sie den Papierkorb, um die Erinnerung an den letzten Absturz zu tilgen.

Den Turbo einschalten

Viele Aktionen lassen sich beschleunigen, wenn man die Zwischenablage des Systems vermeidet und statt dessen die Drag & Drop-Fähigkeiten des Photoshops voll ausnutzt:

– Statt Bildausschnitte über das Menü BEARBEITEN zu kopieren und einzufügen, zieht man sie lieber mit dem Bewegen-Werkzeug von einem Fenster in das andere.
– Ein Bild dupliziert man mit sämtlichen Ebenen ganz schnell mit dem Befehl BILD/DUPLIZIEREN.
– Halten Sie die Anzahl der Protokollschritte knapp. Die protokollierten Arbeitsschritte füllen den RAM-Speicher in Windeseile auf und der Photoshop muß auf den virtuellen Speicher auf der Festplatte ausweichen. Dann hört man bei jedem aufwendigen Arbeitsschritt regelrecht, wie die Platten schuften.
– Entleeren Sie den Zwischenspeicher von Zeit zu Zeit (BEARBEITEN/ENTLEEREN), insbesondere wenn Sie hören, wie hart die Platte arbeiten muß.

Gute Sicht

Sie können mit Photoshop 5 stufenlos bis zu 1600% in ein Bild hineinzoomen. Beachten Sie dabei allerdings, daß nur bei den vollen 100%-Ansichten eine optimale Anzeigequalität auf dem Bildschirm gegeben ist. Bei den Zoomstufen dazwischen wirkt die Anzeige oft leicht stufig und pixelig.

Ähnlich steht es um die Ansicht beim Transformieren einer Datei oder einer Ebene: Um die Vorschau auf eine skalierte, verzerrte oder rotierte Datei so schnell wie möglich auf dem Bildschirm darzustellen, verzichtet der Photoshop auf eine korrekte Darstellung. Erst wenn die Transformation durchgeführt wurde, liefert der Photoshop wieder die tadellose Ansicht auf die Bilddaten.

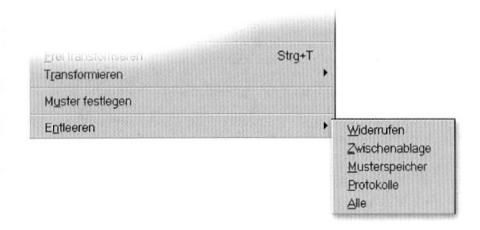

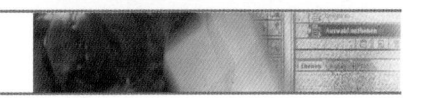

1.7 Ein gutes Gedächtnis

Die Funktionsvielfalt des Photoshops läßt jede Selbstdisziplin dahinschwinden und schon wird frei experimentiert. Und was passiert, wenn Sie dabei zu weit über das Ziel hinausschießen?

Wenn der Bildbearbeiter einmal zu weit über die Grenzen hinausschießt und den letzten Schritt lieber ungeschehen machen möchte, hilft der Aufruf WIDERRUFEN aus dem Menü BEARBEITEN. Liegt der Zustand, in den man gerne zurückkehren würde, allerdings eine ganze Reihe von Schritten zurück, dann half in den älteren Versionen des Photoshops nur der Aufruf ZURÜCK ZUR LETZTEN VERSION im Dateimenü – dabei wird das Bild in seiner zuletzt gespeicherten Version geladen und sämtliche Änderungen gehen verloren.

Akribisch: das Protokoll

Seit der Version 5 hilft hier die Protokollpalette. In ihr zeichnet der Photoshop akribisch bis zu 100 Arbeitsschritte auf und erlaubt so ein gezieltes Zurückrollen auf einen bestimmten Zustand.

Zusätzlich können Sie in der Protokollpalette »Schnappschüsse« und Duplikate eines Bildes erstellen. Zu einem Schnappschuß der Bilddatei kehren Sie nach einer beliebigen Anzahl von Bearbeitungsschritten mit einem Mausklick zurück. Um nach einigen Arbeitsschritten zu einem älteren Zustand zurückzukehren, markieren Sie den Zustand in der Protokollpalette und arbeiten von hier aus einfach weiter – der »Rückschritt« funktioniert sofort ohne jede Verzögerung. Oder Sie löschen die letzten Arbeitsschritte, indem Sie die Einträge in der Liste auf das Papierkorbsymbol in der Fußleiste der Palette ziehen.

Per Voreinstellung werden durch das Löschen eines Zustandes alle folgenden Zustände gelöscht. Wenn Sie aber in den Protokoll-Optionen NICHT-LINEARE PROTOKOLLE aktivieren, wird beim Löschen eines Zustands nur dieser eine Zustand gelöscht und die darauf folgenden Manipulationen bleiben erhalten.

Das Protokoll erlischt beim Schließen der Datei und kann nicht von einer Datei auf eine andere übertragen werden. Änderungen der Voreinstellungen des Photoshops, der Farbeinstellungen und in den Aktionen werden vom Protokoll nicht aufgenommen. Also führt man alle diese Operationen als erste durch.

Die nahezu beliebige Bereitschaft des Photoshops, Funktionen wieder zurückzurollen, hat ihren Preis in einem heftigen Speicherhunger. Jeder Schritt muß ja aufgezeichnet werden, damit der Bildbearbeiter im Fall aller Fälle wieder zu einem beliebigen Punkt zurückkehren kann. Mit

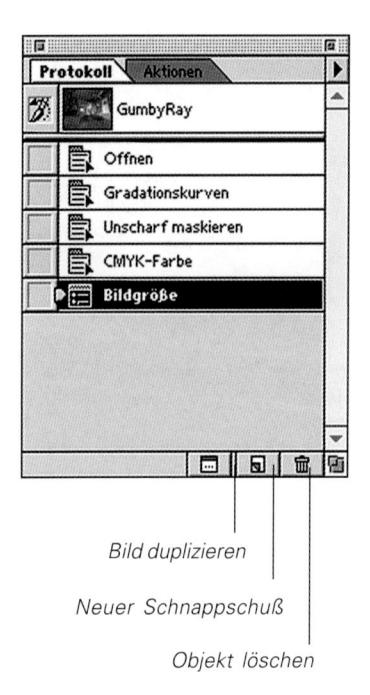

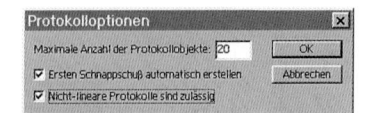

Bild duplizieren

Neuer Schnappschuß

Objekt löschen

Wer mit dem RAM nicht knausern muß, kann die Anzahl der Protokollschritte bis zu 100 heraufsetzen.

Wie sah das Bild beim vorletzten Schritt aus? Markieren Sie den Zustand und sehen Sie sich die ältere Version noch einmal an.

Wenn Sie einen vorangegangenen Zustand in der Protokollpalette markieren, wird er »unbeschädigt« wieder eingespielt.

So vergleicht man die Ergebnisse von Experimenten und kehrt jederzeit zu einem definierten Zustand oder Schnappschuß zurück.

Markieren Sie das Kästchen links neben dem Eintrag eines vorangegangenen Zustandes und »malen« Sie mit dem Protokollpinsel Teile des Bildes – so wirken sich Filter nur partiell auf das Bild aus.

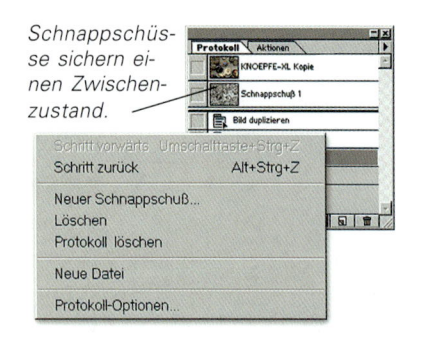

Schnappschüsse sichern einen Zwischenzustand.

Markierter Arbeitsschritt

der Funktion ENTLEEREN im Menü BEARBEITEN befreit man den Photoshop von der Last der Vergangenheit.

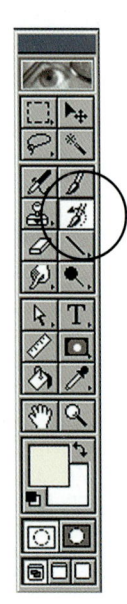

Freie Experimentierfreude: Der Schnappschuß

Mit dem Befehl SCHNAPPSCHUSS im Fly-out-Menü der Protokollpalette erstellen Sie eine temporäre Kopie des Bildzustandes. Der neue Schnappschuß wird am Anfang der Protokolldatei abgelegt. Zu diesem Schnappschuß können Sie jederzeit zurückkehren, auch wenn Sie zwischendurch die Protokollpalette gelöscht haben. Mit dem Schnappschuß experimentieren Sie an einer definierten Version eines Bildes verschiedene Verfahren, ohne das Bild zwischendurch zu speichern und neu zu laden.

In die Vergangenheit gemalt

Wenn nur Teile eines älteren Zustandes des Bildes wiederhergestellt werden sollen, hilft der Protokollpinsel aus der Werkzeugleiste. Klicken Sie in den Kasten links neben einem Zustand – das Symbol des Protokollpinsels markiert den Zustand. Jetzt zeichnen Sie mit dem Protokollpinsel aus der Werkzeugleiste Teile des früheren Zustandes in das veränderte Bild hinein. Mit einem Doppelklick auf das Symbol des Protokollpinsels öffnen Sie die Werkzeugpalette und stellen Deckkraft und den Überblendmodus des Pinsels ein. Diese Methode erlaubt eine fein differenzierte Anwendung von Filtern und Korrekturmaßnahmen wie der Gradationskurve oder Farbeinstellungen.

Der Protokollpinsel läßt sich wie der normale Pinsel mit sämtlichen Werkzeugoptionen einstellen, seine Tätigkeit selber wird von der Protokollpalette gewissenhaft aufgezeichnet. Dabei kann der Protokollpinsel nicht nur Farben wiederherstellen, sondern entzerrt Verzerrtes und gleicht auch andere Manipulationen aus. Zu den Arbeitsschritten, die der Protokollpinsel nicht zurückmalen kann, gehören der Moduswechsel (etwa von RGB nach CMYK oder Graustufen) und die Änderungen der Bild- und Arbeitsflächengröße.

Mit Vergangenheit füllen

Wenn Ihnen das Malen mit dem Protokollpinsel zu mühsam ist oder Sie eine exakte Auswahl mit dem Protokollpinsel füllen wollen, markieren Sie die Fläche, die in einen vorherigen Zustand zurückversetzt werden soll, mit einem Auswahlwerkzeug und den Zustand in der Protokollpalette

Die etwas dunkel geratene Aufnahme wurde durch die Anhebung der Mitteltöne in der Gradationskurve korrigiert.

Die Korrektur läßt das Bild zu flach und farblos wirken.

Mit dem Protokollpinsel werden Konturen nachgezogen und der Hintergrund wieder in den dunkleren Zustand zurückgemalt.

Das gesamte Bild wurde mit dem Gaußschen Weichzeichner aus dem Menü FILTER/WEICHZEICHNUNGSFILTER weichgezeichnet.

Der Vordergrund ist mit dem Lasso markiert. Im Menü BEARBEITEN/FLÄCHE FÜLLEN stellt die Option PROTOKOLL den vorherigen Zustand in der Auswahl wieder her.

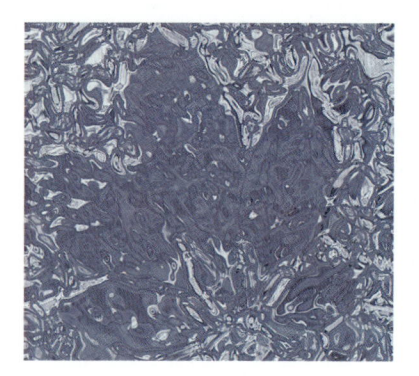

Der Filter CHROM unter den Zeichenfiltern des Photoshops und die blaue Koloration verwandeln das Bild in blaues Eis.

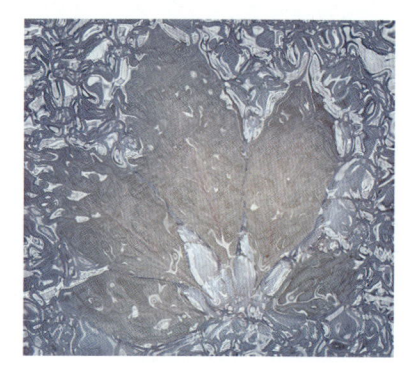

Mit einer WEICHEN AUSWAHLKANTE (Menü AUSWAHL, 30 Pixel RADIUS) wird ein Bereich eingefangen und mit dem markierten Zustand gefüllt.

Der Zustand, mit dem die Auswahl gefüllt werden soll, wird mit einem Klick in die erste Spalte des Arbeitsschritts markiert.

mit dem Protokollpinsel und füllen die Auswahl mit dem vorherigen Zustand (BEARBEITEN/FÜLLEN/PROTOKOLL). Die Option PROTOKOLL im Dialogfenster FÜLLEN ist nur dann aktiv, wenn Sie einen Zustand in dem kleinen Kästchen mit dem Pinselsymbol markiert haben.

1.8 PHOT-O-MATIK

Immer wieder fallen gleichartige Arbeiten an: Da muß eine Reihe von Scans auf die gleiche Auflösung gebracht werden, sie müssen für den Druck korrigiert und separiert werden. Und so manch ein Kreativer möchte eine gute Bearbeitungsidee nicht nur an einem, sondern gleich an einer ganzen Serie von Bildern ausleben.

Für diese Art von Aufgaben gibt es im Photoshop seit der Version 4 die Stapelverarbeitung.

Ein Arbeitsablauf, der als Stapelverarbeitung durchgeführt werden soll – also in gleicher Manier an einer ganzen Reihe von Bildern –, wird zunächst an einem Beispielbild als Aktion aufgezeichnet.

Aktionen anlegen

Die Basis für die Stapelverarbeitung, mit der reihenweise Bilder den gleichen Bearbeitungsschritten ohne Einwirken des Benutzers unterworfen werden, sind die Aktionen. Aktionen legt der Benutzer an, indem er einen

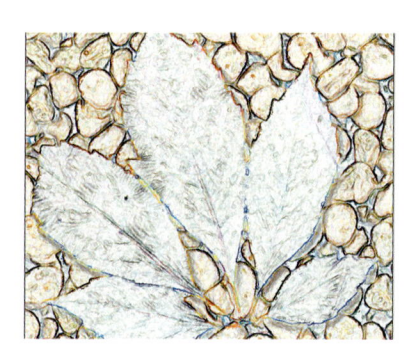

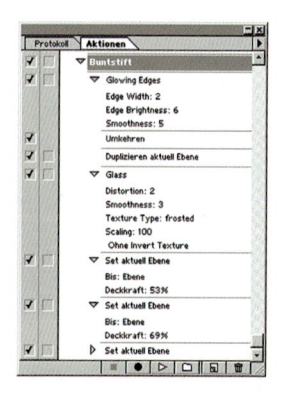

Aufzeichnung beenden

Aufzeichnung beginnen

Aktion löschen

Neue Aktion

Neuer Aktionsset

Aktuelle Auswahl abspielen

Oben: Das Original, anhand dessen die Aktion aufgenommen wurde.

Unten: Anderes Bild, anderes Format – aber die Folge der Aufrufe in der Aktion erzeugt den gleichen Bildeffekt ohne weiteren Eingriff.

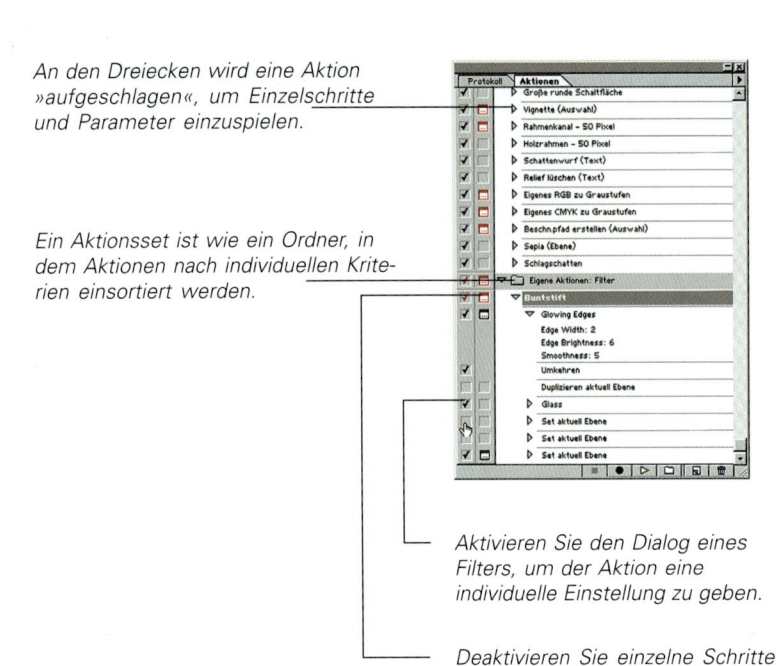

An den Dreiecken wird eine Aktion »aufgeschlagen«, um Einzelschritte und Parameter einzuspielen.

Ein Aktionsset ist wie ein Ordner, in dem Aktionen nach individuellen Kriterien einsortiert werden.

Aktivieren Sie den Dialog eines Filters, um der Aktion eine individuelle Einstellung zu geben.

Das Fly-out-Menü der Palette erreichen Sie über das schwarze Dreieck in der Kopfleiste der Palette.

Deaktivieren Sie einzelne Schritte der Aktion, um diese Schritte bei der Ausführung zu überspringen.

Alles im schnellen Überblick: Im Schaltermodus bleiben die Details der Aktionen verborgen und farbige Schaltflächen geben direkten Zugriff.

Bildeffekt durch eine Reihe von Bearbeitungsschritten »aufnimmt«. Anschließend werden die Arbeitsschritte an einem anderen Bild »abgespielt«, um den Effekt zu wiederholen.

Sie können bei Bedarf auch einzelne Schritte einer Aktion ausschalten, Sie können Aktionen speichern und eine Aktion auch Kollegen und Mitstreitern zur Verfügung stellen. Im Internet findet man auf vielen Photoshop-Seiten vorgefertigte Aktionen für interessante Bildeffekte, die sich am eigenen Computer laden lassen.

Um eine Aktion aufzuzeichnen, öffnen Sie ein Bild – am besten ein Bild im RGB-Modus – und laden die Aktionenpalette auf den Bildschirm (FENSTER/AKTIONEN EINBLENDEN). Klicken Sie auf das Symbol NEUE AKTION ERSTELLEN in der Fußleiste der Aktionenpalette oder rufen Sie den Befehl aus dem Fly-out-Menü der Aktionenpalette auf, das Sie über das schwarze Dreieck in der Kopfleiste der Aktion erreichen. Im Dialogfeld NEUE AKTION geben Sie der Aktion einen Namen, mit dem Sie auch später noch den Sinn und Zweck Ihrer Aktion wiedererkennen. Sie können der Aktion auch eine Funktionstaste zuweisen, um Aktionen auf Knopfdruck in die Wege zu leiten. Wenn Sie den Aktionseintrag farbig unterlegen, sehen Sie die Farbe allerdings nur in dem selten benutzen SCHALTER-MODUS (Palettenmenü am Dreieck oben rechts aufklappen).

Aktionen aufnehmen

Sobald Sie den Knopf AKTION klicken, läuft die Aufzeichnung der Aktion: Wie bei einem Videorecorder leuchtet das Palettensymbol AUFZEICHNUNG

BEGINNEN in der Fußleiste der Palette rot auf. Sie können nun Schritt für Schritt Ihre Befehle angeben – nicht anders, als wollten Sie das Bild einfach nur individuell bearbeiten. Jeder Befehl taucht in der Schrittliste der Aktion auf.

Achtung! Wenn Sie Bearbeitungsschritte während der Aufzeichnung der Aktion rückgängig machen, verbleiben die Einträge in der Liste, obwohl der Arbeitsschritt zurückgenommen wurde. Sie können den Befehl allerdings manuell löschen, indem Sie ihn auf das Papierkorbsymbol in der Fußleiste ziehen.

Um die Aufzeichnung zu beenden, klicken Sie auf das Symbol AUFZEICHNUNG BEENDEN unten links in der Fußleiste der Palette.

Aktionen abspielen

Jetzt kann Ihre Aktion ablaufen: Öffnen Sie ein anderes Bild und testen Sie die Aktion aus – Sie brauchen nur die Aktion zu markieren und auf das Symbol AKTUELLE AUSWAHL ABSPIELEN zu klicken. Sie sehen, wie der Photoshop von Eintrag zu Eintrag springt, und im Bild können Sie in rascher Folge die Auswirkungen verfolgen, bis das Bild vollständig bearbeitet ist.

Aktionen rückgängig machen

Um alle Aktionen mit einem Schlag rückgängig zu machen, können Sie zur letzten gespeicherten Version des Bildes zurückkehren oder die Protokollpalette zur Hilfe nehmen und Schritt für Schritt löschen. Eine Funktion AKTION RÜCKGÄNG MACHEN gibt es noch nicht. Am besten legen Sie am Anfang einer Aktion immer einen neuen Schnappschuß des Zustandes an.

Aktionen individuell abspielen

Wenn Sie einmal einen der Befehle aus der Aktion auslassen möchten, klicken Sie bei seiner Befehlszeile das Häkchen in der ersten Spalte der Aktionenpalette ab (SCHRITT AKTIVIEREN/DEAKTIVIEREN). Andererseits können Sie Befehle auch für jedes Bild mit individuellen Parametern ablaufen lassen: Dafür klicken Sie in das Viereck der zweiten Spalte der Aktionenpalette neben dem entsprechenden Befehl. Ein Symbol für DIALOG AKTIVIEREN/DEAKTIVIEREN erscheint. Wenn bei der nächsten Ausführung der Aktion der Befehl an der Reihe ist, wird sein Dialogfeld eingespielt – Sie können zum Beispiel Größenänderungen individuell durchführen oder einen Gaußschen Weichzeichner mehr oder weniger stark anwenden.

Einen einzelnen Befehl setzen Sie durch einen Doppelklick auf den Listeneintrag in Gang, ohne die ganze Aktion abzuspielen. Über den Palettendialog können Sie auch neue Befehle in eine fertige Aktion einbringen, Befehle löschen oder duplizieren. Einzelne Befehle oder ganze Aktionen können Sie aber auch löschen oder duplizieren, indem Sie den Befehl/die Aktion auf die entsprechenden Symbole in der Fußleiste der Aktionenpalette ziehen.

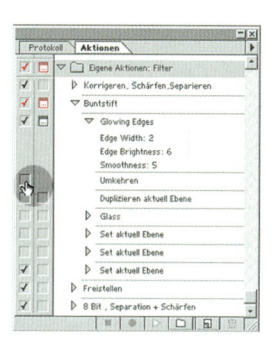

Sie können auch einen Schritt aus einer Aktion überspringen, wenn Sie das Symbol SCHRITT AKTIVIEREN/DEAKTIVIEREN ausschalten.

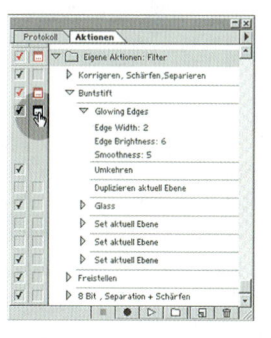

Ist DIALOG AKTIVIEREN eingeschaltet, wird bei jeder Ausführung der Aktion das Dialogfenster der Funktion eingespielt.

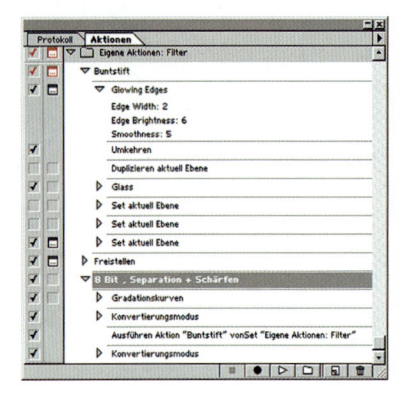

Aktionen speichern und laden

Wenn Sie den Photoshop nach der Aufzeichnung einer Aktion schließen und erneut starten, finden Sie die Aktion wieder vor: Die Aktion ist in den Grundeinstellungen des Photoshops gespeichert.

Wer eine Aktion weitergeben will, muß den Befehl AKTION SPEICHERN im Palettenmenü benutzen. Der funktioniert allerdings nicht bei einzelnen Aktionen – um eine Aktion weiterzugeben, legen Sie einen neuen Aktionsset an und kopieren die Aktion in diesen Aktionsset. Speichern Sie diese Aktion auf einem Wechselmedium oder in einem Ordner für den Versand über Modem, ISDN oder das Internet.

Sortieren geht über Studieren

Der letzte Abschnitt hat Ihnen gezeigt, daß Sie Ihre eigenen Aktionen und die Aktionen, die Sie von Dritten bekommen haben, auch in verschiedenen Ordnern sortieren können, um so den Überblick über Ihre Aktionen nicht zu verlieren und die Liste der sichtbaren Aktionen in der Aktionenpalette nicht übermäßig lang werden zu lassen. Sortieren Sie bestimmte Aktionen in einen Aktionsset, indem Sie die Aktionen mit gedrückter Maustaste direkt in ein Aktionsset ziehen.

Tips und Shortkeys für Aktionen

– Bevor Sie die Aktion aufzeichnen, speichern Sie Ihre Datei noch einmal, damit Sie die Aktion eventuell durch den Befehl ZURÜCK ZUR LETZTEN VERSION rückgängig machen können oder erstellen Sie einen Schnappschuß in der Protokollpalette.

– Funktioniert ein Befehl nicht? Kontrollieren Sie, ob Sie nicht gerade eine Aktion aufzeichnen oder vergessen haben, die Aufzeichnung auszuschalten. Dann arbeiten nämlich viele Befehle nicht korrekt.

– Vergessen Sie nicht, daß sich viele Filter nur auf RGB-Bildern im 8-Bit-Modus anwenden lassen – keiner der Filter funktioniert bei 16-Bit-Bildern und nicht alle Filter im CMYK-Modus. Daran ändert auch eine Aktion nichts.

– Hingegen kann das Werkzeug FREISTELLEN jetzt auch in einer Aktion benutzt werden. Durch eine FREISTELLEN-Aktion geben Sie allen Bildern die gleiche Größe. Wenn Sie für den Schritt FREISTELLEN in einer Aktion die Option DIALOG AKTIVIEREN markieren, können Sie das Freistell-Viereck während der Aktion verschieben.

– Klicken Sie das Symbol NEUE AKTION ERSTELLEN mit gedrückter Alt-Taste an, so wird das Dialogfeld für eine neue Aktion nicht eingeblendet, und die Aufzeichnung beginnt sofort. Die Aktion wird vom Photoshop einfach als AKTION 1, AKTION 2 usw. bezeichnet.

Aktion in Aktion: Eine Aktion läßt sich durchaus auch in eine andere Aktion einbinden. Rufen Sie die Aktion während der Aufnahme einer neuen Aktion einfach auf, dann wird die Aktion komplett innerhalb der aktuellen Aktion aufgenommen.

Um mehrere Aktionen zu starten, markieren Sie die Aktionen mit gedrückter Umschalttaste und rufen dann AKTUELLE AUSWAHL AUSFÜHREN in der Fußleiste auf.

– Wollen Sie mehrere Aktionen hintereinander anwenden, dann markieren Sie die Aktionen mit gedrückter Umschalttaste und rufen Sie AKTIONEN AUSFÜHREN auf.
– Aktionen zeichnen nun auch Pfade auf, wenn man im Ausklappmenü der Aktionenpalette den Befehl PFAD EINFÜGEN wählt. Aufpassen muß man hier allerdings auf die Nullkoordinate des Lineals – ist sie versetzt, berücksichtigt der Photoshop das beim Abspielen der Befehle einer Aktion nicht.
– Noch lassen sich nicht alle Befehle aufzeichnen. Dazu gehören beispielsweise die Malwerkzeuge – dabei beherrschen andere Bildbearbeitungsprogramme bereits die Technik, in Aktionen auch ein paar Pinselstriche aufzubringen. Auch die Einstellungen von Werkzeugoptionen werden nicht aufgezeichnet und müssen per MENÜBEFEHL EINFÜGEN in die Aktion aufgenommen werden. Allerdings hat Adobe viele Stolpersteine der Version 4 beseitigt.

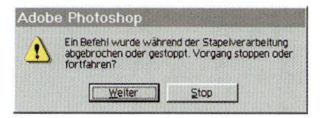

Mit der Escapetaste unterbrechen Sie eine laufende Aktion. Die Schritte, die bereits ausgeführt wurden, müssen per Protokollpalette zurückgenommen werden.

PHOT-O-MATIK

Besonders interessant sind Aktionen natürlich immer dann, wenn reihenweise Bilder nach dem gleichen Schema behandelt werden, ohne daß der Benutzer manuell jede Aktion anstoßen muß. Dazu gehören Formatkonvertierungen – wenn etwa für das Web die Auflösung von Bildern reduziert und die Bilder dann als JPEG-Dateien gespeichert werden sollen. Auch die Bildoptimierung und Farbraumänderungen gehören zu den klassischen Anwärtern auf eine stapelweise Verarbeitung.

Oder wollen Sie einfach Platz auf der Platte einsparen, ohne dabei Qualitätsverluste hinzunehmen? Dann speichern Sie sämtliche Bilder eines Verzeichnisses mit einer LZW-Komprimierung.

Stapelweise

Die Photoshop-Aktionen bearbeiten bei Bedarf viele Dateien in einem Rutsch. Wichtig ist dabei, daß alle Bilddateien, die per Aktion behandelt werden sollen, in einem einzigen Verzeichnis stehen.

Markieren Sie die Aktion in der Aktionenpalette und rufen Sie die Stapelverarbeitung über das Menü DATEI/AUTOMATISIEREN auf. (Im Photoshop 4 wurde der Befehl für die Stapelverarbeitung noch im Menü der Aktionenpalette aufgerufen.) Wählen Sie als QUELLE den Ordner, in dem Ihre Dateien liegen, und wählen Sie eventuell einen anderen Ordner als Ziel für die stapelweise behandelten Bilder, wenn die Originaldaten bei der Stapelverarbeitung nicht überschrieben werden sollen.

Haben Sie in der Aktion Öffnen- und Speichern-Befehle aufgezeichnet, so ist es oft sinnvoll, diese Befehle wieder auszuschalten, denn der Photoshop öffnet Bilder bei der Stapelverarbeitung automatisch. Aktivieren Sie darum die Option ÖFFNEN IN AKTIONEN ÜBERSCHREIBEN.

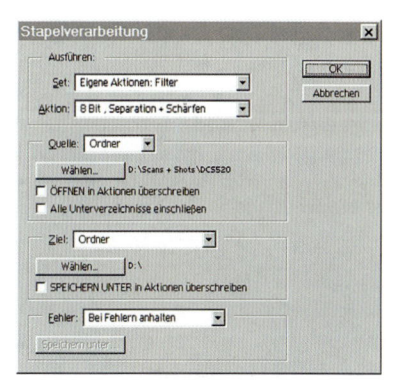

Wenn Sie die entsprechende Aktion vor dem Aufruf in der Aktionenpalette markieren, trägt der Photoshop die Aktion automatisch im Dialogfenster der Stapelverarbeitung ein.

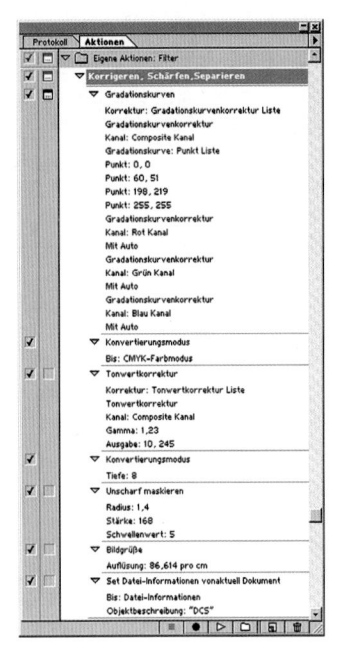

Sobald Sie auf OK drücken, beginnt die automatische Abarbeitung des Stapels und Sie können in aller Ruhe Kaffee trinken, den Rasen mähen oder den Wagen waschen.

Platz schaffen

Die LZW-Komprimierung kann durchaus ein Drittel des Speicherplatzes einer Bilddatei einsparen – und das ohne Qualitätsverlust. Wenn Sie sämtliche Dateien eines Verzeichnisses komprimieren wollen, legen Sie eine Aktion an, die das Bild mittels des Befehls SPEICHERN UNTER mit einer komprimierten Fassung überschreibt. Schließen Sie die Datei nach dem Speichern und beenden Sie die Aktion.

Markieren Sie jetzt die Aktion und rufen Sie die Stapelverarbeitung unter DATEI/AUTOMATISIEREN auf.

Schnell und routiniert

Die Aufbereitung einer Serie von Bildern für den Offsetdruck kann per Stapelverarbeitung beschleunigt werden: Tonwertkorrektur, Farbseparation, leichte Einschränkung der Tonwerte, Umwandlung in den 8-Bit-Modus und Schärfen sind die wichtigsten Schritte einer Druckaufbereitung. Sie werden anhand eines Bildes aufgenommen. Da die Tonwertkorrektur für jedes Bild individuell durchgeführt werden soll, wird die Option DIALOG AKTIVIEREN eingestellt. Die Aktion wird dann auch in der Stapelverarbeitung jedesmal für den Tonwertdialog unterbrochen. Im Dialog STAPELVERARBEITUNG wird ein neues Verzeichnis gewählt, um die Originale nicht zu überschreiben.

Viermal Automatik

Neben dem individuellen Abarbeiten von Aktionen hat Adobe dem Photoshop vier Automatiken spendiert: Das Erstellen von Kontaktabzügen (bei denen leider die Dateinamen fehlen), die Konvertierung in einen

Eine einfache Druckaufbereitung: Gradationskurve, Konvertieren, Schärfen. Bei jedem Bild hält die Aktion im Gradationsdialog an, um eine individuelle Bildkorrektur zu ermöglichen.

Um alle Dateien eines Verzeichnisses zu komprimieren, braucht die Aktion nur zwei Funktionen: Die Befehle SPEICHERN UNTER und SCHLIESSEN der Datei.

Wenn die Option LZW-KOMPRIMIERUNG bereits markiert ist, lag die Datei schon komprimiert vor. Wählen Sie in diesem Fall eine andere, unkomprimierte Datei für die Aufnahme – nur wenn mindestens ein Parameter geändert wird, funktionieren Aktionen.

Das Quellverzeichnis gibt Photoshop automatisch vor, wenn die Beispieldatei im gleichen Verzeichnis liegt, in dem die Stapelverarbeitung ablaufen soll. Da die komprimierten Dateien die alten Versionen überscheiben sollen, braucht kein Zielordner angegeben zu werden.

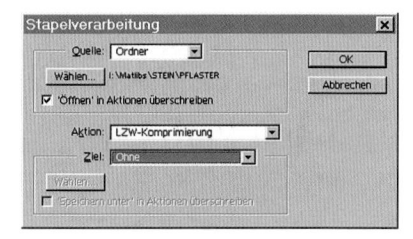

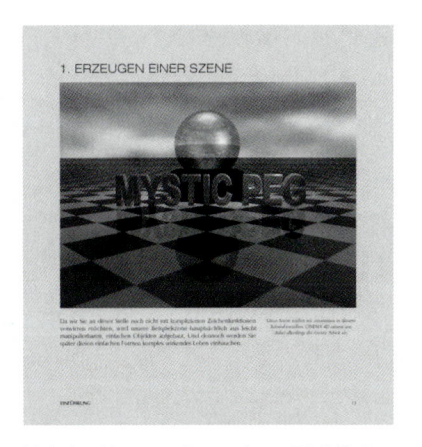

Bei der Umwandlung eines PDF-Dokumentes in eine Photoshop-Datei wählen Sie die Auflösung und den Bildmodus (RGB, Graustufen, CMYK oder Lab).

Die Größe der Thumbnails in einem Kontaktbogen ist frei wählbar, ebenso die Anzahl der Einträge pro Zeile und Spalte.

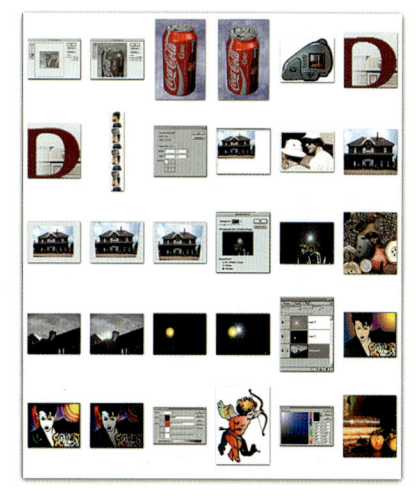

Der Kontaktbogen – namenlose Bilder und eine lange Verarbeitungszeit rufen nach Verbesserungen.

anderen Farbraum, die Konvertierung von Adobe Acrobat-Dokumenten in das Photoshop-Format PSD und die Anpassung einer Datei auf eine neue Bildauflösung.

Der Kontaktbogen

Für das automatische Erstellen eines Kontaktbogens darf keine der Dateien aus dem Verzeichnis geöffnet sein. Alle Dateien müssen in Dateiformaten vorliegen, die der Photoshop erkennt – ansonsten stellt er die Bearbeitung unverzüglich ein.

Mach Dir ein Bild ...

Die Umwandlung eines Adobe Acrobat-Dokumentes in das Photoshop-Format setzt alle Elemente der Acrobat-Seite auf einen transparenten Hintergrund – sowohl Text- als auch Bildelemente. So können Sie der PDF-Datei zum Beispiel einen farbigen Hintergrund für den Druck geben.

Mit den Automatikfunktionen hat Adobe einen neuen Wirkungskreis für fleißige Programmierer von Plug-ins geschaffen: Sicherlich werden sie uns bald neue Funktionen in den Photoshop einklinken, um uns lästige Arbeiten abzunehmen. Vielleicht sogar das Öffnen von Bilddateien aus dem Kontaktbogen heraus?

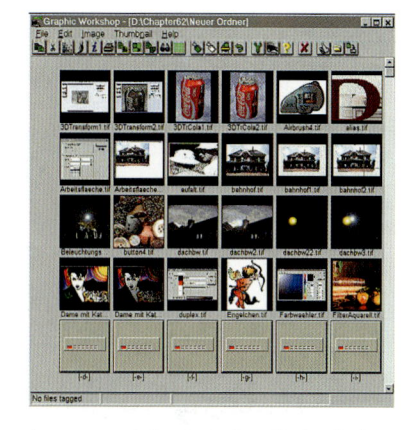

Immer noch besser als mit der (ach so langsamen) Kontaktbogen-Funktion im Photoshop funktioniert die Übersicht über die gesammelten Bilddateien z.B. mit dem Shareware-klassiker Grafic Workshop for Windows.

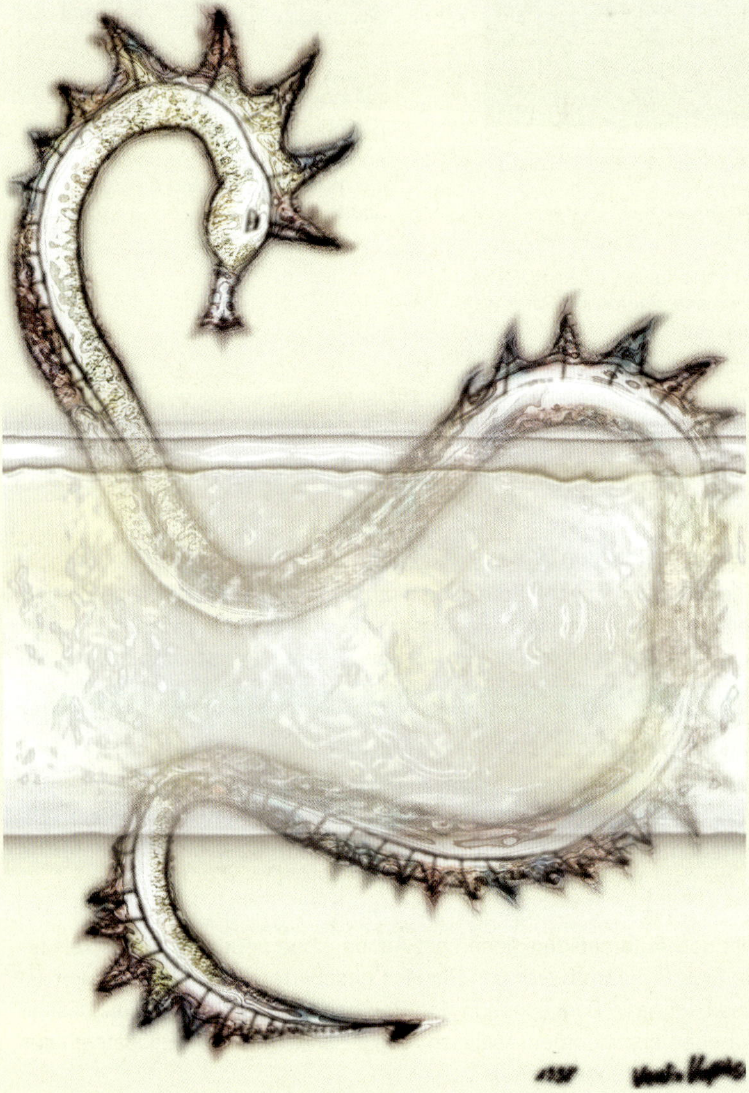

KAPITEL 2   KAMERA UND SCANNER

Wie auch immer man es anstellt – ein Bild, das gedruckt werden will, muß digitalisiert werden. Entweder wird es konventionell aufgenommen und gescannt, oder es wird digital aufgenommen und landet direkt im Rechner.

2.1   Die digitale Kamera

Sofortbild

Zwar kann sich die Chemiebranche ruhig zurücklehnen – die digitale Fotokamera wird den Fotolaboren das Wasser noch nicht abgraben –, aber die digitale Sofortbildkamera hat schnell an Pixeln und an Qualität zugelegt. Die Auflösung der »einfachen« Varianten hat sich vervierfacht und der Einmarsch in die digitale Welt beginnt heute bei einer Million Pixeln. Gleichzeitig zieht die Ausstattung der digitalen Kamera nach: Bessere Optik, reifere Software und neuentwickelte Filter sorgen für ein deutliches Ansteigen der Qualität der Pixel.

Auch wenn der Scanner mit Tiefstpreisen als verlockende Alternative einen hybriden Arbeitsablauf nahelegt – analog fotografieren und per Scanner digitalisieren –, so lockt die digitale Kamera mit einer gewaltigen Zeitersparnis im Arbeitsablauf.

Spielarten der digitalen Natur

Digitale Kameras gibt es in gewohnter Form als Sucherkamera, als Spiegelreflexkamera oder als Rückteil für die Studiokamera.

Bei bewegten Zielen sorgen One-Shot-CCDs mit einem Flächen-CCD-Sensor dafür, daß die Aufnahme auf dem Datenspeicher der Kamera landet, für Still-Motive im Studio sorgen Zeilenscanner für hohe Auflösungen, die mit Aufnahmen von mehr als 100 MB bereits an das Mittelformat heranreichen.

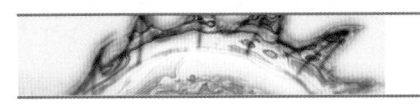

Die Qualität der Bilder aus der digitalen Kamera macht Fortschritte in Siebenmeilenstiefeln. So ist schon der größte Teil der Fotos in diesem Buch direkt und ohne Scanner digital erfaßt. Und wenn der Chip das Herz der digitalen Kamera ist, dann ist die Software ihr Kopf – sie entscheidet maßgeblich über die Bildqualität und über die Handhabung der Kamera.

Sie sorgt auch dafür, daß eine Kamera, die heute gekauft wird, auch morgen noch nicht zum alten Eisen gehört – die Software einer Kamera kann durch ein Update der Kamera zu besseren Bildern und größerer Funktionsvielfalt verhelfen.

Der Umgang mit der »Digitalen«

Die Handhabung einer digitalen Kamera unterscheidet sich kaum von der einer »normalen«. Ein paar Besonderheiten allerdings bringt sie schon mit – die eben auch den Clou der digitalen Kamera ausmachen. So zeigen heute viele Kameras das Bild auf einem großen und lichtstarken Display – Kameras wie die Agfa ePhoto 1680 verzichten dabei schon auf den Sucher. Dabei weisen sie auch die Funktionen auf, die eine »richtige« Kamera ausmachen: Belichtungskorrektur und verschiedene Meßcharakteristika wie Spot- und Integralmessung.

Die semiprofessionellen Kameras der neueren Generation zeigen ihre Aufnahmen auf einem Display auf der Rückseite der Kamera. Schon hier kann der Fotograf entscheiden, ob die Aufnahme seinen Vorstellungen entspricht und die Aufnahme eventuell auch schon in der Kamera löschen.

Professionelle Kameras wie die Kodak DCS 520 bieten dem Fotografen eine ganze Reihe von Optionen: Er entscheidet, mit welcher ISO-Zahl die Aufnahme »erfaßt« wird (ISO 200 bis ISO 1600 bei der Kodak DCS 520), mit welchem Lichtcharakter er arbeiten möchte (Tageslicht, Blitz, Kunstlicht, ...), er kann sich das Histogramm der Aufnahme in das Display einspielen lassen und den Gammawert entsprechend korrigieren, um zu optimalen Ergebnissen zu kommen.

Speichern der Aufnahmen

Eine Vielzahl von verschiedenen Speichermedien ersetzt den Film der analogen Kamera. Hier liegt bei den preiswerteren Kameras immer noch der größte Qualitätsverlust der digitalen Aufnahme, denn fast alle Kameras komprimieren ihre Aufnahmen, um sie auf den beschränkten Speichermedien unterzubringen – die Speichermedien sind fast immer viel zu klein. So gibt es preiswerte Kameras mit 4MB-Karten, auf die in bester Qualität nur etwa 6 Aufnahmen passen. Die Folgen der Komprimierung sind kleine Bildstörungen, meistens eine kleine Struktur – auch »Artefakte« genannt –, die sich allerdings erst bei einer Vergrößerung deutlich erkennbar zeigt, die aber auch bei heftigen Bildkorrekturen ins Auge springt.

Erhältlich sind heute bereits 24-MB-Karten, die mit 36 Aufnahmen immerhin schon die Kapazität eines Kleinbildfilmes vorweisen. In geringeren Qualitäten lassen sich auf diesen Karten Hunderte von Fotos unterbringen. Bei den Smart-Media-Karten gibt es 4-, 8- und 16-MB-Varianten.

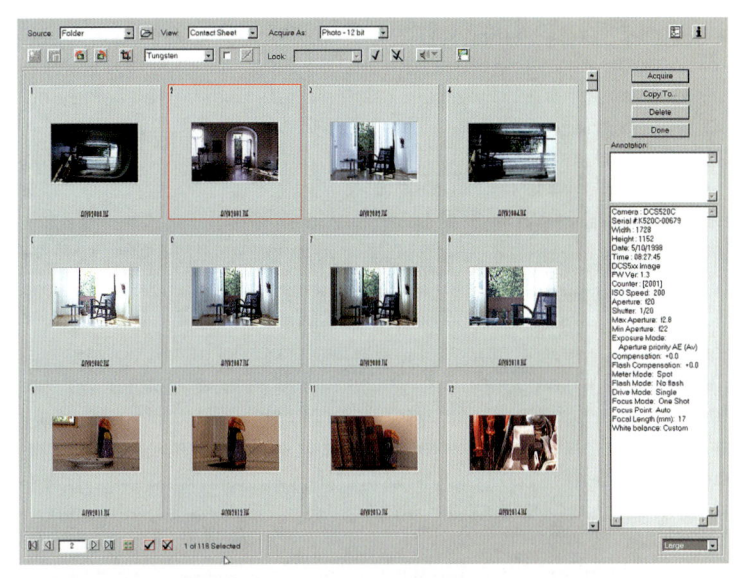

*Eine der modernsten Kameras im professionellen Lager: die Kodak DCS 520.
Ihr Browser bringt nicht nur alle Aufnahmen aus dem Wechselspeicher der Kamera auf den Monitor des Computers, sondern liefert vielfältige Informationen über die Kameraeinstellungen der jeweiligen Bilderfassung mit, wie Blende und Belichtungsart. Der Lichtcharakter kann noch im Browser verändert werden: etwa von Tageslicht über Blitzlicht zu Kunstlicht.
Der Browser kann Bilder mit 12 Bit Farbtiefe in den Photoshop exportieren.*

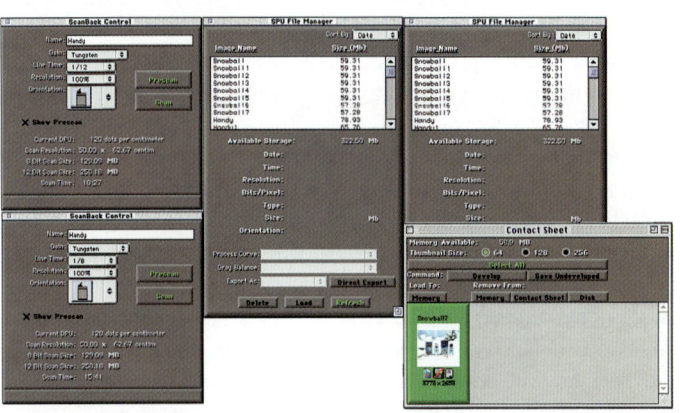

*Pixelmonster: Das Dicomed-Rückteil ist ein Scanrückteil für die Fachkamera.
Ebenso wie die Software der Kodak DCS kann der Lichtcharakter bereits bei der Aufnahme festgelegt werden. Die Scansoftware liefert Kontaktbögen der Aufnahmen und kann 12 Bit Farbtiefe an das Bildbearbeitungsprogramm weitergeben.*

Browser einer Consumer-Kamera: Auslesen des Wechselspeichers der Kamera und ein paar einfache Bearbeitungsfunktionen machen den Funktionsumfang der Kamerasoftware aus.

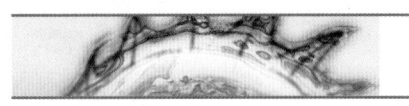

In der Kodak DCS 520 arbeitet eine PC-Festplatte mit einer Kapazität von 340 MB, auf die etwa 150 Bilder passen. Die Bilder haben eine unkomprimierte Größe von rund 11 MB bei 12 Bit Farbtiefe und weisen keine Spuren einer Komprimierung auf.

Wie kommt das Bild in den Computer?

Die Aufnahmen werden über PC-Kartenleser oder über die Schnittstellen des Computers in den Rechner eingespielt – hier sind die SCSI-Schnittstelle oder die serielle Schnittstelle des Rechners gefordert, neu im Spiel ist die USB-Schnittstelle. Wenn die Kamera ihre Daten direkt in den Rechner einspielen kann, sind ein Kabel und entsprechende Treiber notwendig.

Bei den Kartenlesern kann man zwischen verschiedenen Geräten wählen. Preiswertere Geräte lesen zumeist nur ein einziges Kartenformat, während Kartenleser wie das Laufwerk von Altec alle PC-Karten-Formate erkennen und zudem auch über Adapter für die gebräuchlichsten Speichermedien wie Smart-Media-Karten und Compact-Flash-Karten verfügen.

Browser – Pixelalben für digitale Kameras

Die Software kann ein eigenständiges Programm sein, wie etwa das Programm der Agfa ePhoto auf dem Mac. Bei Studiokameras und anderen professionellen Kameras ist die Software allerdings auch häufig ein Plugin, das sich im Photoshop integrieren läßt und – genauso wie das Twainprogramm des Scanners – über das Dateimenü des Photoshops mit dem Befehl IMPORTIEREN aufgerufen wird: so etwa bei der Canon Powershot und den Kodak DCS-Kameras.

So bringt jede digitale Kamera ihren »Browser« mit. Browser sind Programme, die sämtliche Aufnahmen vom Datenträger der digitalen Kamera wie einen Kontaktabzug auf den Bildschirm laden. Hier kann der Benutzer entscheiden, welche Aufnahmen er auf den Computer übertragen will, welche er löschen will, und in einigen Browsern lassen sich auch einfache Bildkorrekturen durchführen.

Digitale Rückteile von Studiokameras, die große Datenmengen mit einer einzigen Aufnahme erzeugen, übertragen ihre Aufnahmen direkt in den Computer. Dabei arbeitet die Software wie die Twainprogramme der Scanner: In einem Overviewscan bekommt der Fotograf einen ersten Eindruck vom Setaufbau und kann den Bildausschnitt festlegen, den er erfassen will, im Preview kann er Bildkorrekturen vornehmen, mit denen die tatsächliche Aufnahme gemacht wird.

Und die Qualität?

Immer wieder erhebt sich die Frage nach der Qualität des Bildes aus der digitalen Kamera. Die hat sich – insbesondere durch die Fortschritte in der Software – weit nach vorn entwickelt. Die Blauempfindlichkeit des Sensors wurde bei den neuen Modellen erhöht, die Nebenfarbendichte reduziert, und hinter dem Objektiv verhindert jetzt vielfach ein Antialiasfilter die Treppchenbildung in den diagonalen Kanten im Bild. Eine Histo-

Unkorrigierte Aufnahme aus der Agfa ePhoto 1680.

Die Aufnahmen der Agfa ePhoto 1680 werden bereits in der Kamerasoftware interpoliert und zum Ausgleich des dadurch entstehenden Weichzeichnungseffekts leicht geschärft.

Unkorrigierte Aufnahme aus der Kodak DCS 520.

Das Original aus der DCS 520 läuft in den Tiefen zu und zeigt hier ein starkes Bildrauschen, das durch ein direktes Schärfen des Bildes noch verstärkt würde.

Vorsichtig korrigiert und geschärft zeigen sich wieder mehr Details ohne sichtbares Rauschen im Bild.

grammfunktion, ein LCD-Farbdisplay für die Bildvorschau und -analyse, eine schnellere Bildfolge bei Serienbildern bieten dem Fotografen Komfort, Sicherheit und Tempo.

Weiterhin tragen CCD-Sensoren mit einer hohen Farbtiefe von 12 Bit dazu bei, saubere und scharfe Bilder auf den Speicher zu bannen. Die berüchtigten Fehler wie Bildrauschen, Blooming und Moiré sind bei Kameras und Software der neuen Generation nur noch in schwierigen Aufnahmesituationen anzutreffen. Lediglich bei Kameras mit einem kleinen Bildspeicher, die ihre Aufnahmen heftig komprimieren, bleiben sichtbare Spuren der digitalen Erfassung zurück.

Die Auflösung der Kameras geht strikt nach oben. Die Kamera mit mehr als einer Million Pixel, die sogenannte Megapixelkamera, ist zum Standard geworden und zeigt eine überraschend gute Bildqualität, die es teilweise schon erlaubt, die Aufnahmen in DIN A4 auszugeben.

Nicht so schön ist es allerdings, daß sich viele Kamerahersteller den Sucher sparen und nur noch mit dem Display arbeiten. Das treibt den Batterieverbrauch in die Höhe, so daß ein Batterieset oft nur knapp für 12 Bilder ausreicht. Weiterhin wird die Bildqualität gerade bei den Consumerkameras durch die heftige Komprimierung selbst in der höchsten Qualitätsstufe stark beeinträchtigt.

Rauschen

Das Rauschen, das insbesondere in den dunklen Bereichen bei Aufnahmen mit der digitalen Kamera auftritt, ähnelt in der Struktur einem unterbelichteten Negativ. Es entsteht insbesondere bei langen Belichtungszeiten und hohen ISO-Zahlen bei der Kameraeinstellung. Gefördert wird es durch hohe Temperaturen, so daß Kameras für technische Anwendungen und in der Meßtechnik gekühlt betrieben werden.

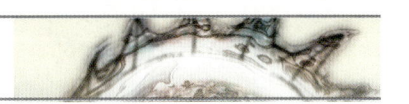

Die Aufnahme mit ISO 400 führte zu leichtem Bildrauschen in den dunklen Bereichen des Bildes.

Ausgeprägt ist das Rauschen im blauen Farbkanal des Bildes.

Der rote und der grüne Kanal des Bildes sind »sauber«, hier zeigt sich kein Rauschen.

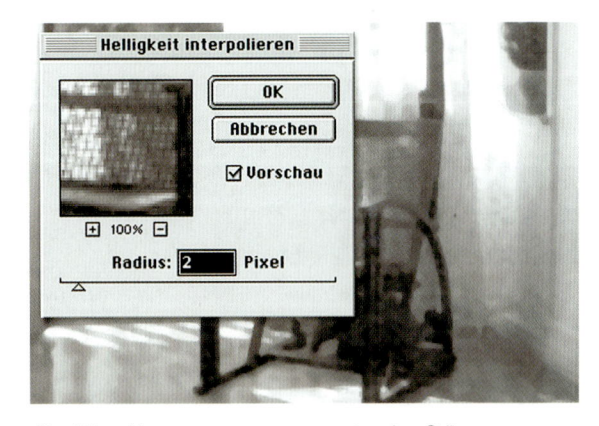

Der Filter HELLIGKEIT INTERPOLIEREN unter den Störungsfiltern beseitigt die schwarzen Flecken im Bild.

Der rote und der grüne Kanal können mit moderaten Einstellungen unscharf maskiert werden.

Das differenziert geschärfte Bild zeigt kaum noch Spuren des Ausfalls.

Am stärksten tritt dieser Effekt im lichtschwächsten Kanal, dem blauen Kanal, auf. Deswegen wird hier auch differenziert vorgegangen: Der Filter HELLIGKEIT INTERPOLIEREN kann dem Rauschen durch seinen Weichzeichnungseffekt entgegentreten. Im Gegensatz zum Gaußschen Weichzeichner beschränkt sich die Wirkung des Filters auf benachbarte Pixel – die Weichzeichnung diffundiert nicht.

Ein relativ einfaches Verfahren ist es also, im blauen Kanal den Filter HELLIGKEIT INTERPOLIEREN mit kleinen Werten von 1 bis 2 Pixeln aufzurufen, während der rote und auch eventuell der grüne Kanal unscharf maskiert werden.

Blooming

Beim Blooming wird ein heller Bereich, auf den eine extreme Menge Licht aufgefallen ist, größer dargestellt, als er tatsächlich ist. Häufig ist dieser Bereich im digitalen Bild auch von Farbsäumen umgeben. Der Effekt tritt bei Kameras der neueren Generation nicht mehr auf.

Bildfehler: Blooming

Moiré

Werden Muster und feine Bildstrukturen fotografiert, die nur über wenige Pixel reichen, kommt es zu einer Schwebung, die als gröberes Muster im Bild sichtbar wird. Aus dem Fernsehen kennen wir den Effekt kleinkarierter Jacketts oder Krawatten mit feinem Muster. Da auch dieser Effekt am stärksten im blauen Kanal auftritt, begegnet man ihm gegebenenfalls mit den gleichen Mitteln wie dem Bildrauschen: mit dem Filter HELLIGKEIT INTERPOLIEREN unter den Störungsfiltern.

Bildfehler: Moiré

2.2 Scanner aufstellen und einrichten

Zwischen Lust und Frust: Beim Scannen kann vieles schief gehen, obwohl theoretisch alles so einfach geworden ist: Das gescannte Bild weist matte und falsche Farben auf, der Hintergrund schimmert durch, und die Fingerabdrücke sind das schärfste Motiv im Bild. Dabei wollten Sie doch eigentlich einen Farbstich in der Vorlage beheben und dem Bild etwas »knackigere« Farben verleihen ...

Der Lichtstreif am Horizont

Der Scanner hat eine rasante Karriere hinter sich und befindet sich im Zenit seiner Laufbahn. Sein Preis hat sich Jahr für Jahr auf die Hälfte reduziert, dabei hat er ordentlich an Qualität und an Funktionalität gewonnen. Auf diese Weise hat er sich ins Herz aller Anhänger des digitalen Bildes geschlichen und blockiert jetzt gemütlich von seiner flachen Warte aus die Verkaufszahlen der digitalen Kameras. Neue Modelle kommen kaum noch auf den Markt – statt dessen wird die Software immer besser und einfacher zu bedienen – soweit überhaupt noch Korrekturen benötigt werden. Selbst die ganz billigen Schätzchen scannen eine halbwegs brauchbare Vorlage ohne chirurgische Eingriffe ins Gamma oder in die Gradationskurve scharf und farbecht. Filmscanner – bis vor kurzem immer noch einer zahlungskräftigen Minderheit von Profis vorbehalten –, sinken schon unter die 1.000-Mark-Grenze und werden die PhotoCD endgültig an den Rand drängen.

Die Suche nach dem »richtigen« Scanner wird dadurch nicht einfacher. Kommt es auf die magischen »dpis« an oder auf die Farbtiefe? Spielt die Dichte eine größere Rolle als die Größe des Vorlagenglases? Ist die Geschwindigkeit ein Thema für Sie? Dazu noch die Gewissensfrage: Ein Flachbettscanner oder ein Filmscanner? Und wenn es der Alleskünstler mit Vorlagenglas und Deckel sein soll – wie gut sind die Durchlichteinheiten, wenn Sie doch einmal ein Negativ oder ein Dia scannen möchten?

Qualitätskriterien für Scanner

Die Dichte ist ein Maß für die Menge des Lichts, die einen Film durchdringt. In den dunklen Bereichen läßt der Film nur wenig Licht durch – dort ist er also besonders dicht und bereitet dem Scanner die größten Schwierigkeiten. Je höher die Dichte eines Scanners, um so mehr Details kann er in den dunkeln Bereichen eines Bildes erfassen.

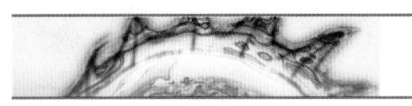

Flachbettscanner weisen in der Regel eine geringere Dichte auf als Filmscanner, da Aufsichtsvorlagen nicht so kontrastreich wie Dias oder Negative sind. Zwar lassen sich auch viele Flachbettscanner mit einer Durchlichteinheit ausrüsten, mit der sie auch Filmmaterial einscannen können, aber um den Anforderungen hier gewachsen zu sein, müssen sie auch eine höhere Dichte bewältigen. Fotos weisen eine Dichte von etwa 2 bis 2,4 auf, während Dias und Negative Dichten bis zu etwa 3 zeigen.

Die Auflösung des Scanners wird in Pixel pro Zoll – in ppi – angegeben. Sie mißt die Anzahl der Punkte, in die der Scanner das Bild zerlegen kann. Während Flachbettscanner im unteren und mittleren Preissektor Auflösungen zwischen 300 bis 1200 ppi erzielen, lösen Filmscanner das Bild mit 2000 und mehr ppi auf. Das müssen sie auch, wenn sie ein 24 x 36 mm großes Kleinbilddia oder -negativ auf Maße bis zu DIN A4 vergrößern sollen.

Das Herz des Scanners ist auf jeden Fall seine Software. Ein preiswerter Scanner kann mit guter Software durchaus bessere Ergebnisse liefern als ein wesentlich teureres Gerät mit weniger ausgefeilter Software.

Wenn alle diese Fragen endlich beantwortet sind und der Scanner endlich neben dem Bildschirm aufgestellt ist, werden Sie schnell feststellen, daß Sie sich eine Diva zugelegt haben: Auch wenn die Scansoftware immer leistungsstärker und umgänglicher wird, erfordert das Scannen von Abzügen, Druckerzeugnissen und Filmen den sorgfältigen Umgang mit den Vorlagen. Für optimale Ergebnisse verlangt der Scanner die richtige Einschätzung der Art der Vorlage und des Motivs.

Vorbereitungen

Die Liste der Vorbereitungen ist lang: Der Scanner muß richtig aufgestellt und angeschlossen werden, die Scansoftware installiert und der Scanner kalibriert werden.

Scanner sollten grundsätzlich an einem möglichst dunklen Platz aufgestellt werden. Helles Umgebungslicht, insbesondere schräges Streiflicht führt bei dicken Scanvorlagen schnell zu Farbverfälschungen an den Rändern dicker Vorlagen. Die Unterlage sollte fest und sicher stehen und vor Vibrationen geschützt sein, damit der Scanschlitten nicht aus der Ruhe gebracht werden kann und die Vorlage nicht auf dem Vorlagenglas wandert.

Die Scansoftware

Scanprogramme, auch Twainprogramme genannt, sind – bis auf sehr wenige Ausnahmen – keine Programme, die wie andere Anwendungen für sich allein laufen, sondern sie sind sogenannte Plug-ins in Bildbearbeitungsprogrammen wie Photoshop, Layout- und Illustrationsprogrammen wie QuarkXPress und Adobe Illustrator. Nach der Installation der Scansoftware findet sich die Schnittstelle zum Scanner fast immer im Photoshop im Dateimenü unter der Funktion IMPORTIEREN.

Die Scansoftware ist mindestens ebenso entscheidend für die Qualität des Scans wie die CCDs im Scanner. Denn der Scan wird zuerst nur in einer kleinen Vorschau auf den Monitor geladen, wo Sie ihn begutachten und gegebenenfalls korrigieren: eine leichte Unterbelichtung ausgleichen oder einen Farbstich der Vorlage entfernen. Erst dann wird der Scan mit den korrigierten Werten aus der Scansoftware durchgeführt. Je besser Ihre Möglichkeiten zur Korrektur des Bildes schon im Scanner sind, desto besser geraten Ihre Scans.

Scansoftware sollte also die wesentlichen Korrekturfunktionen – wie man sie auch im Bildbearbeitungsprogramm findet – aus dem Effeff beherrschen: Setzen von Weiß- und Schwarzpunkt sowie Gamma- und Farbkorrekturen. Die Korrekturen am Prescan sollten gespeichert werden können – so werden ganze Bildserien mit den gleichen Einstellungen gescannt. Ein guter Scanner kann eine Vorlage entrastern (wenn von einer Vorlage gescannt wird, die bereits einmal gedruckt war), eventuell auch gleich schärfen und bietet seine Funktionen mit kurzen Menüwegen und leicht verständlich an.

Nichts geht hier

Weder am PC noch am Mac kann man den Scanner, der an einem SCSI-Anschluß hängt, einfach einschalten und erwarten, daß er dann betriebsbereit ist. Statt dessen erhält man die Meldung »kann angeschlossenen Scanner nicht finden«.

SCSI-Geräte wollen eingeschaltet sein, bevor der Rechner gestartet wird, sonst erkennt die SCSI-Karte das angeschlossene Gerät nicht. Hier hilft nur der Neustart des Rechners.

Bei Windows 95/98 kann schon eine Aktualisierung der Gerätschaften in der Systemsteuerung (SYSTEMSTEUERUNG/SYSTEM/GERÄTEMANAGER) helfen, den Scanner nachträglich in Betrieb zu nehmen. Dieser Schritt kann aber bei einigen Rechnern genausogut zum Systemabsturz führen.

Scanner kalibrieren

Effizientes Arbeiten mit dem Scanner ist nur möglich, wenn die angezeigten Farben so exakt wie möglich der Vorlage entsprechen. Voraussetzung für eine farbtreue Wiedergabe ist das Kalibrieren des Systems, also der Vergleich der Farben auf dem Bildschirm mit den echten Farben der Vorlagen und den Farben des Ausdrucks. Viele Scanner bieten dazu eine Sollwert-Kalibrierung, bei der die Farbwerte eines gescannten Spezialfotos mit gespeicherten Werten verglichen werden.

Aus den Abweichungen der gescannten Istwerte wird während des Kalibrierens mit den Sollwerten eine Korrekturkurve ermittelt, die dann für eine möglichst originalgetreue Farbwiedergabe sorgt. Vielleicht bietet Ihre Twainsoftware für diesen Vorgang eine Funktion »Kalibrierung« unter den Scanmenüs. Das mitgelieferte Kalibrierbild sollten Sie immer trocken und lichtgeschützt aufbewahren, um die Kalibrierung in regelmäßigen Abständen wiederholen zu können.

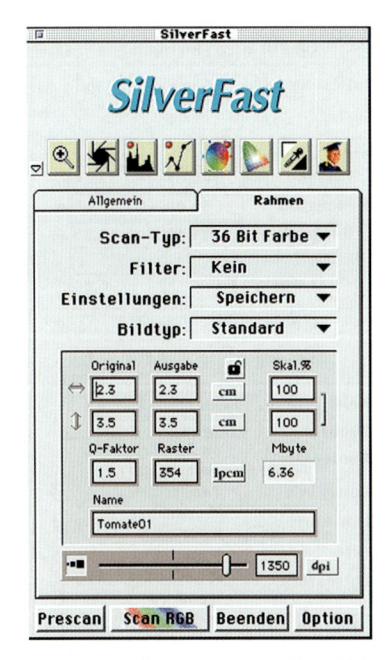

Silverfast – fast schon ein Begriff für vorbildliche Scansoftware

Eine große Auswahl je nach Motiv unterschiedlicher Kalibrierkurven in der Scansoftware beschleunigt die Arbeit mit dem Scanner.

Kalibrierung nach Vorlage

Bei der visuellen Kalibrierung benötigen Sie lediglich ein aussagekräftiges Foto und ein Programm, das die direkte Änderung der Scanparameter für Farbe und Helligkeit zuläßt. Korrigieren Sie das Bild auf dem Monitor, bis es optimal mit der Vorlage korrespondiert und speichern Sie die Kalibrierkurve. Für weitere Scans rufen Sie diese Kalibrierkurve immer wieder als Grundlage für ein Feintuning ab.

Für verschiedene Vorlagen empfiehlt sich das Anlegen eigener Kalibrierkurven. So können Sie für sich ein System von Vorlagenarten aufstellen und eigene Kalibrierkurven ermitteln und speichern:

- Hochglanzfotografien
- farbige Zeitungsvorlagen
- schwarzweiße Zeitungsvorlagen
- farbige Grafiken
- Dias
- Negative

Das erfordert zwar viel Zeit für die Vorbereitung, erleichtert später aber das Scannen und führt zu einheitlichen Scan-Ergebnissen.

Darüber hinaus bieten manche Scanner auch vorbereitete Kalibrierkurven je nach Motiv – etwa für das Scannen von Landschaftsbildern, Portraits, Technikabbildungen, Schmuck und Sonnenuntergängen.

2.3 Aktion »Der saubere Scan«

Scannen ist ein dreistufiger Vorgang: Vorarbeiten, Bilderfassung und Optimierung des Bildes. Zu den allseits besonders beliebten Vorarbeiten gehört das Ausputzen von Scanner und Vorlagen.

Besser sauber montiert als umständlich rotiert

Wenn Sie Ihre Vorlagen nicht absolut waagerecht montieren, müssen Sie ein Bild anschließend im Photoshop rotieren. Das ist nicht nur eine lästige Arbeit, sondern schadet auch der Bildqualität: Jede Rotation, die nicht ein Vielfaches von 90° ist, führt zu einem Weichzeichnungseffekt.

Für einen schnellen Scan von der Aufsichtsvorlage reicht es ab und zu schon, einfach ein Lineal auf das Aufsichtsglas zu legen, damit man immer die exakte Waagerechte findet.

Besser sauber fotografiert als schlecht gescannt

Die Qualität des digitalen Bildes beginnt mit der Vorlage – zu den großen Legenden rund ums digitale Bild gehört nämlich der Glaube, daß sich mit dem richtigen Bildbearbeitungsprogramm per Knopfdruck aus einer schlechten Vorlage ein vernünftiges Bild auf die Beine stellen läßt.

Aktion »Sauberer Scanner«

Fussel, Staubkörner und Kratzer in der Vorlage eines Scans werden vom CCD des Scanners oder der Kamera genauso sorgfältig digitalisiert wie der Grashalm am Flußufer. Insbesondere beim Rasterdruck gehen Staubkörner und Rasterpunkte eine unheilige Allianz ein: Da schwillt das Staubkorn, das auf dem Bildschirm nur in der 200%igen Vergrößerung sichtbar war, zu einem Klecks im blauen Himmel oder auf dem sauber ausgeleuchteten Untergrund an. Filter wie STAUB UND KRATZER ENTFERNEN unter den Störungsfiltern des Photoshops und vielbesungene Programme wie Kai´s Soap helfen hier überhaupt nicht, da sie mit einem starken Weichzeichnungseffekt einhergehen. Eine saubere Vorlage, ein gewienertes Vorlagenglas des Scanners, Handschuhe und ein makellos staubfrei gehaltener Aufbau des Sets sparen zeitaufwendige Pixelbewegungen.

Was trotz aller Anstrengungen den sauberen Eindruck stört, wird mit dem Stempelwerkzeug aus der Werkzeugleiste des Photoshops Staubkorn für Staubkorn überstempelt. Nehmen Sie mit gedrückter Alt-Taste einen sauberen Bereich nahe bei der verschmutzten Stelle auf und klonen Sie die sauberen Pixel über den Störenfried. Achten Sie darauf, daß Sie den Ursprung nicht zu nahe bei der Schadstelle setzen, sonst kommt es schnell zu sichtbaren Mustern. Weitere Hinweise für die Retusche von verschmutzen und verkratzen Bildern finden Sie in Kapitel 4.6: Ins Nirwana geschickt.

Newtonringe auf einem frisch entwickelten Dia.

Der Sicherheitsrand raubt dem Bild Tonwertstufen.

Ein scharfes Stück

Beim Scannen gilt: Hochglänzende Fotopapiere liefern bessere Ergebnisse als matte, denn sie haben einen größeren Dichteumfang. Leider zieht gerade das glänzende Material Staubpartikel besonders gut an. Außerdem wollen die Vorlagen mit Bedacht auf dem Vorlagenglas oder der Trommel des Scanners befestigt sein: Liegen sie nicht absolut plan auf dem Glas auf, ist der partielle Weichzeichner vorprogrammiert. Dias werden darum in die vorgesehenen Halterungen geklemmt oder mit Tesafilm aufmontiert, bei Aufsichtvorlagen verhelfen Telefonbücher eher zum scharfen Scan als der geschlossene Deckel des Scanners, der die Vorlage fast nie ausreichend andrückt.

Frisch geföhnt

»Frische« Dias liefern manchmal auf dem Flachbettscanner mit Durchlichteinheit ein unerwünschtes Interferenzmuster: Newtonringe. Dem begegnen Sie am besten mit dem Fön aus dem Badezimmer. Da auch falsch gelagerte Dias Newtonringe zeigen können, bewahren Sie Dias trocken auf – eventuell mit einem Trockensalzpack.

Schokoladenseite

Fast alle Scanner haben ihren »Sweet Point«, ihre Schokoladenseite, in der Mitte des Vorlagenglases, denn am Rand des Vorlagenglases kann es beim einen oder anderen Scanner schon mal zu Verzerrungen kommen.

Ohne »Reserverahmen«

Scannen Sie Dias und Negative ohne »Sicherheitsrand«. Die Tonwerte, die von den Pixeln am Rand mitgebracht werden, verfälschen die Meßwerte und rauben dem Bild eventuell ein paar kostbare Tonwerte.

Verdammt langsam

Fast niemand, der sich nicht über die launige Langsamkeit seines Scanners ausläßt.

Gut Ding will Weile haben: Auf dem Flachbettscanner kann der Scan einer 13x18 cm großen Aufsichtvorlage vom Overviewscan über den Prescan bis zur Übertragung auf den Rechner gut fünf Minuten und etwas mehr dauern. Auch der Diascanner will in Ruhe das Bild fokussieren und abtasten. Bevor das Bild tatsächlich gescannt wird, hat die Scansoftware eine enorme Menge von Berechnungen vor sich – dazu braucht sie Daten aus dem Scanner und muß auf Farbtafeln und Kalibrierkurve zurückgreifen. Wohl dem, der eine Scansoftware mit einer Stapelverarbeitung besitzt und sich entspannen kann, während der Scanner den finalen Scan aller Vorlagen selbsttätig durchführt.

2.4 Bilderfassung per Twainprogramm

*Über die Bedeutung der Bezeichnung
»Twain« gibt es nur Gerüchte: Tool Without
An Interesting Name. Ob dieses Gerücht
zutrifft ... wer weiß das schon?*

Seit einigen Jahren gibt es eine Standardschnittstelle, an der digitale Bilderfassungsgeräte wie Scanner und digitale Kamera ihre Pixelmassen abliefern: TWAIN. Fast immer sind Twainprogramme als Plug-ins für Bildbearbeitungssoftware konstruiert – also als ein Programm, das sich nahtlos in den Photoshop einklinkt und vom Photoshop aus aufgerufen wird. Im Photoshop finden sich die Twainprogramme der verschiedensten Scanner im Dateimenü unter dem Befehl IMPORTIEREN.

Wenn der Scanner frisch installiert wurde oder mehrere Geräte an einem Rechner wirken, wird hier das Gerät angegeben (TWAIN_32 QUELLE WÄHLEN ...), mit dem das Bild erfaßt wird. Anschließend wird das Twainprogramm aktiviert (TWAIN_32 ...). Mit dem Aufruf TWAIN_32 ... wird also ein herstellerspezifisches Programm gestartet, mit dem das Bild eingescannt und unter Umständen schon während des Scannens korrigiert wird.

Ein paar Grundfunktionen haben alle Twainprogramme gemeinsam: Bei einem Flachbettscanner liefert ein Overviewscan ein Bild des gesamten Vorlagenglases. Im Overviewscan wird das Bild lokalisiert und der Bildausschnitt festgelegt. Der nachfolgende Prescan dient der Korrektur des Bildes vor dem eigentlichen Scan. Am Prescan oder Preview werden Kontrast und Helligkeit geregelt und Farbkorrekturen eingestellt.

Korrekturen im Prescan

Die moderne Bilderfassungssoftware, auch Twainsoftware genannt, mißt die Vorlage aus und richtet die Belichtung automatisch ein. Im Regelfall liefert die Autokorrektur auch farbechte und kontrastreiche Ergebnisse. Erst ausgesprochene High-Key- und Low-Key-Bilder, Vorlagen und Setaufbauten mit einem dominanten Anteil einer Farbe sowie Scanvorlagen mit einem Farbstich erfordern den gekonnten Umgang mit der Twainsoftware. Dabei sind die Funktionen der Twainsoftware, mit denen das Bild bei der Aufnahme oder beim Scan korrigiert wird, im wesentlichen die gleichen wie in der Bildbearbeitungssoftware. Dennoch ist es mehr als empfehlenswert, das Bild bereits am Prescan zu korrigieren: Moderne Chips arbeiten mit einer höheren Farbtiefe als 24 Bit – in der Regel sind es heute bereits 36 Bit. Die höhere Farbtiefe sorgt dafür, daß bei Korrekturen die Tonwerte nicht aufreißen und eine maximale Anzahl von Helligkeitsstufen für ein kontrastreiches und farbechtes Bild ausgenutzt werden kann.

In drei Schritten läuft der Scan ab: Im ersten wird die Vorlage auf dem Vorlagenglas gesucht, in einem zweiten Schritt werden Helligkeit, Kontrast und Farben korrigiert, und im dritten Schritt erst wird das Bild eingescannt.

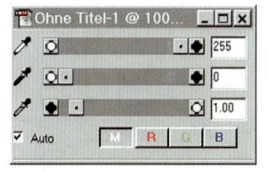

Einfache Gammakorrektur bei den UMax-Scannern.

LinoColor gibt dem Benutzer Vorlagentypen für die einfache Einrichtung zur Hand.

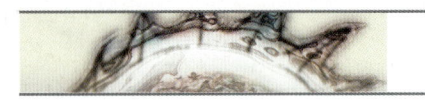

Vergrößern und Verkleinern beim Scannen

Wollen Sie die Größe des Bildes ändern, müssen Sie dies bei der Berechnung der Scanauflösung berücksichtigen. Eine gute Scansoftware wird Ihnen die Berechnung der Auflösung durch integrierte Formeln abnehmen. Sie müssen nur noch die gewünschte Größe und die Rasterweite in dpi eingeben. Details zum Zusammenhang zwischen Scanauflösung und Rasterweite beim Druck finden Sie im Kapitel 6.2: Völlig aufgelöst.

Das Ende der Vergrößerungen

Der Vergrößerung der Vorlage beim Scannen sind natürliche Schranken gesetzt durch die Anzahl der CCDs des Scanners und ihre Qualität auf der einen Seite und die Natur der Vorlage auf der anderen Seite. Wollen Sie die Größe des eingescannten Bildes über das Auflösungsvermögen des Scanners hinaus verändern, müssen Sie sich eines anderen Hilfsmittels bedienen. Die Softwarelösung heißt Interpolation. Die Interpolation bietet allerdings nicht die Qualität der optischen Auflösung, denn sie ermittelt

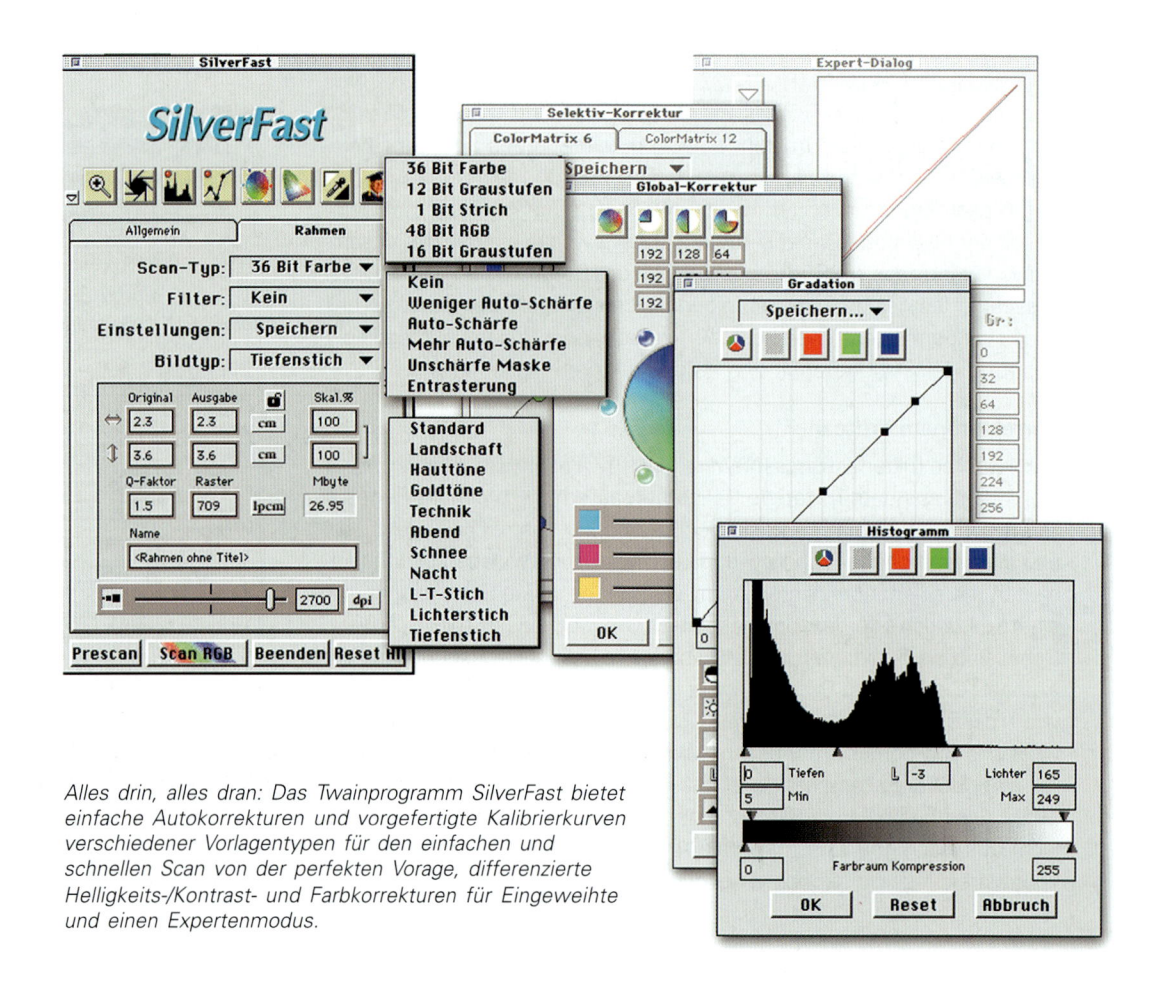

Alles drin, alles dran: Das Twainprogramm SilverFast bietet einfache Autokorrekturen und vorgefertigte Kalibrierkurven verschiedener Vorlagentypen für den einfachen und schnellen Scan von der perfekten Vorage, differenzierte Helligkeits-/Kontrast- und Farbkorrekturen für Eingeweihte und einen Expertenmodus.

Links: Der Scan mit der optischen Auflösung von 1000 dpi.
Rechts: Der Scan mit 600 dpi optischer Auflösung und Interpolation auf 1000 dpi. Insbesondere in der Ausschnittsvergrößerung erkennt man die fehlenden Details der Interpolation: Das Bild wirkt deutlich unschärfer.

zusätzliche Bildpunkte durch eine Zwischenwertermittlung – die Interpolationssoftware »schätzt«, welcher Farbwert zwischen zwei erfaßten Bildpunkten liegt.

Die richtige Auflösung?

Auch eine so relativ junge Disziplin wie die Bildbearbeitung hat bereits ihren Aberglauben. Es bringt keinerlei Qualitätsgewinn, Bilder in höherer Auflösung als der benötigten zu erfassen und dann zu verkleinern. Das Bild wird nicht schärfer durch die Verkleinerung – im Gegenteil. Darum sollte das Bild, wann immer es machbar ist, in genau der Auflösung erfaßt werden, in der es auch benötigt wird.

Der Qualitätsverlust einer Vergrößerung springt sogar direkt ins Auge: Da durch eine Vergrößerung keine echten neuen Details im Bild herauskommen, werden die Linien im Bild nur aufgeblasen – wenn auch auf eine äußerst raffinierte Art und Weise. Die »bikubische Interpolation«, die feinste Methode für die Verkleinerung oder Vergrößerung des Bildes, ist ein aufwendiger Berechnungsprozeß, der den Qualitätsverlust einer Verkleinerung auf 50% und die Vergrößerung um 30% in akzeptablen Grenzen hält (die Zahlen schwanken jedoch je nach Detailreichtum des Bildes). Ein anschließendes »unscharf Maskieren« täuscht über den Weichzeichnungseffekt der Größenänderung hinweg.

Vergrößern je nach Art der Vorlage

Die Art der Vorlage setzt der Scanauflösung Grenzen. Selbst der Abzug auf den besten Fotopapieren (im Sinne des Scanners) gerät bei einer drei- bis vierfachen Vergrößerung an seine Grenzen, auch wenn der Scanner die dafür erforderlichen 1000 und mehr dpi leistet. Das Dia oder das Negativ weisen hingegen mehr »Informationen« auf – ihre Dichte ist größer. Einen Film mit 100 ASA kann man durchaus mit 3000 dpi einscannen und auf diese Weise um den Faktor 10 vergrößern. Besonders hochwertige Diafilme wie Fuji Velvia und Fuji Provia gestatten eine Vergrößerung um den Faktor 10 bis 20 – hier muß aber schon ein Trommelscanner oder ein professioneller Filmscanner eingesetzt werden.

Stapelverarbeitung am Scanner

Noch immer ist das Einscannen von Bildern ein zeitraubender Prozeß. Ein Overviewscan, ein Prescan, die Bildkorrektur und dann das endgültige Scannen: das alles kostet eine Menge Zeit. Professionelle Scansoftware bietet darum eine Stapelverarbeitung von Scans an. Dabei werden alle Bilder auf dem Vorlagenglas nacheinander im Prescan korrigiert, danach erfaßt die Software automatisch alle Vorlagen ohne weiteres Zutun des Scanneroperators.

Scannen in RGB oder CMYK?

Da Scanner und digitale Kameras das Bild mit Licht erfassen, ist der RGB-Farbraum der Ausgangsfarbraum der Bilderfassung. Für die meisten Druckverfahren ist die Umwandlung in CMYK erforderlich – mit Ausnahme etwa der Diabelichtung oder Pictrography. Hochwertige Scanner und Kameras liefern auf Wunsch direkt CMYK-Daten. Der Scanner kann natürlich nur RGB-Farben erfassen, aber das RGB-Signal der Sensoren wird in der Hard- oder Software des Scanners in den CMYK-Modus umgewandelt. Die Konvertierung der Bilddaten gewährleistet optimale Farbtreue, da sie durchgeführt wird, bevor der Scan mit 24 Bit Farbtiefe gespeichert wird.

Die Bilderfassung im CMYK empfiehlt sich allerdings nur dann, wenn beim Scan bereits die Daten des Druckprozesses bekannt sind und das Bild ohne jede Bearbeitung und Retusche für die Druckausgabe verwendet wird. Soll das Bild noch umfangreich retuschiert und korrigiert werden, ist abzuwägen, ob dies im RGB- oder CMYK-Farbraum geschehen soll: Die Datenmengen sind beim CMYK-Bild um ein Drittel größer und nicht alle Korrekturen lassen sich am CMYK-Bild durchführen. Allerdings entgeht man auf diese Weise der Gefahr, daß die Farben eines RGB-Bildes bei der anschließenden Separation Einbußen erleiden.

Die Separation in der Scansoftware (LinoColor) bei 36 Bit Farbtiefe erhält die schwierige Farbe der Schärpe korrekt.

Die Separation im Photoshop bei 24 Bit Farbtiefe.

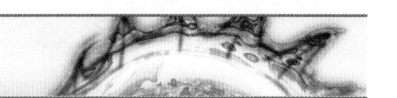

2.5 Schwarzweißvorlagen scannen

Sie glauben, weil Sie nur Schwarzweißbilder einscannen wollen, kämen Sie mit einem preiswerteren Scanner zurecht?

Der Dichteumfang

Wer seine Schwarzweißfotos in bester Qualität einscannen möchte, sollte bei der Anschaffung des Scanners nicht sparen. Viel wichtiger als die Auflösung – in der Werbung Anschaffungskriterium Nummer Eins – ist der Dichteumfang des Scanners. Den findet man gerade bei preiswerten Scannern selten in den Prospekten.

Der Dichteumfang einer Vorlage, sei es nun ein fotografischer Print, Negativ oder Dia, ist der Unterschied zwischen dem hellsten und dem dunkelsten Punkt. Je größer der Dichteumfang, desto kontrastreicher und brillanter ist das Bild. Schwarzweißfotografien auf Barytpapier erreichen einen Dichteumfang von 2,2; auf Hochglanzpapier erreichen sie Werte um 2,5. Barytpapiere sind aufgrund ihrer feinen Struktur wenig geeignet, zarte Verläufe und feine Details einzuscannen. Ist das Papier außerdem leicht körnig, ist diese Struktur für den Scanner ein Gebirge, das beim Abtasten der Vorlage regelrechte Schatten wirft.

Beim Schwarzweißnegativ oder gar -dia sind Filmscanner oder Flachbettscanner gefordert, die einen Dichteumfang von 3,3 und noch mehr unterscheiden können. Bei der Anschaffung des Scanners sollte man also auf jeden Fall darauf achten, daß der Scanner den Dichteumfang der Vorlage noch erfassen kann.

Schwarzweißfotos als Graustufenbild scannen

Fast alle Scanner bieten die Option, ein Schwarzweißfoto direkt als Graustufenbild einzuscannen. In den meisten Fällen wird man dieses Verfahren auch gegenüber einem Farbscan vorziehen: Die Graustufendatei ist kleiner, wird schneller gescannt und an den Rechner übertragen.

Unerläßliches Instrument: der Graukeil

Jeder Scanner bietet die Option, ein Bild als »Graustufenbild« zu erfassen. Das Ergebnis enttäuscht aber immer wieder, denn es macht seinem Namen alle Ehre: Grau und flach erscheint das ehemalige Schwarzweiß-

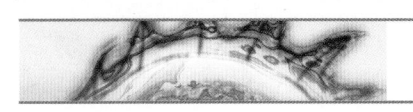

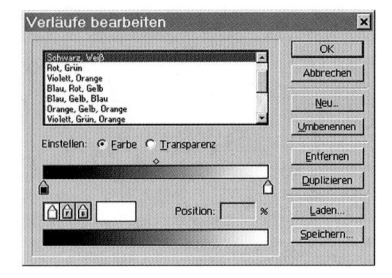

Ein gleichmäßiger Verlauf von Schwarz nach Weiß.

foto auf dem Bildschirm. Hier empfiehlt sich der Griff in die Schublade: Ein Graukeil muß her. Insbesondere, wenn High-Key- oder Low-Key-Bilder gescannt werden, legt man einen Graukeil mit auf das Vorlagenglas des Scanners, damit der Scanner den eingeschränkten Tonwertbereich nicht für eine mangelhafte Vorlage hält und das Bild automatisch vom tiefsten Schwarz bis zum hellsten Weiß spreizt.

Sie können einen Graukeil auch im Photoshop selber machen: Legen Sie eine neue Datei mit den Maßen 200x1800 Pixel bei 200 dpi als Graustufendatei an (DATEIMENÜ/NEU). Benutzen Sie das Verlaufswerkzeug aus der Werkzeugleiste des Photoshops mit einem linearen Verlauf von Schwarz nach Weiß. Achten Sie darauf, daß die Einstellung für Schwarz auf 0 und die Einstellung für Weiß auf 100 steht und stellen Sie die kleine Raute für die Gewichtung des Verlaufs auf Position 50. Ziehen Sie den Verlauf über die gesamte Breite des Bildes – mit gedrückter Umschalttaste erzielen Sie eine perfekte waagerechte oder senkrechte Ausrichtung des Verlaufs. Danach reduzieren Sie die Anzahl der Helligkeitsstufen im Bild mit dem Befehl BILD/EINSTELLEN/TONTRENNUNG auf 18 Stufen und drucken das Bild auf dem Laserdrucker oder auf dem Tintenstrahler aus.

Farbfotos in Graustufenbilder umwandeln

Die Scansoftware und das Bildbearbeitungsprogramm können das farbige Bild in Sekundenschnelle in ein Graustufenbild umwandeln. Allerdings geht dabei der besondere Charakter des Schwarzweißfotos in der Formel »Schwarzweiß gleich Farbfoto minus Farbe« verloren. Hier erzielen Sie fast immer das bessere Ergebnis, wenn Sie das Bild zunächst als RGB-Bild einscannen und dann im Photoshop in den Graustufenmodus umwandeln.

Der Photoshop bietet verschiedene Möglichkeiten, ein Farbbild in ein Graustufenbild abzuändern. Am einfachsten ist die Option, das Bild in den Modus GRAUSTUFEN umzuwandeln (BILD/MODUS/GRAUSTUFEN). Da-

Das Farbbild wird auch als Farbbild gescannt.

Im Photoshop werden alle Kanäle außer dem roten Kanal ausgeblendet, und erst dann wird das Bild in ein Graustufenbild umgewandelt.

bei wichtet der Photoshop die Farben im Bild mit 30% für Rot, 11% für Blau und 59% für Grün.

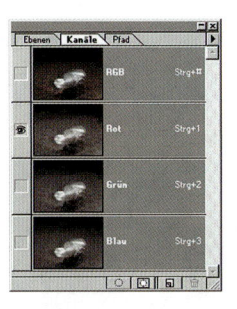

Mehr als nur Graustufen

Dem Bildcharakter angemessen wandelt man das RGB-Bild über die Auswahl eines Farbkanals um, der den Bildcharakter am besten unterstützt. Schalten Sie zuerst die Option FARBAUSZÜGE IN FARBE in den Voreinstellungen des Photoshops aus, um die Helligkeitsinformationen in den Farbkanälen als Graustufen darzustellen.

Der rote Kanal bringt Hauttöne am besten zur Geltung und eignet sich immer dann besonders gut, wenn das Bild unterbelichtet ist. Der grüne Kanal zeigt die beste Schärfe und ist die erste Wahl, wenn es um die Detailwiedergabe des Bildes geht. Bei der Wiedergabe von Technik wie Hifi-Anlagen und anthrazithfarbenen Autos kommt der blaue Kanal groß heraus. Im blauen Kanal taucht außerdem oft noch eine Durchzeichnung auf, die in einem überbelichteten Farbbild nicht mehr auszumachen war. Im blauen Kanal wird allerdings der Himmel weiß – für Landschaftsbilder ist der blaue Kanal deswegen nicht immer der geeignete Kandidat.

Blenden Sie in der Kanalpalette (FENSTER/KANALPALETTE EINBLENDEN) alle Farbkanäle bis auf einen durch einen Klick auf das Augensymbol in der Miniatur aus, um die Graustufendarstellung des Kanals im Bildfenster zu begutachten. Wenn Sie eine Entscheidung getroffen haben, welchen Kanal Sie für Ihr Bild bevorzugen, rufen Sie die Umwandlung des Bildes in den Graustufenmodus auf: BILD/MODUS/GRAUSTUFEN. Alle anderen Farbkanäle werden bei der folgenden Konvertierung verworfen.

Sie können aber auch zwei Farbkanäle bei der Umwandlung in ein Graustufenbild heranziehen: Blenden Sie durch einen Klick auf das Augensymbol der Kanalpalette einen weiteren Farbkanal ein. Allerdings können Sie das Ergebnis einer Umwandlung in den Graustufenmodus in diesem Fall erst dann begutachten, wenn das Bild tatsächlich umgewandelt wurde. Wenn Ihnen das Resultat nicht gefällt, müssen Sie die Aktion widerrufen.

Die Kanalpalette

Der grüne Kanal zeigt in der Regel die schärfste Seite des Bildes.

Im blauen Kanal zeigt sich der Himmel von seiner schwächsten Seite.

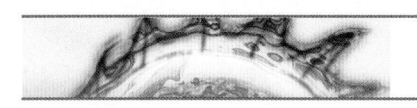

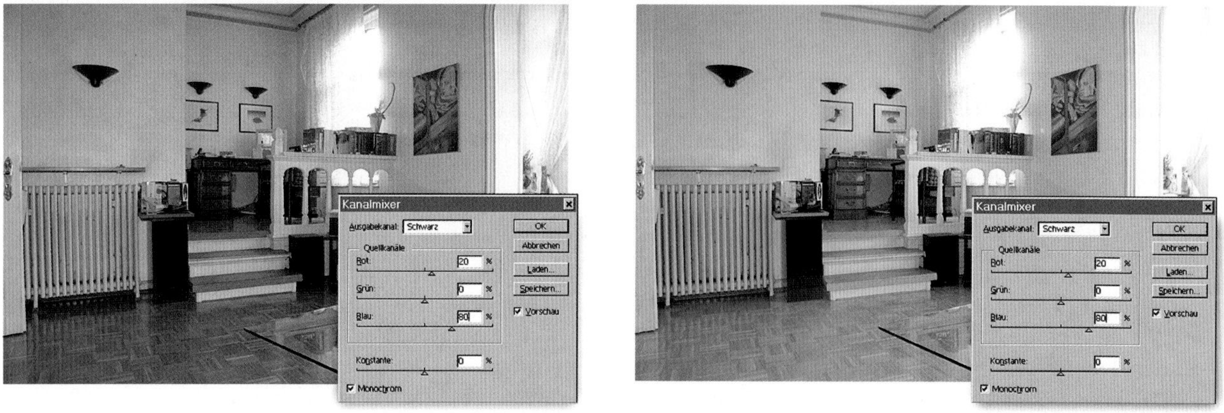

Regeln Sie den Charakter des Graustufenbildes einmal im Kanalmixer.

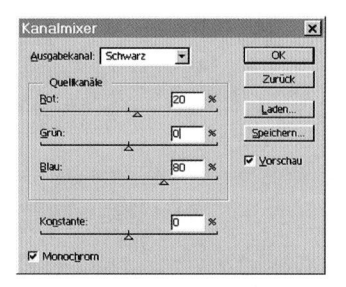

Die Zusammensetzung der Quellkanäle können Sie auch speichern, um eine Serie von Bildern mit den gleichen Einstellungen in Graustufenbilder umzuwandeln.

Selbst gemischt: der Kanalmixer

Photoshop 5 bietet die Option, die vorgegebenen Gewichte der Farben, nach denen ein Farbbild in ein Graustufenbild umgewandelt wird, selber zu ändern. Im Menü BILD/EINSTELLEN befindet sich seit der Version 5 die Option KANALMIXER. Schalten Sie im Dialogfenster des Kanalmixers die Option MONOCHROM ein und regeln Sie dann die Gewichtung der Farben. Der Kanalmixer arbeitet übrigens auch mit Bildern in 16 Bit Farbtiefe.

Beachten Sie, daß ein Bild, das im Kanalmixer in ein Schwarzweißbild umgewandelt wurde, weiterhin seine Farbkanäle behält – so lange, bis es explizit in ein Graustufenbild umgewandelt wurde. Vorher enthalten alle Farbkanäle die gleichen Informationen. Konvertieren Sie das Bild also in ein Graustufenbild, wenn Sie Speicherplatz und Ladezeit für das Bild reduzieren wollen.

Alltagsgrau

Nach der Umwandlung läßt sich das Graustufenbild genauso behandeln wie das Farbbild: Helligkeit und Kontrastkorrekturen erfährt es in der Tonwertkorrektur oder im Gradationskurvendialog und für den Druck wird es »unscharf maskiert«. Sie können es problemlos als JPEG komprimieren oder die Anzahl der Graustufen reduzieren, um es als GIF ins Internet zu setzen. Hier freut sich der Surfer über besonders kurze Ladezeiten.

2.6 Weitere Vorlagentypen

Auf dem modernen Scanner kann man so ziemlich alles digitalisieren: Grafiken, Abzüge, Dias, Negative, Zeitschriften. Dabei hat jede Vorlage ihre Eigenarten und will eine gesonderte Behandlung, um optimal in den Rechner zu gelangen.

Scanners Liebling

Die Vorlage der Wahl ist eindeutig die Aufsichtvorlage: Am besten kann der Scanner mit dem fotografischen Abzug umgehen. Erst professionelle Scanner und Filmscanner werden mit der Dichte eines Dias oder den besonderen Herausforderungen eines Negativs fertig.

Dias scannen

Filmscanner sind im Preis so weit gesunken, daß sie der nie so richtig aufgeblühten Photo CD heftige Konkurrenz machen. Der richtige Film, die richtige Einstellung, das richtige Programm – so holt man digitale Qualität auf den Bildschirm. Für den Profi stellt der Filmscanner noch immer die feinste Alternative zu einem Trommelscanner dar.

Der größte Vorteil des Filmscanners, der Dias oder Negative direkt erfaßt, liegt gegenüber dem Vorlagenscanner mit Durchlichteinheit in dem fehlenden Vorlagenglas. Durch das Vorlagenglas werden Scans in der Regel vom Vorlagenscanner nicht so scharf erfaßt wie durch den Diascanner. Außerdem bilden sich durch das Vorlagenglas schnell Newtonringe als störende Artefakte auf dem Scan.

Achten Sie beim Scan vom Dia darauf, die schwarzen Ränder des Films nicht mitzuscannen, sondern schließen Sie die Ränder vom Scan durch ein sorgfältiges Freistellen des Bildausschnittes aus. Ansonsten verfälschen Sie die Tonwerte des Scans beim Prescan und erhalten keine optimalen Ergebnisse.

Negative scannen

Der alte klassische Negativfilm hat seine Vorteile: Er nimmt es mit der Belichtung nicht so genau und kann heute gut mit dem Diamaterial konkurrieren. Aber beim Scannen erfordert er eine Sonderbehandlung. Nicht daß gute Durchlichtscanner oder Filmscanner Probleme mit dem Material hätten – vielmehr liegt das Problem in der Scansoftware oder der Bildbearbeitungssoftware.

Ein Negativ ist nicht einfach die Umkehrung der Farben eines Dias. Wird das Farbnegativ als Dia gescannt und werden die Farben einfach nur umgekehrt, weist das Bild einen unrealistischen Farbstich auf, der von der Orange-Schicht des Negativfilms herrührt. Also muß entweder die Scansoftware den Filter mitbringen, der den Farbstich eliminiert, oder

Nur wenn die Scansoftware (hier: LinoColor) die Option mitbringt, auch Negative zu scannen, kann man optimale Ergebnisse erwarten.

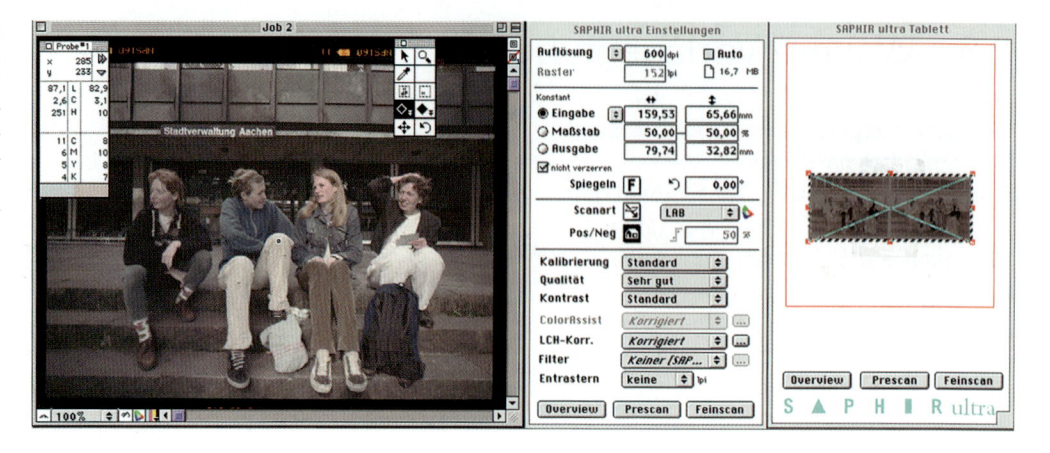

der Farbstich muß im Photoshop durch das Setzen des NEUTRALEN TONS entfernt werden.

Das gelingt allerdings nicht immer zur vollen Zufriedenheit – bessere Ergebnisse erzielt man fast immer mit einem Abzug vom Negativ.

Scannen von gedruckten Vorlagen

Wenn ein Bild von einer gedruckten Vorlage aus einem Magazin, einer Broschüre oder einem Buch eingescannt wird, hat man sich nicht nur mit dem Copyright auseinanderzusetzen – das Druckraster des Offsetdrucks schlägt sich im eingescannten Bild als sogenanntes »Moiré« durch. Das eingescannte Druckraster überlagert sich mit dem Raster eines erneuten Druckes, wenn das Bild noch einmal in den Offsetdruck geht. Ein ganzes Buch ließe sich alleine mit den vielfältigen Rezepten gegen das Moiré in gescannten Bildern füllen, wir beschränken uns hier lieber auf ein paar einfache Methoden:

Gute Scansoftware bringt die Funktion ENTRASTERN mit. Sie ist die erste Wahl bei der Vermeidung eines Moirémusters. Bei der Verwendung der Entrastern-Funktion in der Scansoftware müssen Sie allerdings die Größe des Rasters kennen. Wenn dem Scanner kein Rastermaß beiliegt, mit dem Sie das Raster ausmessen können, müssen Sie sich mit einer Abschätzung begnügen: Der Zeitungsdruck arbeitet mit einem recht groben Raster von 85 lpi (lines per inch) oder 33 lpc (Linien/cm), Magazine und Zeitschriften mit 133 lpi oder 52 lpc, der Kunstdruck mit 175 lpi oder 69 lpc. Mit diesen Werten faßt die Scansoftware die Helligkeit nebeneinanderliegender Pixel zusammen und erzeugt daraus neue Punkte im Raster der gewünschten Ausgabegröße.

Wenn die Scansoftware keine Funktion zum Entrastern der Vorlage mitbringt, legen Sie eine dünne, verzerrungsfreie Glasscheibe (am besten ein sogenanntes »Newtonglas«, auf das Vorlagenglas und darauf Ihre Vorlage. Die Entfernung zwischen Vorlage und Scanschlitten hebt die

Aus dem Magazin eingescannt: Das Raster ist auf dem Monitor deutlich zu erkennen und im Druck überlagern sich das Raster aus dem Scanner und das Druckraster zu einem Moirémuster.

Hier wirkt der Filter HELLIGKEIT INTERPOLIEREN, der die Helligkeitsunterschiede benachbarter Pixel eliminiert und so das Raster unterdrückt.

Vorlage aus dem Schärfentiefenfokus der Scanoptik und erzielt damit einen feinen Weichzeichnungseffekt, der das Raster unterdrückt.

Entrastern im Photoshop

Im Photoshop geht man einem Raster mit dem Filter HELLIGKEIT INTERPOLIEREN aus den Störungsfiltern (Menü FILTER/STÖRUNGSFILTER) an den Kragen. HELLIGKEIT INTERPOLIEREN ist ein Weichzeichnungseffekt, der aber im Gegensatz etwa zum Gaußschen Weichzeichner nicht generell auf alle Pixel des Bildes wirkt, sondern nur dort, wo zwischen benachbarten Pixeln ein bestimmter Helligkeitsunterschied nicht überschritten wird. Dadurch bleiben die Konturen im Bild erhalten, während in den Flächen der Helligkeitsunterschied zwischen den Pixeln ausgeglichen wird.

Wenn der Weichzeichnungseffekt des Filters HELLIGKEIT INTERPOLIEREN doch zu stark wird, bevor das störende Moiré verschwindet, kopieren Sie das Bild vor der Verwendung des Filters auf eine separate Ebene und blenden Sie zunächst die Kopie mit einem Klick auf das Augensymbol der Ebenenminiatur aus. Markieren Sie die Hintergrundebene und stellen den Filter HELLIGKEIT INTERPOLIEREN auf einen Wert ein, bei dem das Raster nicht mehr zu sehen ist. Um den Weichzeichnungseffekt zu mildern, blenden Sie die Kopie wieder ein, überblenden die Hintergrundebene im Modus »Luminanz« und regeln die Deckkraft der oberen Ebene, bis sich ein zufriedenstellendes Ergebnis einstellt.

Mit Werten von 2 bis 3 Pixeln verschwindet das störende Moirémuster.

Grafiken und Strichzeichnungen scannen

Auf dem Scanner lassen sich auch Aquarelle, Acryl- und Ölbilder für die Reproduktion einscannen – vorausgesetzt, die Vorlagenfläche des Scanners ist groß genug. Sowohl bei »natürlichen« als auch bei künstlichen Grafiken und Bildern wird eine Farbreferenzkarte und einen Graukeil mit auf das Vorlagenglas gelegt, um eine ungenaue Farbwiedergabe des Scanners auszuschließen.

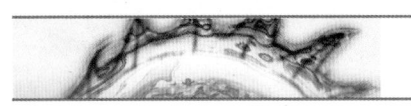

Die gleiche Strichzeichnung – einmal mit 600 dpi gescannt und einmal mit 300 dpi.

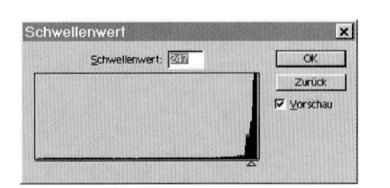

Besteht ein Originalbild nur aus Linien und vollflächigen schwarzen oder dunklen Tönen, kann es als Strichvorlage gescannt werden. Alle Farben oder Grautöne werden auf reines Schwarz oder Weiß reduziert. Als Strichvorlagen gescannte Zeichnungen können zur weiteren Bearbeitung im Zeichenprogramm in Konturen umgesetzt werden (Vektorisierung). Mit einer einzigen Farbe gezeichnete Logos werden ebenfalls als Strichzeichnungen gescannt.

Die Auflösung für Strichvorlagen richtet sich nach der vorgesehenen Verwendung. Soll das Bild zur Verwendung in einem Zeichenprogramm vektorisiert werden, empfiehlt sich meistens die höchste Auflösung des Scanners – bis zu einer Auflösung von 1200 dpi. Soll die Strichvorlage ohne jede weitere Bearbeitung ausgegeben werden, sollte die Scanauflösung der Auflösung des Ausgabegerätes entsprechen – auch hier wieder bis zu einer Obergrenze von etwa 1200 dpi. Auf einem Laserdrucker mit 600 dpi gewinnt man allerdings durch einen Scan mit 1200 dpi keinerlei Qualitätsvorteil, sondern handelt sich nur eine wesentlich höhere Dateigröße ein.

Verfügt Ihr Scanner nicht über eine Auflösung von 1200 dpi, dann können Sie das Bild auch im Photoshop vergrößern (mit der Option BIKUBISCH) und einen Schärfefilter anwenden.

Da das Papier, von dem gescannt wird, nur in den seltensten Fällen reinweiß ist, wird bei der Umsetzung von Grautönen in Schwarz oder Weiß ein Schwellenwert festgelegt. Pixel, die heller als der Schwellenwert sind, werden in Weiß umgewandelt, während dunklere Pixel in Schwarz geändert werden. Um die Details einer Graustufenvorlage zu erhalten, sollte der Schwellenwert etwa in der Mitte des vorhandenen Tonwertumfangs angesetzt werden. Ein Scharfzeichnen vor der Konvertierung kann die Ergebnisse gegebenenfalls noch verbessern, und mit Hilfe unterschiedlicher Schwellenwerte für das Einscannen von Strichvorlagen kann die Strichstärke variiert werden.

Ohne Umwege

Ein guter Flachbettscanner kann viel mehr, als nur flache Fotos scannen. Kleine Gegenstände leuchtet der Scanner so weich und diffus aus, daß es schon mal Sinn macht, ihn zur Digitalkamera umzufunktionieren. Ein paar Zentimeter tief in den Raum hinein sehen die meisten Scanner noch scharf. Sobald die Gegenstände tiefer sind als die Schärfenzone des Scanners – schon nach wenigen Zentimetern – wird der abgelichtete Gegenstand schnell unscharf.

Knopfaugen

Für die Knopfbeispiele in diesem Buch wurden die Knöpfe einfach und direkt auf dem Vorlagenglas arrangiert und gescannt. Das »Scangut« wurde mit einem Karton abgedeckt.

Bei metallischen Gegenständen kann es bei dieser Methode der »Digitalisierung« zu Farbsäumen um die Spitzlichter herum kommen, die sich je nach Scanner kaum vermeiden lassen und die manuell in der Bildbearbeitung »repariert« werden müssen.

Vitaminstoß

Scannen Sie ein paar zarte und leicht durchsichtige Objekte wie ein Dia als Durchlichtvorlage und einmal als Aufsichtvorlage – hier etwa sind es hauchdünne Fruchtscheiben. Sie erhalten eine perfekte Vorlage für zarte, grell-bunte oder poppige Collagen.

Glasig

Durch die extrem gleichmäßige Ausleuchtung des Scanschlittens bekommt Glas einen sanften Touch. Legen Sie eine farbige Pappe auf das Glas (an den Rändern durch ein paar Klötze gestützt) oder besser noch decken Sie das Scangut durch den Deckel eines Kartons ab, der genau die richtige Höhe hat, um einen besonders weichen Schatten zu erhalten.

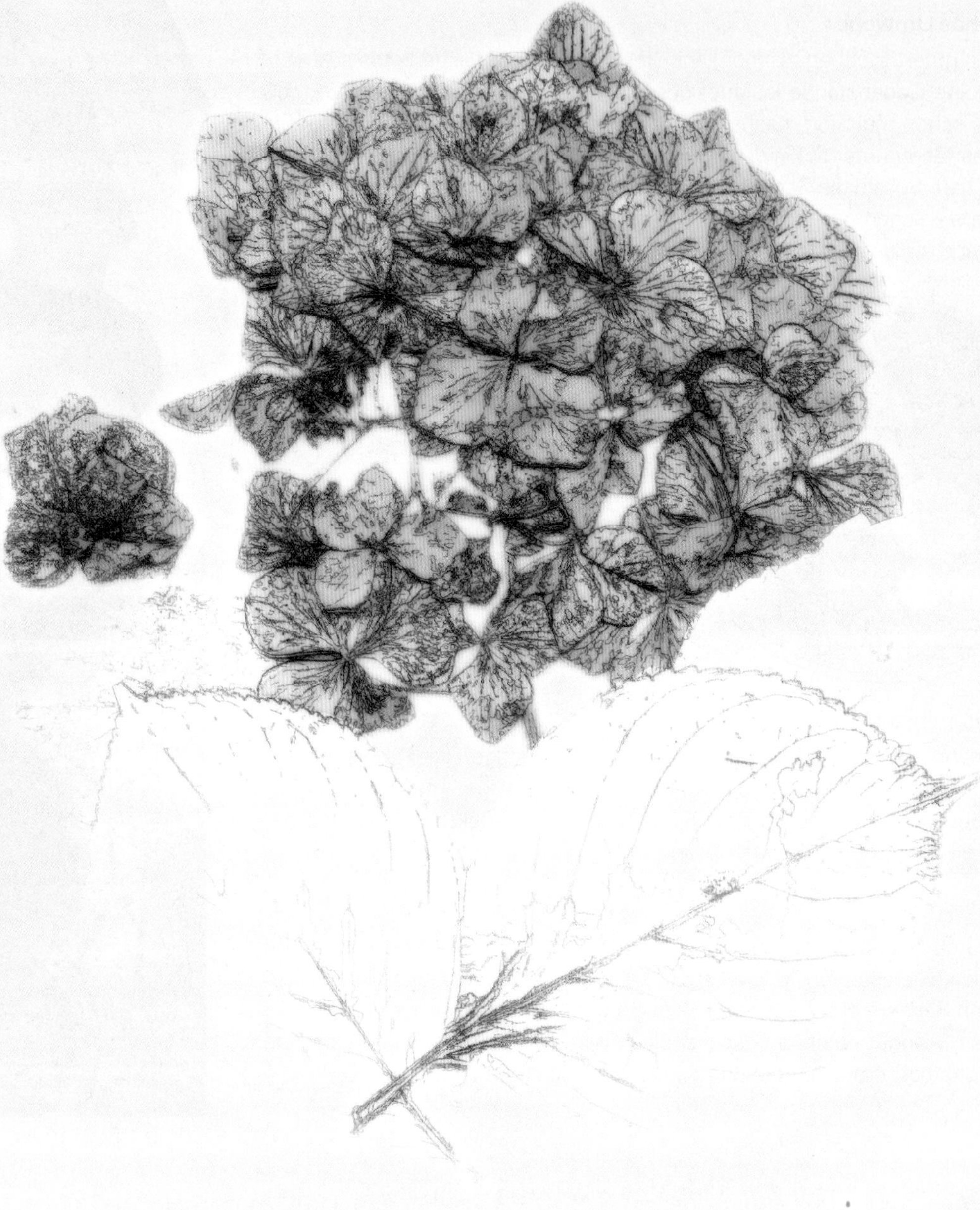

KAPITEL 3 DIE KLASSISCHE BILDKORREKTUR

Gründe für die Nachbearbeitung digitaler Bilder gibt es jede Menge, denn das Bild aus der digitalen Kamera, aus dem Scanner oder von der Photo CD eignet sich unkorrigiert kaum für die Ausgabe auf dem Drucker oder den Einsatz auf einer Multimedia-CD.

3.1 Corrigez la Fortune

In der digitalen Dunkelkammer stehen Werkzeuge parat, von denen man in der modernen Dunkelkammer kaum zu träumen wagt: Die Gammakorrektur oder die Gradationskurve verschiebt die Helligkeitswerte im Bild und verleiht flauen, kontrastarmen Bildern knackig leuchtende Farben. Vielfältige Funktionen korrigieren Unter- und Überbelichtung, entfernen Farbstiche, und verleihen dem Bild den richtigen Farbcharakter.

Dennoch sind die meisten Korrekturen »Handarbeit«: Bis heute kann keine Automatik den Inhalt des Bildes auslesen. Ist das Bild so hell, weil es überbelichtet ist oder ist es ein High-Key-Bild? Entsteht der Überhang an Rot im Bild durch einen Farbstich oder wurde ein besonders intensiver Sonnenuntergang aufgenommen?

Unter- und Überbelichtungen korrigieren

Richtig belichtete Fotos zeigen Details sowohl in den hellen Bereichen (den Lichtern) als auch den dunklen Bereichen (Schatten) des Bildes. Die Lichter sind reinweiß und ohne Farbstich. In überbelichteten Fotos sind mehr Details in den dunklen Partien des Bildes vorhanden, während in den hellen Partien kaum noch Zeichnung zu erkennen ist. Bei unterbe-

Überbelichtet: Es fehlt die Zeichnung in den Lichtern und die Farben wirken ausgewaschen.

Kontrastarm: Das Bild ist flau und zeigt wenig Kontur.

lichteten Aufnahmen nehmen Zeichnung und Details in den Schatten ab, bleiben aber in den Lichtern und Vierteltönen erhalten. Mit einem guten Scanner und dem richtigen Umgang mit dem Scanprogramm kann es durchaus gelingen, die Qualität solcher Aufnahmen zu verbessern: Die Tonwertspreizung kann die Verteilung von hellen und dunklen Pixeln im Bild verschieben und Details aus unter- und überbelichteten Fotos wieder ans Tageslicht bringen.

Kontrastarme Bilder

Bei kontrastarmen Bildern sollen die Kontraste verstärkt werden, wobei das Bild aber keinesfalls zu dunkel oder zu hell werden darf. Die Gammakorrektur und die Gradationskurve verändern die Mitteltöne eines Bildes, ohne dabei Schatten oder die Lichter zu beeinflussen.

Farbstiche

Farbstiche entstehen durch überaltertes oder schlecht gelagertes Bildmaterial, auch die Art der Beleuchtung kann zu Farbstichen führen. Wenn sich der Farbstich nicht schon in der Gammakorrektur beheben läßt, helfen vielleicht noch die selektive Farbkorrektur oder eine Veränderung der Farbbalance.

Unterbelichtet: Die Tiefen »laufen zu« – sie zeigen keine Zeichnung mehr.

Farbstich: Ein unrealistischer Rotton zieht sich durch das gesamte Bild.

Eine Veränderung der Farbbalance kann aber auch bestimmte Farben im Bild hervorheben – etwa die warmen Rot- und Gelbtöne eines Herbstbildes stärker sättigen. Mit den Funktionen wie FARBTON/SÄTTIGUNG, FARBE ERSETZEN und durch die SELEKTIVE FARBKORREKTUR lassen sich spezifische Farbattribute verändern und verstärken.

Korrekturreihenfolge

Es gibt kein Standardverfahren für die Bildnachbearbeitung und die Vorbereitung für die Reproduktion. Wenn dem so wäre, dann gäbe es auch tatsächlich »den« Knopf, um das Bild automatisch vom Bildbearbeitungsprogramm korrigieren zu lassen. Allerdings kann man sich an ein paar Regeln orientieren, bis das eigene Farbempfinden so weit entwickelt ist, daß man selber entscheiden kann, welche Schritte in welcher Reihenfolge das gewünschte Ergebnis erzielen.

Schritt für Schritt

Allgemein gilt die folgende Reihenfolge bei den Korrekturarbeiten:

- Damit keine unerwünschten Pixel die Korrekturen verfälschen, wird das Bild vor den Korrekturen freigestellt.

- Im Histogramm wird abgelesen, ob das Bild den vollen Dynamikumfang ausnutzt.
- Bei einem Standardbild wird der Tonwertumfang von Weiß bis Schwarz gespreizt.
- Das Setzen des »neutralen Punktes« korrigiert einen eventuellen Farbstich.
- Eine Gammakorrektur oder das Einrichten der Gradationskurve hellt unterbelichtete Bereiche auf oder dunkelt Überbelichtungen ab.
- Die Farben des Bildes werden korrigiert oder dem Bildcharakter angepaßt.
- Wenn das Bild für die Druckausgabe vorgesehen ist, wird es gegebenenfalls in den CMYK-Modus konvertiert und sein Tonwertumfang wieder etwas eingeschränkt.
- Am Ende der Bearbeitung wird das Bild geschärft.

Alles im Lot?

Wenn das Foto mit einem Rand gescannt wurde oder nur ein Ausschnitt aus dem Foto benötigt wird, dann wird das Bild »freigestellt« oder »zugeschnitten«, d.h., die überflüssigen Ränder werden entfernt. Das Freistellen des gewünschten Bildausschnitts ist erforderlich, damit überflüssige Pixel nicht die Farbverteilung massiv beeinflussen.

Markieren Sie das gesamte Bild (Menü BEARBEITEN/ALLES MARKIEREN) und benutzen Sie die Funktion TRANSFORMIEREN/DREHEN, um den Horizont in die Waagerechte oder Wände ins Lot zu bringen. Drehen Sie das Bild an den Anfassern der Markierung, bis es die richtige Position erreicht hat, und führen Sie die Transformation durch einen Doppelklick in die Markierung durch.

Einen unerwünschten Rahmen entfernt man am besten mit dem Freistellwerkzeug aus der Werkzeugleiste des Photoshops (im Fly-out-Fenster der Auswahlwerkzeuge). Ziehen Sie ein Viereck im Bild auf und vergrößern oder verkleinern Sie das Viereck an den Anfassern. Ein Doppelklick in die Markierung stellt das Bild frei.

Das Histogramm

Im ersten Schritt gilt es, die Tonwerte des Bildes einzurichten. Das beste Hilfsmittel bei der Beurteilung eines Bildes ist das Histogramm. Es gibt die Verteilung der Pixel über den Tonwertumfang eines 8-Bit-Graustufenbildes wieder. Daran läßt sich ablesen, ob das Bild einen ausreichenden Tonwertumfang besitzt. Wählen Sie BILD/HISTOGRAMM, um das Histogramm des Bildes auf dem Bildschirm darzustellen.

Das Histogramm eines 8-Bit-Graustufenbildes enthält 256 vertikale Balken, die jeweils einen bestimmten Grauwert repräsentieren. Die Balkenhöhe ist proportional zu der Anzahl von Pixeln pro Graustufe. Wenn also ein großer Teil der Tonwerte in einem bestimmten Bereich überproportional auftreten, liegen dort besonders viele Bilddetails – hier ist das

Entfernen Sie Ränder vor der Bildkorrektur ... sonst verfälschen die Pixel die Tonwerte.

Blenden Sie das Raster ein, wenn das Bild rotiert wird.

Das abgeschnittene Tonwertgebirge zeigt, daß der Dynamikbereich nicht ausgeschöpft ist.

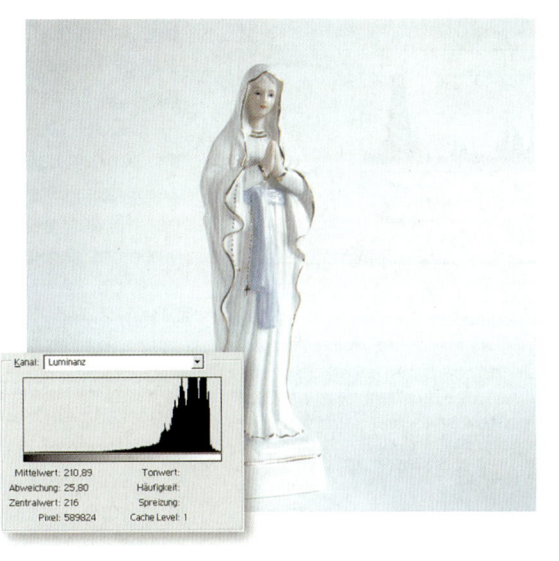

In einem High-Key-Bild liegen fast alle Tonwerte in den Lichtern und fast keine Tonwerte in den Tiefen des Bildes.

Ein aufgerissenes Histogramm zeugt von einer überzogenen Tonwertspreizung oder Gradationskurveneinstellung.

Das rostige Geländer vor dem dunklen Himmel: Hier würde eine Tonwertspreizung zu einem insgesamt viel zu hellen Bild führen.

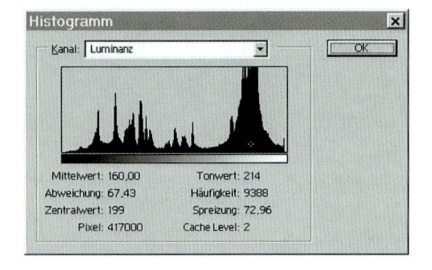

Das Histogramm gibt die Verteilung der dunklen und hellen Pixel im Bild wieder. Über die waagerechte Achse verteilt zeigt es auf der linken Seite die Häufigkeit der dunklen Pixel und auf der rechten Seite die Häufigkeit der hellen Pixel im Bild.

Wenn die Schärfenebene mal verrutscht ist, hilft auch der feinste Schärfefilter der Bildbearbeitung nicht weiter.

Das ausgebrannte Licht auf der Teekanne ist nicht mehr zu retten. Schon auf dem Dia fehlt hier jegliche Zeichnung.

Bild »durchgezeichnet«. Wenn das Gebirge in großen Bereichen der Tonwertskala flach wird oder gar gegen Null verschwindet, ist hier nur flächige Farbe ohne Details im Bild.

In RGB- oder CMYK-Bildern zeigt das Histogramm die Gesamthelligkeit an, aber es kann auch separate Histogramme für jeden Farbkanal zeigen. Zeigt das Histogramm ein Gebirge auf der linken Seite und ist das Gebirge auf der rechten Seite extrem flach, dann liegt zumeist ein dunkles, vielleicht sogar unterbelichtetes Bild vor. Ist das Gebirge auf der linken und/oder rechten Seite abgeschnitten, so hat der Scanner oder die digitale Kamera nicht alle Bereiche des Bildes erfaßt, und es fehlen die schwarzen Tiefen und das helle Weiß im Bild – das Bild erscheint flach und kontrastarm. Ein ungleichmäßig verteiltes Histogramm weist nicht unbedingt auf ein fehlerhaftes Bild hin. High-Key-Bilder enthalten wenige Schattenpixel, ein Low-Key-Bild wenige Lichterpixel.

Wenn das Histogramm durch Korrekturen wie Tonwertspreizung und Änderung der Gradationskurve stark aufreißt, wenn also viele Pixelbalken fehlen, hat die Korrektur zur Tontrennung geführt. Dann fehlen Helligkeitsstufen im Bild und Verläufe sind nicht mehr glatt, sondern weisen deutliche Trennungen zwischen Farbabstufungen auf, die insbesondere im Druck stark ins Auge fallen.

Korrekturen in der Bilderfassungssoftware

Soweit es möglich ist, werden diese Korrekturen bei der Bilderfassung durchgeführt – insbesondere also in der Scansoftware, denn hier steht häufig die höhere Farbtiefe zur Verfügung (nicht jede Scansoftware kann ihre Farbtiefe von 12 oder 16 Bit pro Farbkanal an die Bildbearbeitungssoftware weiterleiten und reduziert die Farbtiefe beim Import in den Photoshop). In der bilderfassenden Software werden diese Korrekturen anhand eines Prescans durchgeführt, damit das Bild dann bereits mit den korrigierten Parametern erfaßt werden kann – das ist die optimale Voraussetzung für eine volle Ausnutzung der technischen Gegebenheiten.

Eine gute Bilderfassungssoftware wird fast immer mit den gleichen Werkzeugen arbeiten wie der Photoshop: Histogramm, Tonwertkorrektur und Werkzeugen für die Farbkorrektur. Wenn allerdings die Scansoftware nicht die geeigneten Werkzeuge mitbringt, z.B. nur eine einfache Gammakorrektur, aber keine Werkzeuge für eine differenzierte Tonwertkorrektur wie die Gradationskurve, dann ist es sinnvoll, das Bild durchgehend im Photoshop zu korrigieren.

Nicht zu retten

Stark unter- oder überbelichtete Bilder kann auch das beste Bildbearbeitungsprogramm nicht in ein kontrastreiches Bild mit kräftigen Farben und voller Durchzeichnung verwandeln. Über die Mittel, ein unscharfes oder sogar verwackeltes Bild zu fokussieren, verfügt weder der Photoshop noch ein anderes Programm. Doppelbelichtungen lassen sich nur in selten glücklichen Fällen retten, abgeschnittene Köpfe und Beine lassen sich nicht wieder hervorzaubern.

3.2 Tonwertkorrekturen

Zu den ausgereiftesten Werkzeugen der digitalen Dunkelkammer gehören die Funktionen zur Korrektur von Helligkeit und Kontrast. Die Tonwertspreizung verbessert Kontrast und Bildhelligkeit, die Gammakorrektur reguliert die Bildhelligkeit, ohne die Lichter und Tiefen zu kappen.

Tonwertspreizung

Als erstes werden die linearen Korrekturen wie Abdunkeln, Aufhellen und Änderung des Kontrasts durchgeführt. Im Photoshop erreicht man diese Funktionen im Bildmenü unter EINSTELLEN/TONWERTKORREKTUR.

Die Tonwertkorrektur und die Gradationskurve im Photoshop, die beide unter dem Menü BILD/EINSTELLEN zu finden sind, verändern stufenlos die Verteilung der Helligkeitsstufen im Bild, so daß mehr Tonwerte in den hellen Bereichen in einem überbelichteten Bild oder mehr Tonwerte in

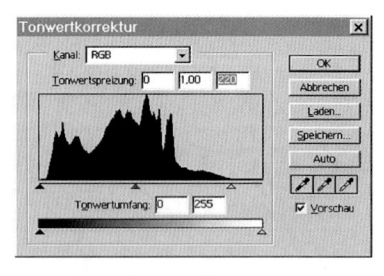

Die Alternative zur Tonwertspreizung über die Pipetten: Schieben Sie den Regler an flachen Stellen bis unter die vertikalen Balken.

Das Dialogfenster der Tonwertkorrektur zeigt Regler unter einer Häufigkeitsverteilung von Helligkeitswerten und Pipetten für Schwarz-, Weiß- und neutralen Punkt.

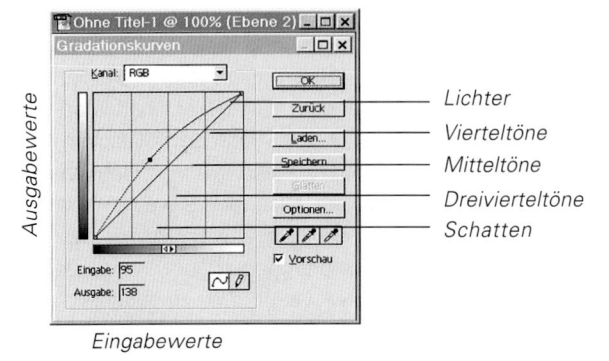

Numerische Eingabe der Gammawerte

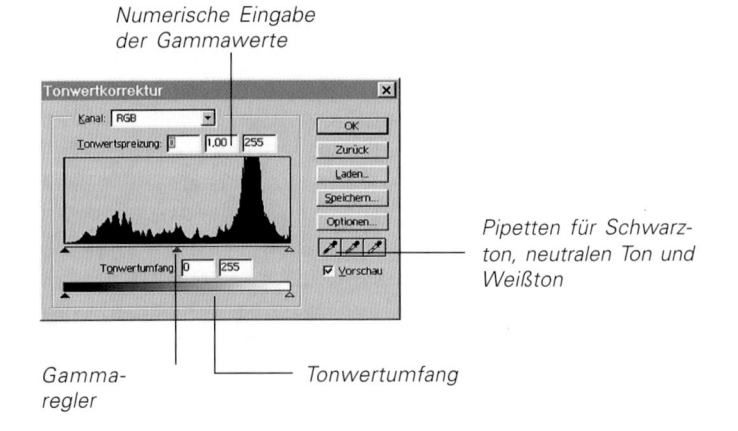

Pipetten für Schwarzton, neutralen Ton und Weißton

Gammaregler

Tonwertumfang

Die Gradationskurve ist das mächtigste Werkzeug für die Einrichtung der Kontraste und Helligkeit des digitalen Bildes. Den Eingabewerten vor der Änderung auf der horizontalen Achse werden auf der vertikalen Achse die korrigierten Werte zugewiesen.

Ausgabewerte

Lichter
Vierteltöne
Mitteltöne
Dreivierteltöne
Schatten

Eingabewerte

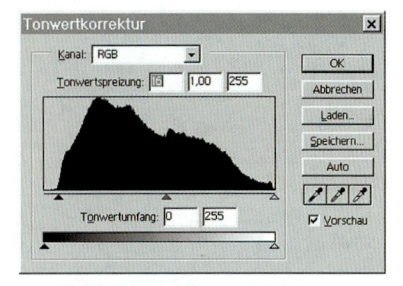

Lineare Korrektur: Schieben Sie das schwarze und das weiße Dreieck bis unter die Pixelgebirge.

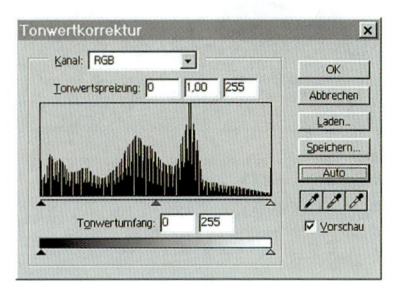

Die Tonwertspreizung setzt keine neuen Helligkeitswerte ins Bild – vielmehr werden die vorhandenen Helligkeitswerte besser verteilt.

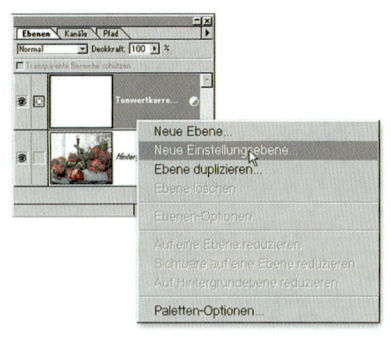

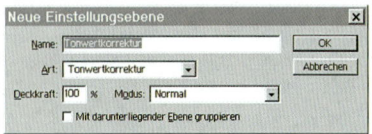

Einstellebenen verändern das Original nicht, sondern speichern die Korrektur zusammen mit dem Original. Ein Doppelklick auf das Ebenensymbol der Einstellebene erlaubt eine nachträgliche Änderung der Korrektur.

den dunklen Bereichen eines unterbelichteten Bildes zur Verfügung stehen: Ein gängiger Begriff für diese Korrektur ist auch die »Tonwertspreizung«. Mit mehr Tonwerten lassen sich wieder mehr Details im Bild sichtbar machen. Eine zu heftige Tonwertspreizung kann aber auch zu Sprüngen in den Helligkeitswerten führen. Das Tonwertgebirge reißt sichtbar auf und zeigt Lücken zwischen den Balken. Das Bild wirkt posterisiert: Es zeigt deutliche Trennungen der Tonwerte in den Verläufen.

Insbesondere bei flauen und farbstichigen Vorlagen gibt man die hellste und die dunkelste Stelle des Bildes mit den Pipetten auf der rechten Seite des Tonwertfensters vor. Aktivieren Sie dazu die Weißpipette (die rechte) und klicken Sie mit der Pipette in den hellsten Bereich des Bildes, mit der Schwarzpipette in den dunkelsten. Das Bild soll dabei kontrastreicher und tiefer werden. Einen Farbstich beseitigt die Software durch die Vorgabe eines neutralen Punktes im Bild mit der mittleren Pipette – dazu suchen Sie sich ein paar Pixel heraus, die eigentlich ein neutrales Grau enthalten sollten, durch den Farbstich aber eine dynamischere Farbgebung aufweisen. Die falsche Farbe wird damit aus allen anderen Pixeln des Bildes herausgerechnet.

Sie können bei der Tonwertspreizung aber auch anders vorgehen. Wenn Sie den Regler unter einem abgebrochenen Tonwertgebirge bis unter die ersten Ausläufer des Gebirges ziehen, sehen Sie, wie das Bildes tiefer und kontrastreicher wird. Im Photoshop ziehen Sie das schwarze Dreieck des Tonwertumfang-Reglers nach rechts, etwa auf den Wert 16, der im rechten oberen Feld angezeigt wird. Dadurch erhalten alle Pixel im Bereich von 0 bis 16 den neuen Wert 16. Durch die Neuverteilung einiger dunkler Pixel wird ein dunkleres Bild erzeugt, so daß die hellen Bereiche detaillierter und mit stärkerer Durchzeichnung erscheinen. Ziehen Sie das weiße Dreieck des Reglers nach links, entsteht ein helleres Bild, das mehr Details in den Tiefen zeigt.

Die Tonwerte sind jetzt über das gesamte Gebirge verteilt. Rufen Sie nun das Histogramm unter BILD/EINSTELLEN/HISTOGRAMM auf, so sehen Sie allerdings auch, daß keine Tonwerte hinzugefügt wurden, sondern nur die vorhandenen Tonwerte auf der gesamten Skala verteilt wurden – die Tonwerte wurden »gespreizt«.

Original bleibt Original

Sie können sowohl die Gamma- als auch die Farbkorrekturen durchführen, ohne das Original zu verändern. Seit der Version 4 bietet der Photoshop Einstellungsebenen, auf denen Korrekturen durchgeführt werden können, die das Original nicht dauerhaft verändern. Legen Sie die Ebenenpalette mit dem Aufruf FENSTER/EBENEN EINBLENDEN auf den Bildschirm und öffnen Sie das Menü der Ebenenpalette mit einem Klick auf das kleine Dreieck in der Kopfzeile der Ebenenpalette. Erzeugen Sie eine NEUE EINSTELLUNGSEBENE und wählen Sie die Art der Korrektur. Ein Doppelklick auf den zweigeteilten Kreis in der Einstellungsebene erlaubt Ihnen, die Korrekturen immer wieder zu verfeinern oder nachträglich zu verändern.

Das Original aus der Kamera: Es ist kontrastarm und ein roter Farbstich überzieht das Bild.

Bei der Tonwertspreizung werden der hellste und der dunkelste Punkt des Bildes über die Pipetten vorgegeben.

Das Setzen des neutralen Tons mit der mittleren Pipette in den grauen Bereich des Hintergrundes entfernt den Farbstich.

Eine leichte Gammakorrektur durch das Verschieben des mittleren Reglers nach links hellt das Bild auf.

Einstellungsebenen wirken auf alle darunterliegenden Ebenen. Sie funktionieren allerdings nicht bei 12 oder 16 Bit Farbtiefe.

Bilder mit Einstellungsebenen können allerdings nur als Photoshop-Dateien gesichert werden – die »normalen« Dateiformate können mit den Einstellungsebenen nicht umgehen. Erst wenn Sie den Befehl AUF DIE HINTERGRUNDEBENE REDUZIEREN im Ebenenmenü aufrufen, kann das Bild als TIFF oder in einem anderen Dateiformat gesichert werden. Dabei geht allerdings die Einstellungsebene als Ebene verloren und kann nicht wieder aktiviert werden.

Kleiner Helfer: Farben messen

Bis zu vier Bildpunkte können seit der Version 5 des Photoshops nach ihrer Farbzusammensetzung ausgemessen und mit einem Farbpicker gekennzeichnet werden. Über die Farben informiert die Infopalette ihren Benutzer. Halten Sie die Farbpipette in der Werkzeugleiste eine Sekunde lang gedrückt, um das Fly-out-Menü für die Pipette zu öffnen, und wählen Sie das Farbmeßwerkzeug. Jetzt können Sie vier Farbmeßpunkte in das Bild setzen. Jeden einzelnen Farbmeßpunkt können Sie mit dem Farbmeßwerkzeug auch verschieben. So können Sie für die Tonwertspreizung oder für Farbkorrekturen wie Farbe und Sättigung einen geeigneten Punkt im Bild suchen. Die Markierungen bleiben auch beim Aufruf der Dialogfenster bestehen und überleben sogar eine Vergrößerung oder Verkleinerung des Bildes.

Wenn Sie zwischenzeitlich einmal ein anderes Werkzeug benutzen – etwa die Zeichenfeder oder das Stempelwerkzeug –, werden die Farbmeßpunkte wieder angezeigt, sobald Sie das Farbmeßwerkzeug in der Werkzeugleiste erneut aktivieren.

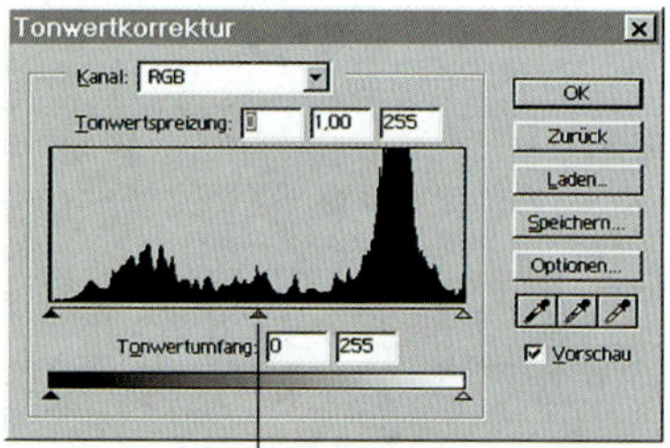

Gamma oder Gradationskurve

Die Gammakorrektur, die sich ebenfalls im Tonwertdialog des Photoshops findet, verlagert die Gewichtung der Tonwerte im Bild und sorgt damit für stärkere Kontraste oder verlagert die Kontraste auf einen bestimmten Teil des Bildes. Das Gammadreieck in der Mitte verändert die Mitteltöne.

Verschieben Sie es nach links, geben Sie den hellen Tönen mehr Platz und komprimieren die dunklen: Sie hellen das Bild auf. Verschieben Sie es nach rechts, geben Sie den dunklen Tönen mehr Platz und komprimieren die hellen: Sie dunkeln das Bild ab. Anders als beim Helligkeitsregler sind die Mitteltöne von dieser Manipulation stärker betroffen als die Lichter und Tiefen des Bildes – das verhindert das Abflachen des Bildes. Sie können übrigens sowohl in der Tonwertkorrektur als auch mit der Gradationskurve alle Farbkanäle des Bildes auch separat manipulieren.

Die Gradationskurve

Das wichtigste Werkzeug der digitalen Bildbearbeitung wurde in der Dunkelkammer entwickelt: die Gradationskurve. Wenn es darum geht, die Nuancierung der Lichter, die Durchzeichnung der Schatten sowie die

Mittels der Meßpunkte messen Sie helle, dunkle, farbstichige Bereiche des Bildes für die Helligkeits- und Farbkorrekturen.

Gamma

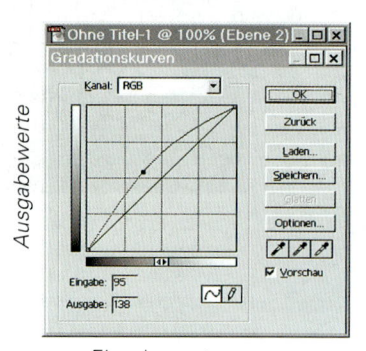

Ausgabewerte

Eingabewerte

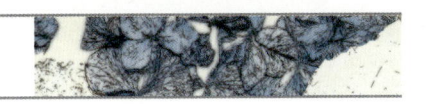

Die Tonwertspreizung funktioniert genauso wie die Tonwertkorrektur. In diesem Bild wird nur der Schwarzpunkt vorgegeben, einen Weißpunkt hat das Bild nicht.

Lineare Korrekturen: Absenken und Erhöhen des Kontrasts durch Verschieben der Eckpunkte.

Nichtlineare Korrekturen: Aufhellen und Abdunkeln der Mitteltöne. Bei einem Ankerpunkt in der Mitte ist die Wirkung die gleiche wie beim Regeln des Gammas in der Tonwertkorrektur.

Differenzierte nichtlineare Korrekturen: Das scharfe »S« sorgt für »Biß« – es stärkt die Kontraste. Werden die Tiefen aufgehellt und die Lichter abgedunkelt, flacht das Bild ab.

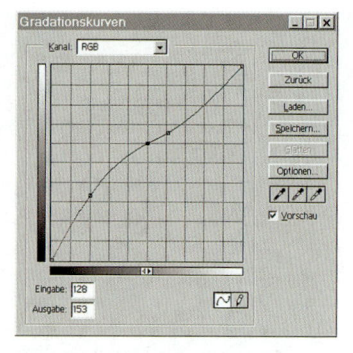

Bei gedrückter Alt-Taste verwandelt sich die Taste ABBRECHEN in die Taste ZURÜCK, und Sie brauchen das Dialogfenster nicht noch einmal aufzurufen.

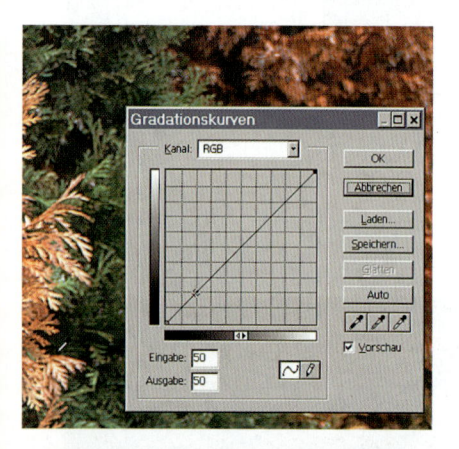

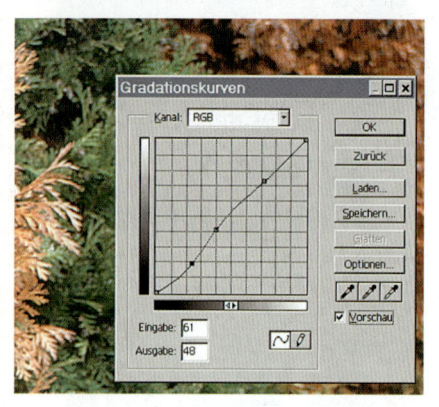

Wenn Sie bei geöffnetem Gradationskurvendialog mit dem Mauszeiger über einen Pixel fahren, erscheint sein Eingangswert als Kreis auf der Gradationskurve und Sie können gezielte Korrekturen vornehmen.

Helligkeitswerte der Mitteltöne an den Charakter des Bildes anzupassen, erlaubt die Gradationskurve die gezielte Einrichtung der Kontraste.

Neben dem Bildaufbau ist die Kontrolle des Kontrastes in jedem Bereich der Gradationskurve einer der großen Qualitätsfaktoren des digitalen Fotos. In der analogen Farbfotografie ist es zwar durchaus möglich, den Hell-Dunkelkontrast in den unterschiedlichen Bereichen in den Griff zu bekommen, allerdings ist die Wahl des Papiers, das zur jeweiligen Kurve paßt, nahezu die einzige Möglichkeit, den Kontrast oder die Sättigung in allen Bereichen einzurichten.

Auch die Gradationskurve richtet Helligkeit, Kontrast und Mitteltöne ein. Anstatt jedoch die Korrekturen mit den drei Variablen Lichter, Tiefen und Gamma vorzunehmen, kann die Gradationskurve die Tiefen, Mitteltöne und Lichter des Bildes separat behandeln. Die Gradationskurve erreichen Sie unter BILD/EINSTELLEN.

Lineare Korrekturen

Genauso wie in der Tonwertkorrektur wird im Gradationsdialog als erstes eine Tonwertspreizung durchgeführt. Mit der weißen Pipette geben Sie die hellste Stelle im Bild vor – sie sollte einen Wert von 3 bis 5% zeigen. Mit der schwarzen Pipette markieren Sie den dunkelsten Punkt im Bild, der noch Zeichnung aufweist – dabei sollten Werte von 95 – 98% entstehen. Durch die Vorgabe von Schwarz und Weiß soll das Tonwertspektrum gespreizt werden und das Bild kontrastreicher werden. Die Gradationskurve ändert sich bei diesen Aktionen lediglich linear.

Nichtlineare Korrekturen

Nach diesem Arbeitsschritt wird eine motivabhängige, nichtlineare Korrektur durchgeführt: Klicken Sie auf die Gradationskurve, so zeigt sich dort ein Ankerpunkt, an dem Sie die Gradationskurve aufziehen und nichtlinear manipulieren können.

Vorsicht ist geboten bei zu heftigen Korrekturen. Wird die Gradationskurve zu stark gespannt, reißen die Farbverläufe im Bild auf und es bilden sich harte, deutlich sichtbare Abstufungen in den Verläufen: das Bild solarisiert. Dabei spielt die Farbtiefe des Bildes eine große Rolle: Bei einer höheren Farbtiefe kann die Gradationskurve stärker gespannt werden, ohne daß Verläufe zu Farbstreifen mutieren.

Wenn's nicht konveniert ...

Wenn Sie nach einer Gammakorrektur feststellen, daß die Korrekturen doch nicht so ausgefallen sind, wie Sie sich das vorgestellt haben, sollten Sie keinesfalls erneut in eine Tonwertkorrektur einsteigen, sondern vorher auf jeden Fall die Tonwertkorrektur zurückrollen – entweder in der Protokollpalette oder durch ein einfaches WIDERRUFEN im Menü BEARBEITEN, sofern Sie noch keine weiteren Schritte zwischendurch unternommen haben. Bei einer zweiten Korrektur reißen die feinen Verläufe schneller auf, insbesondere wenn eine heftige Tonwertspreizung durchgeführt wurde.

Mit den »manuellen« Werkzeugen wie dem Abwedler und dem Nachbelichter aus der Werkzeugleiste werden kleinere Bereiche korrigiert.

Bei diesen Korrekturen gibt es keine Auswirkungen auf die Gesamthelligkeit des Bildes.

Die Autokorrektur funktioniert gut in Mitteltonbildern, in denen alle Helligkeitswerte vertreten sind.

Hier sind sie oft eine hervorragende Basis für das eigene »Feintuning« des Bildes.

In solchen Fällen müssen Gamma und Farben manuell eingestellt werden.

Die Autokorrektur kann den dominanten Ton nicht von einem Farbstich, das High-Key-Bild nicht von einem überbelichteten und das Low-Key-Bild nicht von einem unterbelichteten Bild unterscheiden.

Weist das Bild einen dominanten Farbton auf, oder ist es ein High-Key- oder ein Low-Key-Bild, versagt die Autokorrektur.

Die Funktion SPEICHERN in den Dialogfenstern der Tonwertkorrektur, der Gradationskurve und den Farbkorrekturen speichert die Einstellungen einer Korrektur, um sie für weitere Bilder der gleichen Serie wieder zu LADEN.

Wenn die Gradationskurve wild schwingt, solarisiert das Bild zu fantastischen Farben.

Wenn Sie den Weißpunkt in ein Spitzlicht des Bildes legen, kann das Bild insgesamt zu hell werden.

Einzelheiten manuell korrigieren

Wenn nur kleine Bildbereiche zu korrigieren sind, können Sie auch sehr gut mit dem Nachbelichter und dem Abwedler aus der Werkzeugleiste arbeiten. Der Nachbelichter dunkelt eine überbelichtete oder leicht ausgebrannte Stelle im Bild ab und bringt Zeichnungsdetails in hellen Bildbereichen zur Geltung. Der Abwedler hellt einen leicht zugelaufenen Bildteil auf und bringt noch Zeichnung in dunklen Bildbereichen hervor, die vorher kaum zu sehen war. Diese Werkzeuge helfen Ihnen immer dann weiter, wenn eine Gammakorrektur des gesamten Bildes nicht angebracht ist.

Bei der Anwendung dieser Werkzeuge ist allerdings Vorsicht geboten: Die manuellen Werkzeuge für die Bildkorrektur wirken sofort und ohne Vorschau. Während Sie in der Tonwertkorrektur und beim Einrichten der Gradationskurve eine Vorschau der Auswirkungen sehen, bevor Sie das »OK« zu den Einstellungen geben, sind die Pixel durch die manuellen Korrekturen sofort verändert und lassen sich nur durch Widerrufen im Bildmenü oder über die Protokollpalette wiederherstellen.

Bildserien korrigieren

Oft zeigt ein ganzer Film oder eine Serie von Scans die gleichen Mängel auf: vielleicht ein Farbstich, der durch einen überalterten Film zustande kam, vielleicht nur eine leicht flaue Erscheinung des Bildes oder ganz einfach nur die Folgen der Digitalisierung. In solchen Fällen macht es Sinn, alle Bilder mit der gleichen Korrektur zu behandeln.

Darum lassen sich Einstellungen in der Tonwertkorrektur und in der Gradationskurve speichern. Die Werte der Korrektur werden vom Photoshop in einen Ordner Ihrer Wahl gespeichert und können dann nach Belieben jederzeit erneut aufgerufen werden. Stellen Sie dazu alle Korrekturen am ersten Bild der Serie ein und aktivieren Sie SPEICHERN. Danach klicken Sie auf OK, um die Korrekturen am aktuellen Bild wie gewohnt durchzuführen. Bei den folgenden Bildern der Serie laden Sie die Korrektureinstellungen mit dem Button LADEN.

Jedes Bild kann jetzt kontrolliert korrigiert werden – auch Nachkorrekturen sind möglich. Wenn Sie die Korrekturen nicht einzeln durch-

Etwas unterbelichtet und insgesamt etwas flach ist der Joggingschuh geraten. Eine Gammakorrektur allerdings würde die Tiefen weiter zulaufen lassen.

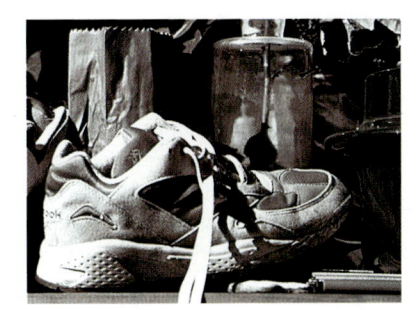

Der blaue Kanal zeigt noch die beste Durchzeichnung in den »ausgebrannten« Bereichen.

Im Modus MULTIPLIZIEREN bringt die Luminanzmaske wieder Zeichnung und leuchtendere Farben hervor, ohne daß die dunklen Bereiche zulaufen.

führen wollen, setzen Sie zum automatische Korrigieren die Stapelverarbeitung des Photoshops ein.

Überbelichtet?

Bei stark überbelichteten Bildern gibt es fast immer mehr Zeichnung in den hellen Bereichen, als die Tonwertkorrektur oder die Gradation herausholen können. Kopieren Sie das Bild in eine separate Ebene und stellen Sie den Überblendmodus auf MULTIPLIZIEREN. Wenn dadurch die dunklen Bereiche zu stark zulaufen, nehmen Sie die Deckkraft der kopierten Ebene entsprechend zurück.

Starke Unter- und Überbelichtung reparieren

Wenn ein Bild so stark unter- oder überbelichtet ist, daß es durch eine Tonwertkorrektur oder durch das Einrichten der Gradationskurve auch nicht mehr die notwendige Qualität zurückgewinnt, helfen oft noch die Überblendmodi der Ebenen zusammen mit der »Luminanzauswahl«.

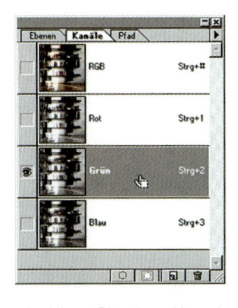

Wählen Sie den Kanal mit der besten Durchzeichnung und erzeugen Sie eine Luminanzmaske mit Strg/Apfel + J.

Die Tiefen zugelaufen und die Lichter ausgewaschen – in beiden Bereichen ist keine Zeichnung mehr zu erkennen.

Kehren Sie die Luminanzmaske eines Kanals um (AUSWAHL/UMKEHREN) – so enthält sie nur noch die dunklen gesättigten Bereiche des Bildes.

Korrigieren Sie die Ebene mit der Luminanzmaske separat, damit die hellen Bereiche nicht noch weiter aufgerissen werden.

Suchen Sie in den Farbkanälen des Bildes denjenigen Farbkanal, der noch die beste Durchzeichnung zeigt. Markieren Sie die LUMINANZ – die Helligkeit des Kanals – mit Strg/Apfel und einem Klick auf den Kanal. Damit wird eine Luminanzmaske erstellt. Diese Maske markiert die hellen Bereiche im Bild und schließt die dunklen Bereiche aus. Die Zwischenstufen zwischen den hellen und den dunklen Bereichen des Bildes werden nach ihrer Sättigung mehr oder weniger transparent mit einer entsprechend weichen Auswahlkante markiert.

Wenn das Bild überbelichtet ist, kopieren Sie die Luminanzmaske in eine separate Ebene (Strg/Apfel + J), wenn das Bild unterbelichtet ist, kehren sie die Auswahl zuerst um (Menü AUSWAHL/AUSWAHL UMKEHREN) und kopieren Sie dann erst in die separate Ebene.

Stellen Sie in der neuen Ebene, in der jetzt die Luminanzmaske liegt, das Gamma entsprechend ein, um die Unter- oder Überbelichtung zu korrigieren. Bei einer Unterbelichtung korrigieren Sie auf diese Weise nur die dunklen Bereiche, ohne dabei die hellen Stellen im Bild noch weiter aufzuhellen. Bei einer Überbelichtung werden nur die Lichter und Mitteltöne korrigiert, ohne daß die Tiefen dabei zulaufen.

Tastaturkürzel für die Bildkorrektur

– Wenn Sie während der Tonwertkorrektur, dem Dialog Gradationskurve oder in einem der Dialoge für die Farbkorrektur glauben, daß alle Ihre Korrekturen zu nichts mehr führen und gerne noch einmal von vorn anfangen möchten, brauchen sie den Dialog nicht abzubrechen, um zum Ausgangszustand zurückzukehren. Statt dessen drücken Sie die Alt-Taste – dann wird aus dem ABBRECHEN-Knopf ein ZURÜCK, der alle Eingaben zurücksetzt und Sie alles noch einmal in aller Ruhe angehen läßt.

– Wenn Ihnen das Dialogfenster zu klein erscheint, um exakte Korrekturen über die Gradationskurve einzustellen, vergrößern Sie auf dem PC das Fenster, indem Sie mit der rechten Maustaste auf die Kopfleiste des Dialogfensters klicken und MAXIMIEREN aus dem Pull-down-Menü wählen. Ein Klick auf das Verkleinern-Symbol des Fensters stellt das Fenster wieder auf die Originalgröße ein.

– Ein Klick mit gedrückter Alt-Taste in das Raster des Gradationskurvendialoges verfeinert das Raster und der nächste Klick mit der Alt-Taste vergrößert das Raster wieder.

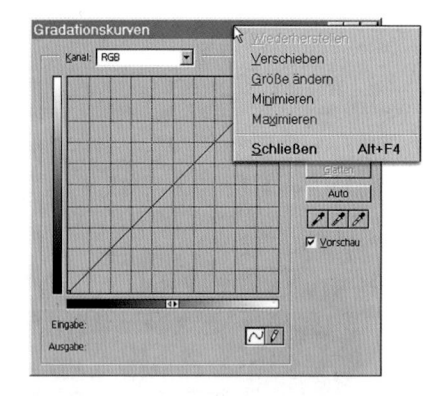

3.3 Farbkorrekturen

Nicht immer fördert das Setzen des neutralen Punktes die richtigen Farben zutage: Dann hilft vielleicht noch eine Gammakorrektur im überbetonten Farbkanal. Aber was tun, wenn der Farbstich sich hartnäckig nur in den besonders empfindlichen Hauttönen zeigt und jede Korrektur zwar eine gesunde Hautfarbe, aber gleichzeitig einen unerwünschten Umschwung in allen anderen Bereichen des Bildes mit sich bringt?

Selektive Farbkorrektur, Änderungen der Farbbalance oder die Anpassung von Farbton und Sättigung werden erst nach der Gammakorrektur durchgeführt, da jede Änderung in den Tonwerten eines RGB- oder CMYK-Bildes auch eine Farbverschiebung mit sich bringen kann. Neu im Photoshop 5: In Bildern mit 16 Bit Farbtiefe können jetzt auch die Farben korrigiert werden – bislang erlaubte der Photoshop nur die Korrektur der Helligkeitswerte, wenn das Bild mehr als 8 Bit Farbtiefe pro Farbkanal aufwies.

Zwar können alle Farbkorrekturen auch an CMYK-Bildern durchgeführt werden, aber wenn das Bild nicht von vornherein als CMYK-Bild vorliegt, werden die Farben in der Regel am RGB-Bild eingerichtet.

Es gibt eine Vielzahl von Wegen, den gewünschten Farbcharakter zu erzielen – welcher Weg jeweils der beste oder sicherste ist, hängt vom Bild und den gewünschten Effekten ab.

Die selektive Farbkorrektur

Der selektiven Farbkorrektur liegt eine Tabelle zugrunde, die angibt, welche Mengen von jeder CMYK-Druckfarbe für die Erzeugung einzelner Primärfarben nötig ist. Die selektive Farbkorrektur dient der Änderung einzelner Farben im Bild, ist aber hinsichtlich ihres Funktionsumfanges be-

Eine ganze Reihe von Funktionen im Photoshop bieten sich an, um falsche Farben im Bild zu korrigieren oder den Farbcharakter des Bildes zu verändern.

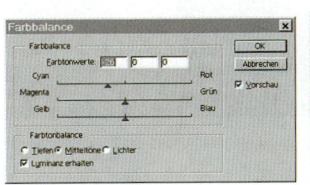

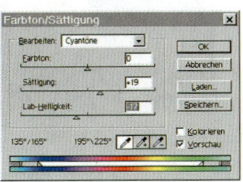

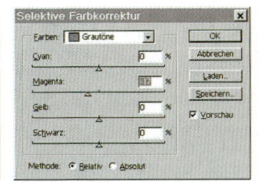

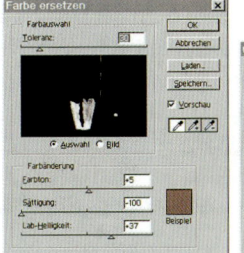

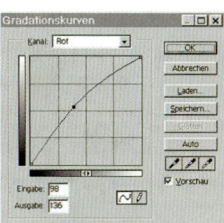

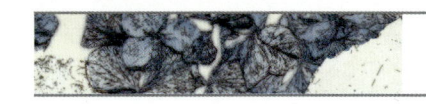

schränkt und kann nur in Bildern mit 8 Bit Farbtiefe aufgerufen werden. Mit der selektiven Farbkorrektur kontrollieren und korrigieren Sie die Mischung von einzelnen Farben im Bild. Ist das Gesicht eines Mitteleuropäers magenta- oder gelbstichig, dann entziehen Sie dem Hautton die überschüssige Farbe. Sie verwenden die SELEKTIVE FARBKORREKTUR, um zum Beispiel den Magentaanteil in den Rottönen zu verringern, während der Cyananteil voll erhalten bleibt.

RELATIV verändert die vorhandenen CMYK-Werte im Verhältnis ihrer prozentualen Anteile. Wenn Sie mit einem Pixel beginnen, das 50% Magenta aufweist, und 10% hinzufügen, wird der Magentaanteil um 5% (10% von 50%) auf 55% erhöht. Mit dieser Option können Sie kein reines Weiß verändern, da es keine Farbkomponenten enthält.

ABSOLUT verändert die Farben mit absoluten Werten. Wenn Sie also wieder mit einem Pixel beginnen, das 50% Magenta enthält, und 10% Magenta hinzufügen, wird der Anteil der Druckfarbe Magenta in diesem Fall auf 60% erhöht.

Farbbalance

Mit der FARBBALANCE ändern Sie die Farbmischung im Bild. Dabei können Sie das Erscheinungsbild gezielt in den Tiefen, den Mitteltönen und den Lichtern des Bildes verändern. Wenn Sie die Option LUMINANZ ERHALTEN dabei aktivieren, werden die Helligkeitswerte und Farben des Bildes dabei nicht verändert – die Tonwertbalance bleibt bestehen. Die FARBBALANCE kann auch im 16-Bit-Farbmodus verändert werden.

Farbton und Sättigung

Die Anpassung von FARBTON UND SÄTTIGUNG dient weniger der Korrektur falscher Farben als der Anpassung der Farbstimmung im Bild – zum Beispiel, wenn zu schwach geratene Farben eines Herbsttages lebhafter wirken sollen oder wenn die Farben nach der Umwandlung in ein CMYK-Bild abgeflacht sind. FARBTON UND SÄTTIGUNG lassen sich auch in einem Bild mit 16 Bit Farbtiefe korrigieren.

Mit der Version 5 des Photoshops ist es einfach möglich geworden, Farbton, Sättigung und Helligkeit getrennt einzustellen: Wenn Sie dem Gelb der Narzissen mehr Geltung verschaffen wollen, wenn Sie ein wärmeres Gelb bevorzugen oder einen helleren Ton, wählen Sie die Funktion FARBTON UND SÄTTIGUNG im Menü BILD/EINSTELLEN. Stellen Sie in der BEARBEITEN-Liste die Gelbtöne ein und klicken Sie mit dem Farbaufnehmer in das Gelb der Blume, um die genaue Farbnuance aufzunehmen. Mit den Schiebern zwischen den beiden Farbskalen (oben: ursprüngliche Farbverteilung; unten: Zuord-

Die Aufgabe für die Farbkorrektur: Die kühle Atmosphäre, hervorgerufen durch einen leichten Blaustich, soll wärmer und natürlicher wirken.

Gegen das dominierende Grün im Bild wird die Gradationskurve des roten Kanals verstärkt und im grünen Kanal abgesenkt.

Auch im KANALMIXER kann der Farbcharakter gezielt geändert werden.

Mit FARBTON UND SÄTTIGUNG erhalten die Grün- und Gelbtöne einen wärmeren Farbton.

Ohne weiteres können FARBTON UND SÄTTIGUNG auch dazu benutzt werden, eine einzelne Farbe im Bild zu verfremden.

In der SELEKTIVEN FARBKORREKTUR wird den Gelbtönen mehr Schwarz zugesetzt, um die Zeichnung zu verstärken, Cyan aus den Grautönen entzogen und Gelb und Magenta verstärkt.

Das Verschieben von Grün zu Magenta in der FARBBALANACE nimmt dem Grün den kühlen Touch. Die Blüten erscheinen mit weniger Blau wärmer und gesättigter.

Mit dem Farbpicker wird das Grün aufgenommen und mit der »+«-Pipette werden weitere Grüntöne hinzugenommen, um die Farbe zu ersetzen.

95

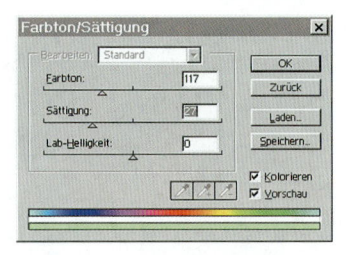

Viermal eingefärbt mit der Option KOLORIEREN im Menü FARBTON UND SÄTTIGUNG.

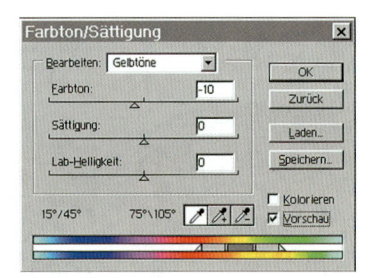

Das Gelb der Narzisse vom kühlen Gelb-Grün in ein wärmeres Rotgelb verschoben – im oberen Farbspektrum liegen die ursprünglichen Farben, im unteren Farbspektrum die Farben nach der Änderung.

nung der neuen Farben) verändern Sie die Bandbreite der aufgenommenen Farbe, indem Sie die Abgrenzungen ausweiten oder einengen – alle Farbtöne im dunkelgrauen Bereich werden verändert, die Übergänge in den hellgrauen Bereichen werden weniger verändert, um Abrisse zu vermeiden. Anstelle dessen können Sie auch die »+«- und »-«-Pipetten benutzen, um zusätzliche Farben in die Manipulation einzubeziehen oder auszuklammern. Verändern Sie jetzt die Sättigung oder die Lab-Helligkeit der Nuance über die entsprechenden Regler.

Wenn Sie jetzt den Farbschieber (FARBTON) verschieben, werden alle Vorkommen dieser Farbe im Bild auf einen anderen Farbton geändert.

Mit Farbton und Sättigung können Sie auch ein Graustufenbild einfärben. Wandeln Sie das Graustufenbild in ein RGB-Bild um und aktivieren Sie die Option KOLORIEREN. Das Bild wird mit dem Farbton in der aktuellen Vordergrundfarbe eingefärbt. Der Helligkeitswert der einzelnen Pixel ändert sich dabei nicht.

Farbkorrekturen speichern und laden

Ebenso wie die Gammakorrekturen lassen sich auch die Farbkorrekturen, die an einem Bild durchgeführt worden sind, im Photoshop im entsprechenden Dialog speichern und für weitere Bilder wieder laden.

3.4 Fit für den Druck

Nur wenn reinstes Persilweiß und teuflisches Schwarz verlangt sind, sollte der Tonwertumfang von 0% bis 100% reichen. Die Werte bis 5% und die Werte über 95% lassen beim Druck das Raster wegbrechen und das Weiß im Bild wie Lücken aussehen.

Feintuning

Nur Bilder, die auf dem Bildschirm bleiben – also etwa für das Internet, eine Multimedia-CD oder für das Archiv –, sollten sich über den gesamten Tonwertumfang erstrecken.

Um hingegen im Druck zu brillanten Lichtern und Schatten zu kommen, sollten die Tiefen und Lichter des Bildes keinesfalls ins Schwarz beziehungsweise Weiß geschickt werden – es sein denn, die Lichter oder Schatten sind wirklich sehr klein (ein kleines Spitzlicht und/oder nur ein kleiner schwarzer Bereich im Bild). Es ist besser, sie nur sehr hell und sehr dunkel zu machen, denn große Bereiche schwarzer Druckfarbe reflektieren das Licht und große Bereiche ohne Druckfarbe wirken wie Löcher im

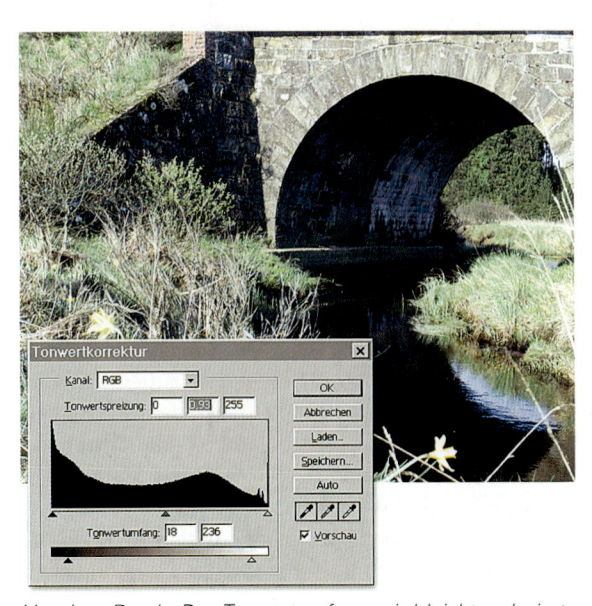

Vor dem Druck: Der Tonwertumfang wird leicht reduziert.

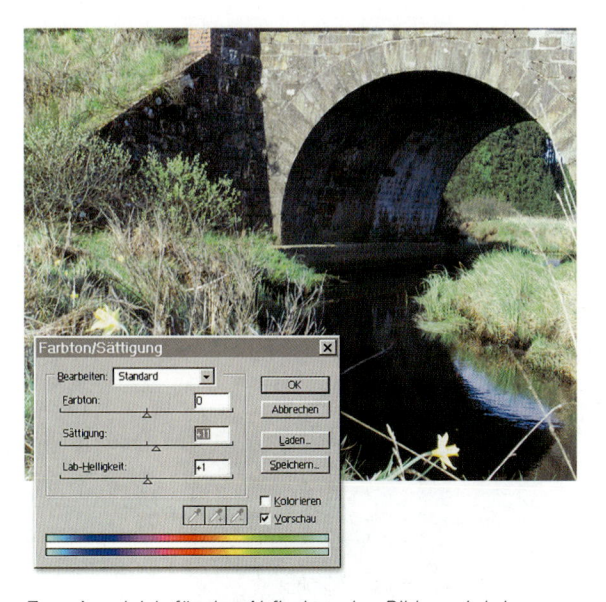

Zum Ausgleich für das Abflachen des Bildes wird der Gammawert nachgeregelt und die Sättigung des Bildes erhöht.

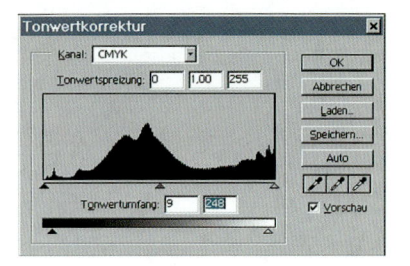

Druck. Äquivalent dazu erhält man brillante Farben durch eine ausreichend hohe Restmenge der Komplementärfarbe in der Farbe – das sorgt für sattere Tonwertverläufe.

Um auch noch im Druck zu einem ausgewogenen Ergebnis zu kommen, schränken Sie also den Tonwertumfang wieder ein: Ziehen Sie das rechte und das linke Dreieck unter dem Histogramm in der Tonwertkorrektur (BILD-MENÜ/EINSTELLEN) zusammen. Die Einschränkung des Tonwertumfanges bringt wieder ein leichtes Abflachen, ein Absinken des Kontrastes mit sich. Durch eine Gammakorrektur läßt sich dieser Verlust wieder ausgleichen.

Reduzieren Sie den Tonwertumfang vor dem Druck – um jeweils 5 bis 10 Stufen in den Tiefen und den Lichtern.

Korrigieren in RGB oder CMYK?

Sie können alle Bildkorrekturen sowohl im RGB- als auch im CMYK-Modus durchführen. Vermeiden Sie jedoch mehrfaches Konvertieren der Farben vom einen in den anderen Modus, da bei jeder Umwandlung Farbwerte gerundet werden und Farben verloren gehen. Einen CMYK-Scan werden Sie also normalerweise auch im CMYK-Modus korrigieren, ein Bild, das für den Bildschirm bestimmt ist, sollten Sie im RGB-Modus scannen und dort belassen.

Wenn das Bild als RGB erfaßt wurde, bietet sich die Korrektur im RGB-Modus an. Gegebenenfalls wird anschließend an die Umwandlung des Bildes in den CMYK-Modus noch ein Feintuning des Gammawertes und der Farben durchgeführt.

Seit der Version 5 kann der Photoshop Bilder aus dem RGB-Modus auch in 16 Bit Farbtiefe in ein CMYK-Bild umwandeln. Nutzen Sie diese Möglichkeit, wenn Ihre Bilder mit 12 oder 16 Bit Farbtiefe erfaßt wurden, denn die Umwandlung im 16-Bit-Modus läßt die Farben weniger schnell abflachen als im 8-Bit-Modus.

Auf Nummer Sicher

Die Umwandlung aus dem RGB- in den CMYK-Modus erfolgt tunlichst auf dem Rechner, an dem Sie zuvor den Monitor kalibriert und den Druckprozeß eingestellt haben, damit Sie vor Überraschungen sicher sind. Da der CMYK-Farbraum kleiner als der RGB-Farbraum ist, kann es durchaus passieren, daß Farben bei der Umwandlung abflachen und ihre Frische verlieren; Farben, die im Vierfarbdruck nicht darstellbar sind, werden »abgeschnitten«. Sie können sich schon während der Arbeit am RGB-Bild davon überzeugen, daß alle Farben, die Ihnen besonders am Herzen liegen, nach der Separation auch als druckbare Farben herauskommen.

Vorausschauend: die CMYK-Vorschau

Um die CMYK-Farben eines RGB-Bildes anzuzeigen, wählen Sie ANSICHT/VORSCHAU CMYK oder statt CMYK einen der Farbkanäle des potentiellen CMYK-Bildes oder die CMY-Vorschau. Die CMYK-Simulation auf dem Monitor wird unter Verwendung der aktuellen Separations- und Kalibrierungswerte in den Dialogfeldern FARBEINSTELLUNGEN: CMYK angezeigt. Bei dieser Vorschau werden keine permanenten Änderungen hervorgerufen.

Wenn Sie die Vorschau im Ansichtsmenü wieder deaktivieren, haben Sie wieder ihr unberührtes RGB-Bild vor sich.

Bei der Bearbeitung des Bildes im RGB-Modus können Sie CMYK-Farben anzeigen, indem Sie ANSICHT/NEUE ANSICHT wählen, um ein zweites Fenster zu öffnen. Schalten Sie die Option CMYK-VORSCHAU für ein Fenster ein, für das andere Fenster aus. So sind Sie während des gesamten Arbeitsprozesses immer bestens darüber informiert, wie Ihr Bild im Druck aussehen wird.

Unscharf macht scharf

Das Nachschärfen ist der letzte Schritt in der Bearbeitungskette des Bildes. Es bringt neben der scheinbaren Schärfe einen Gewinn an Kontrast. Die besten Ergebnisse liefert der UNSCHARF MASKIEREN-Filter (USM) der Bildbearbeitungsprogramme – aber bitte erst ganz zum Schluß. Soll das Bild noch weiterbearbeitet werden, ist es besser, vorerst auf die Schärfe zu verzichten. Hardcore-Lithografen zeichnen ein Bild sogar schon mal vor heftigen Korrekturen weich. Damit passen sich nicht nur Montageränder besser in ihre neue Umgebung ein – bei der Gammakorrektur brechen die Farbverläufe dann nicht so schnell auf.

UNSCHARF MASKIEREN ist der vierte der Scharfzeichnungsfilter im Menü FILTER des Photoshops. Seinen seltsam anmutenden Namen hat er, weil er das Bild eigentlich nicht schärfer macht, sondern die Konturen von Objekten im Bild stärker betont. Dazu werden deutliche Kanten zwischen unterschiedlichen Farben dunkler gemacht und diese Kontur wiederum an ihrem inneren und äußeren Rand weichgezeichnet. Alles klar?

Die Schärfeparameter

Der Filter arbeitet mit drei Parametern: Die STÄRKE läßt sich zwischen den Werten 1 – 500% einstellen, der RADIUS gibt an, wie viele Pixel breit eine Kontur stärker betont wird. Die Werte für den RADIUS liegen zwischen 0,1 und 250 Pixeln. Der SCHWELLENWERT wird eingesetzt, damit kleinste Pixelbereiche wie etwa das Korn eines eingescannten Fotos nicht gleich für eine Kontur gehalten werden.

Bilder, die einen großen Anteil an flächigen Farben vorweisen, werden nur wenig unscharf maskiert. Hier versuchen Sie es am besten mit Werten von 50 bis 120% Schärfe. Sehr detaillierte Bilder mit vielen kleinen Einzelheiten vertragen meistens mehr an Schärfe: Gehen Sie solche Bilder mit Einstellungen von 100 bis 200% Schärfe an. Natürlich spielt auch die Größe des Bildes eine Rolle bei diesen Angaben.

Ein Daumenmaß für die Einstellung des RADIUS lautet: Druckauflösung/200. Der SCHWELLENWERT wird heraufgesetzt, sobald sich Korn oder Bildrauschen zeigen. Am besten stellt man das Bild vor dem Aufruf des Unscharf Maskieren-Filters auf einen Zoom von 100 oder 50% ein und benutzt die Vorschau, um eine gute Einstellung der drei Werte herauszufinden.

Dreimal ein und dasselbe Bild: Das »normale« RGB-Dokument, die CMYK-Vorschau und die Vorschau mit der Farbumfangswarnung, die alle nichtdruckbaren Farben kennzeichnet.

Schärfen nach Druckauflösung

Je höher die Druckauflösung, um so stärker ist der Weichzeichnungseffekt durch den Druck. Bei Werken, die für den Kunstdruck bestimmt sind, wird deswegen stärker unscharf maskiert als bei Bildern, die mit 300 dpi für den »ganz normalen« Offsetdruck verwendet werden.

Auf keinen Fall sollten Sie versuchen, das Ergebnis eines UNSCHARF MASKIEREN durch einen weiteren Aufruf des Filters nachzubessern. Widerrufen Sie den Aufruf des Filters lieber (BEARBEITEN/WIDERRUFEN) und führen Sie den Filter erneut mit anderen Werten aus.

Wenn das Bild für den Offsetdruck bestimmt ist, darf es auf dem Bildschirm übrigens bei einer Verkleinerung auf 50% ruhig leicht überschärft aussehen, denn durch das Raster des Offsetdrucks erfährt das Bild wieder einen weichzeichnenden Effekt.

Da der Filter UNSCHARF MASKIEREN den Kontrast in einzelnen Bildbereichen ändert, kann es zu einer Beeinflußung der Farben kommen. Wenn die Anwendung des Filters UNSCHARF MASKIEREN wichtige Farben zu stark verändert, wandeln Sie das Bild in den Lab-Modus um und wenden den Filter nur auf den L-Kanal an.

Direkt aus der digitalen Kamera ohne Nachschärfen.

STÄRKE: 100, RADIUS: 1,5, SCHWELLENWERT: 0
Die feinen Strukturen der Rathaustreppe kommen noch zu wenig zur Geltung.

Direkt aus der Kamera ohne Schärfung.

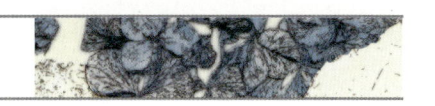

Unscharf Maskiert mit den Einstellungen STÄRKE: 200, RADIUS: 1,5, SCHWELLENWERT: 2.

Zuviel des Guten hat der USM-Filter hier gebracht: STÄRKE: 370, RADIUS: 1,5, SCHWELLENWERT: 0. Die feinen Strukturen des Bildes »bröseln« auf und Farbsäume entstehen.

STÄRKE: 200, RADIUS: 1,5, SCHWELLENWERT: 0
Ausreichende Schärfung.

STÄRKE: 300, RADIUS: 1,5, SCHWELLENWERT: 3
Ein hoher Wert für die STÄRKE ist angebracht, wenn das Bild viele feine Details aufweist, die eine kräftige Schärfung vertragen.

STÄRKE: 200, RADIUS: 1,5, SCHWELLENWERT: 6
Schon haben sich Farbsäume um das Gras herum gebildet.

STÄRKE: 240, RADIUS: 1,5, SCHWELLENWERT: 3
Farbsäume um das Gras und eine starke Farbverschiebung deuten auf eine zu heftige Schärfung.

MODERNE ZEITEN

KAPITEL 4   MONTAGE UND RETUSCHE

Hier wird ein neuer Himmel eingestrippt, verschwindet ein ganzes Haus beim Klick einer Maus, taucht Unerwartetes aus Schränken auf. Aus ganz normalen Schnappschüssen werden aufregende Momente und Worte werden in Stein gemeißelt.

4.1   Die Qual der Auswahl

Die Liste der Werkzeuge und Hilfsmittel für die Retusche und Montage im Photoshop ist lang und umfaßt die modernsten Instrumente der Bildbearbeitung: Auswahlwerkzeuge, die sich wie magnetisch angezogen um die Kontur eines Motivs legen, Alphakanäle, in denen Auswahlen nach allen Regeln der Kunst verfeinert, erweitert und gespeichert werden, Ebenen, in denen Bildausschnitte und Effekte übereinander gestapelt werden, und Pfade für exakte Konturen.

Zu Beginn aller butterweichen Montagen und gelungenen Retuschen steht die Qual der Auswahl. Immer wieder gilt es, nur bestimmte Bereiche im Bild einer Manipulation zu unterwerfen. Sei es nun, um nur eine dunkle Ecke im Bild aufzuhellen oder die Farbe eines einzelnen Motivs auszutauschen, um die Mülltonne vor der mittelalterlichen Kirche verschwinden zu lassen oder ein Motiv vor den richtigen Hintergrund zu setzen.

Auswahlen entstehen als geometrische Formen, werden entlang von Konturen nachgezeichnet oder anhand von Farben oder Helligkeitswerten ins Bild gesetzt. Sie lassen sich verschieben, verzerren, vergrößern,

Die Auswahlellipse (1) wird mit gedrückter Umschalttaste zum perfekten Kreis, das Auswahlrechteck (2) zum Quadrat. Eine einzelne Pixelreihe (3) wird mit einem Klick ins Bild gesetzt – eine derart exotische Auswahl benutzen Webdesigner für platzsparende Verlaufshintergründe.

Das Lasso (4) fängt unregelmäßige Formen ein und das – je nach motorischem Geschick – beliebig genau. Das magnetische Lasso (5) richtet sich an kontrastreichen Konturen wie magnetisch angezogen automatisch aus. Das Polygon (6) arbeitet mit geraden Strecken zwischen zwei Punkten.

Die Farbauswahl (7) wählt alle ähnlichen Farben in einem Bild aus. Der Zauberstab (8) wählt ebenfalls ähnliche Farben aus, aber nur in einem zusammenhängenden Bereich.

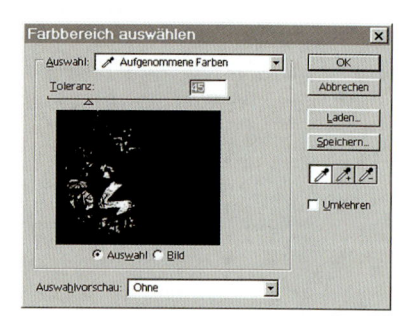

Das Freistellwerkzeug gibt dem Bild einen neuen Rahmen, indem es einen überflüssigen Rand entfernt.

von einem Bild in ein anderes verschieben und fangen mit einem weichen oder harten Rand Bildbereiche ein.

Eine Auswahl erzeugen Sie mit einem der Auswahlwerkzeuge. Der ausgewählte Bildbereich wird durch eine schillernde Fließmarkierung eingefaßt. Sein Inhalt kann mit den Standardbefehlen BEARBEITEN/KOPIEREN (Strg/Apfel + C) in die Zwischenablage kopiert und mit dem Befehl BEARBEITEN/EINFÜGEN (Strg/Apfel + V) in ein anderes Bild oder ein weiteres Mal in das gleiche Bild wieder eingefügt werden.

Die Auswahl der Auswahlen: Bildausschnitte »freistellen«

Wenn das Dia mit seinem schwarzen Rand gescannt wurde oder um den überflüssigen Rand eines Bildes wegzuschneiden, spannen Sie mit dem Freistellrechteck aus der Werkzeugleiste einen Rahmen auf, ziehen den Rahmen an den Anfaßpunkten in Form und verschieben das Rechteck so lange, bis es perfekt sitzt. Ein Doppelklick in das Rechteck befreit das Bild von dem überflüssigen Rand.

Mit dem Freistellrechteck können Sie ein Bild auch gleich rotieren: Wenn der Mauszeiger von der Außenseite des Rechtecks in die Nähe der Eckanfasser geschoben wird, bekommt er eine runde Form und das Rechteck läßt sich bis zu 45° rotieren. Wenn Sie beim Rotieren die Umschalttaste gedrückt halten, wird das Viereck um jeweils 15° rotiert. Sobald Sie doppelt in das Rechteck klicken, liegt der Bildausschnitt rotiert im Bildfenster.

Rotiert wird dabei um den Kreis in der Mitte des Vierecks – diesen Kreis können Sie aber auch mit der Maus greifen und verschieben, um das Bild beim Freistellen um einen anderen Angelpunkt zu rotieren.

Die freie Wahl

Die Basiswerkzeuge für das Erstellen von Auswahlen sind das Auswahlrechteck, die Ellipse, einzelne Pixelspalten und –zeilen und das Werkzeug zum Freistellen eines Bildausschnitts.

Mit dem Lasso erfassen Sie unregelmäßige Konturen eines Motivs oder einfach einen willkürlichen Bereich des Bildes. Wenn Sie den Mauszeiger eine kurze Sekunde lang auf dem Lassowerkzeug gedrückt lassen, klappt ein Fly-out auf, in dem das Polygonauswahl-Werkzeug und das magnetische Lasso verborgen sind. Mit dem Polygonauswahl-Werkzeug setzen Sie eine scharfkantige, eckige Auswahl von einem angeklickten Punkt zum nächsten – etwa wenn ein Loch in einer Fensterscheibe ausgeschnitten werden soll. Sie können auch in einer Auswahl zwischen der Lasso- und der Polygonauswahl hin- und herschalten: Dafür sorgt die gedrückte Alt-Taste.

Das magnetische Lasso

Das dritte Werkzeug ist ein Neuling im Photoshop 5: das magnetische Lasso. Setzen Sie den Mauszeiger in die Nähe der Kontur eines Motivs, das Sie markieren wollen, und ziehen Sie die Maus (ohne die Taste gedrückt zu halten) locker um die Kontur des Motivs – sie wird sich selbsttätig rund um das Motiv legen.

Mit dem magnetischen Lasso lassen sich Motive einfangen, deren Kontur sich kontrastreich vom Hintergrund abhebt. Da eine Kontur aber nur äußerst selten auf ihrer gesamten Strecke einen gleichmäßigen Kontrast aufweist, kann eine ansonsten gelungene Markierung immer wieder Ausreißer enthalten.

Kleinere Ausreißer »repariert« man am einfachsten mit dem Lassowerkzeug: Halten Sie die Umschalttaste gedrückt, wird die nächste Auswahl zur vorhandenen Auswahl hinzugefügt, mit gedrückter Alt-Taste wird eine neue Auswahl von der vorhandenen abgezogen. Ein kleines Plus- oder Minuszeichen neben dem Mauszeiger zeigt die Funktion an. Um das Lasso je nach Bildtyp anzupassen, klicken Sie doppelt auf das Lassowerkzeug in der Werkzeugleiste und öffnen so die Parameterpalette.

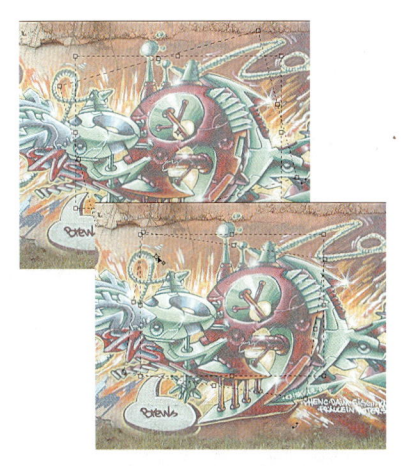

Der Mittelpunkt des Freistellrechtecks ist gleichzeitig der Dreh- und Angelpunkt.

Von Mausklick zu Mausklick entsteht das Auswahlpolygon.

Halten Sie die Umschalttaste gedrückt, um eine weitere Auswahl zu einer vorhandenen hinzuzufügen.

Tips für das magnetische Lasso

Der ganz große Fang mag das magnetische Lasso noch nicht sein, das uns Adobe da geschenkt hat, aber ein paar altbewährte Techniken verfeinern die Auswahl von Objekten, deren Kontur sich nicht so kontrastreich vom Untergrund abhebt:

- Versuchen Sie, ob sich die Kontur in einem der Farbkanäle besser einfangen läßt.
- Eventuell kopieren Sie den Farbkanal (ziehen Sie die Miniatur des Farbkanals in der Kanalpalette auf das Symbol NEUER KANAL) und versuchen Sie, den Kontrast durch eine Tonwertkorrektur zu verstärken. Die Manipulationen im zusätzlichen Farbkanal haben keine Auswirkung auf den Gesamtfarbkanal.

Probieren Sie aus, ob die Kontur in einem der Farbkanäle kontrastreicher ist.

Alle meine Lassos

Das magnetische Lasso im Photoshop arbeitet sauber, solange sich die Konturen deutlich vom Hintergrund abheben. Wenn Sie mit dem magnetischen Lasso in einen Bildbereich kommen, an dem das nicht mehr der Fall ist, schalten Sie einfach zwischen den drei Lassoarten um:

Beginnen Sie die Auswahl mit dem magnetischen Lasso dort, wo die Kontraste kräftig sind. Wenn Sie an den Punkt kommen, an dem Sie die Auswahl lieber mit dem »normalen« Lasso fortführen wollen, halten Sie die Alt/Apfel-Taste und die Maustaste gedrückt und arbeiten manuell weiter. Halten Sie die Alt/Apfel-Taste weiterhin gedrückt und lassen Sie die Maustaste los, um mit dem Polygonlasso Punkt für Punkt das Polygon zu setzen. Wenn Sie wieder an einen Punkt kommen, an dem Sie das magnetische Lasso benutzen können, lassen Sie die Alt-Taste los und fahren mit dem magnetischen Lasso entlang der Kontur fort.

Farbbereiche auswählen

Der Doppelklick auf den Zauberstab öffnet die Werkzeugoptionen.

Der Zauberstab markiert farbähnliche, benachbarte Bildpunkte. Je höher Sie die Toleranz des Zauberstabs einstellen (klicken Sie doppelt auf das Zauberstabwerkzeug in der Werkzeugleiste, um die Werkzeugpalette zu öffnen), desto stärker können die zu erfassenden Pixel von dem Bildpunkt abweichen, den Sie mit dem Zauberstab anklicken. Für den ersten Versuch empfiehlt sich die Voreinstellung der Werkzeugpalette. Mit gedrückter Umschalttaste können Sie weitere Farbbereiche hinzufügen, mit gedrückter Alt-Taste ziehen Sie Farbbereiche von der Auswahl ab.

Während der Zauberstab immer nur zusammenhängende Bereiche mit ähnlichen Farben auswählt, kann die Farbauswahl bestimmte Farben im gesamten Bild auswählen. Rufen Sie den Farbauswahldialog unter AUSWAHL/FARBAUSWAHL auf. Wählen Sie die Farbe aus der Liste oder geben

Lassen Sie sich die Auswahlgrenzen in FARBBEREICH AUSWÄHLEN im Maskierungsmodus oder Graustufenmodus anzeigen, dann sehen Sie die Auswahl am Originalbild.

Auch bei der Farbauswahl gibt es immer wieder Ausreißer, die ein manuelles Nacharbeiten nötig machen.

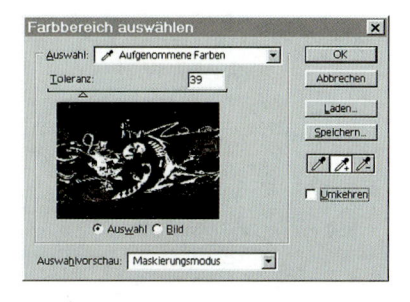

Klicken oder ziehen Sie mit der »+«-Pipette weitere Farben in die Auswahl.

Sie mit der Pipette die Farbe vor, die Sie auswählen wollen. Eine zweite Farbe wird mit in die Auswahl einbezogen, wenn Sie die Farbe mit der mittleren Pipette (mit dem kleinen »+«-Zeichen) im Bild vorgeben. Eine Farbe wird von der Auswahl mit der »–«-Pipette abgezogen. Wenn Sie die +- oder – -Pipette durch einen Bildbereich ziehen, werden alle dort enthaltenen Farben in einem Rutsch in die Auswahl aufgenommen oder aus der Auswahl entfernt.

Mit dem Schieberegler für die TOLERANZ werden mehr oder weniger ähnliche Farben mit in die Auswahl aufgenommen.

Das Ergebnis der Farbauswahl sehen Sie als Maske in dem kleinen Vorschaufenster des Farbauswahldialoges. Wenn Sie die Option UMKEHREN auswählen, wird die Auswahl invertiert erstellt – es werden also alle Bildbereiche markiert, die die ausgewählten Farbnuancen nicht enthalten.

Auswahlkanten schließen

Der Photoshop bietet zwei Varianten, das Lassowerkzeug zu beenden und die Auswahlkante zu schließen. Entweder kehrt man mit dem Mauszeiger zum Ausgangspunkt zurück, was der Photoshop mit einem kleinen Kreis neben dem Mauszeiger anzeigt. Dann läßt man die Maustaste los und die Auswahlkante ist damit geschlossen.

Läßt man die Maustaste schon deutlich vor dem Beginn der Auswahlkante los, schließt der Photoshop die Auswahlkante mit einer geraden Linie vom letzten Punkt zum Ausgangspunkt.

Beim Polygonwerkzeug gibt es eine zusätzliche dritte Variante: Durch einen Doppelklick beim vorletzten Punkt des Polygons wird die Auswahl mit einer gerade Linie zum Ausgangspunkt abgeschlossen.

Ganz bewußt schließen Sie eine Polygonauswahl mit der Alt/Ctrl-Taste: Dann erscheint der kleine Endkreis am Mauszeiger und der nächste Klick schließt die Auswahl.

Mit jedem beliebigen Werkzeug setzen Sie Löcher in eine Auswahl.

Sie können aus einer Auswahl einen Rahmen erstellen, Auswahlen ausweiten und Auswahlen einengen.

Eine Auswahl skalieren Sie mit dem Befehl AUSWAHL VERÄNDERN aus dem Menü AUSWAHL.

Für Brillen und Donuts: Löcher in Auswahlen

Um ein Loch in eine bestehende Auswahl zu schneiden, aktivieren Sie ein beliebiges Auswahlwerkzeug und halten Sie die Alt-Taste gedrückt. Der Mauszeiger bekommt ein kleines Minuszeichen. Jede weitere Auswahl, die Sie jetzt treffen, wird von der vorhandenen abgezogen.

Auswahlgrenzen verschieben

Sie verschieben eine Auswahlgrenze, wenn Sie mit dem Mauszeiger in die Auswahl klicken und ziehen. Lassen Sie dabei nur die Maustaste nach dem Klick nicht los, sonst wird dabei die Auswahl aufgehoben. Insbesondere, wenn Sie einen Kreis als Auswahl aufziehen – etwa um eine Torte herum –, ist das nachträgliche Verschieben immer wieder zwingend erforderlich. Sie können eine Auswahlkante ohne Inhalt sogar von einem Dokumentenfenster in ein anderes verschieben.

Von einem Bild ins nächste

Genauso locker können Sie eine Auswahl von einem Bild in ein anderes verschieben: Aktivieren Sie das Bewegen-Werkzeug, greifen Sie mit der Maustaste in die Auswahl und ziehen Sie die Auswahl in ein anderes Bildfenster. So verschieben Sie ein markiertes Motiv in ein anderes Bild, ohne dabei die Zwischenablage zu belasten.

Auswahlen ausweiten und einengen

Insbesondere, wenn Sie eine Auswahl mit dem Zauberstab, der Farbauswahl oder dem magnetischen Lasso getroffen haben, kann die Auswahl einen störenden Farbrand aufweisen. Einmal eingefangene Pixelgruppen lassen sich ausweiten oder verkleinern: Mit der Funktion AUSWAHL TRANSFORMIEREN erhalten Sie die Möglichkeit, eine Auswahl auszuweiten, einzuengen, abzurunden und einen Rahmen aus einer Auswahl zu erstellen. Das Vergrößern und Verkleinern der Auswahl ist allerdings stark eingeschränkt: Um maximal 16 Pixel können Sie eine Auswahl vergrößern oder verkleinern.

Wenn eine Farbbereichsauswahl oder die Auswahl mit dem Zauberstab stufig ist, hilft die Funktion AUSWAHL ABRUNDEN.

Auswahlen verändern

Seit der Version 5 lassen sich im Photoshop auch Auswahlen ohne ihren Inhalt transformieren, d.h. vergrößern, verkleinern und drehen. Damit ist es endlich möglich, eine runde Auswahl um einen Ball zu legen und so zu skalieren, daß die Auswahl paßt. Wählen Sie im Menü AUSWAHL den Befehl AUSWAHL VERÄNDERN, um die Auswahl zu skalieren oder zu drehen. Photoshop legt

einen rechteckigen Rahmen mit Anfassern um die Auswahl, an denen Sie die Auswahl verzerren, rotieren und skalieren können:
- Greifen Sie in einen der Anfasser, dann können Sie die Auswahl vergrößern oder verkleinern.
- Halten Sie dabei die Umschalttaste gedrückt, vergrößern oder verkleinern Sie die Auswahl proportional zu ihrer Ausgangsgröße.
- Nähern Sie sich vom äußeren Rand einem der Anfassern, so wird der Mauszeiger zum Halbkreis und Sie können die Auswahl mit der gedrückten Maustaste drehen.
- Durch Drücken der Umschalttaste Rotieren der Auswahlmarkierung rotieren Sie die Markierung um jeweils 15° bei jedem Schritt.

Hilfslinien und Raster helfen Ihnen dabei, ein Bild in Kacheln zu unterteilen.

Auswahlen mit fester Größe

Um ein Bild in Streifen oder Vierecke von gleicher Größe zu unterteilen, benutzen Sie die Rechteckauswahl und stellen in der Werkzeugoptionspalette den Auswahlstil auf FESTE GRÖSSE. Geben Sie die Anzahl der Pixel für die Auswahl ein.

Oder blenden Sie das Raster ein. Stellen Sie das Raster unter DATEI/ VORGABEN/RASTER UND HILFSLINIEN auf die gewünschte Größe ein. Die Auswahl mit dem Rechteckauswahl-Werkzeug wird vom Raster eingefangen, dadurch wird es einfach, immer Streifen oder Quadrate gleicher Größe auszuwählen. Kopieren Sie einen Streifen (Strg/Apfel + C) und legen Sie eine neue Datei an. Fügen Sie den Streifen in das neue Dokument mit Strg/Apfel + V ein.

Die digitale Variante der Vignette: die weiche Auswahlkante rund um das Auswahloval.

Ein Kapitel für sich: die weiche Auswahlkante

Eines der wichtigsten Werkzeuge für gelungene Montagen ist die Kantenglättung durch eine weiche Auswahlkante. Sie verhindert, daß harte Kanten die Montage auf den ersten Blick verraten. Im Menü AUSWAHL/WEICHE AUSWAHLKANTE läßt sich die Breite der Auswahlkante einstellen: Für eine saubere Montage reicht meist die Einstellung auf eine Breite von zwei Pixeln. Die Kante verliert damit ihre Stufigkeit, sie wird zum Rand hin immer transparenter. Butterweiche Collagen etwa oder eine weiche Vignette um ein romantisch ovales Bild erstellt man mit breiten weichen Auswahlkanten – hier können ruhig 20 oder mehr Pixel für

Damit sich die Montage nicht sofort durch die harte Montagekante verrät, braucht die Auswahl eine Kantenglättung.

den weichen Übergang vom Bildausschnitt zum Hintergrund sorgen. Die Spannbreite der weichen Auswahlkante reicht bis 160 Pixel.

Wie weich darf die Auswahl sein?

Die Anzahl der Pixel, die eine perfekte weiche Auswahl ausmachen, ist – wie so vieles im Photoshop – abhängig von der Größe des Bildes. Vier Pixel in einem Bild bei 100 dpi haben als weiche Auswahlkante den gleichen Effekt wie 12 Pixel in einem Bild, das mit 300 dpi gedruckt wird.

Demzufolge wählen Sie sechs Pixel (und mehr, wenn das Bild hochaufgelöst ist) für einen Bereich mit einer Bewegungsunschärfe aus, für eine Vignette kann die weiche Auswahlkante ruhig 30 bis 100 Pixel breit sein.

Immer wieder gibt es kleine und kleinste Bereiche im Bild, die getrennt korrigiert werden sollen – eine dunkle Stelle soll »abgewedelt« werden, damit ihre Zeichnung herausgearbeitet werden kann, oder die Farbe eines Motivs soll verändert werden, ohne die Farben im restlichen Bild zu beeinflussen. Auch hier wird mit einer weichen Auswahlkante gearbeitet, damit sich die Manipulationen nicht durch eine deutliche Kontur zur Umgebung unterscheiden. 6 und mehr Pixel sorgen für einen stufenlosen Übergang zwischen dem korrigierten und dem unkorrigierten Bereich. Und wieder sind ein paar Pixel mehr erforderlich, wenn das Bild mit 300 dpi gedruckt werden soll.

Sie können die Anzahl der Pixel für die weiche Auswahlkante schon vor der Auswahl in der Parameterpalette des Auswahlwerkzeugs festlegen (Doppelklick auf das Auswahlwerkzeug).

Auswahlkante oder Maske?

Eine Auswahl läßt sich im Photoshop auch als Maske darstellen. Dann überzieht ein rosaroter Schutzfilm alle Teile des Bildes, die nicht ausge-

Die Kantenglättung durch die weiche Auswahlkante läßt die Randpixel teilweise transparent werden – so entsteht der glatte und runde Anschein.

Die Auswahl läßt sich als umlaufende, irrisierende Kontur darstellen ...

... oder als roter Schutzfilm über der Umgebung.

Das Pinselwerkzeug erweitert die Maske mit einem weichen Rand.

Das Radierwerkzeug entfernt die Maske mit einem weichen Rand.

Insbesondere bei schwierigen Motiven gelingt kaum eine Auswahl mit einem einzigen Werkzeug: Fliegende Haare und feine Äste sind der Schrekken der Bildbearbeiter. Hier wurde der grobe Umriß des Motivs mit dem magnetischen Lasso markiert.

Innerhalb einer existierenden Vorauswahl fällt eine Farbauswahl leichter. Damit der ausgewählte Farbbereich von der groben Vorauswahl abgezogen wird, muß die Option UMKEHREN im Farbauswahldialog aktiviert werden.

Der Rest wird mit Hilfe von Pinsel und Radiergummi im Maskierungsmodus ausgewählt und bereinigt. Denken Sie daran: Mit gedrückter Umschalttaste zeichnen Pinsel und Radiergummi gerade Strecken zwischen zwei Punkten.

wählt sind. Die Maske läßt sich mit den Werkzeugen bearbeiten und ermöglicht so Manipulationen einer Auswahlkante, die mit den Auswahlwerkzeugen nicht funktionieren würden. Sie schalten die Darstellung der Auswahl von der schillernden Fließmarkierung auf den Maskierungsmodus entweder in der Werkzeugleiste um oder drücken einfach die Taste Q, um zwischen den beiden Modi hin- und herzuspringen.

Auswahlen im Maskierungsmodus verändern

Erstellen sie eine Rechteckauswahl und schalten Sie auf den Maskierungsmodus um. Jetzt können Sie jedes Malwerkzeug – vom Radiergummi und Airbrush über den Wischfinger bis zum Pinsel – benutzen, um die Auswahl zu erweitern, einzuengen und einzelne Teile der Kanten zu glätten. Die Befehle des Menüs AUSWAHL funktionieren allerdings im Maskierungsmodus nicht – sie sind ausgeblendet. Wenn Sie eine Auswahl umkehren oder ihr eine weiche Kante geben wollen, müssen sie aus dem Maskierungsmodus wieder in den Auswahlmodus zurückschalten.

Shortkeys und anderes Nützliches

– Wenn Sie gerade erst in die Auswahltechniken einsteigen, fällt es Ihnen für den Anfang vielleicht leichter, eine unregelmäßige Auswahl mit dem Polygonlasso Punkt für Punkt in kleinen Schritten zu setzen.

Die stufige Auswahlkante liefert bei Montagen deutlich sichtbare Montageränder.

Schalten sie in den Maskierungsmodus und zeichnen Sie die Maske mit Gaußschem Weichzeichner weich.

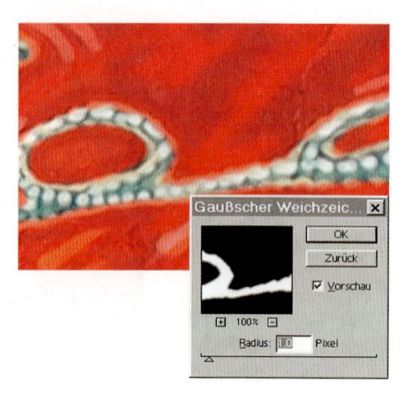

Ein festes Seitenverhältnis für geometrische Auswahlen erzwingen Sie mit der Einstellung SEITENVERHÄLTNIS in der Werkzeugpalette (Doppelklick auf das Auswahloval oder das Auswahlrechteck).

- Um eine Auswahl von festen Ausmaßen zu erstellen, blenden Sie das Lineal ein (ANSICHT/LINEALE EINBLENDEN) und ziehen Hilfslinien mit der Maus aus dem Lineal ins Bild. Hilfslinien ziehen eine Auswahl beim Aufziehen leicht magnetisch an, damit die Auswahlmaße auch exakt getroffen werden.
- Eine ovale oder viereckige Auswahl wird in der Regel von oben links oder unten rechts aufgezogen. Manchmal ist es aber auch sinnvoll, eine geometrische Auswahl von der Mitte aus zu ziehen. Halten Sie die Alt-Taste gedrückt, dann ziehen Sie die Auswahl zentriert auf.
- Zu einer bestehenden Auswahl können Sie auch einen Farbbereich hinzufügen: Halten Sie die Umschalttaste gedrückt, wenn Sie die Funktion im Menü AUSWAHL aufrufen.
- Punktgenau verschieben Sie die Auswahlbegrenzung mit den Pfeiltasten der Tastatur um jeweils ein Pixel. Wenn Sie das Bewegen-Werkzeug in der Werkzeugleiste aktivieren, verschieben Sie mit den Pfeiltasten die Pixel der Auswahl. Halten Sie dabei die Umschalttaste gedrückt, verschieben Sie die Auswahlgrenze oder die Pixel um jeweils 10 Pixel.
- Eine stufige Auswahlkante wird glatt, wenn Sie in den Maskierungsmodus umschalten und die Maske weichzeichnen. Benutzen Sie dazu den Gaußschen Weichzeichner mit einem Radius von einem Pixel.

Über den Fensterrand hinaus?

Wenn der Mauszeiger an den Rand des Fensters kommt, muß es mit dem Auswählen nicht zu Ende gehen: Durch die Leertaste wird das Hand-Werkzeug aktiviert, mit dem Sie den sichtbaren Fensterinhalt verschieben können, als läge ein Stück Papier vor Ihnen. Wenn Sie die Leertaste wieder loslassen, ist wieder das Auswahlwerkzeug aktiv.

4.2 Kanalarbeiten

Damit Auswahlen nicht durch einen unbedachten Klick das vorzeitige Aus ereilt, um zwischen verschiedenen Auswahlen hin- und herzuschalten, um Auswahlen zu speichern oder Auswahlen in ein anderes Programm zu exportieren ...

Auswahlen speichern

Auswahlen lassen sich auch mit dem Bild zusammen speichern: Der Befehl hierzu findet sich im Menü AUSWAHL/AUSWAHL SPEICHERN. Beim Aufruf dieser Funktion wird ein neuer Kanal erzeugt, in dem die Maske durch eine Graustufen-Bitmap in einem sogenannten Alphakanal (oft auch als Maskenkanal bezeichnet) gespeichert wird: Ausgewählte Bildbereiche werden weiß, nicht ausgewählte Partien werden schwarz dargestellt. Weiche Auswahlkanten werden durch einen Verlauf von Schwarz nach Weiß wiedergegeben – die weißen Bildbereiche im Alphakanal stellen die Auswahl dar, und die grauen Bereiche kennzeichnen den semitransparenten Übergang, Pixel unter den schwarzen Bereichen sind maskiert und vor Manipulationen geschützt.

Auswahlen, die als Alphakanal gespeichert wurden, lassen sich durch den Aufruf der Funktion AUSWAHL LADEN im Auswahlmenü wieder aktivieren. Es geht aber auch schneller: Die Auswahl, die durch einen Maskenkanal reprä-

Kanal einblenden/ausblenden

Farbkanäle

Masken- oder Alphakanäle

Kanal löschen

Neuer Kanal

Auswahl als Kanal laden

Kanal als Auswahl laden

sentiert wird, wird geladen, wenn man bei geöffneter Kanalpalette die Strg-Taste gedrückt hält und mit dem Mauszeiger auf den jeweiligen Kanal klickt.

Bis zu 25 Kanäle kann der Photoshop in einem Bild anlegen, die allerdings nicht alle als Maskenkanäle genutzt werden können. Jedes Bild im Photoshop besitzt mindestens einen Farbkanal, ein RGB-Bild etwa zeigt einen Farbkanal (1), einen roten Kanal (2), einen blauen Kanal (3) und einen grünen Kanal (4) und kann also noch weitere 21 Kanäle aufnehmen.

Alphakanäle außerhalb des Photoshops

Eine Auswahl, die in diesem sogenannten Alphakanal gespeichert wurde, wird von den meisten Bildbearbeitungsprogrammen erkannt und teilweise direkt als Auswahl markiert. Nicht nur Bildbearbeitungsprogramme – auch Microsoft Word erkennt und liest den Alphakanal und zeigt nur den ausgewählten, im Alphakanal weiß oder grau dargestellten Bereich. Alle Bildbereiche, die unter den schwarzen Bereichen des Alphakanals liegen, werden bei der Bildanzeige und im Druck unterdrückt. So kann man einem Bild eine Vignette geben und das Original des Bildes behalten, ohne eine manipulierte Kopie des Bildes zu speichern.

Masken- oder Alphakanäle erhalten eine Auswahl über das Speichern einer Datei hinaus und exportieren Auswahlen auch in andere Bildbearbeitungsprogramme.

Mit weicher Pinselspitze wird in den Alphakanal gemalt.

Ein Auswahlrechteck aufziehen, die Auswahl stark weichzeichnen und als zweiten Maskenkanal anlegen. Mit gedrückter Umschalttaste laden Sie die zweite Auswahl aus dem Maskenkanal dazu.

Alphakanäle manipulieren

Alphakanäle werden in der Kanalpalette zusammen mit den Farbkanälen als Miniaturen dargestellt. Sie haben keinerlei Auswirkungen auf die Farben des Bildes.

Wenn Sie die Kanalpalette mit dem Aufruf FENSTER/KANÄLE EINBLENDEN laden, sehen Sie den Alphakanal unter den Farbkanälen des Bildes. Durch das Aktivieren des Alphakanals in der Kanalpalette (Klick auf die Miniatur in der Kanalpalette) wird das Graustufenbild des Alphakanals im Bildfenster dargestellt. So lassen sich Alphakanäle auch direkt manipulieren: Malen Sie mit einem Pinsel direkt in die Maske, um sie zu verändern.

Mit Pinsel und Airbrush oder den Kontrastwerkzeugen können Sie Auswahlen weit über die Funktionalität der Auswahlwerkzeuge hinaus bearbeiten, ohne mit Lasso und Zauberstab zu hantieren. Malen Sie kleine Löcher in Auswahlen mit dem Pinsel und schwarzer Farbe oder rahmen Sie übriggebliebene Partien, die sich von einer Farbauswahl nicht einfangen lassen wollten, mit dem Lasso ein, um sie mit weißer Farbe zu füllen.

Mit dem Weichzeichner aus der Werkzeugleiste oder dem Wischfinger lassen sich im Alphakanal ebenso Kanten glätten wie bei der Darstellung der Auswahl als Bildmaske.

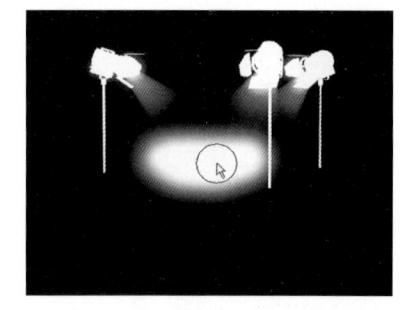

Mit dem Pinsel, dem Airbrush, dem Weichzeichner oder Wischfinger werden Konturen im Alphakanal »gemalt«.

Bilder mit Alphakanal speichern

Im Photoshop kann ein Bild bis zu 21 Alphakanäle enthalten. Wird das Bild als TIFF oder im Photoshop-Format PSD abgelegt, werden alle Maskenkanäle gespeichert. Auch eine Reihe anderer Bildformate wie etwa TGA und PICT können Alphakanäle abspeichern – allerdings nur jeweils einen einzigen.

Wie die meisten Bildbearbeitungsprogramme speichert der Photoshop den Alphakanal zusammen mit der Bilddatei. Wenn sich der Alphakanal als störend erweist, was bei einigen Layoutprogrammen oder bei Microsoft Word der Fall ist, dann markieren Sie den Alphakanal in der Kanalpalette (Strg/Apfel + A) und kopieren Sie den Alphakanal in die Zwischenablage (Strg/Apfel + C). Legen Sie im Photoshop eine neue Datei an (DATEI NEU oder Strg/Apfel + N) – die Datei hat ohne eigenes Zutun genau die Ausmaße der Bilddatei und wird vom Photoshop direkt als Graustufendatei eingerichtet. In diese neue Datei kopieren Sie den Alphakanal, den Sie so als separaten Alphakanal in einer separaten Datei speichern.

Wenn sich der Alphakanal nicht mit einer Anwendung verträgt, speichern Sie den Alphakanal als separate Graustufendatei.

Alphakanäle anlegen, duplizieren und löschen

Alphakanäle, die durch das Speichern einer Auswahl entstehen, sind ganz gewöhnliche Graustufenbilder. Wenn die Auswahlkante zwischen der Auswahl und ihrer Umgebung nicht hart, sondern um einige Pixel breit weich angelegt ist, sieht man die weiche Auswahlkante als grauen Bereich – mehr oder weniger dunkel, je nach der Transparenz der Auswahl.

Genauso wie Ebenen lassen sich Kanäle duplizieren, wenn man das Kanalsymbol auf das Symbol NEUEN KANAL ERSTELLEN zieht. Dieser Weg

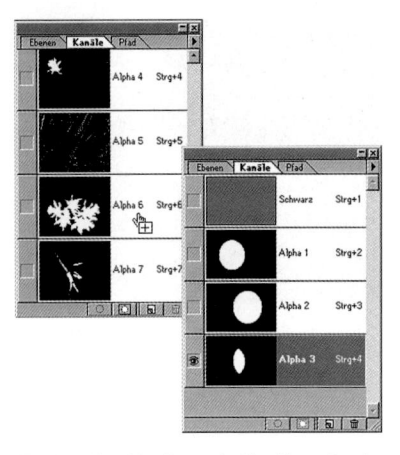

Boolesche Algebra mit Kanälen: Boolesche Vereinigung und Schnittmenge

ist schneller als das Kopieren und Einfügen über die Zwischenablage des Betriebssystems und spart RAM.

Mögen Sie Boolesche Algebra? Sie können Alphakanäle vereinen, einen Alphakanal vom anderen abziehen und Schnittmengen aus Alphakanälen bilden. Laden Sie die Auswahl eines Alphakanals (Strg/Apfel-Taste + Mausklick auf den Kanal) und laden Sie dann mit der Tastaturkombination Umschalttaste + Strg/Apfel-Taste + Mausklick auf einen anderen Kanal einen zweiten Maskenkanal dazu, um die Vereinigung zweier Kanäle zu bilden. Wenn Sie beim zweiten Maskenkanal die Tastaturkombination Alt + Strg/Apfel-Taste + Mausklick auf den Kanal benutzen, ziehen Sie den zweiten Kanal vom ersten Kanal ab. Für die Schnittmenge wählen Sie den ersten Kanal nach bewährter Manier, dann klicken Sie mit gedrückter Strg/Apfel-Taste + Umschalttaste + Alt-Taste auf den zweiten Kanal. Der Mauszeiger wird dabei zu einer Hand mit einem durchgekreuzten Kästchen.

Farbige Alphakanäle

Der Alphakanal verkraftet aber nicht nur Graustufenbilder. Ohne weiteres lassen sich auch Farbbilder in den Alphakanal versetzen. Damit sind interessanten Effekten Tür und Tor geöffnet: Kopieren Sie das Bild eines Glases oder einer Flasche in den Alphakanal und laden Sie ihn als Auswahl. Hierbei entstehen feine Auswahlintensitäten: Das Glas zeigt eine realistische Transparenz für Montagen. Oder Sie legen ein Bild von Himmel und Wolken in den Alphakanal, um eine wolkige Auswahl zu realisieren.

Canale Grande

Auswahlen zu erstellen ist das tägliche Brot der Bildbearbeitung. Das geht um so einfacher und schneller, je stärker sich der Hintergrund vom Motiv abhebt und je schärfer die Kanten des Motivs sind. Der erfahrene Bildbearbeiter hat darum eine Reihe von Tricks auf Lager, die dafür sorgen, daß bereits die Auswahl des Hintergrunds so exakt und vollständig wie möglich gelingt.

Oft ist der Kontrast zwischen Motiv und Hintergrund in einem der Farbkanäle so stark ausgeprägt, daß ein Einfangen des Hintergrundes mit einem Klick des Zauberstabes gelingt. Der Profi kopiert auch schon mal einen Farbkanal (den markierten Farbkanal auf das Symbol NEUER KANAL ziehen) und arbeitet den Kontrast über die Gradationskurve stärker heraus.

Auf das Farbbild hat ein solcher zusätzlicher Kanal keine Auswirkung, nur sollte tunlichst nicht vergessen werden, den Zusatzkanal vor dem Speichern des Bildes wieder wegzuwerfen (den markierten Kanal auf das Symbol KANAL LÖSCHEN ziehen), denn viele Programme wie etwa Microsoft Word wollen ein Bild mit einem zusätzlichen Farbkanal nicht öffnen oder stellen das Bild mit verfälschten Farben dar.

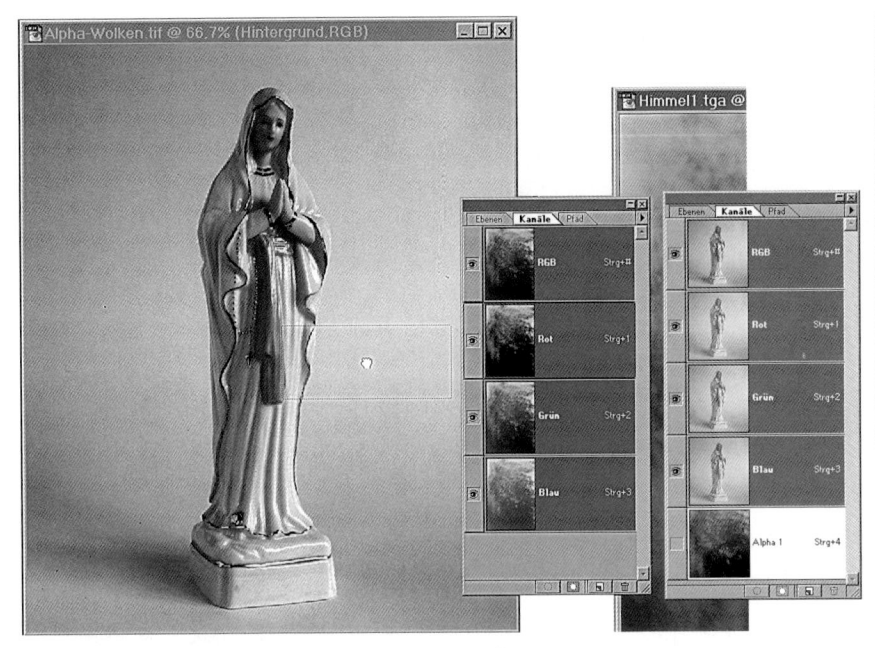

Wolken im Alphakanal – eine einfache Methode, Nebel, Wolken, Feuer und Dampf ins Bild zu setzen.

Wenn der Kontrast für die Auswahl mit dem Zauberstab, dem magnetischen Lasso oder eine Farbbereichsauswahl zu schwach ist, probieren Sie aus, ob Sie einen Farbkanal soweit manipulieren können, daß der Kontrast hier ausreicht.

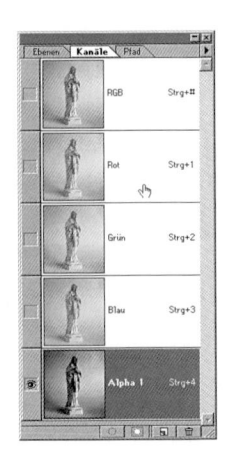

117

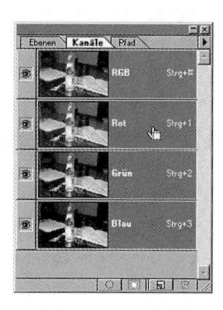

Die Luminanzauswahl aus dem roten Kanal wird mit dem Bewegen-Werkzeug direkt in ein anderes Bilddokument gezogen, um sich semitransparent über das Bild zu legen.

Semitransparente Auswahlen im Alphakanal

Was macht man, wenn ein Motiv sowohl weiche als auch harte Kanten zu seiner Umgebung aufweist? Hier kann oft die Luminanz helfen. Suchen Sie den Farbkanal heraus, in dem sich das Bild am besten von seiner Umgebung abhebt.

Mit Strg/Apfel-Taste + Klick auf den Farbkanal werden die hellen Bereiche des Bildes markiert, die Mitteltöne werden um so transparenter markiert, je dunkler sie werden und die dunklen, gesättigten Pixel des Bildes bleiben von der Auswahl ausgeschlossen – das Ergebnis ist eine Auswahlmaske, die auf der Luminanz (Helligkeit) des Bildes beruht.

Markieren Sie die hellen, ungesättigten Bildbereiche, wenn Sie ein überbelichtetes Foto retten wollen: Benutzen Sie die Gradationskurve, um die hellen, ungesättigten Bereiche separat zu korrigieren, oder kopieren Sie die Auswahl in eine separate Ebene (Menü BEARBEITEN/KOPIEREN und dann BEARBEITEN/EINFÜGEN oder mit der Tastaturkombination Strg/Apfel-Taste + J) und stellen Sie den Überblendmodus auf MULTIPLIZIEREN.

Transparenzen einfangen

Besonders gut ist die Luminanzmaske auch immer dann geeignet, wenn es gilt, Bilder mit der Transparenz von Glas, Plastik und Wasser zu montieren. Markieren Sie die Luminanz eines Farbkanals mit Strg/Apfel-Taste + Klick auf den Farbkanal und verschieben Sie die Auswahl mit dem Bewegen-Werkzeug direkt auf ein anderes Bildfenster. Die Luminanzauswahl legt sich wie transparentes Glas über das Bild.

Gerade helle und zarte Strukturen werden auf diese Weise eingefangen: Ein Himmel mit feinen Wolken wird nach dieser Methode in ein Bild mit einem flachen Himmel »eingestrippt«.

4.3 Auf höchster Ebene

Wenn Sie mit dem Pinsel in einem Bild malen, dann verschmelzen die aufgemalten Pixel sofort mit den Pixeln des darunterliegenden Bildes. Aber was ist, wenn Sie die aufgemalten Pinselstriche lieber weiter links im Bild hätten?

Ebenen anlegen

Legen Sie eine neue Ebene mit dem Aufruf EBENE/NEU/EBENE an: Sie liegt wie eine leere durchsichtige Folie über der Hintergrundebene. Malen Sie jetzt mit dem Pinsel auf der leeren Ebene und verschieben Sie die bemalte Ebene mit dem Bewegen-Werkzeug aus der Werkzeugleiste – wie eine Folie gleitet der Pinselstrich über das darunter liegende Bild.

Markieren Sie ein Motiv in einem Bild mit einem der Auswahlwerkzeuge und ziehen Sie das markierte Motiv mit dem Bewegen-Werkzeug in ein anderes Bild: Es wird dort automatisch in eine separate Ebene gesetzt und verschmilzt nicht mit dem Untergrund. Sie können das Motiv jetzt mit dem Bewegen-Werkzeug an jede beliebige Stelle ziehen – und schon haben wir die Basis für Montagen aus mehreren Bildern beisammen.

Einsatz von Ebenen

Sie wollen ein Objekt aus einem Bild verschwinden lassen und müssen dazu den Untergrund unter dem Objekt rekonstruieren? Markieren Sie einen Bereich neben dem Objekt, geben Sie ihm eine weiche Auswahlkante (MENÜ AUSWAHL/WEICHE AUSWAHLKANTE) und kopieren Sie ihn in eine separate Ebene (MENÜ BEARBEITEN/KOPIEREN, BEARBEITEN/EINFÜGEN). Mit dem Bewegen-Werkzeug ziehen Sie den kopierten Bereich über das Objekt.

Damit zwei Bilder ineinander verschmelzen, markieren Sie ein Bild und ziehen es mit dem Bewegen-Werkzeug komplett in das andere Bild. Es legt sich undurchsichtig über das Bild. Wenn Sie in der Ebenenpalette die Deckkraft auf 50% einstellen, dann wird das obere Bild leicht transparent und läßt das darunterliegende Bild durchscheinen.

Sie möchten die Gradation eines Bildes korrigieren, allerdings auch das unkorrigierte Original behalten? Statt nun eine zweite, korrigierte Version des Bildes zu speichern, erstellen Sie eine »Einstellungsebene« (MENÜ EBENE/NEU/EINSTELLUNGSEBENE). Wählen Sie GRADATIONSKURVE als Art der Einstellungsebene und stellen Sie die gewünschte Gradationskurve ein. Der Photoshop legt die Gradationskurve als separate Ebene über dem Bild an und Sie können das Bild jetzt speichern, das Original aber jederzeit wieder herstellen. Photoshop 5 bietet Tonwertkorrekturen,

Gradationskurve und Farbkorrekturen als Einstellungsebene; diese wird zusammen mit dem Bild in einer Photoshop-Datei gesichert und Sie können die Korrektur jederzeit nachträglich noch verändern, wenn Sie in das schwarzweiße Kreissymbol für die Einstellungsebene doppelklicken.

Ebenen erzeugen

Ebenen lassen sich auf vielerlei Weise erzeugen: Wann immer Sie eine Auswahl von einer Datei in eine andere kopieren oder direkt per Drag & Drop herüberziehen, wird für diese neuen Daten eine Ebene angelegt.

Auch wenn Sie eine Auswahl in einem Bild kopieren und einfügen (z.B. um ein Objekt in einem Bild zu duplizieren), wird die Auswahl in eine eigene Ebene im gleichen Bild kopiert.

Texte, die Sie mit Photoshop 5 erzeugen, werden direkt in einer eigenen Ebene erzeugt. Zu guter Letzt können Sie eine neue Ebene anlegen (Menü EBENE/NEU) – z.B. wenn Sie etwas malen wollen oder einen Hintergrund für ein freigestelltes Bildmotiv anlegen wollen.

Nur in Bildern mit einer anderen Farbtiefe als 8 Bit (16 Bit Farbtiefe oder indizierten Farben mit 256 oder weniger Farben) lassen sich keine Ebenen erzeugen.

Ebenen markieren

Sie können nur immer diejenige Ebene bearbeiten, die in der Ebenenpalette markiert ist. Die markierte Ebene wird farbig unterlegt angezeigt. Seit der Version 5 hilft uns Adobe allerdings bei der Sucherei nach der richtigen Ebene: Auf dem PC klicken Sie bei aktiviertem Bewegen-Werkzeug mit der rechten Maustaste auf ein paar sichtbare Pixel der Ebene, die Sie markieren wollen, auf dem Mac halten Sie dabei die Ctrl-Taste gedrückt. Dann zeigt ein Fly-out-Menü, welche Ebenen unter dem Mauszeiger liegen, und Sie können eine dieser Ebenen auswählen.

Viele Manipulationen wirken nicht auf der Hintergrundebene. Aber wenn Sie die Hintergrundebene durch einen Doppelklick auf die Ebenenminiatur z.B. in »Ebene 0« umbenennen, kann auch die unterste Ebene in beliebiger Weise manipuliert werden.

Die Reihenfolge der Ebenen läßt sich einfach per Drag & Drop verändern: Greifen Sie mit dem Mauszeiger in eine Ebenenminiatur und ziehen Sie die Miniatur an die gewünschte Position.

Speichern von Ebenen

Bilder mit mehreren Ebenen lassen sich nur im Photoshop-Format speichern. Nicht alle Bildbearbeitungsprogramme, auch nicht hauseigene Anwendungen wie Adobe PageMaker können Bilder vom Typ Photoshop-Datei (PSD) öffnen. Wenn ein Bildbearbeitungsprogramm eine Photoshop-Datei überhaupt öffnen kann, bleiben dabei die Ebenen nicht erhalten: Die Anwendungen verwenden eine zusätzliche (in der Ebenenpalette nicht sichtbare Ebene), auf der Photoshop alle im Bild eingeblendeten Ebenen zusammenfaßt. Wenn Sie Bilder im Photoshop-Format weitergeben, ver-

Markieren Sie die Ebene durch einen Klick auf die Ebenenminiatur.

Ein Klick mit der rechten Maustaste auf ein paar sichtbare Pixel der Ebene markiert die Ebene ebenfalls (Ctrl-Taste und Mausklick auf dem Mac).

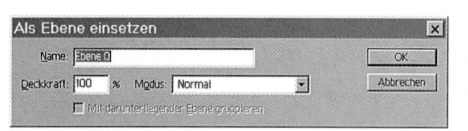

Damit´s auch mit der Hintergrundebene klappt: Geben Sie der Hintergrundebene einfach einen anderen Namen.

Mit Ebenen lassen sich Effekte abwägen, exakte und freie Montagen durchführen, Retuschen und Texteffekte ins Bild setzen

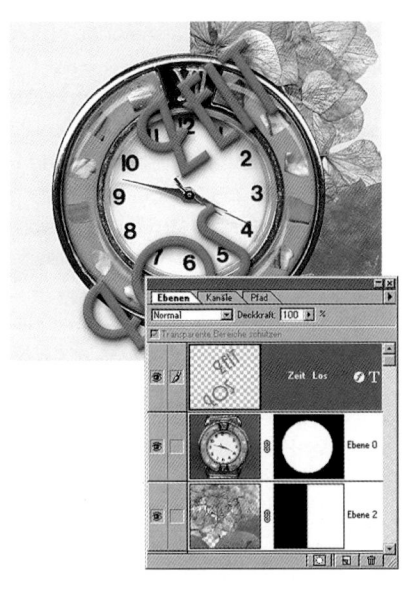

Der Inhalt einer Ebene kann jederzeit verschoben, rotiert und skaliert werden.

Die oben liegende Ebene ist immer die sichtbare. Die Reihenfolge wird durch Drag & Drop verändert.

Das Augensymbol in der ersten Spalte einer Ebene blendet die Sicht auf die Ebene ein und aus.

Eine Einstellungsebene enthält eine Bildkorrektur, die immer wieder verändert oder zurückgenommen werden kann.

gewissern Sie sich also lieber, ob der Empfänger selber einen Photoshop auf dem Rechner hat.

Damit Photoshop-Dateien in Anwendungen wie Word, PageMaker oder Illustrator geladen werden können, müssen alle Ebenen auf die Hintergrundebene reduziert werden (Menü EBENE/AUF DIE HINTERGRUND-EBENE REDUZIEREN oder mit dem gleichnamigen Befehl im Fly-out der Ebenenpalette). Erst dann läßt sich das Bild in einem der gängigen Formate wie TIFF, JPEG oder EPS speichern.

In der Ebenenpalette wird jede Ebene als Zeile in einem Stapel angezeigt. Jede Ebene zeigt zwei kleine Symbole vor der Miniatur: ein Auge und ein leeres Viereck. Das erste Symbol, das Auge, regelt das Ein- und Ausblenden einer Ebene. Klicken Sie auf das Auge, damit die Ebene nicht weiter angezeigt wird: Das Auge in der Ebene verschwindet und der Inhalt der Ebene ist im Bild nicht mehr sichtbar.

Ebenen miteinander verknüpfen und ausrichten

Um mehrere Ebenen gleichmäßig zu verschieben oder zu verzerren, verbinden Sie die Ebenen miteinander. Markieren Sie eine Ebene durch einen Klick auf die Ebenenminiatur (die Ebene wird farbig unterlegt) und klicken Sie auf das leere Viereck in der zweiten Spalte einer anderen Ebene: Ein Kettensymbol erscheint. Wenn Sie jetzt die Ebene verschieben, skalieren oder verzerren, wird die verknüpfte Ebene im gleichen Ausmaß manipuliert.

Der Inhalt verknüpfter Ebenen kann gegeneinander ausgerichtet werden: In verknüpften Ebenen setzen Sie mit EBENE/AUSRICHTEN alle Elemente an den linken oder rechten Rand, nach unten oder oben oder schaffen gleiche Abstände zwischen den Elementen auf verschiedenen Ebenen mit der Funktion VERBUNDENE VERTEILEN aus dem Ebenenmenü.

Ebenen gruppieren

Um die Pixel einer Ebene an die Kontur einer anderen Ebene anzupassen, werden Ebenen miteinander gruppiert (Menü EBENE/MIT DARUNTER LIE-GENDER EBENE GRUPPIEREN). So läßt sich ein Text mit der Textur einer darüberliegenden Ebene füllen. Die Funktion des Gruppierens ähnelt stark der einer Maske: Alles, was sich außerhalb der Form der unteren Ebene befindet, wird abgedeckt und transparent.

Die Ebenenpalette

Am unteren Rand der Ebenenpalette liegen drei Symbole, die das Arbeiten mit Ebenen beschleunigen und viele Klickpfade durch die Menüstrukturen ersparen: Auf der äußersten Rechten liegt ein Papierkorb. Eine Ebene, die Sie nicht länger benötigen, ziehen Sie mit der Maus auf den Papierkorb, um sie zu löschen.

Sie duplizieren eine Ebene, indem Sie die Ebenenzeile mit der Maus auf das mittlere Symbol (NEUE EBENE ERSTELLEN) ziehen.

Das linke Symbol steht für die Ebenenmaske. Filter und Einstellungen werden ja immer auf das gesamte Bild angewandt, wenn Sie aber nur

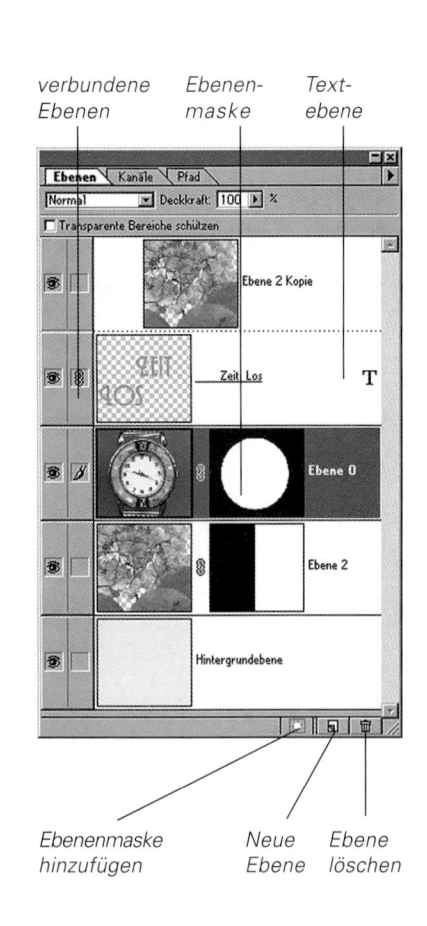

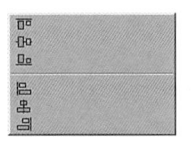

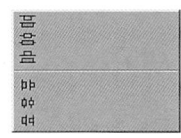

Die Elemente verbundener Ebenen lassen sich exakt ausrichten oder gleichmäßig verteilen: EBENEN/VERBUNDENE ausrichten und VERBUNDENE VERTEILEN.

Gruppierte Ebenen passen ihre Form an die darüberliegende Textur- oder Farbebene an. Klicken Sie mit gedrückter Alt/Ctrl-Taste auf die Grenze zwischen den beiden Ebenenminiaturen, um die Ebenen zu gruppieren.

CHROMATIC

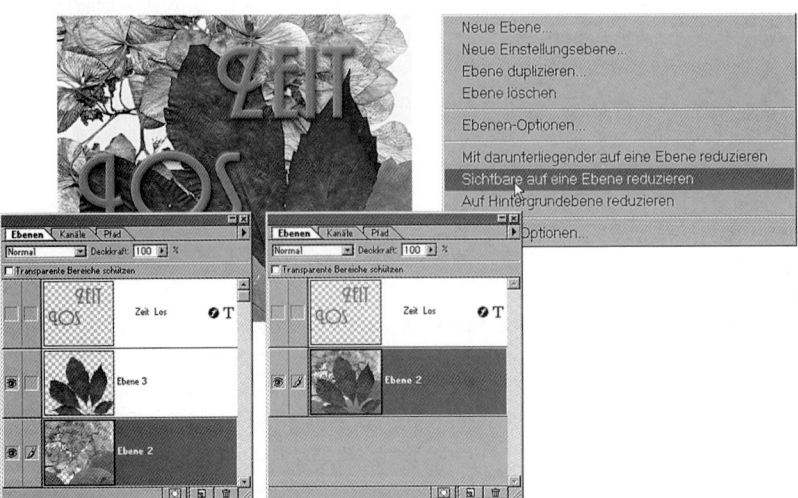

Damit die Ebenen nicht überhand nehmen, können Sie Ebenen auch zusammenfassen: Blenden Sie alle anderen Ebenen aus, markieren Sie eine der Ebenen, die zusammengefaßt werden sollen und wählen Sie SICHTBARE AUF EINE EBENE REDUZIEREN im Menü EBENE oder im Fly-out-Menü der Ebenenpalette.

einen Bereich einer Ebene manipulieren wollen, markieren Sie diesen Bereich mit einem der Auswahlwerkzeuge und aktivieren Sie die Ebenenmaske. Eine weitere, schwarzweiße Ebenenminiatur in der Ebenenpalette zeigt die Ebenenmaske an. Nur die Bildbereiche, die unter dem weißen Bereich der Ebenenmaske liegen, sind jetzt noch im Bild sichtbar.

Damit entfällt die Notwendigkeit, ein Objekt, das ohne Umgebung einmontiert werden soll, tatsächlich von seiner Umgebung zu befreien und die Pixel zu löschen. Das Bild bleibt komplett erhalten, obwohl nur das Objekt angezeigt wird. Der Bildausschnitt kann jederzeit noch einmal durch das Manipulieren der Ebenenmaske verändert werden.

Das rechte Symbol AUSGEWÄHLTE EBENEN LÖSCHEN (Papierkorb) ermöglicht das schnelle Löschen von Ebenen und Ebenenmasken. Ziehen Sie die Ebenenminiatur oder die Maskenminiatur auf das Papierkorbsymbol, um sie zu löschen.

Ebenenmasken

Ebenenmasken speichern genauso wie ein Maskenkanal eine Auswahl im Bild und zeigen nur die Auswahl innerhalb der Ebene. Legen Sie eine Auswahl auf einer Ebene an und klicken Sie auf das Symbol EBENENMASKE HINZUFÜGEN in der Fußleiste der Ebenenpalette. So verbergen Sie beliebige Bildpartien, die außerhalb der Auswahl liegen, ohne sie zu löschen. Einfaches Korrigieren der Ebenenmaske holt neue Partien des Objekts in den Vordergrund, während das Bild auf der Ebene stets vollständig erhalten bleibt – dieses Verfahren bietet ein besonders hohes Maß an Flexibilität bei Montagen.

Sie bearbeiten das Bild auf einer Ebene, wenn Sie auf die Bildminiatur in der Ebenenpalette klicken (ein Pinsel zeigt sich in der zweiten Zeile der Ebenenpalette), und Sie bearbeiten die Ebenenmaske, wenn Sie auf die Maskenminiatur in der Ebenenpalette klicken. Klicken Sie auf die Ebenenmaske und ziehen Sie die Maske auf den Papierkorb in der Fußzeile der Palette, um die Maske vollkommen zu entfernen. Wenn Sie die Ebenenmaske löschen, werden Sie gefragt, ob Sie die Maske anwenden wollen oder nicht. Beantworten Sie die Frage mit ANWENDEN, wird das Bild auf der Ebene durch die Maske beschnitten.

Um die Maske vorübergehend auszuschalten, klicken Sie mit gedrückter Umschalttaste auf die Maskenminiatur. Dann zeigt ein rotes Kreuz auf der Maskenminiatur an, daß sie ausgeblendet wurde. Um die Ebenenmaske wieder zu aktivieren, klicken Sie einfach auf die Maskenminiatur, und sie wird wieder eingeschaltet.

Ebeneneffekte

Neu im Photoshop 5 sind eine Reihe von vorgefertigten Effekten, die sich auf einer Ebene anwenden lassen. Besonders hervorzuheben seien hier die Texteffekte, um die Grafiker und Bildbearbeiter viele Jahre flehentlich gebeten haben und mit denen die Drittanbieter von Photoshop-Plug-ins uns viele Jahre lang ein paar Hunderter extra aus der Tasche zogen.

Ein Klick auf die Maskenminiatur aktiviert die Maske (Maskensymbol in der zweiten Spalte), ein Klick auf die Ebenenminiatur aktiviert wieder die Ebene zur Bearbeitung (Pinselsymbol in der zweiten Spalte).

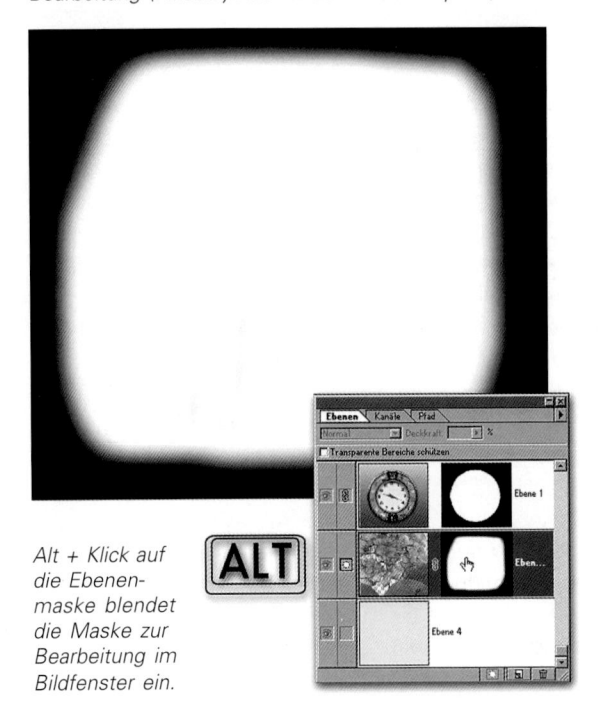

Mit gedrückter Umschalttaste blendet ein Mausklick auf die Ebenenmaske die Maske vorübergehend aus und ebenso wieder ein.

Alt + Klick auf die Ebenenmaske blendet die Maske zur Bearbeitung im Bildfenster ein.

Um die Ebenenmaske zu löschen, klicken Sie auf die Maskenminiatur und ziehen sie dann in den Papierkorb.

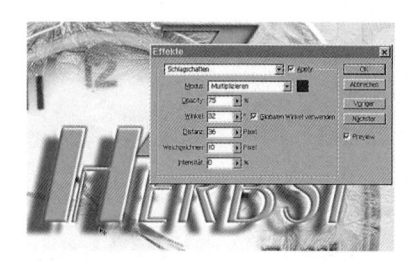

Greifen Sie bei geöffnetem Dialogfenster ins Bild – der Schatten läßt sich direkt verschieben.

Beim Skalieren zieht der Effekt nicht mit.

Zum Auftakt hat Adobe fünf Ebeneneffekte spendiert: SCHLAGSCHATTEN, SCHATTEN NACH INNEN, SCHEIN NACH INNEN und SCHEIN NACH AUSSEN und ABGEFLACHTE KANTE UND RELIEF. Ob und wie diese Effekte weiter ergänzt werden – ob Drittanbieter hier ihre eigenen Schöpfungen einklinken können – das bleibt bislang im dunkeln.

Sie können einen Ebeneneffekt nachträglich jederzeit verändern, indem Sie auf das Effektsymbol in der Ebenenzeile doppelklicken. Die entsprechende Dialogbox des Effekts wird direkt mit den aktuellen Einstellungen geöffnet.

Die Ebeneneffekte müssen nicht unbedingt numerisch eingestellt werden. Klicken Sie bei geöffnetem Ebeneneffekte-Dialogfenster in das Bild, wird der Mauszeiger zum Bewegen-Werkzeug und Sie können den Schatten direkt verschieben. Photoshop übernimmt dabei automatisch die numerischen Werte aus der Position des Effekts.

Das verbindende Element aller Ebeneneffekte ist der Winkel des Effekts: Alle eingestellten Effekte zeigen den gleichen Winkel, wenn die Option GLOBALER WINKEL eingeschaltet ist. Wenn Sie den Winkel für einen eingestellten Schlagschatten ändern, ändern Sie ihn für alle bereits angewandten Ebeneneffekte gleich mit und alle Effekte, die Sie hiernach neu aufrufen, sind von vornherein auf diesen Winkel eingestellt.

Vergößern und Verkleinern bei Ebeneneffekten

Ebeneneffekte wachsen nicht mit und schrumpfen auch nicht, wenn Sie das Bild vergrößern oder verkleinern: Sie behalten immer pixelgenau ihre Parameter. Eventuell müssen Sie also beim Skalieren des Bildes einen Ebeneneffekt per Hand nachbearbeiten, damit er seinen Charakter behält.

Ebeneneffekte lassen sich von einer Ebene in eine andere kopieren: Markieren Sie die Ebene mit dem Effekt und wählen Sie im Ebenenmenü den Befehl EBENEN/EFFEKTE/EFFEKTE KOPIEREN. Dann wählen Sie die Ebene, in die der Effekt hineinkopiert werden soll, und rufen im Ebenenmenü den Befehl EFFEKTE/EFFEKTE EINFÜGEN auf.

Drop Shadow oder Schlagschatten – Renner unter den Bildeffekten

Der Renner unter den Bildeffekten ist unbestritten der Drop Shadow, ein sanfter Schatten hinter freigestellten Bildmotiven, hinter Texten und Grafiken. Er hebt das Motiv plastisch hervor und läßt es dem Betrachter entgegenkommen. In älteren Versionen des Photoshops muß der Drop Shadow noch als Plug-in-Filter anderer Hersteller eingebunden werden oder über diverse Techniken manuell eingerichtet werden.

Mit der Version 5 liegt der Drop Shadow als SCHLAGSCHATTEN unter den Ebeneneffekten auf Knopfdruck parat. Die OPAZITÄT bestimmt, ob der Schatten mehr oder weniger durchsichtig über der darunterliegenden Ebene liegt, der WINKEL des Schattens ist mit 120° vorgegeben, läßt sich aber einfach auf jeden anderen Winkel einstellen. Je größer die DISTANZ des Schattens vom Motiv, desto tiefer wirkt das Bild oder desto stärker springt das Motiv aus dem Bild. Ein weichgezeichneter Schatten wirkt fast im-

Schlagschatten

Schein nach innen

Schein nach außen

Abgeflachte Kante und Relief/Abgeflachte Kante außen

Abgeflachte Kante und Relief/Abgeflachte Kante innen

Abgeflachte Kante und Relief/Relief an allen Kanten/unten

Die verschiedenen Effekte lassen sich miteinander kombinieren.

Die Überblendmodi (MODUS) variieren die Effekte noch weiter.

Wenn der GLOBALE WINKEL aktiviert ist, wirken alle Effekte mit der gleichen Lichtrichtung.

mer glaubwürdiger als ein kontraststarker, klar abgehobener Schatten. Die INTENSITÄT bestimmt, wie hell oder dunkel der Schatten wird.

Der Schatten läßt sich in verschiedenen Modi über die darunterliegende Ebene legen. Die Überblendmodi, die sich hier einstellen lassen, sind die gleichen, die auch zwischen zwei übereinanderliegenden Ebenen eingesetzt werden können.

Vorsicht ist geboten bei nachträglichen Vergrößerungen und Verkleinerungen des Bildes: Der Schlagschatten wird – ebenso wie die anderen Einstellungen der Ebeneneffeke – nicht im gleichen Ausmaß skaliert. Da hilft es nur, den Effekt von der Ebene zu trennen (Menü EBENE/EFFEKTE/EBENE ERSTELLEN) und den Gaußschen Weichzeichner auf der Schattenebene mit individuellen Parametern und einer breiteren Pixelkante anzuwenden.

Individueller Schatten

Der Schlagschatten, den Adobe dem Photoshop spendiert hat, läßt das Objekt immer nur über dem Untergrund schweben. Zwar kann man durch einen breiteren Schatten das Objekt mehr oder weniger hoch über dem Untergrund ansiedeln, den Schatten mehr oder weniger weich zeichnen – aber dann scheint es mit der Individualität auch schon vorbei zu sein. Oder ...

Oder Sie erzeugen den Schlagschatten (und auch andere Ebeneneffekte) als Ebeneneffekt und rufen die Funktion EBENE/EFFEKTE/EBENE ERSTELLEN auf. Der Photoshop erzeugt damit aus jedem Effekt eine eigene Ebene. Wählen Sie die Ebene des Schlagschattens und verzerren Sie den Schatten mit der Transformation BEARBEITEN/TRANSFORMATIONEN/VERZERREN, bis das Objekt scheinbar auf einem Untergrund steht.

Überblendmodi

Die Ebenenpalette bietet in einem Pull-down-Menü verschiedene Modi an, nach denen zwei Ebenen überblendet werden. Der Überblendmodus steht in der Vorgabe auf NORMAL – dann wird ein Bild oder Bildausschnitt undurchsichtig über das darunterliegende Bildmaterial gelegt.

Wenn Sie die Überblendmodi in der Ebenenpalette aufklappen, erscheint eine Auswahl: Von MULTIPLIZIEREN über NACHBELICHTEN, AUFHELLEN, ABDUNKELN bis zur DIFFERENZ reicht eine lange Liste von verschiedenen Methoden, zwei Ebenen miteinander zu kombinieren. Hier lassen sich individuelle Effekte einrichten, deren Herkunft und Entstehungsgeschichte nicht sofort erraten werden, aber die Überblendmodi können auch zu Bildkorrekturen herangezogen werden.

Nicht nur ganze Ebenen verstehen sich auf Überblendeffekte, sondern auch viele Werkzeuge bieten Variationen per Überblendmodus: der Airbrush, der Stempel, der Schlagschatten unter den Ebeneneffekten und viele mehr. Die Überblendeffekte aller Malwerkzeuge arbeiten nach dem gleichen Prinzip.

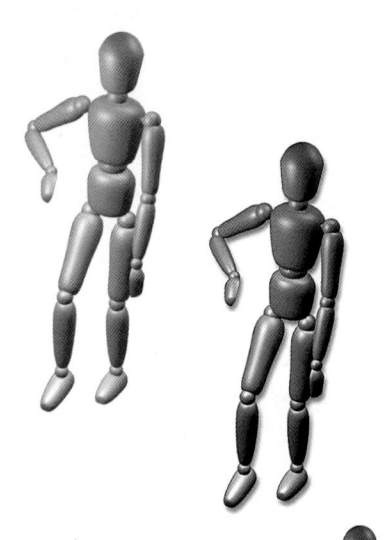

Der Schlagschatten liegt immer hinter dem Objekt.

Ein perspektivischer Schatten erzeugt den Eindruck eines Bodens unter den Füßen.

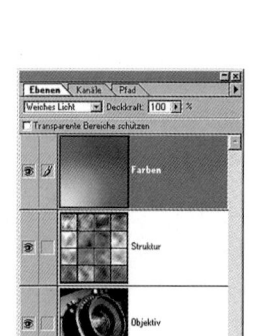

Die Überblendmodi erzeugen unkonventionelle und aufsehenerregende Effekte.

Überblendmodi und Farbraum

Die Überblendmodi können je nach Ausprägung im CMYK-Farbraum eine mehr oder minder leicht abweichende Farbwirkung zeigen als im RGB-Modus. Darum fragt Photoshop bei jeder Modusänderung, ob die Ebenen an dieser Stelle auf die Hintergrundebene reduziert werden sollen. Nur die Reduzierung erhält die Wirkung (mit der Einschränkung, daß bei der Umwandlung in den CMYK-Modus immer Farben verloren gehen können).

Shortkeys und andere Weisheiten

– Das Bewegen-Werkzeug im Photoshop 5 bietet jetzt die Option, eine Ebene automatisch zu markieren, wenn man mit dem Bewegenwerkzeug auf ein Element der Ebene klickt. Das funktioniert, wenn die Ebene höchstens zu 50% transparent ist. Am PC liefert ein Klick mit der rechten Maustaste in das Bild eine Liste aller Ebenen, in der Sie die benötigte Ebene sofort aktivieren können. Auf dem Mac erledigt das ein Klick auf ein paar Pixel der Ebene bei gedrückter Strg-Taste.

– Ist eine aktivierte Ebene vollkommen leer und fügen Sie etwas in das Bild ein, wird es in die aktive Ebene eingefügt. Ist die Ebene nicht leer, wird der Inhalt der Zwischenablage in eine neue Ebene über der aktivierten eingefügt.

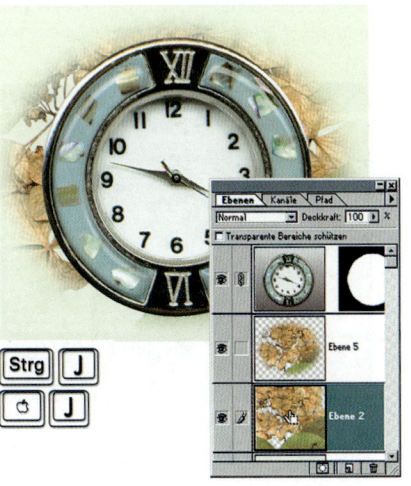

Markieren Sie alle Pixel in einer aktivierten Ebene mit dem Shortkey Strg/Apfel + Mausklick auf das Ebenensymbol.

Markieren Sie ein Motiv im Bild. Halten Sie die Strg/Apfel-Taste gedrückt und drücken Sie zusätzlich die »J«-Taste. Dann wird die Auswahl automatisch in eine separate Ebene direkt über der markierten Ebene kopiert – ohne die lästigen Aufrufe von BEARBEITEN/KOPIEREN und BEARBEITEN/EINFÜGEN in der Menüleiste – das geht schneller und spart RAM.

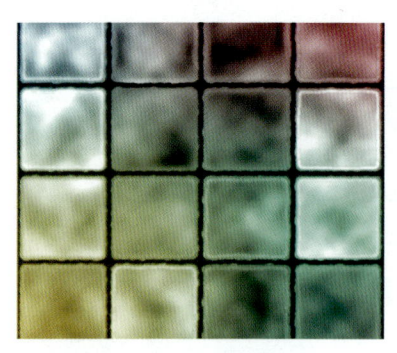

Das Kachelmuster stammt von der Photoshop 4-CD, die Farbebene wurde aus radialen Verläufen aufgezogen und Farben und Kacheln im Modus WEICHES LICHT überblendet.

NORMAL funktioniert, als würde man zwei Abzüge übereinanderlegen. Wenn die Bilder in beiden Ebenen gleich groß sind, überlagert die obere alles andere.

SPRENKELN legt die Pixel übereinander. Erst wenn die Deckkraft über den Regler gesenkt wird, kommen nach einem Zufallsverfahren einzelne Pixel aus der unteren Ebene an das Tageslicht.

MULTIPLIZIEREN multipliziert die Farbwerte von übereinanderliegenden Pixeln, dabei werden alle Farben unter einem schwarzen Pixel schwarz. Das Ergebnis ist immer ein dunkleres Bild.

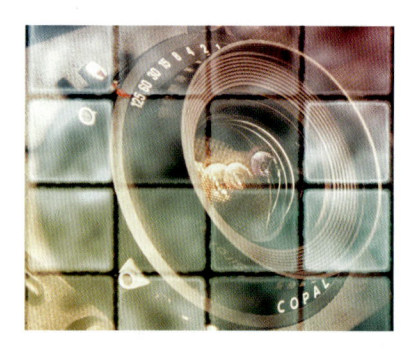

NEGATIV MULTIPLIZIEREN: Hier werden die Farbwerte des oberen Bildes als negativer Wert angesetzt und das Bild wird aufgehellt. Unter schwarzen Pixeln bleiben die Farben unverändert.

INEINANDERKOPIEREN multipliziert – abhängig von der Farbe des unteren Bildes – die normalen oder umgekehrten Farbwerte der beiden Bilder. Das Ergebnis sind kräftigere Farben und ein dunkleres Bild.

WEICHES LICHT zeigt den Effekt einer diffusen Lichtquelle. Ist der obere Pixel heller als 50% Grau, hellt er den unten liegende Pixel auf, ist er dunkler, wird der untere Pixel auch dunkler.

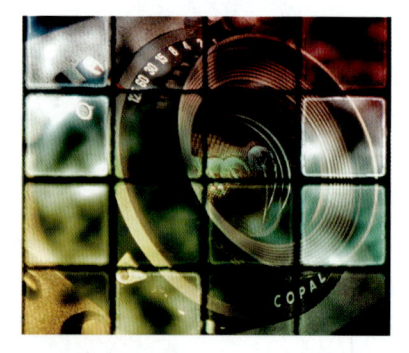

HARTES LICHT wirkt wie ein grelles Ausleuchten und setzt dramatische Schattenbereiche ins Bild.

FARBIG ABWEDELN hellt die untenliegenden Pixel auf und gibt ihnen etwas von der Farbe der oberen Pixel. Je dunkler der obere Pixel, um so schwächer ist der Effekt – unter Schwarz passiert also nichts. Der Effekt eignet sich gut, um Farben im Bild sanft zu verfälschen.

FARBIG NACHBELICHTEN dunkelt die unteren Pixel ab und verleiht ihnen die Farben des oberen Bildes. Das Bild wird insgesamt stark abgedunkelt.

Der Modus ABDUNKELN wählt von zwei übereinander liegenden Pixeln eines Farbkanals immer den dunkleren.

AUFHELLEN ist die Umkehr des Verfahrens: Von zwei übereinanderliegenden Pixeln eines Farbkanals wird immer der hellere ins Bild gesetzt.

Die DIFFERENZ zieht in jedem Farbkanal entweder den Farbwert des oberen Pixels von dem darunterliegenden ab (wenn er heller ist) oder umgekehrt (wenn er dunkler ist). Das Ergebnis ist eine drastische Farbverschiebung.

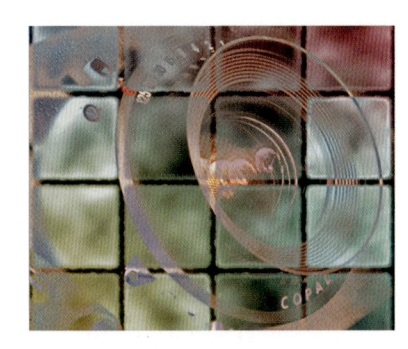

Der AUSSCHLUSS erzielt einen ähnlichen, aber weniger drastischen Effekt.

Das Ergebnis der Überblendung mit FARBTON ist die Farbe des oberen Bildes mit den Helligkeitswerten des unteren Bildes: Die Farben des obenliegenden Bildes werden auf das untere Bild gelegt.

Bei SÄTTIGUNG bleiben die Farben des untenliegenden Bildes erhalten, allerdings wird die Sättigung auf die des oberen Bildes gesetzt. Zeigt das obere Bild kräftige Farben, werden die Farben des unteren Bildes stärker gesättigt.

Die Helligkeitswerte jedes Pixels des unteren Bildes bleiben bei FARBTON UND SÄTTIGUNG erhalten, aber Farbton und Sättigung des oberen Bildes werden übernommen. Damit ist der Modus sehr gut für das Kolorieren von Schwarzweißbildern geeignet.

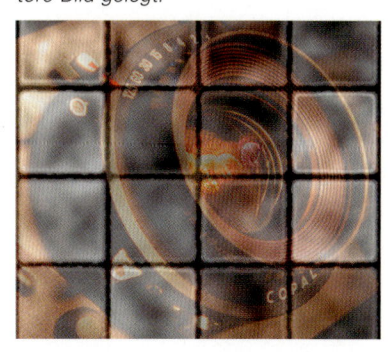

Die LUMINANZ ist die Umkehrung des Modus FARBTON UND SÄTTIGUNG. Die Farben des unteren Bildes und die Helligkeitswerte des oberen Bildes bleiben erhalten.

- Halten Sie die Alt-Taste gedrückt und klicken Sie auf das Augensymbol einer Ebene, um alle Ebenen bis auf diese Ebene auszublenden. Halten Sie die Alt-Taste wieder gedrückt und klicken noch einmal auf das Augensymbol, dann werden wieder alle Ebenen angezeigt.
- Halten Sie die Umschalttaste gedrückt und verschieben Sie das Ebenensymbol in ein anderes Bild mit den gleichen Maßen, so wird der Inhalt der Ebene standgenau in das Bild eingefügt.
- Umschalttaste + Ziehen des Ebenensymbols in ein Bild mit anderen Maßen setzt den Inhalt der Ebene zentriert in das Bild.
- Halten Sie die Umschalttaste und ziehen Sie das Ebenensymbol in ein Bild mit einer aktiven Auswahl, damit wird der Inhalt der Ebene in dieser Auswahl zentriert.
- Wollen Sie eine Gruppe von Ebenen mit einem Schlag in ein anderes Bild kopieren, müssen Sie die Ebenen einzeln aus dem Bildfenster herausziehen. Beim Ziehen aus der Ebenenpalette wird immer nur eine Ebene verschoben – auch wenn die Ebenen miteinander verbunden sind.
- Der Inhalt einer Ebene kann über die Bildmaße hinausgehen. Um eine Ebene, die größer als der sichtbare Bildausschnitt ist, auf die Maße des Bildes zu beschneiden, markieren Sie das gesamte Bild (Menü AUSWAHL/ALLES AUSWÄHLEN oder Strg/Alt + A) und rufen Sie im Bildmenü den Befehl FREISTELLEN auf.
- Die Hintergrundebene kann nicht gelöscht werden. Erst wenn sie umbenannt wurde (z.B. in »Ebene 0«), kann sie auf das Symbol AUSGEWÄHLTE EBENE LÖSCHEN in der unteren rechten Ecke der Ebenenpalette gezogen werden.

4.4   Auf dem Pfad der Tugend: das Zeichenwerkzeug

Ob für Printmedien, Werbung oder für das Web, ob Produktfotografie oder Fotomontage: Mit dem Freistellpfad, der mit der Zeichenfeder des Photoshops erstellt wird, werden Motive von ihrer Umgebung getrennt – das Ergebnis sind die sogenannten Freisteller, die das Layout aus dem Rahmen fallen lassen und das Augenmerk im Katalog auf ein besonderes Produkt lenken.

Für exakte Auswahl und exakten Druck
Der Zeichenpfad im Photoshop dient zwei Zwecken: Wann immer es darum geht, komplexe Auswahlen zu erstellen, mit denen die üblichen Auswahlwerkzeuge überfordert sind, helfen Zeichenpfade beim Maskieren komplexer Konturen. Pfade können in exakte Auswahlbegrenzungen umgewandelt werden und Auswahlen in Pfade. Zeichenpfade sind flexibel und können mit einfachen Mausklicks ihre Form jederzeit beliebig ändern.

Zum anderen wird der Zeichenpfad zusammen mit dem Bild gespeichert, um erst im Druck ein Motiv besonders sauber von seiner Umgebung zu trennen und auf diese Weise einen »Freisteller« ins Bild zu setzen. Bei den frei im Layout schwebenden Motiven wird nämlich keinesfalls der Hintergrund ausgewählt und aus dem Bild gelöscht: Diese Methode führt zu pixeligen Kanten an den Rändern des Motivs, und auf farbigem Papier würde der Freisteller in einem weißen Rahmen landen.

Tatsächlich kommen hier die beiden unterschiedlichen Bildarchitekturen zusammen: Das Bitmapbild wird zusammen mit einer Vektorgrafik gespeichert. Der Vektor oder Pfad bestimmt, welche Bildteile später belichtet werden und welche nicht – und die Kanten, die der Belichter dabei erzeugt, werden wesentlich feiner als die Pixelkanten, die durch das Löschen des Hintergrundes entstehen.

133

Aus der Illustrationsgrafik: die Zeichenfeder

Die Basis für den Freisteller ist die Zeichenfeder, das Pfadwerkzeug des Photoshops. Mit einer dünnen Gummilinie umrandet der Bildbearbeiter die Konturen des Motivs, erzeugt Punkt für Punkt die Kurven entlang des Umrisses und bildet scharfe Ecken zackig nach. Kaum ein anderes Zeichenwerkzeug bietet diese Flexibilität – darum finden Sie die Zeichenfeder oder das Bezierwerkzeug auch in vielen Illustrationsprogrammen: in Zeichenprogrammen wie Illustrator, 3D-Programmen und Layoutprogrammen.

Der Umgang mit der Zeichenfeder

Der erste Punkt kann an jede beliebige Stelle der Kontur gesetzt werden. Ein einfacher Klick mit der Zeichenfeder erzeugt den ersten Stützpunkt. Wenn Sie einfach den nächsten Stützpunkt durch einen Mausklick in einiger Entfernung vom ersten Punkt setzen, entsteht eine gerade Kante zwischen den beiden Punkten. Um zu Rundungen im Pfad zu kommen, bedarf es einer speziellen Technik aus »Klicken und Ziehen«.

Dort, wo sich die Krümmung der Motivkontur das nächste Mal ändert, setzt der Benutzer den nächsten Punkt und spannt dadurch eine Gummilinie zwischen den beiden Punkten auf. Zieht er die Maus – ohne die Maustaste loszulassen – ein Stück weiter entlang der Kontur, wachsen dem gerade gesetzten Punkt Flügel, die »Tangenten« oder »Hebel«, und gleich-

Mit der Zeichenfeder wird Ankerpunkt für Ankerpunkt gesetzt.

Durch Klicken und Ziehen wird eine Kurve erzeugt.

Mit Ecken und Kurven kann jedes Motiv abgezeichnet werden.

Die Variante PUNKT-UMWANDELN-Werkzeug verwandelt eine Kurve in eine Ecke und umgekehrt.

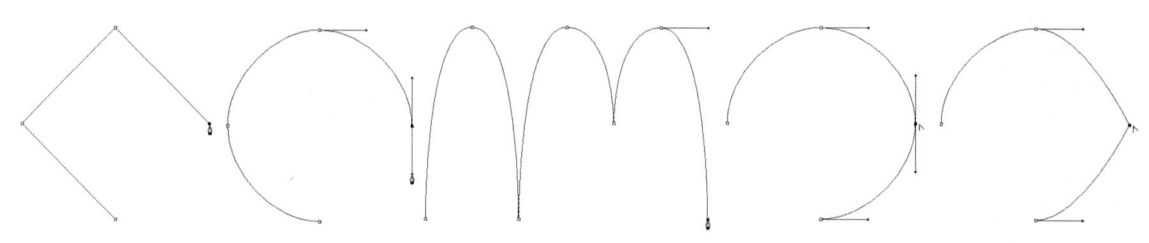

Einen Ankerpunkt verschieben

Einen Ankerpunkt hinzufügen

Einen Ankerpunkt löschen

Mit der Freihand-Zeichenfeder wird gezeichnet, ohne einzelne Punkte zu setzen.

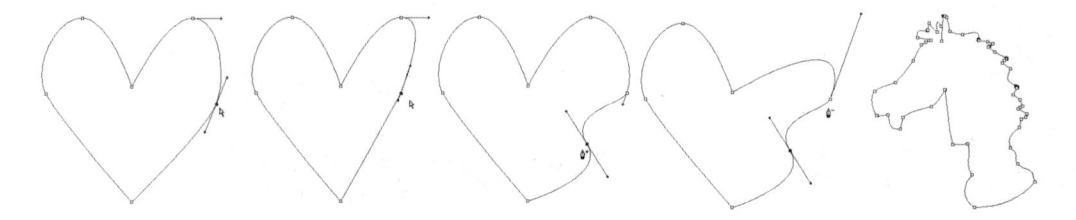

zeitig wird aus der straffen Verbindung zum letzten Punkt eine weiche Kurve. Auf diese Weise hangelt sich der Bildbearbeiter Punkt für Punkt um das Motiv herum – hält er die Zeichenfeder nach vollendeter Umrundung über den zuerst gesetzten Punkt, erscheint ein winzig kleiner Kreis neben der Feder und signalisiert, daß seine Zeichenfeder bereit ist, den Pfad zu schließen.

Eine Kontur nachzeichnen

Für Freisteller und Montagen wird ein Motiv mit der Zeichenfeder nachgezeichnet. Dabei werden die Ankerpunkte immer ein paar Pixel tief in das Motiv hineingesetzt, damit später beim Freistellen des Motivs oder beim Einstellen des Motivs in eine andere Umgebung keine störenden Ränder aus der Umgebung mitgenommen werden.

Über den Fensterrand hinaus?

Genauso wie beim Zeichnen einer Auswahl mit dem Lasso- oder Polygonwerkzeug gilt: Wenn der Mauszeiger an den Rand des Fensters kommt, muß es mit dem Auswählen nicht zu Ende gehen. Durch Drücken der Leertaste wird das Handwerkzeug aktiviert, mit dem Sie den sichtbaren Fensterinhalt verschieben können, als läge ein Stück Papier vor Ihnen. Wenn Sie die Leertaste wieder loslassen, ist wieder die Zeichenfeder aktiv.

Immer an der Wand lang ...

Am besten gelingt das exakte Nachzeichnen der Kontur bei einer Vergrößerung des Bildes auf 200%, denn nichts ist so wichtig wie eine Kurve, die immer ein bis zwei Pixel innerhalb der Kontur bleibt. Sitzt ein Punkt außerhalb der Kontur, entstehen die gefürchteten Blitzer, die eine nachlässige Montage verraten. Nach vollendeter Umrundung überprüfen und

Wenn der Zeichenpfad als Freistellpfad gedacht ist, können solche Ankerpunkt-Versammlungen den Belichter bei der Erstellung der Filme ins Schwanken bringen.

Mit der Leertaste verschieben Sie den sichtbaren Bildausschnitt, ohne das Zeichnen zu unterbrechen.

Wenn Sie beim Zeichnen des Pfades nicht innerhalb der Kontur bleiben, entstehen beim Freistellen und in der Montage »Blitzer«.

Punkte können jederzeit nachträglich hinzugefügt oder gelöscht werden.

Durch das Aufziehen eines Rechtecks mit dem Direktauswahl-Werkzeug markieren Sie alle Ankerpunkte unter dem Rechteck.

Hier können sie einen unterbrochenen Pfad fortsetzen, sagt Ihnen das Symbol neben der Zeichenfeder.

korrigieren die Bildbearbeiter darum noch einmal ihr Werk: Damit sich die Kurve perfekt an die Kontur anschmiegt, wird der Hebel leicht gedreht und durch Ziehen an den Enden verlängert oder verkürzt.

Dies geschieht nicht mit der Zeichenfeder, sondern mit dem Direktauswahl-Werkzeug: Halten Sie die Maustaste eine Sekunde lang auf der Zeichenfeder in der Werkzeugleiste des Photoshops gedrückt, klappt ein Menü mit den Varianten der Zeichenfeder auf und gibt Ihnen den Zugriff auf das Korrekturwerkzeug.

Markiert der Benutzer mit dem Direktauswahl-Werkzeug einen Ankerpunkt, kann er ihn verschieben. Greift er sich einen Hebelendpunkt, kann er die Kurvenkrümmung manipulieren.

Wenn Sie meinen, Sie hätten zu wenige oder zu viele Punkte gesetzt, können Sie jederzeit einen Stützpunkt nachträglich in den Pfad einfügen oder einen Stützpunkt aus dem Pfad herauslöschen. Benutzen Sie dazu die Werkzeuge ANKERPUNKT EINFÜGEN und ANKERPUNKT LÖSCHEN aus der Werkzeugleiste. Der Mauszeiger muß bei beiden Werkzeugen über dem Ankerpunkt liegen, der gelöscht oder eingefügt werden soll – dann zeigt ein kleines Minus- oder Pluszeichen die Bereitschaft des Werkzeugs an.

Mit dem Direktauswahl-Werkzeug können sie auch eine ganze Serie von Ankerpunkten auswählen: Ziehen Sie mit dem Direktauswahl-Werkzeug ein Viereck über den Ankerpunkten auf. Die Ankerpunkte sind jetzt markiert und können verschoben oder mit der Entf/Backspace-Taste gleichzeitig gelöscht werden.

Neue Ankerpunkte »ansetzen«

Wenn dabei »offene Pfade« entstehen – der Zeichenpfad unterbrochen wird –, verbindet Photoshop offene Pfade miteinander, wenn Sie den Pfad in eine Auswahl umwandeln. Satzprogramm und Belichter hingegen stören sich an offenen Pfaden – Abstürze oder eigenwillige Freisteller sind die Folge. Es ist also besser, Sie schließen alle Pfade wieder sorgfältig: Wenn die Zeichenfeder direkt über dem Endpunkt eines offenen Pfades steht, zeigt sie mit einem Symbol ihre Bereitschaft an, den Pfad an dieser Stelle fortzusetzen. Schließen Sie den Pfad am anderen Endpunkt.

Freihand

Mit dem Freihandwerkzeug zeichnen Sie wie mit dem Bleistift eine Form, ohne dabei explizit selber die Punkte zu setzen. Die Zeichnung wird automatisch in einen Pfad mit Ankerpunkten und Tangenten umgesetzt. So entstehen Formen je nach Ihrem eigenen feinmotorischen Können.

Klicken Sie doppelt auf das Freihandwerkzeug, um die Kurventoleranz für das Freihandwerkzeug einzustellen: Je größer der Wert für die Kurventoleranz, desto runder (mit weniger Ankerpunkten) wird der Pfad.

Pfade transformieren

Sie können einen Pfad auch vergrößern, verkleinern, rotieren und verzerren. Markieren Sie den Pfad mit dem Direktauswahl-Werkzeug (ziehen

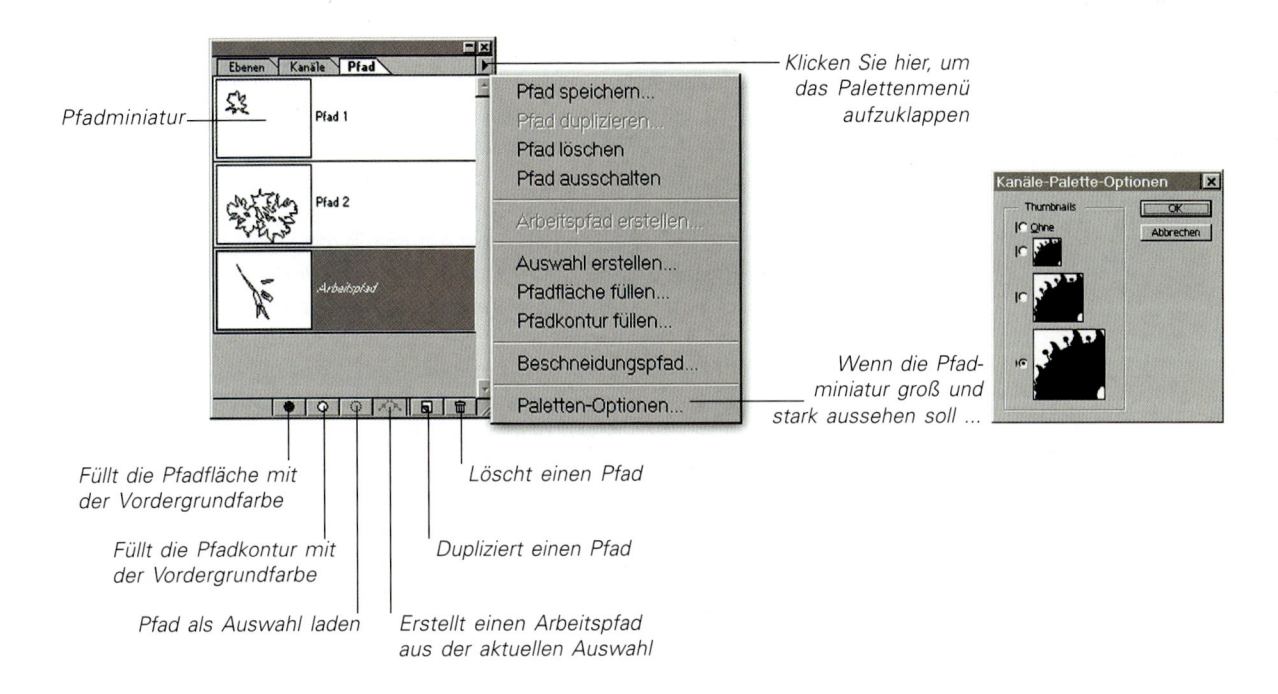

Pfadminiatur — Ebenen | Kanäle | Pfad
- Pfad 1
- Pfad 2
- Arbeitspfad

Pfad speichern...
Pfad duplizieren...
Pfad löschen
Pfad ausschalten
Arbeitspfad erstellen...
Auswahl erstellen...
Pfadfläche füllen...
Pfadkontur füllen...
Beschneidungspfad...
Paletten-Optionen...

Klicken Sie hier, um das Palettenmenü aufzuklappen

Kanäle-Palette-Optionen
Thumbnails
Ohne

Wenn die Pfadminiatur groß und stark aussehen soll ...

Füllt die Pfadfläche mit der Vordergrundfarbe
Füllt die Pfadkontur mit der Vordergrundfarbe
Pfad als Auswahl laden
Löscht einen Pfad
Dupliziert einen Pfad
Erstellt einen Arbeitspfad aus der aktuellen Auswahl

Sie ein Viereck um den Pfad auf, um alle Punkte des Pfades zu markieren). Im Menü BEARBEITEN wartet jetzt die Funktion PFAD TRANSFORMIEREN auf die Angabe, ob der Pfad skaliert, rotiert oder perspektivisch verzerrt werden soll.

Magnetisiert

Adäquat zum magnetischen Lasso gibt es ein magnetisches Pfadwerkzeug in der Version 5. Beide Werkzeuge arbeiten vergleichbar – mit der magnetischen Zeichenfeder fahren Sie (ohne die Maustaste zu drücken oder selber Punkte zu klicken) entlang der Kontur eines Motivs, um einen Pfad zu erstellen. Man kann einen Empfindlichkeitsbereich (Radius und Kantenerkennung), den Abstand der automatisch gesetzten Stützpunkte und ein definiertes Kontrastverhältnis zwischen Freistellobjekt und Bildumgebung einstellen.

Deutlich erkennbare Kanten werden schnell und sauber vom Hintergrund getrennt, nicht mehr ganz so einfach funktioniert die magnetische Zeichenfeder, wenn sich die Konturen nicht mehr klar und deutlich vom Hintergrund abheben. Sie können in diesem Fall zusätzliche Stützpunkte per Mausklick eingeben, allerdings sucht sich die magnetische Zeichenfeder dabei trotzdem immer wieder schnell ihre eigenen Punkte.

Der Pfad, der mit der magnetischen Zeichenfeder aufgezogen wurde, muß fast immer nachgearbeitet werden.

Das kann's doch nicht gewesen sein

Die ersten Freisteller, die ein Bildbearbeiter von ihrem Hintergrund befreit, sind eine Tortur für alle Beteiligten. Und wer glaubt, daß in der digitalen Bilderwelt immer alles auf Knopfdruck geht, wird hier eines Besseren belehrt. Der Trost: Im Gegensatz zum Schnipseln am Abzug mit Schere und Skalpell kann eine unsaubere Stelle sofort korrigiert werden, ohne daß ein neuer Abzug erstellt werden muß.

Vorbereitungen bei der Aufnahme

Der Fotograf kann schon bei der Aufnahme dazu beitragen, den mühsamen Prozeß des Freistellens zu erleichtern: Wenn er das Motiv in der Hohlkehle mit einer gleichmäßigen diffusen Beleuchtung konturenscharf ablichtet, kann der Bildbearbeiter auf verschiedene Techniken zurückgreifen, die das Freistellen beschleunigen: Ein einfarbiger Hintergrund, der sich kontraststark vom Motiv abhebt, läßt sich mit dem Zauberstab oder einer Farbauswahl einfangen. Die Auswahl wird umgekehrt, so daß statt des Hintergrunds jetzt das Motiv markiert ist, und über die Pfadpalette gelangt der Anwender an den Befehl ARBEITSPFAD ERSTELLEN. Mit einer Toleranz von ein bis zwei Pixeln sorgt der Photoshop dafür, daß entlang der Auswahlkante ein weicher Pfad mit einer gemäßigten Anzahl von Ankerpunkten entsteht, der allerdings fast immer noch einmal von Hand nachgearbeitet werden muß.

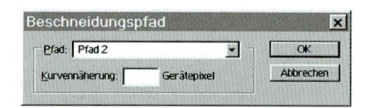

Zeichenpfade speichern

Ein Zeichen- oder Freistellpfad läßt sich auch speichern. Klicken Sie in der Pfadpalette auf das Dreieck oben rechts in der Kopfzeile der Palette, um das Palettenmenü aufzublättern. Speichern Sie den Pfad mit dem Befehl PFAD SPEICHERN.

Der Beschneidungspfad setzt saubere Freisteller ins Bild.

Layoutprogramme wie Adobe PageMaker und QuarkXPress können den Freistellpfad eines Bildes auslesen und die Umgebung des Pfades von der Ansicht ausklammern. Auf diese Weise werden Freisteller in den Text gesetzt, denn der Zeichenpfad nimmt keine Rücksichten auf die Pixel des Bildes, sondern kann wirklich runde Kanten nachvollziehen. Er wird vom Belichter als Vektor interpretiert und liefert wesentlich sauberere Kanten als das Entfernen der Umgebung des freigestellten Motivs. Außerdem braucht man auch hier wieder nicht zwei Versionen des Bildes zu speichern, wenn man das Original des Bildes behalten möchte.

Damit der Pfad vom Belichter als Beschneidungspfad erkannt wird, muß er auch als BESCHNEIDUNGSPFAD gekennzeichnet werden: Blättern Sie wieder das Palettenmenü über das Dreieck in der oberen rechten Ecke der Palette auf und speichern Sie einen Pfad als BESCHNEIDUNGSPFAD. Das Bild muß als TIFF, JPEG oder EPS gespeichert werden, denn diese Formate können zusätzlich zur Bildinformation auch den Vektor des Beschneidungspfades speichern. In der Regel wird sich der Belichter oder die Druckerei das Bild im EPS-Format wünschen, da ältere Belichter mit einem Beschneidungspfad in TIFF- oder JPEG-Bildern nicht klarkommen.

Umwandeln von Pfaden in Auswahlen

Pfade lassen sich sehr gut dazu nutzen, komplexe Konturen auszuwählen. Markieren Sie die Pfadminiatur in der Pfadpalette und öffnen Sie den Pfaddialog durch einen Klick auf das Dreieck oben rechts in der Pfadpalette. Wählen Sie AUSWAHL ERSTELLEN und geben Sie im Dialogfenster ein, wieviele Pixel breit eine eventuelle weiche Auswahlkante sein soll. Die Option GLÄTTEN glättet die unregelmäßigen Kanten einer Auswahl, indem sie den Farbübergang zwischen Kontur- und Hintergrundpixeln verwischt – diese Option ist insbesondere für die weiche Montage gedacht. Beim Glätten sollte die weiche Auswahlkante auf »0« stehen.

Umwandeln von Auswahlen in Pfade

Wenn sich das Motiv bereits kontraststark und scharf vom Hintergrund abhebt, läßt es sich schnell als Farbauswahl oder mit dem Zauberstab oder dem magnetischen Lasso markieren. Die Auswahl wird in einen Pfad umgewandelt mit dem Palettenbefehl ARBEITSPFAD AUS AUSWAHL ERSTELLEN oder mit dem gleichnamigen Symbol in der Pfadpalette. Eine Toleranz, einstellbar zwischen 0,5 und 10 Pixeln, reguliert die Anzahl der Ankerpunkte, die für das Zeichnen des Arbeitspfades benutzt werden: Je geringer die Toleranz eingestellt wird, desto exakter hält sich der Pfad an den Verlauf der Auswahlkante. Bei einer hohen Toleranz wird die Anzahl der Ankerpunkte geringer und der Pfad wird glatter.

Wenn beim Umwandeln einer Auswahl in einen Pfad noch Blitzer entstehen, muß der Pfad bei dieser Methode manuell mit dem Direktauswahl-Werkzeug nachgearbeitet werden.

Gekappt

Wird zuerst ein Pfad um ein Motiv angelegt und anschließend ein Teil des Bildes durch eine Rechteckauswahl freigestellt, dann wird der Pfad am Rand der Rechteckauswahl sauber gekappt. Auch beim Vergrößern oder Verkleinern des Bildes spielt der Pfad mit: Er wächst und schrumpft im richtigen Verhältnis. Wenn das Bild aber transformiert wird (über BEARBEITEN/TRANSFORMIEREN), ist es mit der Anpassungsfähigkeit des Pfades vorbei: Der Pfad bleibt, wo er vorher war. In diesem Fall müssen Sie den Pfad also eigenhändig transformieren – am besten Sie transformieren das Bild vorher mit numerischer Eingabe, damit Sie die Transformation am Pfad exakt nachvollziehen können.

Der Pfad, mit einer Toleranz von 0,5 Pixeln aus einer Auswahl erstellt, paßt sich exakt an die Konturen an (hier wurde die Pfadkontur mit Vordergrundfarbe gefüllt).

Weniger exakt entsteht der Pfad bei einer Toleranz von 2 Pixeln, dafür aber bringt er weniger Ankerpunkte mit – und der Belichter weiß einen sparsamen Umgang mit Ankerpunkten zu schätzen.

Schnelle Klicks für Zeichenpfade

– Strg/Apfel + Klick auf das Pfadsymbol in der Pfadpalette erzeugt eine Auswahl aus dem Pfad.
– Auch aus zwei oder mehr Pfaden läßt sich eine Auswahl erstellen: Klicken Sie erst eine Pfadminiatur in der Pfadpalette mit gedrückter Strg/Apfel-Taste an und die nächste Pfadminiatur zusätzlich mit gedückter Umschalttaste.
– Nicht nur die Vereinigung zweier Pfade zu einer Auswahl funktioniert – Sie können Pfadauswahlen auch voneinander subtrahieren: Klicken Sie eine Pfadminiatur mit gedrückter Strg/Apfel-Taste an, um eine Auswahl zu erstellen. Wenn Sie die Alt-Taste jetzt zusätzlich gedrückt halten, dann subtrahieren Sie einen weiteren Pfad von der Auswahl.
– Ein Pfad läßt sich von einem Bild in ein anderes kopieren, indem man einfach das Pfadsymbol aus der Pfadpalette auf das andere Bild zieht.
– Ein Pfad oder ein Teil eines Pfades kann auch innerhalb eines Bildes dupliziert werden. Markieren Sie den Pfad mit dem Direktauswahl-Werkzeug unter den Zeichenwerkzeugen der Werkzeugleiste und benutzen Sie die Zwischenablage – entweder mit den Befehlen BEARBEITEN/KOPIEREN und BEARBEITEN/EINFÜGEN oder Strg/Apfel + C und Strg/Apfel + V.
– Auch transformieren läßt sich der Pfad. Markieren Sie den Pfad und benutzen Sie SKALIEREN, ROTIEREN, NEIGEN im Menü BEARBEITEN/TRANSFORMIEREN.

4.5 Hilfsfunktionen für Montagen

Immer mehr Funktionen aus den Illustrationsprogrammen bringen Pixel- und Vektorgrafik näher zusammen. Für viele Arbeiten ersparen sie den Wechsel zwischen Zeichen- und Bildbearbeitungsprogramm.

Hilfslinien und Raster

Wichtige Helfer bei Montagen und insbesondere auch beim Gebrauch von Text im Bild sind die Hilfslinien und die Raster. Wie in den vektororientierten Zeichenprogrammen Adobe Illustrator oder Freehand lassen sich seit der Version 4 des Photoshops Hilfslinien aus dem Lineal ziehen, an denen Bildstücke, Texte und Pinselstriche ausgerichtet werden können. Sorgen Sie zunächst dafür, daß die Lineale im Bildfenster angezeigt werden: Menü ANZEIGEN/LINEALE EINBLENDEN. Klicken Sie dann in das horizontale Lineal, um eine horizontale Hilfslinie aus dem Lineal herauszuholen. Halten Sie die Maustaste dabei gedrückt: Sobald der Mauszeiger das Lineal verläßt, wird die Hilfslinie im Bild sichtbar. Ebenso verfahren Sie, wenn Sie senkrechte Hilfslinien benötigen.

Der Nullpunkt des Lineals läßt sich auch versetzen: Ziehen Sie ihn aus dem Schnittpunkt des horizontalen und vertikalen Lineals an den gewünschten Punkt im Bild. Um die Maßeinheiten der Lineale zu verändern, klicken Sie doppelt auf ein Lineal.

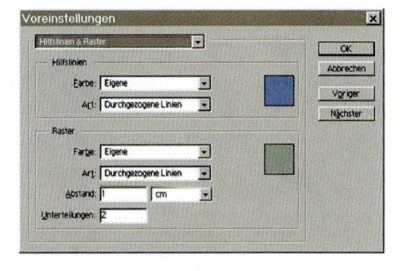

Wenn die Hilfslinien und das Raster nur schwer zu entdecken sind: Verändern Sie die Farben im Dateimenü unter den VOREINSTELLUNGEN.

Hilfslinien ziehen die Konturen einer Ebene magnetisch an. Mit dem Bewegen-Werkzeug werden die Hilfslinien aus dem Lineal gezogen und zurück in das Lineal geschoben, wenn sie nicht mehr gebraucht werden.

Sowohl Hilfslinien als auch Raster erleichtern das Aufziehen geometrischer Auswahlen. Über das Menü ANSICHT lassen sich Hilfslinien und Raster jederzeit ein- und ausblenden.

Die Farbe der Hilfslinien wird im Menü DATEI/VOREINSTELLUNGEN unter dem Punkt HILFSLINIEN UND RASTER bestimmt.

Das Raster überlagert das Bild mit einem Linienraster – auch hier geht es dem Bildbearbeiter wieder darum, Objekte standgenau auszurichten. Die Größe des Rasters wird ebenfalls im Menü DATEI/VOREINSTELLUNGEN vom Benutzer bestimmt.

Sowohl Raster als auch Hilfslinien ziehen Objekte wie Pixelgruppen und Schriften magnetisch an, wenn die Option AM RASTER AUSRICHTEN aktiviert ist. Auch diese Option sorgt für ein einfaches exaktes Ausrichten.

Malen mit Pixeln

Wenn es an die Erstellung geometrischer Formen geht, bietet ein Illustrationsprogramm mehr Komfort als der Photoshop und ist außerdem in der Lage, die Form als Vektor darzustellen, der sich beliebig ohne Qualitätsverlust vergrößern und verkleinern läßt – was bei einem Pixelbild bekanntlich nicht der Fall ist. Aber nicht jeder hat die Zeit (und das richtige Programm), sich mit dem nächsten komplexen Programm anzufreunden. Da hilft nur das Improvisieren mit den einfachen Mitteln des Photoshops.

Drei Methoden, um runde Ecken zu erzeugen

Runde Ecken – für viele Zeichnungen, Rahmen und Montagen sind sie unverzichtbar. Dem Photoshop fehlt allerdings ein Werkzeug, mit dem sich runde Ecken, auch Kofferecken genannt, erzeugen lassen. Zwar kann man ein Rechteck zeichnen, dessen Ecken durch eine weiche Auswahlkante rund werden, aber dann erhält die gesamte Auswahl eine weiche Kante.

Wenn Sie eine Rechteckauswahl aufziehen, gibt es im Menü AUSWAHL/ AUSWAHL TRANSFORMIEREN die Option, die Auswahl mit runden Ecken zu versehen: AUSWAHL RUNDEN. Leider reicht diese Option nur für kleine Rundungen: Ein Radius von 16 Pixeln stellt das Maximum dar.

Eine Methode, weiche Ecken in eine Auswahlkante zu setzen, arbeitet mit einem Auswahlrechteck und vier kleinen Kreisen. Exakt positionieren lassen sich die Kreise am besten, wenn man das Raster einschaltet (AN-

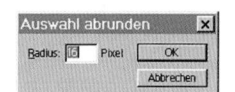

Bis zu 16 Pixel kann der Radius einer runden Ecke reichen.

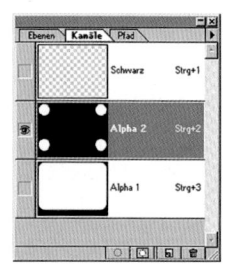

Legen Sie die Elemente für geometrische Auswahlen in den Alphakanälen an.

Kofferecken: Mit vier Kreisen in den Ecken beginnt die Zeichnung.

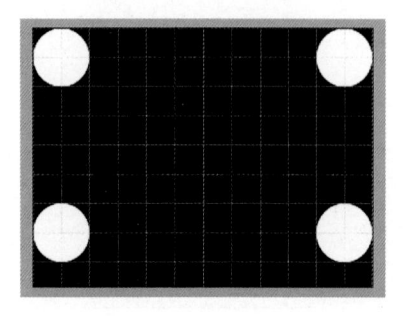

Ein waagerechtes Viereck in der Mitte der Kreise aufziehen ...

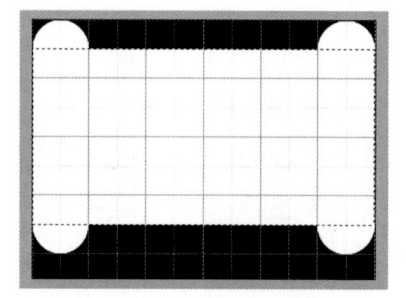

... und ein zweites Viereck – fertig sind vier exakt abgerundete Ecken.

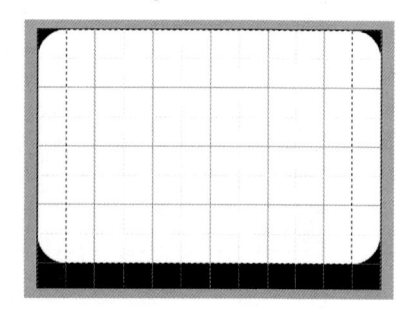

SICHT/RASTER ANZEIGEN) und den Magnetismus des Rasters einsetzt (AN-
SICHT/AM RASTER AUSRICHTEN).

Erzeugen Sie einen neuen Kanal, indem Sie auf das Symbol NEUER KA-
NAL in der Fußleiste der Kanalpalette klicken. Klicken Sie auf die Kanal-
miniatur, um den Kanal im Bildfenster anzuzeigen. Anschließend zeichnen Sie mit dem eliptischen Auswahlwerkzeug einen kleinen Kreis in jede
Ecke. Wenn Sie die Umschalttaste gedrückt halten, während Sie den Kreis
aufziehen, wird er perfekt rund. Füllen Sie die Kreise mit Weiß (BEARBEI-
TEN/FÜLLEN/100% WEISS).

Zeichnen Sie mit dem Rechteckauswahl-Werkzeug ein Auswahlrechteck mitten durch die Kreise von recht nach links. Halten Sie die Umschalttaste gedrückt und ziehen Sie ein Rechteck mitten durch die Kreise von
oben nach unten auf. Füllen Sie die so entstandene Auswahl mit Weiß.
Der Alphakanal enthält jetzt eine Maske mit Kofferecken. Nicht gerade
bequem, diese Methode, oder?

Versuchen wir eine andere Methode

Legen Sie einen Alphakanal an und ziehen Sie ein Rechteck auf, das Sie
mit Weiß füllen (BEARBEITEN/FÜLLEN/100% WEISS).

Wenden Sie den Filter GAUSSCHER WEICHZEICHNER an. Wie groß der
Radius des Weichzeichnungseffekts sein soll, hängt wieder einmal von
der Größe des Bildes ab. Durch die Vorschau sehen Sie allerdings sehr
gut, wie weich die Ecken durch den Weichzeichner werden. Gehen Sie in
die Tonwertkorrektur (BILD/EINSTELLUNGEN/TONWERTKORREKTUR) und
schieben Sie die Regler in der Mitte unter dem Histogramm zusammen.
Die Kanten des Vierecks werden wieder scharf, die Ecken bleiben dabei
schön rund. Mit dieser einfachen Methode können Sie auch andere Formen abrunden.

Eine dritte Methode

Die Erstellung von Kofferecken wird mit dem Pfadwerkzeug und ein paar
Hilfslinien realisiert.

Schalten Sie das Raster und den Magnetismus des Rasters ein. Ziehen Sie je zwei Hilfslinien für jede Bildkante aus dem Lineal. Klicken Sie

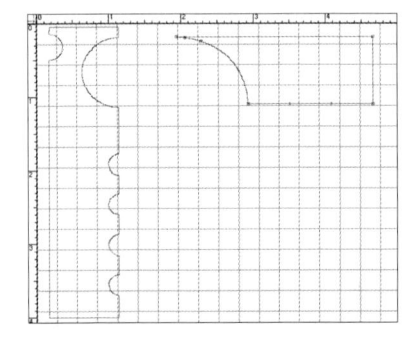

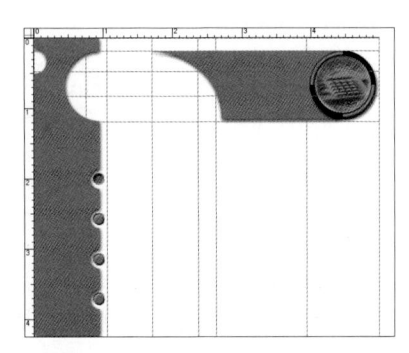

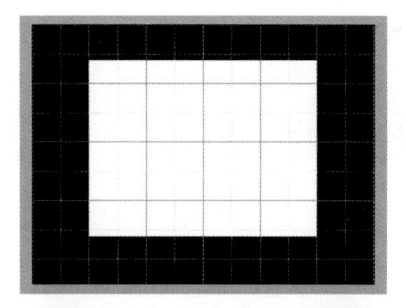

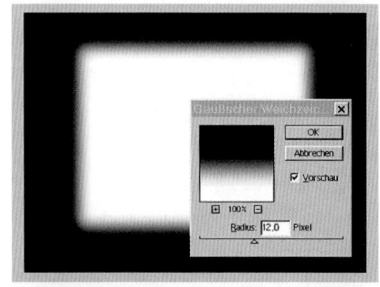

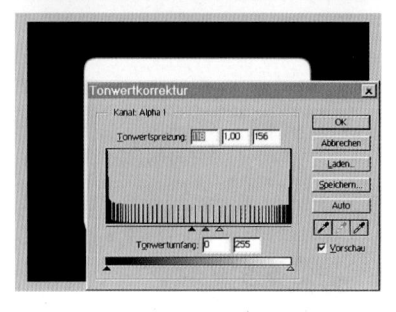

*Mit Hilfe des Rasters und des Zeichenwerkzeuges werden Aus-
wahlen mit ähnlicher Exaktheit wie in einem Illustrationsprogramm erzeugt.
Hilfslinien, die Sie vor dem Zeichnen eines Umrisses einziehen, gestalten
die Arbeit einfacher.*

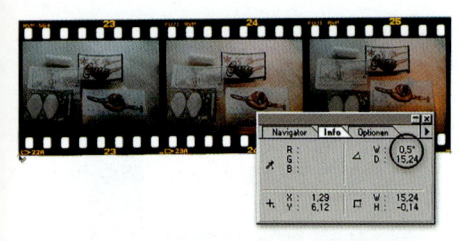

Der ausgemessene Winkel erscheint in der Infopalette als Parameter »W«.

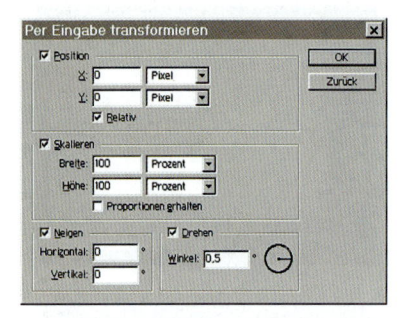

Geben Sie den Wert im Feld Drehen unter BEARBEITEN/TRANSFORMATIONEN/PER EINGABE ein – das erspart das aufwendige Drehen um kleinste Winkel mit der manuellen Rotation.

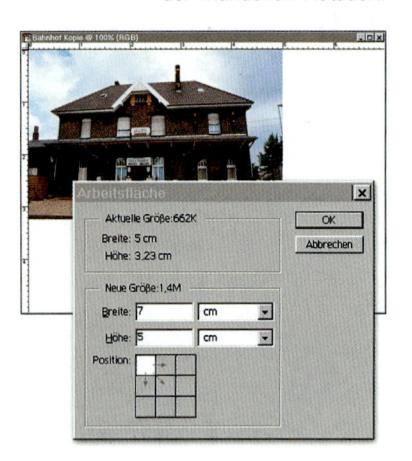

mit dem Zeichenwerkzeug auf den ersten Punkt und dann auf den zweiten. Beim zweiten Punkt lassen Sie die Maustaste nicht los, sondern ziehen die Maus noch ein Stück weiter, so daß eine Tangente in Richtung der gezogenen Linie entsteht. Klicken Sie mit der Maus auf den dritten Ankerpunkt, lassen die Maustaste nicht los und ziehen die Maus parallel zur oberen Bildkante.

Wenn der Pfad geschlossen ist, erstellen Sie eine Auswahl aus dem Pfad (Strg/Alt + Klick auf die Pfadminiatur). Füllen Sie die Auswahl mit Weiß.

Das Meßwerkzeug

Das Meßwerkzeug mißt Entfernungen und Winkel. Drehen Sie einen trotz aller Sorgfalt schief geratenen Scan mit numerischen Eingabewerten, die Sie zuvor mit dem Meßwerkzeug ausgelesen haben:

Klicken Sie mit dem Meßwerkzeug eine Ecke des Bildes an und ziehen Sie mit gedrückter Maustaste eine Linie bis zur anderen Ecke des Bildes. In der Infopalette lesen Sie den Winkel ab, um den das Bild zu rotieren ist, damit es waagerecht im Bild liegt.

Ein Bilddokument vergrößern – aber nicht den Inhalt

Insbesondere bei Montagen kommt es oft vor, daß man das Bilddokument gerne vergrößern würde, ohne das Bild selber zu vergrößern – etwa um mehr Platz für eingefügte Bildteile und Schriftzüge einzubauen. Dafür stellt Ihnen der Photoshop die Funktion ARBEITSFLÄCHE im Bildmenü zur Verfügung. Geben Sie die neue Größe des Bildes ein – über die neun kleinen Vierecke im Dialogfenster regeln Sie, wohin das vorhandene Bildmaterial »wandern« soll: Soll es in der Mitte liegen und sollen die neuen Pixel rundherum wie ein Rahmen eingefügt werden, oder soll es oben links in der Ecke liegen, während die neuen Pixel unten und auf der rechten Seite des Bildes erzeugt werden?

Neue Bilddokumente nach Maß anlegen

Häufig kommt es vor, daß man eine einzelne Ebene aus einem Photoshop-Bild in eine separate Bilddatei kopieren möchte oder einen Bildausschnitt in einer neuen Datei speichern möchte.

Wenn Sie einen Bildausschnitt markieren und den gewählten Ausschnitt in die Zwischenablage kopieren (Strg/Apfel + C), stellt Photoshop die Maße für den Bildausschnitt selber ein, wenn Sie das nächste Mal den Befehl DATEI/NEU aufrufen.

Um im Photoshop 4 oder 5 ein neues Bild in der gleichen Größe, Auflösung und Farbmodus anzulegen wie eine bereits geöffnete Bilddatei, kann man auch anders vorgehen. Rufen Sie im Menü DATEI die Option NEU auf. Während das Dialogfenster für eine neue Datei geöffnet ist, wählen Sie im Menü FENSTER das bereits geöffnete Bild, dessen Maße übernommen werden sollen. Nun übernimmt der Photoshop die Einstellungen des Bildes für das neue Dokument.

4.6 Ins Nirwana geschickt

Schon in der traditionellen Dunkelkammer verschwanden mißliebige Personen der Zeitgeschichte im Nirwana des Papierkorbs. Kein Problem für den Bildbearbeiter: Genausogut verschwinden Mülltonnen, Lichtmasten, parkende Autos.

Spuren von Mißhandlung, Spuren der Zeit

Der Scanner holt aus fleckigen und staubigen Dias, Negativen und Abzügen nicht nur das Beste heraus – auch Staubkörner und andere Verschmutzungen werden gnadenlos digitalisiert. Das (im Sinne des Scanners) falsche Fotopapier – insbesondere Papier mit einer Struktur – zeigt im Scanner oft mehr Charakter als der Rest des Bildes.

Spätestens, wenn das Bild gedruckt werden soll, ist hier Feinarbeit angesagt: Kratzer und Flecken auf alten Fotos beseitigt die Bildretusche mit diversen Werkzeugen – aber in erster Linie mit dem Stempelwerkzeug. Im Photoshop werden alte Schwarzweißfotos koloriert, mit einer Vignette oder einem Rahmen versehen und auf die richtigen Maße zurechtgestutzt.

Bilderputz

Auch wenn das Vorlagenglas des Scanners noch so penibel sauber gehalten wird und die Vorlage wie ein rohes Ei behandelt wurde – Flusen, Staub und Kratzer lassen sich nicht immer vermeiden. Ältere Vorlagen leiden außerdem an Kratzern, und unsachgemäß gelagertes Diamaterial zeigt schnell Ausfälle in den flachen Partien wie dem Himmel. Wer Wert auf ein makelloses Abbild legt, braucht Geduld und eine ruhige Hand.

Die beste Zeit, Flecken, Staub und Kratzer zu entfernen, ist vor den Bildkorrekturen und vor dem Druck oder Archivieren des Fotos, meistens also direkt nach der Erfassung des Bildes – auf jeden Fall aber immer vor dem Schärfen.

Der Stempel aus der Werkzeugleiste ist das geeignete Werkzeug, um sichtbare Staubkörner, Flusen und kleine Kratzer im Bild so sanft wie möglich zu entfernen. Er malt die exakte Kopie einer Bildstelle an eine andere Stelle des Bildes oder auch in ein anderes Bild hinein. Dabei geht der Stempel immer von einer vorgegebenen Bildstelle, dem Original-Aufnahmepunkt, aus und überträgt Strich für Strich die Pixel von einer Stelle auf eine andere.

Der Umgang mit dem Stempel

Durchsuchen Sie das Bild systematisch in der 200%igen Vergrößerung auf dem Bildschirm. Wählen Sie mit dem Stempelwerkzeug eine Stelle möglichst nah an der verunreinigten Stelle und halten Sie beim Aufnehmen einer sauberen Stelle die Alt-Taste gedrückt, um das Muster zu kopieren. Tupfen Sie das Stempelwerkzeug über die unsaubere Stelle oder ziehen Sie die Maus, um die beschädigte Stelle mit einem »sauberen« Streifen von Pixeln zu übermalen.

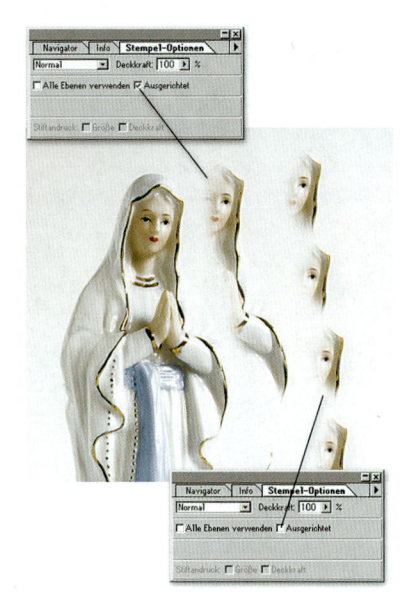

Die sauberen Pixel der Nachbarschaft werden nahtlos über den Kratzer oder Fussel gelegt. Wenn Sie die Maus ziehen, um größere Stellen zu übertragen, beachten Sie das Fadenkreuz, das die Stelle markiert, die als Pflaster aufgenommen wird: Es bewegt sich im gleichen Maß, wie Sie über die beschädigte Stelle fahren.

Staubkörner und Fussel werden oft schon durch einen »Tupfer« des Stempels mit Pixeln aus der direkten Nachbarschaft abgedeckt. Für größere Schäden ziehen Sie den Stempel und übermalen dabei die Schadstelle oder klicken mehrmals mit dem Stempel.

Mit der Option AUSGERICHTET wird das aufgenommene Bild durchgehend aufgetragen, egal, wie oft Sie das Werkzeug absetzen – auf diese Weise überträgt man etwa ganze Teile eines Bildes in ein anderes Bild oder legt eine Kopie eines Motivs im gleichen Bild an.

Wird die Option AUSGERICHTET deaktiviert, wird jedesmal, wenn Sie den Stempel absetzen und neu aufsetzen, die Original-Aufnahmestelle erneut abgetastet. Wenn Sie in einem gleichmäßigen Bildhintergrund mehrere Schäden retuschieren wollen, können Sie auf diese Weise immer die gleiche saubere Stelle über die Schadstellen malen.

Wenn die Helligkeitsunterschiede auch in der Nähe der zu übermalenden Stelle schon zu stark sind, ändern Sie den Überblendmodus von NORMAL auf MULTIPLIZIEREN (dann dunkeln die überstempelnden Pixel ab) oder NEGATIV MULTIPLIZIEREN (damit hellen Sie die überstempelnden Pixel auf) und regeln Sie die Stärke des Stempels über die DECKKRAFT.

Werkzeugspitzen im Bild sehen

Am einfachsten und gleichzeitig exakt gestaltet sich die Arbeit mit dem Stempelwerkzeug, wenn Sie in DATEI/VOREINSTELLUNGEN im Dialog BILDSCHIRM UND ZEIGERDARSTELLUNG die Option GRÖSSE DER WERKZEUGSPITZE einschalten. Dann zeigt Photoshop die Größe des Stempelwerkzeugs als Kreis an. Geändert wird die Größe der Werkzeugspitzen in FENSTER/WERKZEUGSPITZEN.

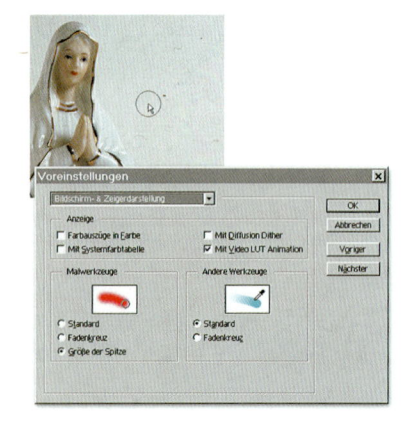

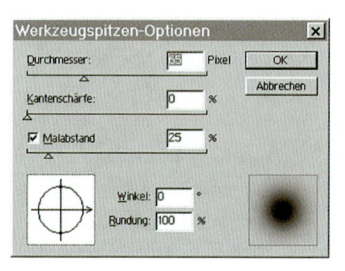

Wenn Sie doppelt auf eine Werkzeugspitze klicken, können Sie die Optionen der Werkzeugspitze selber bestimmen.

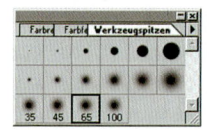

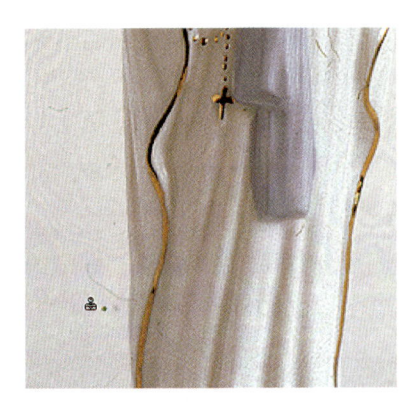

Hart getroffen hat es dieses Dia: Nicht nur deutliche Newtonringe, sondern jede Menge Staub und Fussel verunzieren das Bild. Setzen Sie das Stempelwerkzeug mit gedrückter Alt-Taste nahe an die verunreinigte Stelle und stempeln Sie dann über das Staubkorn.

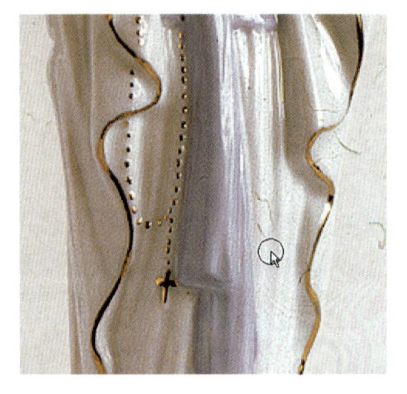

Besonders schwierig wird es, wenn Fussel sich über Strukturen legen. Dann muß die Werkzeugspitze des Stempels entweder winzig klein gemacht werden, oder der Stempel muß die Struktur – wie in diesem Fall – genau unterhalb aufnehmen und exakt nach oben auftragen.

Werkzeugspitzen einrichten

Sorgen Sie für einen breit angelegten weichen Rand der Werkzeugspitze, damit sich die eingestempelten Pixel so nahtlos wie möglich auf den Hintergrund anpassen.

Klicken Sie doppelt auf eine Werkzeugspitze, um die Form und Größe des Stempelwerkzeugs festzulegen. So können Sie sowohl den Pixelradius als auch die »Weichheit« des Stempels einstellen.

Kleine Philosophien über Muster

Der Radius des Stempels darf nicht zu groß gewählt werden. Wir sind Meister der Mustererkennung, und großflächige Kopien fallen uns sofort auf, wenn uns genügend Details zur Verfügung stehen. Ist der Pinsel andererseits zu klein, wiederholt sich das Muster zu oft, so daß die eingebrachten Stellen ihr eigenes Muster bilden.

Die Entfernung zwischen Klonstelle und der beschädigten Stelle darf in der Regel nur sehr gering sein, da Helligkeitsunterschiede uns noch schneller ins Auge springen als kleine Farbabweichungen. Naheliegende Stellen weisen eher die gleichen Helligkeits- und Kontrastwerte auf und werden nicht so schnell entlarvt.

Auch wenn Sie das Stempelwerkzeug zu lang ziehen und nicht ab und zu wieder an einer anderen Stelle neu aufsetzen, birgt das Stempeln die Gefahr, daß Sie mit dem Pinsel auf eine bereits kopierte Stelle kommen und ein deutliches Muster entsteht. Setzen Sie also den Pinsel häufig an,

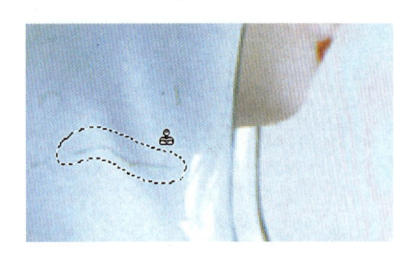

Legen Sie eine weiche Auswahlkante um die Schadstelle, damit keine Bereiche außerhalb der Auswahl übermalt werden.

und wechseln Sie dabei die Position der Original-Aufnahmestelle ständig.

Kleine Tricks fürs feine Stempeln

Wenn Sie ganz exakt mit dem Stempel arbeiten wollen – etwa ein Ziegelsteinmuster auf einen anderen Bildbereich übertragen wollen – schalten Sie das Raster ein oder benutzen Sie eine Hilfslinie, die Sie aus dem Lineal holen. Anhand der Hilfslinien ist es einfacher, eine gerade Strecke mit dem Stempel zu ziehen.

Damit Sie mit dem Stempel nicht unbeabsichtigt andere Bildbereiche ändern als geplant, legen Sie um einen zu reparierenden Bereich eine weiche Auswahlkante an. Der Stempel wirkt dann nur innerhalb der Auswahlkante.

Der Filter STAUB UND KRATZER ENTFERNEN

Der Filter STAUB UND KRATZER ENTFERNEN unter den Störungsfiltern des Photoshops kann natürlich ebenfalls zur Entfernung von unliebsamen Pixeln benutzt werden. Allerdings macht es keinen Sinn, den Filter auf das gesamte Bild anzuwenden – er geht mit einem starken Weichzeichnungseffekt einher.

Statt dessen wählt man mit dem Lasso eine großzügige Partie rund um den Störenfried aus und sorgt für eine weiche Auswahlkante von 3 oder mehr Pixeln. Der Pixelradius bestimmt, in welcher Breite kontrastreiche Konturen mit den Umgebungsfarben überdeckt werden. Bei ei-

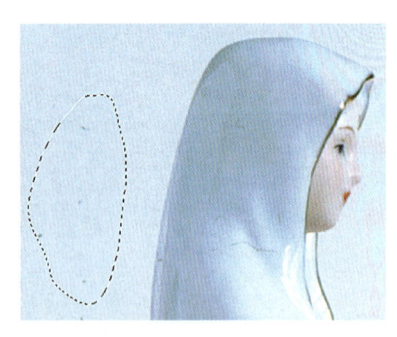

In flächigen Bereichen ohne Struktur wirkt der Filter STAUB UND KRATZER ENTFERNEN schnell und unkompliziert.

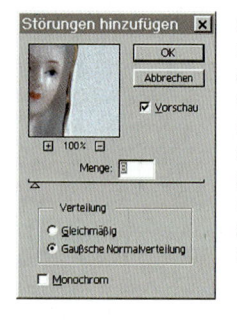

Ein Hauch des Filters STÖRUNGEN HINZUFÜGEN nimmt dem Bild die künstliche Glätte und wirkt auch gegen die letzten Ränder einer ausgiebigen Retusche.

Die störenden Newtonringe werden mit dem Filter HELLIGKEIT INTERPOLIEREN unter den Störungsfiltern des Photoshops entfernt.

Damit der leichte Weichzeichnungseffekt des Filters sich nicht auf das gesamte Bild auswirkt, wird er nur in den Farbkanälen des Bildes angesetzt, in denen die Störungen am stärksten sind. Hier sind es der blaue und der grüne Kanal.

Mit moderaten Werten von 1 bis 4 Pixeln verschwinden die Newtonringe, dafür wirkt der Hintergrund jetzt wie Plastik.

Mit dem Filter STÖRUNGEN HINZUFÜGEN bekommt das Bild wieder seinen leichten Korneffekt, der auch noch leichte Reste der Newtonringe eliminiert.

nem RADIUS von einem Pixel wird nur die äußere Pixelreihe der störenden Kontur übermalt. Je höher der Radius, desto mehr Details eines störenden Fussels oder Staubkorns werden abgedeckt.

Der SCHWELLENWERT beschränkt die Anwendung des Filters auf die angegebenen Kontrastunterschiede: Erst ab der hier angegebenen Farbdifferenz wirkt der Filter. Auf diese Weise wird eine zu starke Weichzeichnung der Umgebung verhindert.

Flecken im Himmel?

In großen Flächen mit Verläufen wie dem Himmel fängt man die Fläche mit dem Lassowerkzeug (mit einer weichen Auswahlkante!) ein und benutzt den Filter HELLIGKEIT INTERPOLIEREN unter den Störungsfiltern. Manchmal reicht es schon, den Filter in einem einzelnen Kanal, in dem die Fleckenbildung besonders stark ist, anzuwenden. Hinterher kann man geglättete Flächen, die oftmals eine unnatürlich glatte Anmutung zeigen, mit STÖRUNGEN HINZUFÜGEN (ebenfalls unter den Störungsfiltern des Photoshops) wieder an das Korn des Films anpassen.

Mehr als ein Fleck

Um einen fleckigen Bereich zu säubern, kopiert man den Bereich mit einer weichen Auswahl auf eine separate Ebene und wendet einen Weich-

Am Ende kann das Bild im Farbkanal sogar noch leicht nachgeschärft werden (UNSCHARF MASKIEREN unter den Scharfzeichnungsfiltern).

zeichnungsfilter an: entweder den GAUSSCHEN WEICHZEICHNER oder den Filter HELLIGKEIT INTERPOLLIEREN unter den Störungsfiltern des Photoshops. Stellen Sie den Ebenenmodus auf AUFHELLEN oder ABDUNKELN und regeln Sie die Deckkraft der Ebenen.

Großzügiger Stempel

Viele kleinere Dinge im Bild, die man gerne verschwinden lassen möchte, lassen sich kurzerhand mit dem Stempel und dem richtigen Pflaster eliminieren. Dabei muß der Stempel oder die Klonstelle das Muster nicht aus dem gleichen Bild aufnehmen, sondern kann durchaus auch von einem Bild in ein anderes stempeln.

Wenn es sich allerdings um größere Objekte oder Fehler handelt, sind andere Methoden angebracht. Die Ebenen des Photoshops sind dabei eine unersetzliche Hilfestellung.

Zugepflastert

Eine andere Methode funktioniert im Ansatz nicht viel anders als das Stempelwerkzeug – sie gibt Ihnen allerdings mehr Kontrolle über das »Pflaster«. Markieren Sie einen Bereich von Pixeln, mit dem Sie das mißliebige Objekt oder zumindestens einen Teil des Objekts unauffällig verdecken können, und stellen Sie dabei eine weiche Auswahlkante ein.

Kopieren Sie die Stelle auf eine separate Ebene (am schnellsten geht das mit der Tastaturkombination Strg/Apfel + J) und schieben Sie sie mit dem Bewegen-Werkzeug über das Objekt. Ein pixelgenaues Verschieben erlauben Ihnen die Pfeiltasten Ihrer Tastatur: Die Pfeiltasten verschieben das Pflaster um je ein Pixel in die entsprechende Richtung. Wenn Sie dabei die Umschalttaste gedrückt halten, verschieben die Pfeiltasten das Pflaster um je 10 Pixel in einem Schritt.

Damit sich das Pflaster unauffällig an seine Umgebung anpaßt, werden Helligkeit und Kontrast der einmontierten Bildteile im Kontrastmenü oder über eine Gammakorrektur angepaßt. Damit es die richtige Lage bekommt, kann das Pflaster rotiert, skaliert, verzerrt und gespiegelt wer-

Der Müll muß weg – aber für das Stempelwerkzeug ist diese Aufgabe zu groß.

Direkt oberhalb der Plane wird ein Stück vom Gartenzaun markiert und mit weicher Auswahlkante (4 Pixel) in eine eigene Ebene kopiert (Strg/Apfel-Taste + J).

Das Stückchen Gartenzaun wird mit dem Bewegen-Werkzeug aus der Werkzeugleiste über die Plane geschoben.

Die intakte Hälfte der Blumenstaude wird (in der Hintergrundebene!) mit einer weichen Auswahlkante markiert (3 Pixel) und in eine separate Ebene kopiert.

Der Strauch wird gespiegelt (Menü BEARBEITEN/TRANSFORMIEREN/HORIZONTAL SPIEGELN) und in die richtige Lage geschoben und rotiert (Menü BEARBEITEN/TRANSFORMIEREN/ROTIEREN).

Ein passendes Stück aus dem Schotter wird markiert und mit weicher Auswahlkante in eine separate Ebene kopiert und über die Plane geschoben.

So langsam wird es Zeit, alle Ebenen auf eine einzige zu reduzieren.

Noch ein Stück aus dem Zaun kopieren, damit dieser einen würdigen Abschluß bekommt. Wischfinger und Stempel sorgen jetzt noch dafür, daß störende Wiederholungsmuster verschwinden und kleine Unebenheiten ausgeglichen werden.

Am Ende wird der reparierte Zaun kopiert, vertikal und horizontal gespiegelt und in die Lage eines glaubwürdigen Schattens gezerrt (Menü BEARBEITEN/ TRANSFORMIEREN).

den. Das geht über die Ebenentransformationen oder über die Auswahltransformation, wenn das Pflaster noch markiert ist.

Es empfiehlt sich, die Pflaster in den Ebenen noch eine Weile als selbständige Ebenen zu unterhalten, um später noch die eine oder andere Ebene ein Stückchen verrücken zu können. Bei großräumigen Montagearbeiten werden die Ebenen aber auch schnell zu einem recht unübersichtlichen Hilfsmittel. Fassen Sie dann mehrere Ebenen zu einem großen Pflaster zusammen, indem Sie die Funktion SICHTBARE AUF EINE EBENE VERSCHMELZEN im Ebenenmenü aufrufen. Blenden Sie dabei alle Ebenen mit einem Klick auf das Augensymbol in der Ebenenpalette aus, die Sie vorsichtshalber noch eine Weile behalten wollen.

Auch hier ist es wieder möglich, Pflaster aus einem anderen Bild zu holen. Die einfachste Methode: Ziehen Sie eine Auswahl direkt mit dem Bewegen-Werkzeug von einem Bild in das andere.

Wischfinger und Weichzeichner

Mit dem Wischfinger und dem partiellen Weichzeichner aus der Werkzeugleiste des Photoshops kann man Motivkanten gezielt nacharbeiten, um durch glatte und weiche Kanten bei Montagen den Übergang zwischen dem Montageobjekt und dem Hintergrund zu vertuschen. Der Wischfinger arbeitet wie ein Finger auf nasser Farbe: Er zieht ein paar Pixel hinter sich her. Der Wirkungskreis des Wischfingers wird wie immer durch einen Doppelklick auf das Werkzeug in der Werkzeugpalette festgelegt.

Der partielle Weichzeichner läßt sich besonders gut an, wenn Kanten an einigen Stellen weicher sein sollen als in anderen Bereichen. Dann

Für ein differenziertes Weichzeichnen des Hintergrundes wurde hier der Vordergrund locker mit dem Lasso markiert und mit einer weichen Auswahlkante (80 Pixel) auf eine separate Ebene kopiert.

Noch einmal wurde der Vordergrund eingefangen – dieses Mal relativ hart entlang der Blumen – und mit einer weichen Auswahlkante (20 Pixel) kopiert. Die Hintergrundebene wurde mit mehr Gaußschem Weichzeichner (4-5 Pixel), die mittlere Ebene mit weniger Gaußschem Weichzeichner (2-4 Pixel) behandelt.

Nicht so locker wie in dem Landschaftsbild funktioniert die »digitale« Blende bei Portraits oder Gruppenbildern.

Die exakte Auswahl der Personen im Vordergrund erfordert das Freistellen des Vordergrundes mit dem Zeichenwerkzeug.

wird die Kante in diesem Bereich noch einmal mit dem partiellen Weichzeichner nachgearbeitet. Insbesondere im Alphakanal kann eine Maske mit dem partiellen Weichzeichner noch einmal individuell angepaßt werden.

Die offene Blende – weiche Hintergründe

Viele Motive, insbesondere aber Portraits, fotografiert der Experte mit der »offenen Blende« – einer möglichst kleinen Blendenzahl an der Kamera. Mit der offenen Blende werden Hintergründe schnell unscharf, dadurch hebt sich das Motiv plastisch vom Hintergrund ab, und kein belebter Hintergrund lenkt den Betrachter ab.

In der Bildbearbeitung wird die offene Blende der Kamera mit dem Weichzeichner simuliert. Am besten markieren Sie das Motiv und kopieren es – natürlich mit der entsprechenden weichen Auswahlkante – auf eine separate Ebene. Achten Sie darauf, bei der Auswahl des Motivs mit der Zeichenfeder oder dem Lasso immer innerhalb der Kontur des Motivs zu bleiben, damit sich keine störenden Blitzer zeigen, die den Retuscheeffekt sofort offenbaren.

Wenn das Motiv auf einer eigenen Ebene liegt, können Sie den Hintergrund mit dem Gaußschen Weichzeichner behandeln. Vorsicht ist allerdings bei hohen Werten geboten: Bei einem starken Weichzeichnungseffekt diffundieren die Pixel des Hintergrundbildes in alle Richtungen und das Motiv bekommt eine strahlende Aura oder einen dunklen Halo. Wenn Sie das vermeiden wollen, benutzen Sie den Stempel und klonen die Pixel der Umgebung über die Kontur des Motivs auf der Hintergrundebene.

Differenziertes Weichzeichnen

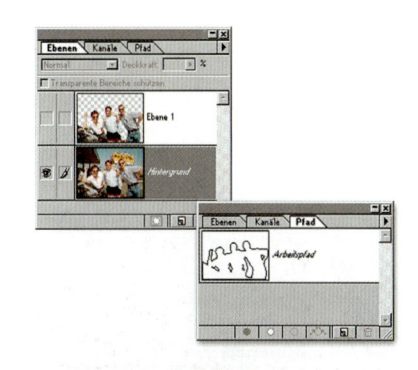

Besonders realistisch wirkt der Effekt, wenn Sie den Hintergrund nicht von oben bis unten weichzeichnen, sondern wenn der Weichzeichnungseffekt erst nach und nach im oberen Teil des Bildes in Kraft tritt: Dann entsteht der Eindruck einer größeren Bildtiefe. Markieren Sie dazu die obere Hälfte des Hintergrunds mit der Rechteckauswahl und benutzen Sie eine weiche Auswahlkante mit 50 und mehr Pixeln (wie immer ist die Anzahl der Pixel für die weiche Auswahlkante abhängig von der Bildgröße und der Auflösung des Bildes). Verwandeln Sie die Auswahl in einen Alphakanal, damit Sie das Graustufenbild des Alphakanals gegebenenfalls noch manuell ein bißchen verfeinern können.

Eine Perspektivenkorrektur

Nicht immer findet der Fotograf den rechten Standpunkt, um ein Gebäude ohne stürzende Wände ins Bild zu setzen. Also wird die Welt im Photoshop wieder gerade gerückt: Die Perspektivenkorrektur übernimmt die Funktion TRANSFORMIEREN/VERZERREN aus dem Bearbeitenmenü.

Damit ausreichend Platz im Bild ist, wird die Arbeitsfläche im Menü BILD/ARBEITSFLÄCHE vergrößert. Wenn dabei das vorhandene Bildmaterial in der Mitte liegen soll und lediglich an den Rändern des Bildes neue Pixel eingefügt werden, bleibt das mittlere Kästchen im Dialogfenster aktiv, wenn das vorhandene Bildmaterial nach rechts, links, unten oder oben wandern soll, wird das entsprechende Kästchen aktiviert.

Markieren Sie das Bild mit der Rechteckauswahl und benutzen Sie die Funktion TRANSFORMIEREN/VERZERREN im Menü BEARBEITEN: Die markierte Fläche bekommt einen speziellen Auswahlrahmen mit »Anfassern«, an denen sich das Bild wie eine dehnbare Folie in jede Richtung verformen läßt. Am besten schalten Sie das Raster aus dem Ansichtsmenü ein, damit Sie sofort sehen, wann die Wände exakt im Lot liegen.

Wenn alles so stufig aussieht ...

Sie können beruhigt verschiedene Dehnungen ausprobieren – die Funktion VERZERREN wird erst ausgeführt, wenn Sie doppelt in den Auswahlrahmen klicken. Bis dahin lassen Sie sich auch von pixeligen Kanten und einer eventuellen Unschärfe des Bildes nicht beeindrucken: Damit die

Schalten Sie vor den Transformationen das Raster ein, damit die Orientierung leicher fällt.

Das Bild wird in einem Arbeitsgang verzerrt und rotiert.

Am Ende wird das Bild freigestellt und vorsichtig unscharf maskiert.

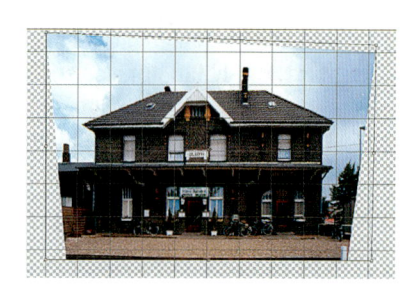

Verzerrung des Bildes sofort auf dem Bildschirm erscheint, zeigt der Photoshop das Bild nur in einer verminderten Qualität, denn ansonsten würde jedes Zerren des Bildes zu viel Rechenzeit kosten. Erst wenn die Operation durchgeführt wird, werden die Pixel korrekt berechnet, und der Photoshop zeigt wieder die volle Bildqualität.

Nur ein einziges Mal ...

Wenn Sie das Bild gleichzeitig verzerren und rotieren wollen, machen Sie das »in einem Aufwasch«, ohne zwischen den beiden Schritten die Berechnung der neuen Bildlage durchzuführen. Lassen Sie die Markierung der Transformation stehen und rufen Sie im Bearbeitenmenü unter TRANSFORMIEREN die nächste Funktion auf. Das schont die Pixelqualität, denn Rotationen und Verzerrungen sind massive Pixelbewegungen, die zu einem leichten Weichzeichnungseffekt des Bildes führen.

Aus dem gleichen Grund setzen Sie auch niemals mehrere Transformationen an, wenn sich etwa eine Rotation als unzureichend erweist – machen Sie die Aktion lieber rückgängig (Menü BEARBEITEN/WIDERRUFEN) oder löschen Sie den Eintrag in der Protokollpalette.

Der Picasso im eigenen Wohnzimmer

Eine clevere Galeristin im Internet bietet ihren Kunden an, jedes beliebige Gemälde – sei es nun ein van Gogh, ein Picasso oder ein Gemälde von Lempicka – im heimischen Wohnzimmer aufzuhängen. Der Trick bei der Sache? Sie schicken ihr ein Foto Ihres Wohnzimmers und sie setzt das Bild ins Bild. Das können Sie auch.

Sie öffnen das Bild ihres Wohnzimmers und das Bild des kostbaren Gemäldes. Ziehen Sie die Ebenenminiatur des Gemäldes in das Bild des Wohnzimmers und passen Sie die Größe des Gemäldes mit der Funktion Skalieren aus den Transformationen aus dem Menü BEARBEITEN der Größe des Wohnzimmers an. Wenn die Proportionen des Gemäldes in etwa mit denen des Wohnzimmers übereinstimmen, benutzen Sie die rechte Maustaste (auf dem Mac halten Sie die Strg-Taste gedrückt) und klicken in die Umrandung der Transformation – damit klappt ein Kontextmenü auf, das den Wechsel der Transformation vom Skalieren zum Verzerren erlaubt.

An den Anfaßpunkten der Umrandung verändern Sie die Perspektive des Bildes, indem Sie das Bild an den Ecken in die richtige Position ziehen.

3D-Transformationen

Neue Effekte braucht das Land: Mit den 3D-Transformationen unter den Renderingfiltern im Filtermenü wird die Perspektive eines Objekts geändert – eine sinnvolle Funktion für jeden, der schon mal Fotomontagen aus mehreren Bildern erzeugt. Übung und Erfahrung sind allerdings angesagt, damit nicht unvermutete Morpheffekte auftreten. Und die Transformationen haben natürlich ihre Grenzen: Zieht man ein Drahtgittermodell um das zu transformierende Objekt und dreht es anschließend, kann der Photoshop neu auftauchende Flächen nicht mit einer Objektoberfläche

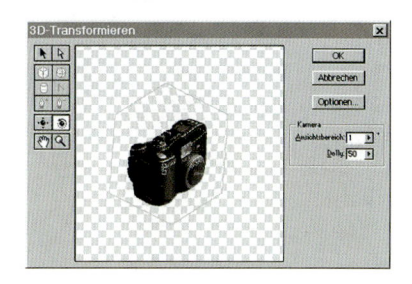

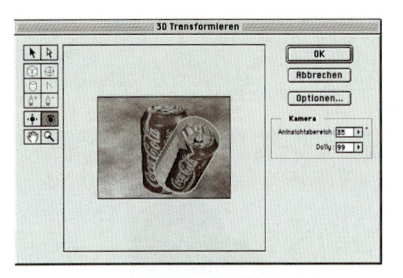

Wenn das Objekt zu stark transformiert wird, offenbart es eine leere Rückseite.

Für die Änderung der Perspektive bietet sich die 3D-Transformation an: Sie neigt die Kamera nachträglich, damit sich ein Motiv der Perspektive eines anderen Bildes anpaßt.

Sie gelingt je nach Form des Objekts einmal mehr und einmal weniger gut – bietet aber immer nur einen geringen Spielraum.

versehen, wie sie in den Oberflächen der ursprünglichen Objektansicht zu sehen wären – Fotos haben keine Rückseite.

Stellen Sie das Objekte zuerst frei, denn sonst wird auch seine Umgebung durch die 3D-Transformation verzerrt. Die Einstellungen sind etwas umständlich. Zunächst zieht man das ähnlichste Drahtmodell (Quader, Kugel oder Zylinder) um das Objekt herum auf und versucht dann, diese Hülle so gut es geht an das Objekt anzupassen. Anschließend läßt sich das Drahtmodell mitsamt dem innewohnenden Objekt drehen und skalieren. Das funktioniert allerdings nur dann zufriedenstellend, wenn das Objekt von vornherein eine ähnliche Form wie das Drahtgittermodell hatte. Außer dem Zylinder läßt sich keines der Drahtgittermodelle transformieren.

Wenn das Objekt im Dialogfenster zu klein gerät, zoomen Sie die Ansicht mit der Lupe. Mit dem Hand-Werkzeug verschieben Sie die Ansicht nach unten oder oben – auch hier funktioniert die Leertaste, um das Hand-Werkzeug ohne weiteres in Gang zu setzen.

Viel Spielraum gibt die 3D-Transformation nicht her – schließlich ist der Photoshop kein 3D-Programm. Bei heftigen Rotationen wird der künstliche 3D-Hintergrund des Motivs sichtbar und offenbart die Montage. Für Objekte im Hintergrund, die nur einen kleinen Dreh brauchen, reicht die 3D-Transformation und ist schneller zur Hand als eine neue Aufnahme.

4.7 Agfarelle

Sie sind das Salz in der Suppe der Bildbearbeitung: Filter und Effekte. Manchmal wird uns die Suppe allerdings schnell versalzen – die besonders aufsehenerregenden Effekte zeigen als erste Abnutzungserscheinungen, weil sie uns auf Schritt und Tritt begegnen. Aber die Evolution hat auch bereits ihre Klassiker hervorgebracht.

Die Garde der Klassiker

Als die Papierrolle aus Kai Krauses Photoshop-Filtern auf den Markt kam, war fast jedem erfahrenen Bildbearbeiter sofort klar, daß dieser Effekt kaum für Anzeigen und Titelblätter genutzt werden konnte. Aber eben nur fast jedem: Innerhalb allerkürzester Zeit überschwemmte die Papierrolle die Werbung und Präsentationen jeglicher Art.

Filter, die aus einer Fotografie Aquarelle und Ölbilder in unterschiedlichsten Stilrichtungen zaubern, verweigert uns kein Bildbearbeitungsprogramm. Da hebt sich auch der große Profi Photoshop nicht von seinen kleinen und großen Konkurrenten ab. Diese Filter sind inzwischen so fit, daß wir sie in den Medien kaum als ehemaliges Foto erkennen – vom Hocker reißen sie uns allerdings auch nicht mehr.

Aber ein paar Techniken haben sich zu wahren Klassikern mit Kultstatus entwickelt. Sie sind seit vielen Jahren im Einsatz und zeigen keinerlei Ermüdungserscheinungen.

Tontrennung

Ein echter Klassiker unter den Bildbearbeitern und Grafikern ist die Tontrennung. Sie bildet die Basis, die Farben eines Fotos so weit zu reduzieren und voneinander zu trennen, bis das Foto in ein vektororientiertes Zeichen- oder Illustrationsprogramm wie Adobe Illustrator, Freehand oder Corel Draw! überführt und dort als Vektorgrafik weiterbearbeitet werden kann. Der Effekt der Tontrennung sind Bilder, die sich an den plakativen Stil des Bauhauses in den 20iger Jahren anlehnen.

Grafiker nutzen die Tontrennung, um Logos wiederherzustellen, wenn das Original nicht verfügbar ist und die Vorlage nicht mehr die Qualität für einen Druck aufweist. Per Tontrennung werden aus Scans Straßenkarten digitalisiert, die sich im Computer weiter aufbereiten lassen, oder Handzeichnungen in den Rechner überführt und in Schrifttypen oder Grafiken umgewandelt – alles in allem nicht nur ein gefälliger Effekt, sondern ein rechtes Arbeitstier.

Im Photoshop liegt die Tontrennung also auch nicht unter den Filtern, sondern im Bildmenü unter EINSTELLEN/TONTRENNUNG. Eine 6-Stufen-Ton-

An Siebdrucke und alte Grafiken erinnert der Effekt einer Tontrennung.

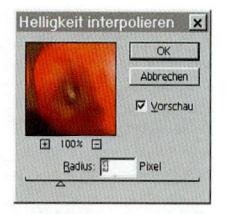

Das leichte Weichzeichnen mit dem Filter HELLIGKEIT INTERPOLIEREN bringt weichere Übergänge.

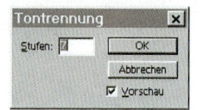

trennung reduziert das Bild auf 4 Tonwerte in jedem Farbkanal: 4 x 4 x 4 = 64 Farben bleiben also übrig.

Damit die Farben ausgewogene und runde Kanten vorweisen, kann es angebracht sein, das Bild vor der Tontrennung noch etwas weichzuzeichnen – ausnahmsweise einmal nicht mit dem Gaußschen Weichzeichner, sondern mit dem Filter HELLIGKEIT INTERPOLIEREN unter STÖRUNGSFILTER. Hier bleibt die Schärfe der Kanten erhalten – der Weichzeichnungseffekt beschränkt sich auf die flachen Farben.

Anschließend wird das Bild in einem Illustrationsprogramm in eine Vektorgrafik umgewandelt. Corel Draw! etwa bringt dafür das Programm Corel Trace mit. Wer auf Adobe-Produkte schwört, wird Adobe Streamline benutzen, das ebenfalls farbreduzierte Fotografien und eingescannte Zeichnungen oder Grafiken ins Vektorformat umsetzt.

Die Tontrennung ist nicht nur für die Konvertierung in ein Illustrationsprogramm gut, sondern die Auszüge der einzelnen Farben lassen sich auch mit einem Schwarzweißdrucker auf Folien drucken und fotochemisch auf Drucksiebe übertragen. Die damit angefertigten Siebdrucke sind »echt«, und niemand kann das Ergebnis als Computersimulation erahnen.

Variationen mit Filtern

Filter, die aus Fotografien Aquarelle und Ölbilder fabrizieren, erfreuen sich großer Beliebtheit. Es gibt niemanden, der diese Schmankerln in seinem Bildbearbeitungsprogramm nicht wenigstens einmal ausprobiert hätte. Trotzdem versinken die meisten Ergebnisse wieder in den Tiefen des digitalen Papierkorbes – nicht etwa, weil es ihnen an dem gehörigen Realismus mangelt, sondern weil uns einfach der besondere kleine Kick in diesen Bildern fehlt.

Versuchen Sie einmal, nur einen Teil des Bildes in ein Gemälde oder eine Strichzeichnung umzusetzen. Markieren Sie einen Teil der Fotografie mit einer großzügigen weichen Auswahlkante von 80 oder mehr Pixeln. Wenn das Bild noch auf der Hintergrundebene liegt, nennen Sie die Hintergrundebene um, damit Sie eine Ebenenmaske hinzufügen können. Mit dem Befehl EBENENMASKE HINZUFÜGEN aus dem Menü EBENE oder einem Mausklick auf das Symbol EBENENMASKE in der Ebenenpalette erzeugen Sie eine Ebenenmaske, die ausgewählte Bildbereiche schützt. Der Filter wird dann nur auf den unmaskierten Bereich angewandt, und Foto und Gemälde verschmelzen ineinander. Lassen Sie so einmal Porträts langsam in Strichzeichnungen übergehen.

Variationen der mitgelieferten Filter lassen sich auch durch die unterschiedliche Anwendung der Filter in den verschiedenen Farbkanälen erzielen. Ändern Sie Parameter oder löschen Sie unbehandelte Kanäle.

Fast alle Mal- und Zeichenfilter wirken auf weniger detaillierten Bildern besser: Versuchen Sie einen Effekt einmal an einem Bildausschnitt – durch eine anschließende Vergrößerung kann ein Bildeffekt durchaus an Gestalt gewinnen. Oder verkleinern Sie das Bild auf ein Viertel seiner Auflö-

In jedem Farbkanal eine andere Einstellung – so tritt der Effekt der schwarzen Ränder beim Aquarellfilter im Photoshop nicht so schnell auf.

Jeder Farbkanal ist individuell durch den Filter STRICHUM-SETZUNG verfälscht. Ein Absenken der Sättigung in FARBTON UND SÄTTIGUNG erzeugt den Bleistift-Charakter.

Viele unterschiedliche Stempel sorgen für den »handwerklichen« Charakter.

Der selektive Weichzeichner liefert im Modus NUR KANTEN eine weiße Zeichnung auf schwarzem Grund, die in ein Positiv umgekehrt wurde.

Interessante Effekte entstehen, wenn ein Filter (hier: CONTÉ STIFT) nur auf einer Hälfte des Bildes wirkt. Eine weiche Auswahlkante sorgt für sanfte Übergänge.

In alle Filter (hier: BAS RELIEF unter den ZEICHENFILTERN) malt der Protokollpinsel die Farbe zurück. Die Einstellung MODUS: WEICHES LICHT erhält die Struktur.

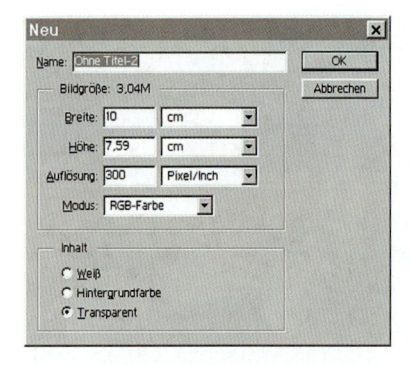

Ein neues Dokument mit den Maßen eines anderen Bilddokumentes anlegen: Bei geöffnetem Dialogfenster im Menü FENSTER das Originaldokument anklicken.

Die Textur Caviar.psd aus dem Ordner GOODIES/TEXTURES wird mäßig weichgezeichnet, um einen Malgrund abzugeben.

Jedes erneute Ansetzen des Stempels hinterläßt sichtbare Pinselstriche.

sung und vergrößern Sie es wieder nach der Ausführung des Filters – achten Sie darauf, daß bei der Verkleinerung und Vergrößerung des Bildes die Option BIKUBISCH aktiviert ist, damit beim Skalieren nicht einfach die Pixel wiederholt werden.

Die Farben im Bild sollten schon im Original möglichst klar und gesättigt sein. Bevor Sie also mit den Filterexperimenten am lebenden Bild beginnen, erhöhen Sie die Farbsättigung – am besten in BILD/EINSTELLEN/ FARBTON UND SÄTTIGUNG.

Selbstgemalt

Zur individuellen Handarbeit wird das Bild, wenn Sie es mit dem Stempel von einem Dokument in ein anderes übertragen: Legen Sie ein neues Dokument mit DATEI/NEU an und geben Sie ihm die Maße des aktiven Dokuments, indem Sie trotz des geöffneten Dialogfensters im Menü FENSTER Ihr Originalbild vorgeben. Vielleicht legen Sie auch noch einen »Malgrund« an, indem Sie das leere Dokument mit einem Muster füllen. Auf der Photoshop-CD finden Sie unter GOODIES/TEXTURES eine Reihe von monochromen Mustern, auf die das Bild gemalt werden kann und die den Charakter einer Papieroberfläche oder Leinwand widerspiegeln.

Aktivieren Sie auf jeden Fall die Option AUSGERICHTET in der Werkzeugpalette des Stempels (öffnen Sie die Palette durch einen Doppelklick auf das Stempelsymbol in der Werkzeugleiste). Auf diese Weise können Sie den Stempel immer wieder neu ansetzen, ohne auf den Original-Aufnahmepunkt zu achten.

Sie nehmen mit dem Stempel einen Bereich im Originalbild auf (mit gedrückter Alt-Taste) und übertragen ihn in das neue Dokument. Verschiedene Stempel und verschiedene Überblendmodi (MODUS in der Stempelpalette) sorgen für den Charakter von Kreide- oder Pinselstrichen. Benutzen Sie Überblendmodi, welche die Papier- oder Leinwandstruktur erhalten.

Auf Alt getrimmt

Der Reiz, der von Omas alten Bilder ausgeht, fängt fast jeden ein. Deshalb stellen wir uns die Frage, wie wir ohne das Original anzutasten, das Bild um Jahre altern lassen können.

Wandeln Sie Ihr Bild zuerst in den Graustufenmodus und dann in den Duplexmodus um. Suchen Sie sich einen warmen Sepiaton heraus, der dem Charakter alter Fotos entspricht. Duplizieren Sie die Hintergrundebene und benutzen Sie den Filter MEZZOTINT. Dieser löst das Bild in feines Korn auf – je nach Einstellung der Parameter. Stellen Sie den Überblendmodus WEICHES LICHT ein und verringern Sie die Deckkraft der Ebene, bis das Bild die gewünschte Anmutung erhält.

Der Mezzotint-Filter gibt dem glatten Pixelbild das Korn eines alten Fotos.

Eingestempelt

Der Stempel retuschiert den Zahn der Zeit aus dem Bild heraus, er malt wie ein Aquarellpinsel und blendet feine Effekte in ein Bild hinein.

Der Handschuh ist ein freigestelltes Motiv auf einer ansonsten transparenten Ebene. Aus verschiedenen anderen Bildern werden Motive mit dem Stempel in den Handschuh hineinversetzt – im Modus WEICHES LICHT, damit die rauhe Oberfläche des Gartenhandschuhs erhalten bleibt.

Damit sich die drei Motive voneinander leicht abgrenzen, wird eine rechteckige Auswahl mit einer sehr weichen Auswahlkante (20 oder mehr Pixel) über den Handschuh gelegt. Der Stempel malt dann nur in diesen ausgewählten Bereich. Die Motive werden nur auf den Handschuh, nicht aber auf die Umgebung des Handschuhs übertragen, wenn in der Ebenenpalette die Option TRANSPARENTE BEREICHE SCHÜTZEN aktiviert ist.

Lichteffekte

Die 3D-Transformationen des Photoshops ist dazu gedacht, die Perspektive eines dreidimensionalen Objekts wie einer Kugel oder eines Würfels leicht zu ändern – damit ändert sich allerdings auch die Beleuchtung des Objekts, insbesondere ein sichtbares Spitzlicht. Leider kann man dabei die Beleuchtung des Objekts nicht anpassen, und außerdem erzeugt die Funktion keine separate Ebene für das Objekt – das macht den 3D-Effekt etwas schwierig in der Handhabung.

Damit Sie die Beleuchtung des Bildes doch noch ändern können, kopieren Sie das Bild auf eine separate Ebene, und rufen Sie unter den Renderingfiltern des Photoshops den Filter BE-

LEUCHTUNGSEFFEKTE auf. Richten Sie ein Spotlicht so ein, daß es aus einer glaubwürdigen Richtung auf das Objekt scheint. Bevor Sie die Funktion abschließen, klicken sie auf Optionen und aktivieren Sie die Box TRANSPARENTER HINTERGRUND.

Ballspiele mit Verläufen

Möchten Sie für eine Einladungskarte Ballons, Kugeln oder Bälle ins Bild setzen, aber Ihre Malereien sehen immer nur aus wie Kreise? Eine Kugel, wie in einem 3D-Programm gerendert, setzen Sie mit dem Verlaufswerkzeug blitzschnell ins Bild.

Legen Sie ein neues Dokument mit transparentem Hintergrund an und ziehen Sie eine kreisförmige Auswahl auf (wenn Sie beim Elipsenwerkzeug die Umschalttaste gedrückt halten, bekommen Sie einen perfekten Kreis). Wählen Sie in der Werkzeugleiste unter den Verlaufswerkzeugen den RADIALEN VERLAUF (die Maustaste eine Sekunde lang auf dem Werkzeugsymbol halten, dann klappt das Fly-out-Fenster mit den Varianten des Verlaufwerkzeugs auf). Klicken Sie doppelt auf das Werkzeugsymbol und wählen Sie einen Verlauf von einer Farbe zu Weiß. Positionieren Sie den Mauszeiger dort im Kreis, wo typischerweise das Licht auf einen Ball auftrifft, und ziehen Sie mit gedrückter Maustaste eine Linie aus dem Kreis heraus. Der Verlauf läßt den Kreis jetzt plastisch wie einen Ball erscheinen.

Wenn Ihnen der Verlauf noch nicht zusagt, klicken Sie in der Palette auf BEARBEITEN. Im neuen Dialogfenster können Sie den Verlauf mit Hilfe der kleinen Farbtäfelchen unter dem Verlauf selber gestalten.

Sonnenaufgang über den Dächern von Stolberg

Sobald Ihr Publikum weiß, daß Sie einen Photoshop besitzen, wird Ihnen niemand mehr die kleinen Blickfänger im Foto ohne einen Schwur auf die Bibel glauben. Insofern können Sie jeden Skrupel vergessen und Petrus ruhig einmal ins Handwerk pfuschen, um dem Himmel eine besondere Dramatik zu verpassen. Gerade wenn der Himmel einmal trostlos leer im Bild abtaucht, gehört das Einstrippen eines farbigen Verlaufs zu den einfachsten Übungen: Der weißgraue Hintergund läßt sich ohne aufwendiges Zeichnen von Auswahlpfaden schnell vom Vordergrund trennen. Die einfache Alternative zum Zeichenpfad ist eine Schwarzweißmaske in einem neu angelegten Bildkanal.

Bildmasken im Alphakanal

Per Farbauswahl (Menü AUSWAHL/FARBBEREICH WÄHLEN) oder mit dem Zauberstab wird der Himmel ausgewählt. Auch wenn der Himmel noch eine leichte Zeichnung aufweist und nicht alle Bereiche in einem Aufwasch eingefangen werden – die Funktion AUSWAHL AUSWEITEN sorgt dafür, daß sich kleinere Aussparungen ohne lästige Klicks der Auswahl anschließen. Damit die Auswahl auch ganz dicht an den Vordergrund anschließt, wird sie noch je nach Bildgröße um 2 bis 4 Pixel vergrößert (Menü AUSWAHL/VERÄNDERN).

Feine Himmel: Verläufe einstrippen

Den Himmel mit einer flachen Farbe aufzufüllen, wäre eine langweilige und enorm unglaubwürdige Lösung. Ein Verlauf ist realistischer: Verläufe oder Gradienten sind sanfte und feine Übergänge von einer Farbe zu einer anderen. Für einen frischen Morgenhimmel etwa stellen Sie ein Violett und einen dunklen Blauton als Vorder- und Hintergrundfarben ein. Das Verlaufwerkzeug befindet sich in der Werkzeugleiste des Photoshops und offenbart nach einem Doppelklick seine Variationspalette. Zum einen kann der Anwender unter linearen und kreisförmigen Verläufen wählen, zum anderen die Farbvarianten aussuchen oder selber erstellen.

Der Himmel wird als linearer Verlauf von der Vordergrund- zur Hintergrundfarbe in eine eigene Ebene gesetzt, damit das Originalbild nicht verändert wird. Setzen Sie Start- und Endpunkt fest und lassen Sie den Photoshop den Farbverlauf berechnen.

Sonnenaufgang: radialer Verlauf

Wem der einfache Verlauf als Blickfang noch nicht ausreicht, kann noch einen Sonnenaufgang als Bonbon obenauf setzen. Klicken Sie in der Verlaufspalette auf BEARBEITEN und legen Sie einen neuen Verlauf SONNENAUFGANG an. Der Sonnenaufgang besteht aus drei Farben: Weiß, Gelb und Schwarz.

Unter dem Verlaufsfeld sind kleine Aufhänger, die bestimmen, wie weit eine Farbe im Verlauf wirkt. Einen neuen Aufhänger und damit eine neue Farbvariante im Verlauf klicken Sie direkt unter die Stelle, an der Sie die neue Farbvariante einfügen wollen. Mit einem Doppelklick auf einen Aufhänger können Sie die Farbe im Farbfeld auswählen.

Der Sonnenaufgang beginnt mit einem winzigen Stück Weiß und geht nach 4 bis 8% in Gelb und bei 80 bis 100% in Schwarz über. Stellen Sie in der Werkzeugleiste einen kreisförmigen Verlauf ein (RADIALER VERLAUF im Fly-out-Fenster des Verlaufwerkzeugs) und suchen Sie die richtige Stelle am Horizont, um die Sonne aufgehen zu lassen.

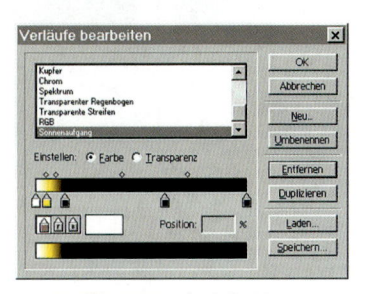

Die Sonne legen Sie als Verlauf von Weiß nach Gelb nach Schwarz an.

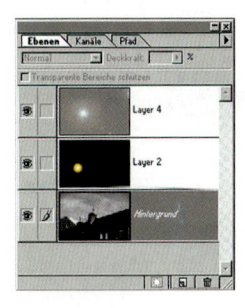

In der dritten Ebene liegt ein Beleuchtungseffekt.

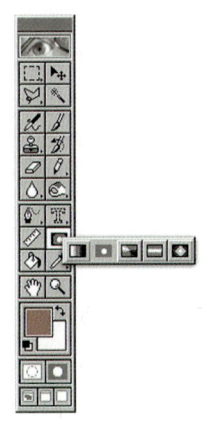

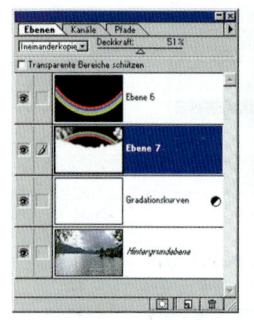

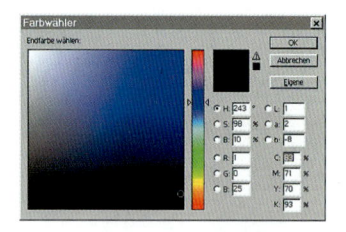

Die Farben des Verlaufs legen Sie im Farbwähler an.

Das gesamte Farbspektrum des Regenbogen drängt sich im oberen Bereich des Verlaufs.

Überblenden

Von unserem Morgenhimmel sehen wir jetzt nichts mehr, weil sich der Verlauf über die gesamte Auswahl gelegt hat. Der Photoshop bietet mit seiner Ebenentechnik aber auch verschiedene Verfahren, Ebenen miteinander zu überblenden: Klappen Sie die Liste der Überblendungen in der Ebenenpalette auf (neben dem Deckkraftregler). Wird eine Ebene NORMAL über eine andere Ebene gelegt, so setzt sich die obere Ebene vollkommen durch und bestimmt das Farbbild. Der Modus INEINANDERKOPIEREN läßt alle schwarzen Bildbereiche einer Ebene transparent werden und erhält ansonsten die hellere Farbe – damit bleibt der dunkelblaue Himmel dunkelblau, aber das Weiß und das Gelb des Verlaufs legen sich über den vorhandenen Himmel und verschmelzen im Verlauf.

Wenn's etwas mehr sein darf: Regenbogen

Auch einen ganzen Regenbogen setzt ein bunter Verlauf ins Bild. Der größte Bereich des Verlaufs wird jetzt Schwarz, damit er später unter dem Modus INEINANDER KOPIEREN transparent wird. In den Bereich von 85 bis 95 % setzen Sie die Farben des Regenbogens – mit der Alt- oder Optionstaste können Sie weitere Farbaufhänger aus den vorhandenen herausziehen.

An das Ende des Verlaufs im Bereich von 95 bis 100 % wird wieder Schwarz angelegt, damit der Regenboden nicht an den oberen Bildrand gerät. Den Regenbogenverlauf ziehen Sie als radialen Verlauf von unten nach oben. Ein wenig Experimentierfreude wird hier vorausgesetzt, bis der Regenbogen an der richtigen Stelle im Bild erscheint.

Das Schwarz des Verlaufs wird wieder durch den Modus INEINANDER KOPIEREN transparent. Trotzdem ist es hier angebracht, die Deckkraft der Regenbogenebene etwas zurückzunehmen: Ziehen Sie dafür den Deckkraftregler der Ebenenpalette auf einen Wert zwischen 50 bis 80 %. Der Gaußsche Weichzeichner mit einer Stärke von 6 bis 9 Pixeln läßt den Regenbogen realistischer aussehen.

Die sanfte Bildkorrektur

Damit der Vordergrund die richtige Farbstimmung für den eingestrippten Himmel oder den Regenbogen aufweist, wird das Originalbild nachkorrigiert. Statt das Original einer Gradationskurve oder einer Änderung von Farbe und Sättigung zu unterwerfen, benutzen Sie eine Einstellungsebene. Sie erlaubt das Speichern einer Tonwert- oder Farbkorrektur, ohne das Originalbild zu verändern. Markieren Sie die Hintergrundebene, auf der das unveränderte Original liegt, und rufen Sie in der Ebenenpalette eine neue Einstellungsebene auf. Sie haben die Wahl zwischen Tonwert- und Farbkorrekturen und können außerdem das Bild invertieren oder die Anzahl der Farbabstufungen reduzieren. Um die geeignete Wetterstimmung einzubringen, korrigieren Sie die Farbgebung oder Tonwerte des Originalbildes: Der Sonnenaufgang im Gegenlicht und der Himmel hinter dem Regenbogen wirkt mit einer Absenkung der Lab-Helligkeit oder der Gradationskurve dramatischer.

Handkolorierte Schwarzweißfotos

Wandeln Sie das Graustufenbild in ein RGB-Bild um. Das Bild wird dadurch drei Mal so groß, wie es vorher war – zum ursprünglichen Kanal kommen zwei neue Kanäle dazu.

Wählen Sie einen Orangeton als Vordergrundfarbe (zum Beispiel 15% Cyan, 70% Magenta, 95% Gelb, 7% Schwarz). Im Menü BEARBEITEN rufen Sie die Funktion FÜLLEN auf und wählen die Vordergrundfarbe. Stellen Sie die Transparenz auf 25% ein und den Überblendmodus auf Farbe – so bekommt Ihr Bild eine Sepiatönung.

Geben Sie der Hintergrundebene einen neuen Namen (Doppelklick auf die Ebenenminiatur) und legen Sie eine neue, leere Ebene an. Verschieben Sie die leere Ebene unter die Hintergrundebene und stellen Sie den Überblendmodus der Hintergrundebene auf LUMINANZ.

Um das gesamte Bild einzufärben, verfahren Sie mit allen Elementen des Bildes in gleicher Manier: Erstellen Sie eine Auswahl des Kleides mit einer weichen Auswahlkante von einem Pixel und füllen Sie das Kleid, den Motorroller, die Hauswand, die Fensterläden mit der gewünschten Farbe (BEARBEITEN/FLÄCHE FÜLLEN). Füllen Sie die Farben in die neue Ebene, nicht in das Originalbild.

Korrekturen sind einfacher, wenn Sie für jede Farbe eine neue Ebene anlegen. Bei den Wangen eines Portraits benutzen Sie eine weiche Auswahlkante von 4 bis 6 Pixeln, bevor Sie die Auswahl mit roter Farbe füllen. Stellen Sie die Transparenz jeweils individuell ein – je nachdem, wie kräftig die Farbe im Bild werden soll. Am Ende schwächen Sie die Farben noch einmal insgesamt im Dialog BILD/EINSTELLEN/FARBTON UND SÄTTIGUNG ab oder verstärken sie – je nach Charakter des Bildes.

Bitmaps kolorieren

Haben Sie auch noch eine alte Sammlung von alten Strichzeichnungen, die Sie gerne kolorieren würden? Strichzeichnungen werden als Grau-

»Wie gemalt« Anschließende Tonwerttrennung Filter BELICHTUNGSEFFEKTE

Aus einem winzig kleinen Scan hochvergrößert, wurde der Filter CONTE CRAYON angewendet, die dunklen Bereiche ausgewählt und auf eine separate Ebene kopiert. Himmel und Wasser sind eine Wolkentextur, die mäßig weichgezeichnet wurde. Das Gebirge ist ein Verlauf.

stufen mit 400 bis 600 dpi gescannt und in dieser Auflösung auch im Photoshop koloriert. Erst nach getaner Arbeit werden die Grafiken auf die endgültige Druckauflösung von 300 dpi heruntersskaliert – das bügelt kleine Unsauberkeiten aus.

Mit einer Tonwertkorrektur wird die Zeichnung »gereinigt« – auf diese Weise werden Unsauberkeiten beseitigt, bis die schwarzen Linien der Zeichnung sauber von der weißen Umgebung getrennt werden können.

Trennen Sie Weiß und Schwarz über eine Farbauswahl und kopieren Sie das Schwarz der Zeichnung auf eine separate Ebene (Strg/Apfel + J). Legen Sie darunter eine neue, leere Ebene an (Symbol NEUE EBENE in der Fußleiste der Ebenenpalette).

Damit das Bild eingefärbt werden kann, muß es in den RGB-Modus umgewandelt werden (BILD/MODUS/RGB). Die einzufärbenden Bereiche werden mit dem Lasso markiert, oder Sie arbeiten im Maskierungsmodus und markieren die Bereiche mit dem Pinsel mit einer angepaßten Werkzeugspitze. Für eine schnelle Koloration benutzen Sie lineare oder radiale Verläufe, um den Farben eine natürlichere Anmutung zu geben.

Um die Qualität einer Airbrushgrafik zu erreichen, muß man schon etwas differenzierter vorgehen. Hier füllen Sie die einzelnen Flächen mit einfacher, flacher Farbe. Am besten legen Sie für jede Farbfläche einen Alphakanal oder eine Ebenenmaske an, um bei den Nachbearbeitungen nur in der Farbfläche zu malen und nicht »über den Rand zu schmieren«. Mit dem Airbrush, dem Nachbelichter und dem Abwedler hellen Sie reflektierende Stellen auf oder dunkeln die vom Licht abgewandten Bereiche ab.

Einen besonderen Touch bekommen die eingefärbten Grafiken mit dem folgenden Verfahren:

Reduzieren Sie alle Ebenen auf eine (nicht auf die Hintergrundebene reduzieren – dann verlieren Sie eine eventuelle Transparenz im Bild). Kopieren Sie die Ebene mit der Zeichnung (auf das Symbol NEUE EBENE in der Fußleiste der Ebenenpalette ziehen) und zeichnen Sie die untere dieser beiden Ebenen mit Gaußschem Weichzeichner um 5 bis 20 Pixel je nach Bildgröße weich. Stellen Sie den Überblendmodus der oberen Ebene auf MULTIPLIZIEREN oder HARTES LICHT. Das Bild erhält eine scheinbar glattere Oberfläche, als wäre es mit Lack überzogen.

Rahmen für die Galerie

Damit Bilder nicht immer öde und schnöde viereckig auf dem Monitor oder auf dem Papier landen, geben Sie ihnen einen würdigen Rahmen. Markieren Sie mit dem Auswahlrechteck aus der Werkzeugleiste einen Bereich innerhalb des Bildes, je nach Bildgröße und Effekt 20 bis 100 Pixel vom Bildrand entfernt und kehren Sie die Auswahl um (AUSWAHL/UMKEHREN). Schalten Sie die Darstellung der Auswahl in der Werkzeugleiste auf den MASKIERUNGSMODUS: Jetzt ist die viereckige Auswahl in der Mitte des Bildes mit einem roten Schutzfilm überlagert, der den ausgewählten Bereich vor Manipulationen schützt.

Diese rote Maske können Sie mit einem Filter bearbeiten, ohne dabei das Bild zu manipulieren. Wenn Sie jetzt einen Filter aufrufen, wird der Filtereffekt nicht auf das Bild selber, sondern auf die Maske angewandt.

Bei Filtern wie GERISSENE KANTE aus den ZEICHENFILTERN müssen Sie in der Vorschau des kleinen Dialogfensters unter Umständen zuerst die Kante des Bildes finden, denn der Effekt wird bei der einfarbigen, flachen Bildmaske nur an den Rändern der Maske sichtbar. Wenn Sie mit der Maus in das kleine Vorschaufenster fassen, wird der Mauszeiger zur Hand und Sie können die Vorschau verschieben, als wäre sie ein Stück Papier, das

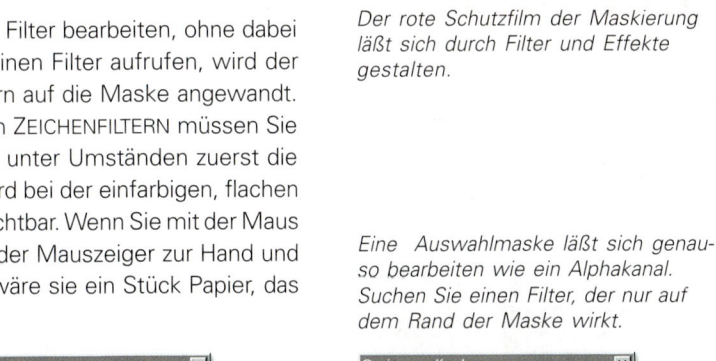

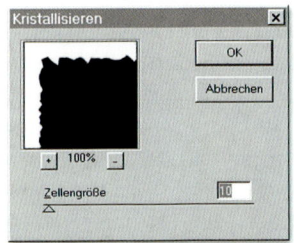

Der rote Schutzfilm der Maskierung läßt sich durch Filter und Effekte gestalten.

Eine Auswahlmaske läßt sich genauso bearbeiten wie ein Alphakanal. Suchen Sie einen Filter, der nur auf dem Rand der Maske wirkt.

Sie mit der Hand vor sich her schieben. Schieben Sie die Vorschau bis an den Rand der Maske, dann können Sie den Effekt besser begutachten. Stellen Sie die Parameter des Effekts ein und klicken Sie OK.

Schalten Sie aus dem Maskierungsmodus wieder in den Standardmodus, bei dem Ihnen die Auswahl als umlaufende irisierende Linie angezeigt wird. Sie können den Rahmen einfach löschen, die Tonwerte einschränken oder Sie kopieren die Auswahl in eine eigene Ebene (Strg/Apfel + J) und rufen einen Ebeneneffekt wie SCHLAGSCHATTEN oder ABKANTEN auf, der die Auswahl in einen plastischen Rahmen verwandelt.

Kachelbilder

Aus dem Internet kennen wir sie alle: Bunte Kacheln, auch Texturen genannt, schmücken die Seiten. Dabei wiederholt der Webbrowser eine kleine Musterdatei im Fenster.

Wenn Sie in gleicher Manier einen Hintergrund oder eine Auswahl mit einem Muster im Photoshop füllen wollen, gehen Sie folgendermaßen vor: Markieren Sie mit der Rechteckauswahl in einem Bild einen Bereich, den Sie als Muster oder Textur sehen möchten. Wählen Sie BEARBEITEN/MUSTER FESTLEGEN. Treffen Sie entweder eine Auswahl oder legen Sie ein neues Dokument an und wählen Sie BEARBEITEN/FLÄCHE FÜLLEN/MUSTER. Das Muster wird als Kachel innerhalb der Auswahl oder als Hintergrund im neuen Dokument wiederholt.

Texturen aus Fotos erstellen

Beliebt sind die Hintergründe aus natürlichen Materialien im Internet: Da zieren Mauern, Steine und Marmor den Hintergrund einer Seite. Obwohl die Muster die gesamte Seite ausfüllen, sind sie nur wenige Pixel groß, um die Übertragungszeiten kurz zu halten. Die Muster reihen sich nahtlos aneinander, so daß der Eindruck einer großen Flächentextur entsteht.

Damit aus einem Bild eine nahtlose Kachel wird, benutzen sie den VERSCHIEBUNGSEFFEKT unter FILTER/SONSTIGE FILTER. Er versetzt das Bild um eine angegebene Anzahl von Pixeln. Am besten kopieren Sie das Bild auf eine zweite Ebene, bevor Sie den Effekt aufrufen.

Aktivieren Sie DURCH VERSCHOBENEN BEREICH ERSETZEN, damit die Pixel, die unten aus dem Bild herausgeschnitten werden, oben im Bild wieder angesetzt werden und klicken Sie OK. Jetzt müssen Sie die Nahtstellen bearbeiten, bis sie nicht mehr sichtbar sind – nehmen Sie dazu den Stempel, den Wischfinger und den Weichzeichner aus der Werkzeugleiste.

4.8 Schrift im Bilde, Bild in der Schrift

Im Photoshop 4 erinnerte der Umgang mit Texten noch an Bleisatz – jetzt heißt es: Text bleibt Text, und Photoshop erlaubt endlich den gesitteten Umgang mit Text. Texte verschmelzen nicht sofort zu Pixeln, sondern bleiben auf einer speziellen Textebene für alle typographischen Änderungen erhalten.

Nicht immer soll der Text neben dem Bild stehen oder um das Bild herumfließen. Für viele Zwecke ist der Text im Bild gefragt, und nicht erst seit der Entdeckung des Internets sind Texteffekte ein wichtiges Kriterium für den Funktionsumfang einer Bildbearbeitungssoftware. Zwar müssen wir uns noch immer mit dem Textfenster herumschlagen, aber dafür bleibt der Text jetzt »handlich« – er läßt sich immer wieder mit anderen Schriftattributen versehen, anderen Farben und den beliebtesten Effekten. Dazu wurde eine spezielle Textebene geschaffen.

Texteingabe

Wählen Sie in der Werkzeugleiste das Textwerkzeug und klicken Sie mit dem Mauszeiger in den Bereich des Bildes, in dem die Schrift gesetzt werden soll. Die Dialogbox, die sich jetzt öffnet, verschieben Sie am besten so, daß sie den Schriftsatz nicht überlagert, denn seit der Version 5 kann der Photoshop die Schrift schon anzeigen, während sie noch in der Textbox gesetzt wird. Schreiben Sie Ihren Text in die Textbox – er wird sofort auf einer separaten Textebene eingeblendet.

Bei geöffneter Dialogbox können Sie im Bild die Textebene verschieben, bis der Text exakt an Ort und Stelle steht. Wenn der Text exakt ausgerichtet werden soll, blenden Sie das Raster ein – das Menü ANSICHT ist auch dann aktiv, wenn der Textwerkzeug-Dialog geöffnet ist.

Wenn die Dialogbox zwischenzeitlich geschlossen wurde, aktiviert ein Doppelklick auf den Text die Dialogbox dieses Textes, und der Text kann weiter manipuliert werden.

Textattribute

»Aliasing« nennt man den Effekt der kleinen Treppenstufen, der durch die quadratische Natur des Pixels in diagonalen Kanten auftritt – eine echte diagonale Kante kann es in einem Pixelbild nie geben.

Um die Treppenstufen zu mildern, werden die Pixel durch das sogenannte ANTIALIASING zum Rand hin heller und transparenter, das läßt die Kanten glatter und runder erscheinen.

KERNING sorgt dafür, daß etwa ein großes »A« und ein kleines »v« näher zusammenrücken, dadurch wirkt das Schriftbild ausgewogener. Das

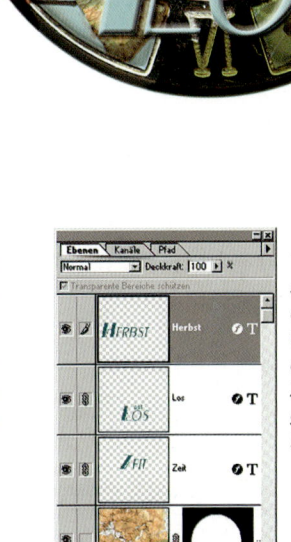

Text erscheint auf einer separaten Ebene, die durch das Zeichen »T« gekennzeichnet ist.

Text ohne Antialiasing weist heftige Treppenbildung auf. Antialiasing glättet die Kanten durch semitransparente Pixel an den Konturen.

nicht immer ganz korrekte Kerning hat in der Version 5.01 des Photoshops übrigens eine Überarbeitung erfahren.

Um die Schriftart und -größe nachträglich zu verändern, müssen Sie den Text in der Textbox markieren, sonst wirken die Einstellungen nicht. Sozusagen als Trost für die umständliche Einstellung einer anderen Schriftart: In einer Textbox können Sie verschiedene Schriftarten und -größen mischen, AUTOKERNING ein- und ausschalten und unterschiedliche Zeilenabstände einsetzen – damit ist der Photoshop seiner Konkurrenz voraus. Nur generelle Attribute wie ANTIALIASING und die Absatzformate linksbündig, zentriert und rechtsbündig gelten für die gesamte Textbox.

Ohne Qualitätsverlust rotieren, skalieren und verzerren Sie den Text im Menü BEARBEITEN/TRANSFORMIEREN oder drehen ihn bereits durch das Aktivieren von DREHEN im Textwerkzeug-Dialog. Allerdings kann der Text im Photoshop nicht so elegant an einem Objekt oder einem Pfad ausgerichtet werden wie in Illustrationsprogrammen oder einigen anderen Bildbearbeitungsprogrammen.

Markieren Sie den Text, wenn Sie seine Attribute ändern wollen.

Texte füllen mit der Farbebene

Obwohl der Photoshop 5 jetzt Tür und Tor für Texteffekte wie SCHLAGSCHATTEN und ABGEFLACHTE KANTE öffnet und dabei die Eigenschaften des Textes erhält, kann man Bildeinstellungen wie Tonwertkorrektur, Gradationskurve und Filter nicht auf den Text anwenden, ohne den Text in Pixel zu verwandelt (EBENE/TEXT/EBENE RENDERN) – was aber der Texteigenschaft wieder ein Ende bereitet.

Wenn der Text mit einem Bild oder einer Textur gefüllt werden soll, hilft eine Farbebene. Um eine Farbebene über der Textebene anzulegen, klicken Sie auf das Symbol NEUE EBENE in der Fußleiste der Ebenenpalette und legen eine Ebene über dem Text an. Füllen Sie die Ebene mit einem Muster, einem Verlauf oder legen Sie ein Bild in die Ebene.

Die Textebene »gruppieren« Sie mit der Farbebene – entweder im Ebenenmenü mit dem Befehl MIT DARUNTERLIEGENDEN EBENE GRUPPIEREN oder Sie klicken mit gedrückter Alt/Ctrl-Taste auf die Begrenzung zwischen den beiden Ebenen (der Mauszeiger zeigt dabei die Form zweier einander überlagernder Ringe). Damit wird der Farbeffekt nur dort angezeigt, wo die darunterliegende Ebene Pixel enthält – nämlich auf dem Text. So können Sie weiterhin den Text oder seine Schriftattribute verändern und Ebeneneffekte einbeziehen. Die Farbebene können Sie jederzeit durch Effekte oder Filter verändern.

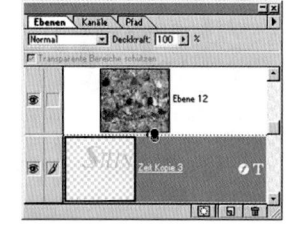

Alt/Ctrl + ein Klick auf die Abgrenzung zwischen den Ebenen erzeugen eine Farbebene.

Text als Maske

Das Textmaskierungswerkzeug aus der Version 4 ist uns erhalten geblieben. Es weist zwar nicht die gleiche Flexibilität auf wie das neue Textwerkzeug – aber der Text wird einfach als Auswahl in die aktive Ebene gesetzt.

Für einfache Effekte ist das Maskierungswerkzeug immer noch gut genug: In der Auswahl wirken Filter und Tonwertkorrekturen, aus der Auswahl wird mit AUSWAHL/TRANSFORMIEREN/RAHMEN eine Konturschrift erzeugt.

Beim Kerning werden Buchstabenpaare wie »W« und »e« näher zusammengesetzt, um ein harmonisches Schriftbild zu erzeugen.

In der Textbox weisen Sie einem Text unterschiedliche Attribute wie Schriftart und -größe, Laufweite und Zeilenabstand zu.

Eine Farbebene sorgt für die Füllung: So werden Muster und Verläufe in den Text eingezogen.

Bevor ein klassischer Filter angewendet wird, muß der Text in eine normale Pixelebene umgewandelt werden: Die Ebene wird »gerendert«.

Ein kleiner Zeilenabstand sorgt dafür, daß die Worte eine Einheit bilden.

Mit dem Textmaskierungswerkzeug wird nur eine Auswahl auf der aktiven Ebene geschaffen.

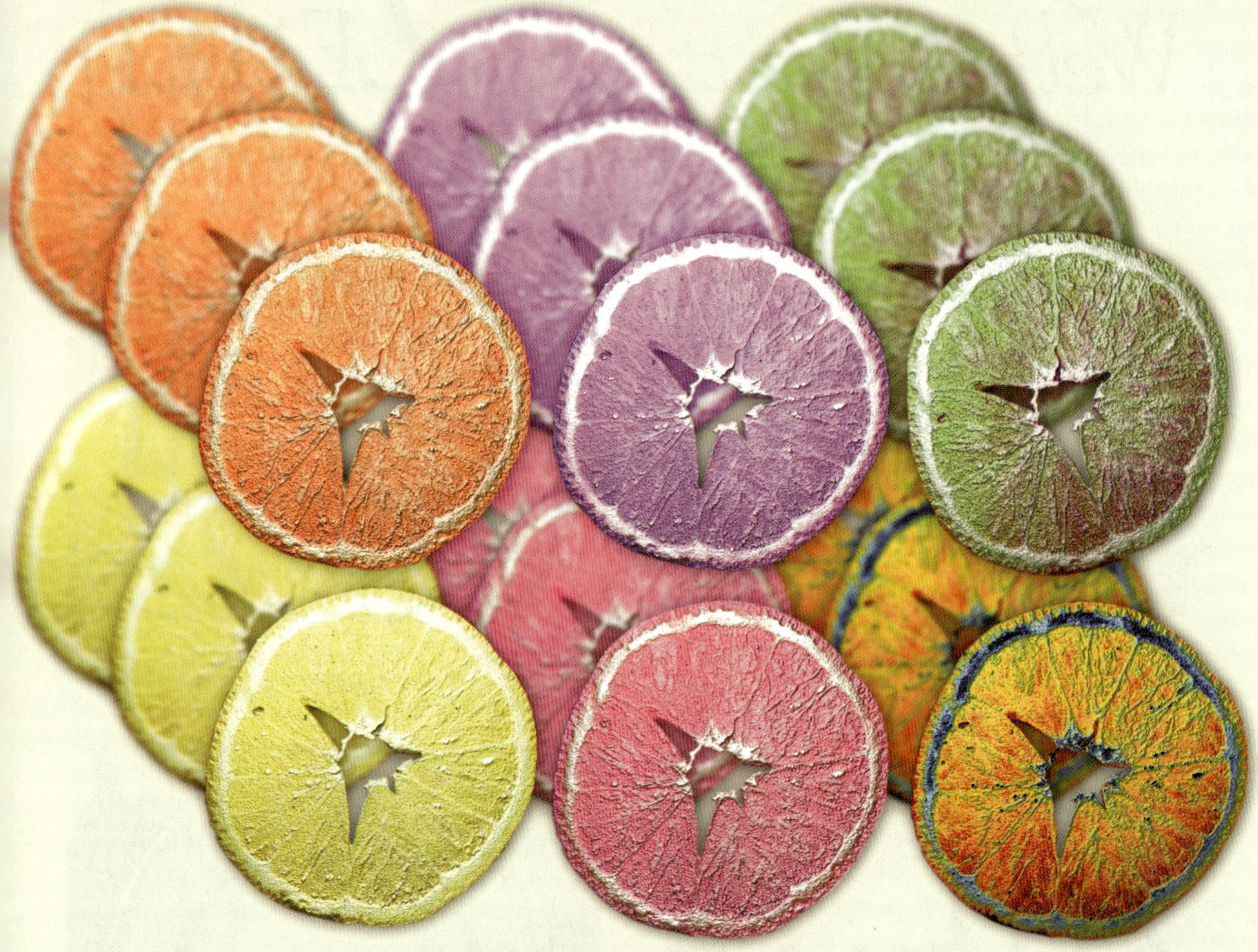

KAPITEL 5   FARBMANAGEMENT

In einer der bedeutendsten deutschen Fachzeitschriften für Computergrafik, der PAGE, war zu lesen, daß der Autor diese ganze Geschichte mit den Profilen nicht verstehe und sich eine Knopfdrucklösung für das gute Bild wünsche. Dabei ist das neue Colormanagement im Photoshop 5 doch tatsächlich eine Knopfdrucklösung – für jeden, der weiß, wie mühsam der Einstieg früher war.

5.1   Warum, wozu, für wen?

Auch wenn Sie sich dem Autor der PAGE zunächst anschließen, weil Ihnen diese lange Schilderung viel zu mühsam erscheint – aber spätestens dann, wenn Sie die ersten Bilder auf Ihrem eigenen Drucker ausgeben oder eines Ihrer Bilder in einer Zeitschrift gedruckt sehen, kommen Sie auf diesen Abschnitt des Buches zurück.

Tatsächlich hat Adobe gerade für den Einsteiger eine akzeptable Lösung für die Farbkonsistenz von Bildern von der Erfassung bis zum Druck geschaffen. Während so mancher Neuling in den vorangegangenen Versionen des Photoshops schnell beim Anblick von Farbtabellen und Begriffen wie UNDER COLOR REMOVAL und GREY COMPONENT REPLACEMENT in die Knie ging und lieber einen kräftigen und kühlen Cyan-Touch bei seinem schönen Herbstbild in Kauf nahm, werden jetzt die Systemkomponenten mit standardisierten Profilen eingerichtet.

Revolution wie gedruckt
Also bringt der Photoshop 5 die Welt des »klassischen« Anwenders aus der Druckvorstufe gehörig in Unordnung.

Wenn wir etwas mehr als ein Jahrzehnt zurückblenden, stellen wir fest, daß es bis zu diesem Zeitpunkt abgesehen von der Malerei nur zwei Wege zu einem farbigen Bild gab: den Weg über die klassische Fotografie und den reprografischen mit anschließendem Druck. In der kurzen Zwischenzeit ist viel passiert: Der farbige Ausdruck digitaler Bilder ist heute schon mit dem heimischen Tintenstrahldrucker in einer Qualität möglich, die mit dem Foto vergleichbar ist, und auch Laserdrucker, Festtintendrucker und thermische Druckverfahren drucken in Farbe mit hoher Akkuratesse. Auch verschiedene Verfahren mit einer »quasi« fotografischen Belichtung auf Fotopapier – wie beispielsweise die Dia- und Negativbelichtung oder das Pictrography-Verfahren von Fuji ermöglichen die Bildausgabe von Bildern in einer enorm hohen Qualität.

Jeder für sich

Das Problem, das hierbei entsteht, liegt auf der Hand: Jedes der genannten Geräte arbeitet mit anderen Farbstoffen und anderen Materialien, jedes kann den Farbstoffauftrag steuern und alle haben sie unterschiedliche Auflösungen. Das führte bisher dazu, daß ein Bild, das aus Photoshop heraus gedruckt wurde, auf jedem Drucker unterschiedlich aussah: mal falsch, mal farbstichig, mal viel zu dunkel oder flau.

Um einen Standard zu schaffen, der es ermöglicht, ein Bild annähernd originalgetreu auf allen Ausgabegeräten wiedergeben zu können, haben sich alle namhaften Geräte- und Softwarehersteller zum ICC (International Color Consortium) zusammengefunden und an einen Tisch gesetzt. Das Ergebnis ist ein Verfahren zum Farbmanagement, wie Sie es hier in der neuesten Version des Photoshops integriert finden.

Da das Thema sehr umfassend ist, kann es an dieser Stelle sicherlich nicht erschöpfend behandelt werden. Allen Lesern, denen die nachfolgenden Erklärungen nicht weit genug gehen, empfehlen wir die Bücher »Digitales Colormanagement« von Jan Peter Homann und »Colormanagement« von Rudolph E. Burger, die beide im Springer-Verlag erschienen sind.

Farbräume

Wie bereits erwähnt, hat jedes Gerät – sei es ein Scanner, ein Monitor oder ein Drucker – seine eigene Charakteristik, Farben wiederzugeben. Man spricht davon, daß es einen sogenannten »geräteabhängigen Farbraum« besitzt. Um diesen Farbraum zu kennzeichnen, kann man ihn in einem mathematischen Modell darstellen, das alle Farben enthält, die der Mensch wahrnehmen kann. Dieser künstlich geschaffene mathematische Raum wird als »geräteunabhängiger Farbraum« bezeichnet.

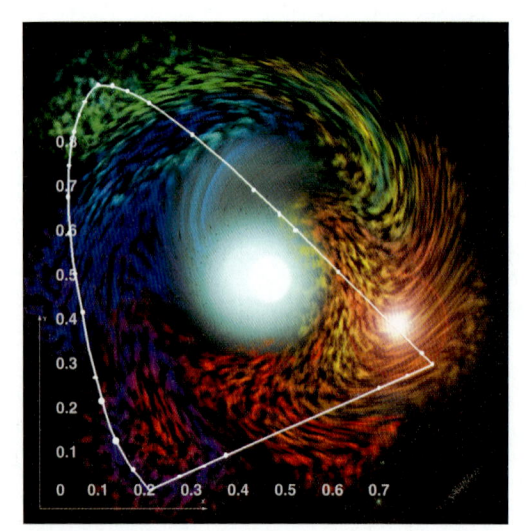

Von diesen unabhängigen Farbräumen gibt es eine ganze Reihe. Der gebräuchlichste ist der Lab-Farbraum. Hierbei bezeichnet L die Luminanz, also die Helligkeit der jeweiligen Farbe. Das kleine a steht für den Farbort auf der Rot-Grün-Achse und b für den Ort auf der Blau-Gelb-Achse. Der Umgang mit diesen Werten ist sicherlich gewöhnungsbedürftig.

Da eine Vielzahl von Faktoren wie Phosphorfarbstoffe beim Monitor, Druckfarben und Papier beim Drucker den Farbraum der Geräte bestimmen, kann man diesen nur in seiner Gesamtheit erfassen.

Wie Profile entstehen

Die Beschreibung der Farbräume für die einzelne Geräte geschieht über die Farbprofile.

Bei einem Scanner wird hierzu eine genormte It8-Testvorlage eingescannt, deren Farbwerte im Lab-Farbraum bekannt sind, bzw. mit einem Spektralphotometer gemessen werden können. Mit einer Software zur Profilerstellung kann nun ein Profil generiert werden, das die Umwandlung der gescannten Farben in den Lab-Raum ermöglicht. Dieses Profil beinhaltet somit die Umrechnung von den Ist- zu den Sollwerten. Programme, die ein solches Profil erstellen, sind z.B. ColorTune von Agfa, ScanOpen von Heidelberg, ProfileMaker von Logo oder ColorBlind von Color Solutions.

Beim Monitor ist es nicht ganz so einfach. Wenn man hier ein gutes Profil erstellen will, braucht man ein Monitor-Meßgerät und eine Software zur Profilerstellung. Über die Software werden bestimmte Farben dargestellt und mit Hilfe des Meßgerätes ausgemessen.

Noch einmal komplizierter wird die Erstellung eines Profils für die Ausgabe. Hierbei wird ein It8-Testchart ausgedruckt und wiederum mit einem Spektralphotometer ausgemessen. Bei der Erstellung des Profils können noch Separationeinstellungen gewählt werden, und das Profil gilt jeweils nur für eine Drucker-Farben-Papier-Kombination. Wird einer der drei Faktoren verändert, so muß ein neues Profil erstellt werden.

Scanner

Neben den Auswirkungen der fest eingebauten Teile in einem Scanner sind die Lichtquelle und auch die Farbstoffe in der Vorlage von Bedeutung. Besitzt der Scanner eine Charakteristik, die dem menschlichen Auge sehr nahe kommt, kann auf die Betrachtung der Farbstoffe verzichtet werden. Besteht aber z.B. die Lichtquelle aus Leuchtdioden (z.B. Nikon Filmscanner), die ein sehr schmalbandiges – d.h. einfarbiges Licht – liefern, so kommt man um die Erstellung eines Profils für den jeweiligen Film- bzw. Vorlagentyp jedoch nicht herum. Für die überwiegende Zahl der Scanner gilt, daß man mit generischen, also vorgefertigten und vom Hersteller mitgelieferten Profilen gut zurechtkommt. Der Grund liegt in der guten Anpassung der Scanner an das menschliche Auge und der relativ geringen Streubreiten in der Produktion.

It8-Testchart

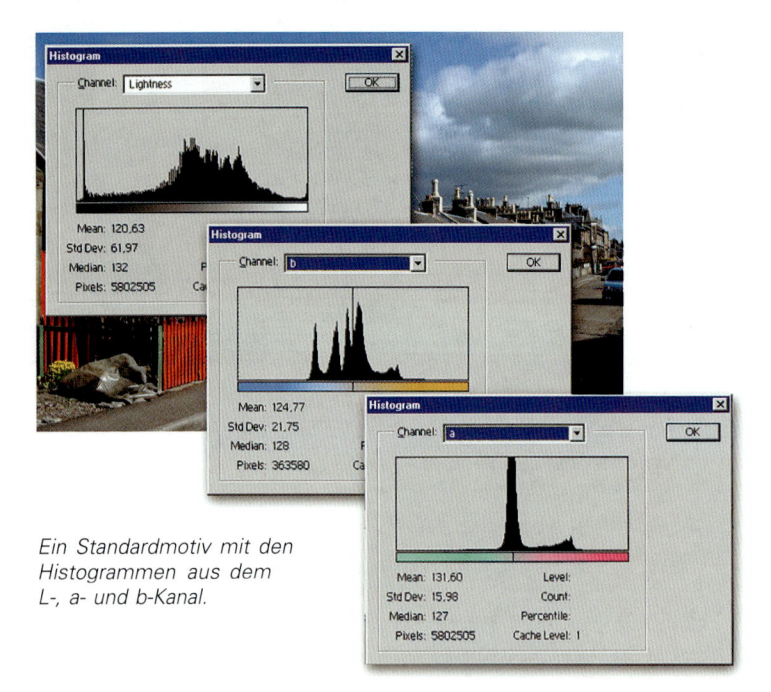

Ein Standardmotiv mit den Histogrammen aus dem L-, a- und b-Kanal.

Monitor

Bei der Erstellung von Profilen für Monitore ist zunächst einmal auf die Monitoreinstellungen, die Kalibrierung, zu achten. Mit dem Gamma-Kontrollfeld können unter Sichtkontrolle die Einstellungen optimiert werden. Nach der Optimierung von Helligkeit und Kontrast sollte man die entsprechenden Regler gegen versehentliche Verstellung sichern.

In vielen Fällen kommt man danach mit einem generischen Profil für einen Monitor ähnlicher Bauart zurecht – noch besser besorgt man sich die technischen Daten bezüglich Phosphorfarben etc. vom Hersteller und trägt sie in die Monitortabelle ein. Die optimale Lösung ist jedoch wie oben beschrieben das Vermessen mit einem entsprechenden Meßgerät.

Ausgabe

Welchen Weg soll das Bild bei der Ausgabe gehen: Landet es im Offsetdruck, so können Standardprofile vom Internetserver der Fogra unter www.fogra.org heruntergeladen werden, mit deren Hilfe die Separation vorgenommen wird. Erfolgt der Ausdruck auf einem Tintenstrahldrucker, so ist zunächst zu klären, ob der Druckertreiber RGB- oder CMYK-Daten benötigt bzw. verarbeitet.

Im Falle der RGB-Datenverarbeitung kann das RGB-Bild direkt gedruckt werden. Falls CMYK-Bilder benötigt werden, so sind die Separationseinstellungen zu klären bzw. eventuelle Profile zu beschaffen. Dieses kann über das oben beschriebene Drucken eines Testcharts mit anschließender Messung oder über das Suchen nach generischen Profilen erfolgen. Optional bietet Photoshop auch die aus den früheren Versionen bekannten Einstellmöglichkeiten für die Separation.

Das Arbeiten mit Farbprofilen

Für die Arbeit mit Farbmanagementsystemen sollte man zunächst einige grundsätzliche Vorüberlegungen anstellen. Soll ein Bildarchiv entstehen, dessen Bilder auf unterschiedlichen Wegen publiziert werden, dann sollten die Bilder in einem standardisierten RGB-Farbraum abgespeichert werden. Photoshop bietet hier ein Reihe von Farbräumen zur Auswahl.

Eines sollten Sie jedoch nicht tun: Ihre Bilder im Lab-Farbraum abspeichern. Im Lab-Farbraum sind – wie bereits erwähnt – alle vom Menschen wahrnehmbaren Farben enthalten. Es ist also ein sehr großer Farbraum. Wird nun ein RGB-Bild in den Lab-Farbraum umgewandelt, so werden im

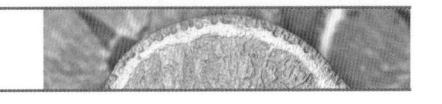

L-Kanal alle 256 zur Verfügung stehenden Stufen ausgenutzt. In den Kanälen a und b werden bei einem Standardbild mit 8 Bit pro Farbe jedoch nur etwa 100 bis 120 der 256 Stufen verwendet. Diese Abstufung ist zu gering und bewirkt, daß schon bei sehr vorsichtigen Tonwertkorrekturen Abrisse in den Farbverläufen sichtbar werden.

Sollte irgendwann einmal ein 36- oder 48-Bit-Ablauf in vollem Umfang möglich sein (d.h., das Bild wird mit 12 oder 16 Bit Farbtiefe gescannt, korrigiert, separiert und gedruckt), kann über die Speicherung im Lab nachgedacht werden. Zum jetzigen Zeitpunkt eignet sich ein standardisierter RGB-Farbraum wesentlich besser zur Archivierung von Bildbeständen.

Farbmanagement auf der Betriebssystemebene

Das Farbmanagementmodul (CMM) ist der Teil des Farbmanagementsystems (CMS), der den einen Farbraum auf den anderen umrechnet. Wenn die Farben eines Gerätefarbraums auf einem anderen Gerät dargestellt werden (zum Beispiel der Farbraum des Scanners und der Farbraum des Monitors), benutzt das CMM die Geräteprofile und einen Rendering Intent (ein Verfahren zur Umrechnung von Farbräumen), um die Farben zwischen den beiden Profilen zu optimieren. Dazu muß es diejenigen Farben, die außerhalb des Zielfarbraums sind, in geeigneter Weise auf Farben des Zielfarbraums abbilden.

Ein Farbmanagementsystem kann mehrere Farbmanagementmodule unterstützen: Das Farbmanagementsystem des Apple, ColorSync, benutzt Farbmanagementmodule von Linotype Hell, unterstützt aber auch KCMS von Kodak und FotoTune von Agfa.

Windows NT und Windows 95 unterstützen Farbmanagement nicht auf der Systemebene, sondern nur auf der Anwendungsebene (KCMS und FotoTune). Windows 98 unterstützt ICM 2.0 mit dem Farbmanagementmodul von Linotype Hell, das auch in ColorSync2 implementiert ist.

Die Rendering Intents

Wenn Bilder aus einem Farbraum in einen kleineren Farbraum umgerechnet werden (z.B. RGB in CMYK), muß festgelegt werden, wie mit den Farben des Originalfarbraums umgegangen wird, die im Zielfarbraum nicht dargestellt werden können. Ein Rendering Intent legt fest, nach welchem Verfahren die Farben in den kleinen Farbraum umgerechnet werden.

WAHRNEHMUNG komprimiert den gesamten Farbumfang eines Farbraums in den Umfang des kleineren Farbraums. Diese Methode erhält die Anmutung der Farben, ihre visuelle Beziehung zueinander, indem Sie die Farben zusammenrückt und alle Farben verschiebt – einschließlich derjenigen Farben, die im Zielfarbraum enthalten waren.

SÄTTIGUNG reproduziert die Sättigung der Originalfarben bei der Umrechnung in einen anderen Farbraum. Diese Methode zielt hauptsächlich auf Geschäftsgrafiken ab, wo die exakte Beziehung zwischen zwei Farben nicht so wichtig ist wie in einem Foto, sondern wo kräftige und gesättigte Farben im Vordergrund stehen.

RELATIV FARBMETRISCH rechnet eine Farbe, die im Zielfarbraum außerhalb des Farbumfangs liegt, auf die im Zielfarbraum darstellbare Farbe um, die der Originalfarbe am nächsten ist. Originalfarben, die auch im Zielfarbraum enthalten sind, werden von dieser Umrechnungsmethode nicht beeinflußt. Auf diese Weise können zwei Farben, die im Originalfarbraum unterschiedlich aussahen, im Zielfarbraum unter Umständen nicht mehr voneinander unterschieden werden – eine Farbe ist dabei regelrecht »abgeschnitten« worden. Diese Methode wurde in Photoshop 4 und den vorangegangenen Versionen per Voreinstellung verwendet, wenn Farbraum-Umrechnungen vorgenommen wurden.

ABSOLUT FARBMETRISCH rechnet die Farben exakt um, ohne dabei Änderungen am Schwarz- oder Weißpunkt vorzunehmen, welche die Helligkeit des Bildes beeinflußen würden. Mit diesem Verfahren werden Signalfarben umgerechnet – so etwa die Farben eines Logos oder der Verpackung eines Parfums.

Vorbereitungen im Photoshop

Konkret erfolgt die Einrichtung des Farbmanagements im Photoshop in fünf Schritten:

1. Zuerst wird der Monitor eingerichtet – entweder durch das Ausmessen der Farbwerte des Monitors durch ein Colorimeter oder mit der Hilfe einer speziellen Software. Adobe hält hierfür das Programm GAMMA bereit.
2. Für eine konstante Farbanzeige auf allen Monitoren innerhalb eines Workflows oder einer Firma sorgt die Einrichtung eines gemeinsamen RGB-Profis. Zu diesem Zweck bringt Adobe eine Reihe von verschiedenen RGB-Farbräumen mit.
3. Druckfarben einrichten.
4. Graustufen einrichten.
5. Profilkonvertierungen dienen dazu, Bilder, die etwa noch mit Photoshop 4 erstellt wurden oder Bilder aus Illustrations- und Grafikprogrammen oder von Scannern ohne Colormanagement in die Arbeitsfarbräume umzusetzen.

5.2 Einrichtung des Monitors und RGB-Farbraums

*In der Ära von Photoshop 4 und seiner
Vorgänger gingen wir davon aus, daß RGB
das wäre, was uns unser Bildschirm anzeigt.*

Bei einem gut eingestellten Monitor (insbesondere wenn der Monitor ausgemessen und kalibriert war) waren die Umwandlungen des Bildes in ein CMYK-Bild auch durchaus sauber und akzeptabel.

Der Nachteil dieses sehr einfachen Verfahrens: Es beschnitt die RGB-Farben auf den Farbraum des Monitors. Der Diafilm und professionelle digitale Kameras erfassen aber einen wesentlich größeren Farbumfang, als der Monitor darstellen kann. Und wir sagen zwar immer so leichthin, der RGB-Farbraum wäre größer als der druckbare Farbraum des CMYK – allerdings ragt aber der CMYK-Farbraum an einigen Stellen über den RGB-Farbraum hinaus (insbesondere im Cyan) und könnte uns dort mehr an Farbinformationen beim Druck liefern, als auf dem Monitor sichtbar sind.

In den bisherigen Versionen des Photoshops war Ihr Monitor der RGB-Farbraum – was zu unvorhersehbaren Farbverschiebungen von einem System auf das nächste führen konnte. Und da sich Monitore außerdem in ihrer Darstellung sichtbar voneinander unterscheiden, sah ein Bild, das von einem Monitor auf einen anderen gebracht wurde, dort auch immer etwas anders aus.

Für den Workflow

Photoshop 5.0 befreit den RGB-Farbraum vom realen Monitor. Der RGB-Raum ist ein ideeller geworden, der nicht mehr von den kleinen Unzulänglichkeiten der verschiedenen Bildschirme abhängt und der groß genug ist, den Farbraum aller möglichen Bilderfassungsgeräte aufzunehmen. Innerhalb einer Verarbeitungskette, etwa innerhalb eines Verlages oder von der Grafik bis zum Belichter, kann man sich jetzt auf einen Farbraum einigen und Bilder nahtlos von einem System auf das andere transferieren. Wenn dennoch ein Bild auf einem anderen System in einem anderen RGB-Farbraum geöffnet wird, bietet Photoshop an, das Bild in den eigenen Farbraum zu konvertieren. Das passiert schnell und ohne nennenswerten Verlust.

Die Einrichtung des Monitorprofils auf dem Mac

Auf dem Mac liegt dem Photoshop das Hilfsprogramm GAMMA von Adobe bei. Es ersetzt das bisherige Knoll Gamma und besitzt einen größeren Farbumfang. Sie finden es im Ordner ADOBE PHOTOSHOP 5 auf der Platte Ihres Macintosh-Computers im Unterordner GOODIES/KALIBIERUNG.

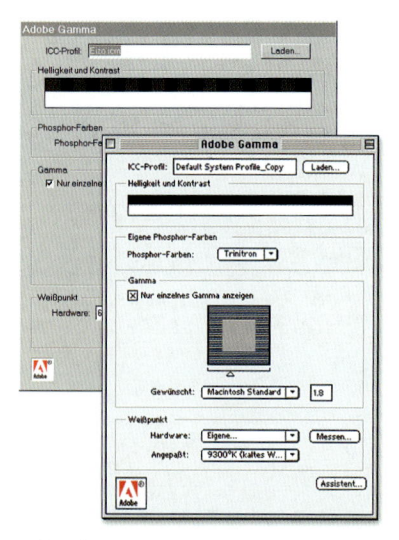

Die Farbtemperatur ist ein Verfahren für die Messung des Weißtons und wird normalerweise in Grad Kelvin angegeben. Bei hohen Farbtemperaturen erscheint der Weißton leicht bläulich, während bei niedrigen Temperaturen ein eher rötlicher Weißton auftritt.

Installation des Adobe Gamma auf dem PC

Die Datei GAMMA.CPL wird unter Windows NT in das \WINNT\SYSTEM32-Verzeichnis kopiert, unter Windows 95 in das \WINDOWS\SYSTEM-Verzeichnis. Der Rechner braucht nicht neu gestartet zu werden – wenn Sie das nächste Mal die Systemsteuerung öffnen, liegt die Adobe Gamma-Anwendung zum Aufruf bereit.

Kopieren Sie nun die Datei ADOBE GAMMA LOADER.EXE auf die Platte Ihres Rechners – wohin ist egal, aber gut untergebracht ist der Loader im WINNT- bzw. im Windows-Verzeichnis Ihres Rechners. Jetzt muß der Gamma Loader noch mit jedem Start des Rechners geladen werden: Dazu klicken Sie auf das Startmenü der Windows-Oberfläche, wählen die Option EINSTELLUNGEN/TASK-LEISTE und dort PROGRAMME IM MENÜ START. Wählen Sie HINZUFÜGEN und suchen Sie die Anwendung GAMMA LOADER. Der Gamma Loader wird nun jedesmal, wenn der Rechner gestartet wird, initialisiert. Gamma Loader hat keine Benutzeroberfläche, Sie sehen also nichts von dem Start des Programms.

Adobe Gamma

Bevor Sie mit den Einstellungen beginnen, sollte Ihr Monitor mindestens eine halbe Stunde eingeschaltet sein, damit sich die Anzeige stabilisiert hat. Stellen Sie außerdem ein neutrales Grau als Hintergrundfarbe Ihres Desktops ein und trennen Sie sich von den schönen bunten Bildern, damit Ihr Farbempfinden nicht durch den Hintergrund gestört wird. Stellen Sie den Kontrast- und Helligkeitsregler an Ihrem Monitor auf die maximal möglichen Einstellungen.

Mit dem Bild Olé no Moiré (auf dem PC Testpict.TIF) aus dem Ordner GOODIES/KALIBRIERUNG auf der Photoshop-CD können Sie die Monitoreinstellungen beobachten und verifizieren. Starten Sie Photoshop und öffnen Sie die Datei.

Mit dem Programm GAMMA legen Sie Kontrast, Helligkeit, die Gammaeinstellung und die Farbbalance sowie den Schwarz- und Weißpunkt Ihres Monitors fest. So vermeiden Sie Farbstiche und sorgen für ein neutrales Grau. Damit das Gammaprogramm funktioniert, muß auf dem Mac ColorSync installiert sein – und wenn dort bereits ein Monitorprofil angelegt ist, wird dieses als Ausgangsprofil verwendet.

Umgang mit Adobe Gamma

Unter Windows NT gibt es ein paar Einstellfelder weniger: Windows NT gestattet keinem Programm die Einstellung des Gammas. Die Änderungen wirken nur im Photoshop – Sie sehen die Auswirkungen allerdings erst, wenn Sie das Adobe Gamma-Programm beenden.

Unter Windows 95 kann die Grafikkarte die Einrichtung des Gammas verhindern.

Das Kontrollfeld erlaubt entweder Schritt für Schritt oder in einem Kontrollfeld-Fenster das Einstellen des Monitors und erzeugt abschließend ein ICC-kompatibles Monitorprofil, das den RGB-Farbraum des Bildschirms beschreibt. Ihre persönlichen Einstellungen speichert Gamma als ein ICC-Profil für Ihren Monitor. Einmal eingestellt, wird es auf dem Mac im ColorSync-Kontrollfeld als Systemprofil ausgewählt. Unter Windows wird das Profil durch den Systemstart initialisiert. Stellen Sie sicher, daß keine weiteren Gradationsanpassungen aktiviert sind, die sich zum Beispiel im Monitor-Kontrollfeld oder in Treibern für einige Grafikkarten befinden.

Damit ist der Monitor kalibriert. Die Farbanpassung in der Bildbearbeitung erfolgt nun über ein Profil. Mit dem Gamma haben Sie bereits das Ausgangsprofil festgelegt, und mit dem Sichern der Einstellungen wurde es auf Ihren Monitor angepaßt.

Die Einrichtung des RGB-Farbraums

Nach der Einstellung des Monitorgammas stellen Sie im Photoshop den Farbraum für Ihre RGB-Bilder ein – und zwar unter DATEI/FARBEINSTELLUNGEN/RGB.

Mit Hilfe der Einstellungen im Programm Adobe Gamma, das die Farbtemperatur und das Gamma Ihres Monitors aufnimmt, werden die Charakteristika des Monitors über Tabellen in einen standardisierten Farbraum umgerechnet. Das Farbmanagementsystem ist damit in der Lage, auf allen Monitoren die gleiche Farbanmutung darzustellen – die Darstellung auf dem Monitor wird auf diese Weise »geräteunabhängig«.

Für die geräteunabhängige Speicherung läßt Photoshop dem Anwender in den Farbeinstellungen für das RGB die Wahl zwischen verschiedenen geräteunabhängigen Farbräumen.

Standardmäßig ist in der Version 5 »sRGB« eingestellt – ein von Microsoft und Hewlett-Packard initiierter Standardfarbraum für Geräte, der darauf setzt, daß sich eines Tages sämtliche Geräte im Farbverarbeitungsprozeß auf diesen kleinsten gemeinsamen Nenner eines Farbraums anpassen. Von seiner Struktur ist sRGB eine Low-End-Variante mit einem zu kleinen RGB-Farbraum, die zudem mit einem Gammawert von 2,2 vorbelegt ist, der zwar mehr Bits in den Tiefen bringt als etwa AppleRGB, der für einige Druckverfahren aber zu steil ist. Wer – wie die meisten Photoshop-Anwender – in den Vorgängerversionen ohne Farbmanagement eine verläßliche Farbdarstellung eingestellt hat, sieht mit diesen Standardeinstellungen eine ganz andere Farbwiedergabe. Erst die Einstellung der Profilkonvertierung bringt die bekannte Anmutung der Farben zurück.

Richten Sie das Gamma besonders sorgfältig ein – ein zu kleines Gamma führt dazu, daß bei der Ausgabe ein paar Farben einfach abgeschnitten und weggekippt werden, ein zu hohes Gamma führt schnell zu Brüchen in den Verläufen – das Bild posterisiert im Druck.

Welches RGB-Profil darf's denn sein?

Die standardgemäß eingestellte Variante sRGB richtet sich am mittleren Internetbesucher aus. Sie ist weniger für den Druck geeignet, denn sie schneidet zuviel Cyan weg – damit kippen helle Cyan-Töne, Grün und Blau beim Druck. Das gilt übrigens insbesondere auch für den Druck auf

Mit dem Bild Olé no Moiré aus dem Ordner GOODIES/KALIBRIERUNG auf der Photoshop-CD können Sie die Monitoreinstellungen testen.

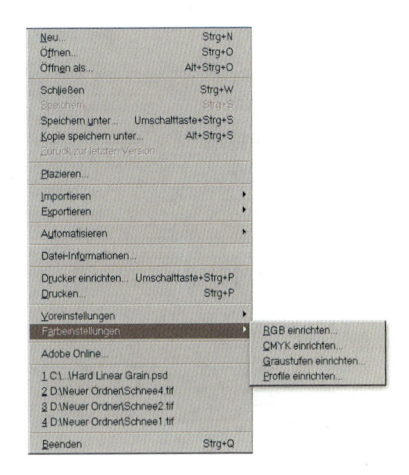

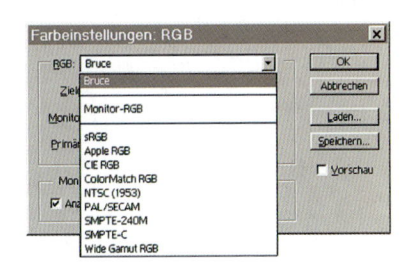

Die Wahl des RGB-Farbraums

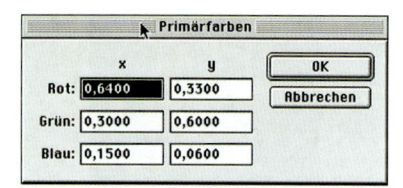

sRGB-Primärfarben

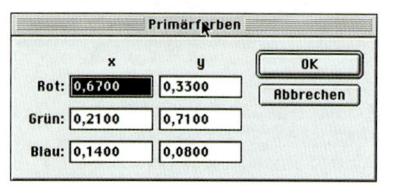

Apple RGB-Primärfarben

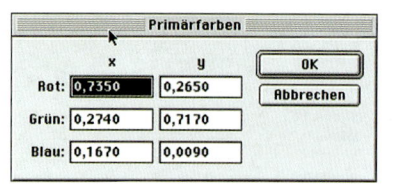

CIE RGB-Primärfarben

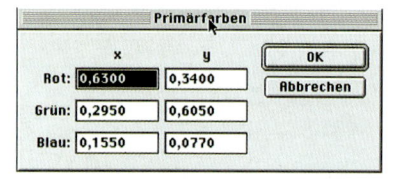

ColorMatch RGB-Primärfarben

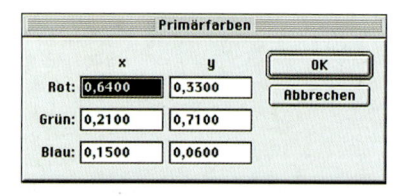

SMPTE-240M-Primärfarben

dem eigenen Tintenstrahldrucker, der ja vorgibt, ein RGB-Drucker zu sein (obwohl er natürlich in Cyan, Magenta, Gelb und höchstwahrscheinlich auch mit Schwarz druckt). Was das RGB des Bildes auf dem Monitor nicht hergibt, holt der Drucker auch nicht wieder heraus.

Apple RGB

Apple RGB liefert zwar einen etwas größeren Farbraum, der auch mit dem Cyan des Drucks besser umzugehen vermag – aber sein niedriger Gammawert schneidet schnell Farben ab. AppleRGB ist nicht unbedingt die bessere Wahl als sRGB – wie in einem Fachartikel ausgedrückt, ist es lediglich einfach »anders« als sRGB.

CIE RGB

CIE RGB ist der absolut idealisierte Farbraum, der alle Farben beinhaltet, die das menschliche Auge unterscheiden kann. Für die Arbeit mit 8 Bit Farbtiefe ist CIE RGB vollkommen ungeeignet – erst wenn alle unsere Bilderfassungsgeräte mit 16 Bit Farbtiefe daherkommen und wir HiFi-Farben drucken, kann man wieder über CIE RGB nachdenken.

ColorMatch RGB

COLORMATCH RGB basiert auf dem Radius Pressview-Bildschirm und ist einer der interessantesten Farbräume für die Reproduktion mit Photoshop 5. Der Gammawert ist mit 1,8 etwas niedrig angesetzt, aber der Farbraum ist vernünftig ausgebaut.

NTSC (1953)

NTCS ist der Standard für das US-Fernsehen. Interessant ist er nur für Benutzer, die Bilder oder Videos für das amerikanische Fernsehen aufarbeiten wollen.

PAL/SECAM

PAL/SECAM ist das europäische und asiatische Pendant zum NTSC. Auch wieder nur dann als RGB-Farbraum interessant, wenn Sie Bilder und Videomaterial für das Fernsehen aufarbeiten.

SMPTE-240M/Adobe RGB

Und noch ein Fernsehstandard: SMPTE-240M, das ab Version 5.02 des Photoshops Adobe RGB heißt. Hier haben wir es mit dem Standard für das HDTV zu tun – mit einem sehr großen Farbraum, der fast das gesamte Cyan abdeckt, und mit einem Gammawert von 2,2. Wenn viele Bilder bereits mit 12 oder 16 Bit Farbtiefe erfaßt werden, ist SMPTE eine sehr gute Basis für die Arbeit im Photoshop 5. Der Nachteil von SMPTE-240M ist, daß dieser Farbraum viele Farben enthält, die sich im Vierfarbdruck nicht darstellen lassen.

Darstellung mit Bruce RGB – einem RGB-Profil, das man auf vielen Seiten über das Colormanagement im Internet findet.

Monitordarstellung mit BruceRGB

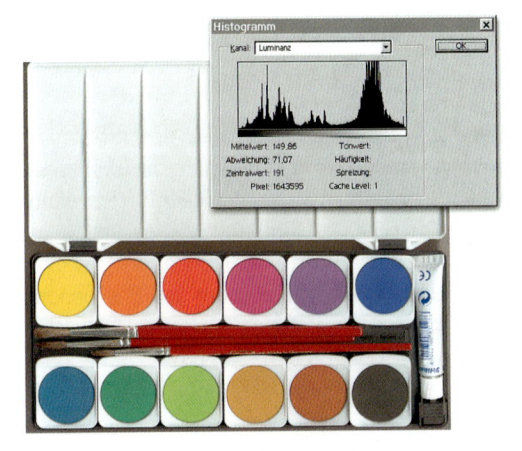

Monitordarstellung mit AppleRGB.

Monitordarstellung mit AppleRGB

Monitordarstellung mit sRGB

Monitordarstellung mit sRGB

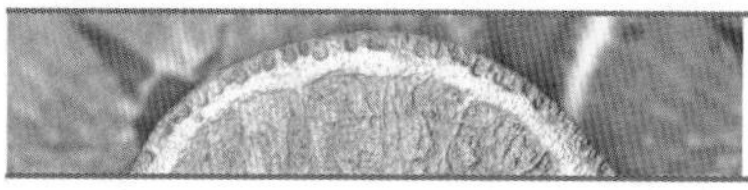

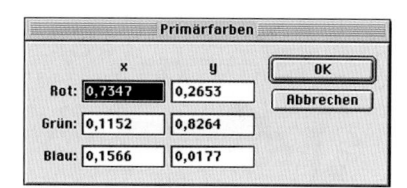

WIDEGAMMA RGB-Primärfarben

Wide Gammut RGB

Wide Gammut RGB umfaßt den gesamten Farbraum, der unter Verwendung reiner Spektral-Primärfarben gegeben ist – das ist für jeden Monitor zuviel des Guten.

Monitor-RGB

Monitor-RGB ist der reale Farbraum Ihres Monitors – der geräteabhänigige Farbraum. In Arbeitsabläufen unter einem Farbmanagementsystem sollten Sie diese Variante nicht benutzen.

Zarte Differenzen

Die Unterschiede zwischen den einzelnen RGB-Profilen in der Monitordarstellung werden sichtbar, wenn Sie ein Bild im Photoshop öffnen und in DATEI/FARBEINSTELLUNGEN/RGB EINRICHTEN die unterschiedlichen Profile anwählen. Sorgen Sie dafür, daß die Option ANZEIGE MIT MONITORAUSGLEICH aktiviert ist – jetzt sehen Sie beim Wechsel von einem Profil in ein anderes die charakteristischen Unterschiede zwischen den Profilen. Der Unterschied zeigt sich auch in den Histogrammen der Bilder in den verschiedenen Profilen.

Ein eigenes Profil einrichten

Wenn Sie Ihr eigenes RGB-Profil erstellen wollen, geben Sie die drei Grundfesten der Farbdarstellung ein: das Gamma (vorzugsweise 2,2), den Weißpunkt (für den Druck vorzugsweise 6500 K (D65)) und wählen EIGENE im Feld PRIMÄRFARBEN. Hier bringen Sie die Werte Ihres Scanners und Ihrer digitalen Kamera in Erfahrung, um dem RGB-Farbraum des Photoshops dazu identisch einzustellen.

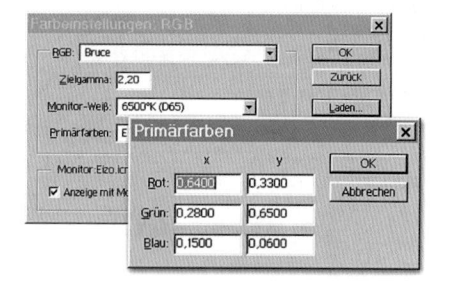

Die Qual der Wahl

Für diejenigen, die sich die Einstellung eines eigenen RGB-Profils noch nicht zumuten wollen, ist COLORMATCH eine sichere Wahl zur Vorbereitung eines Bildes für den Druck.

Wer über ein wohlsortiertes Profi-Equipment der neusten Generation verfügt, auch schon mit 12- oder 16-Bit-Scannern und Kameras arbeitet und mit 6 Farben druckt, wird sich über die Ergebnisse freuen, die er bei der Einstellung SMPTE-240M erzielt.

»BruceRGB« ist ein Profil aus diversen Internetseiten, die sich mit dem Farbmanagement auseinandersetzen. Es zeigt ein Gamma von 2,2 und ein Monitor-Weiß von 6500°K.

»BruceRGB«

Hinweise

Wenn sie sich dazu entschließen, Ihre RGB-Einstellungen zu ändern, dann schließen Sie den Photoshop, bevor Sie eine Datei öffnen. Ansonsten kann es zu unvorhersehbaren Farbverschiebungen kommen.

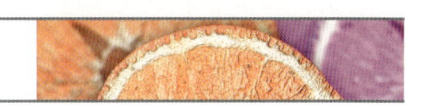

5.3 CMYK und Graustufen einrichten

Die Einstellungen des Monitors und der Druckfarben beeinflussen die Wiedergabe auf dem Monitor und gleichzeitig die Umwandlung des RGB-Bildes in ein CMYK-Bild – eine Funktion, die für den Offsetdruck von höchster Wichtigkeit ist. Bei der Separation des Bildes simuliert der Monitor die Druckfarben, und im Idealfall sehen Sie, was den Farben beim Druck passiert. Das erspart viele Probedrucke und herbe Enttäuschungen.

Unter FARBEINSTELLUNGEN/CMYK hält Photoshop 5 drei Varianten für die Umwandlung eines Bildes in den CMYK-Modus bereit: EINGEBAUT, ICC und TABELLEN. Wer noch die Farbeinstellungen aus dem Photoshop 4 im Kopf hat: Sie sind umbenannt, beziehungsweise in den neuen Untermenüpunkten aufgegangen, aber bei den Varianten EINGEBAUT und TABELLEN verhält sich der Photoshop 5 fast identisch zu seinen Vorgängerversionen.

Eingebaut

Die traditionelle Methode, Bilder in den CMYK-Farbraum umzuwandeln, ist in der Variante EINGEBAUT enthalten. Sie kombiniert die Einstellung der DRUCKFARBEN und die SEPARATIONSART aus Photoshop 4.

Der TONWERTZUWACHS kann für alle Farben gleich angegeben werden – das ist die Voreinstellung – oder er kann für alle Farben getrennt anhand von 13 Werten entlang der Grauachse eingegeben werden. Bei einem Farbstich ist es möglich, über den individuellen Tonwertzuwachs bei der jeweiligen Druckfarbe einen Ausgleich zu schaffen. (Für den Umsteiger von Photoshop 4 auf Photoshop 5: Die Bezugsgröße des Tonwertzuwachses hat sich mit der Version 5 geändert: Was in der Version 4 noch 13% Tonwertzuwachs bedeutete, braucht in der Version 5 einen anderen Zahlenwert. Wer seine Einstellungen aus Photoshop 4 übernehmen möchte, kann also nicht einfach die Werte aus Photoshop 4 verwenden.)

Die Standardeinstellung des Tonwertzuwachses in CMYK EINRICHTEN hat einen kleinen, aber folgenreichen Fehler: Der Tonwertzuwachs für Cyan ist anders eingestellt als für die anderen Farbauszüge. Er ist um vier Prozent höher und bringt abhängig von den eingestellten Druckfarben (etwa bei Euroskala) und der Höhe des Tonwertzuwachses einen Farbstich ins Bild.

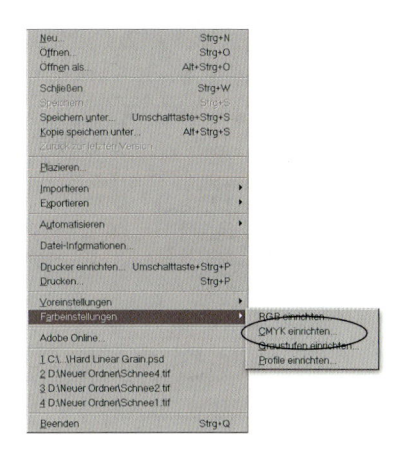

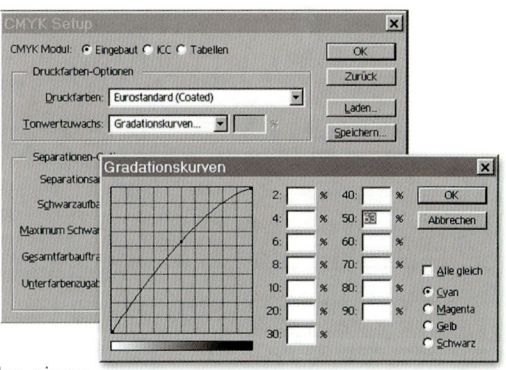

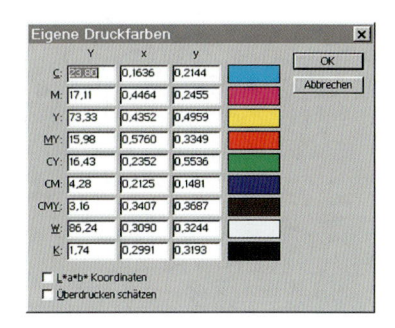

185

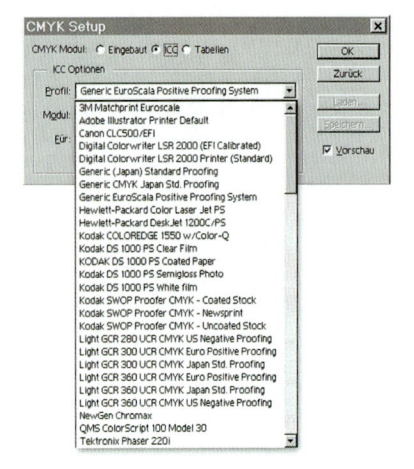

EIGENE DRUCKFARBEN können entweder durch ihre CIELab-Koordinaten oder durch CIExyY-Werte angegeben werden.

ICC

Für eine standardisierte Separation wählen Sie das CMYK-Modul ICC Im CMYK-Setup. In der ICC-konformen Variante müssen Sie den CMYK-Farbraum über ein Geräteprofil aussuchen (PROFIL), ein Farbmanagementmodul (MODUL) angeben und einen Rendering Intent (FÜR) bestimmen:

- In der Klappliste PROFIL wird durch die Wahl eines ICC-Ausgabeprofils das jeweilige Druckverfahren bestimmt, etwa Offsetdruck auf glänzend gestrichenem Papier.
- In der Liste MODUL bietet Photoshop sämtliche installierten Color Matching Module (CMM) an, darunter natürlich auch ColorSync und die Photoshop-eigene Variante EINGEBAUT. Zukünftig sollte man die ColorSync-Option wählen – insbesondere weil sowohl Apple in ColorSync 2.0 als auch Microsoft in ICM 2 (ab Windows 98 und Windows NT 5.0) auf identische Rechenalgorithmen aus dem Hause Heidelberg setzen, viele andere Programme das ColorSync-Modul benutzen und die Ergebnisse vergleichbarer werden.
- Bei der Wahl des Rendering Intents (Menü FÜR) muß sich der Anwender zwischen verschiedenen Varianten der Farbumrechnung entscheiden. Die Variante WAHRNEHMUNG (BILDER) ist die Standardeinstellung für die Separation von Bildern, um den gleichen Farbeindruck wie im RGB-Bild zu erhalten. Die Variante SÄTTIGUNG (GRAFIKEN) erhält die Farbsättigung der einzelnen Werte und ist nur für Präsentationsgrafiken geeignet. Die FARBMETRISCHEN Varianten sind für spezielle Anwendungen »reserviert«.

Unter PROFIL wählen Sie den CMYK-Farbraum anhand eines Geräteprofils.

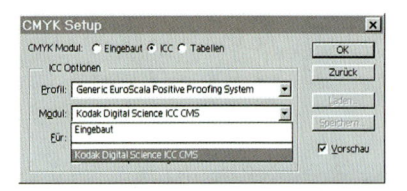

Unter MODUL wählen Sie das Farbmanagementsystem.

Die Art der Farbumrechnung bestimmen Sie im Menü FÜR.

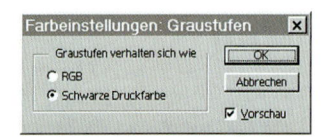

Wenn Bilder für den Druck aufbereitet werden, wählen Sie SCHWARZE DRUCKFARBE.

Graustufen einrichten

Bei Schwarzweißbildern orientiert sich der Photoshop je nach Ausgabevariante – Monitor oder Druck – an den Vorgaben im Dialog FARBEINSTELLUNGEN: an RGB oder an dem Tonwertzuwachs im CMYK-Setup. RGB liefert ein Grau, das aus gleichen Anteilen aller Farben zusammengestellt ist, und eignet sich insofern besonders gut für das WWW, wobei es aber den Tonwertzuwachs des Druckprozesses nicht beachtet. Wird das Graustufenbild also als Schwarzweißbild gedruckt, ist SCHWARZE DRUCKFARBE die bessere Wahl, denn hier wird der Tonwertzuwachs eingerechnet, der auch für den CMYK-Druck vorgesehen ist.

5.4 Profile einrichten

Und was passiert, wenn Sie eine Bilddatei öffnen, die noch kein Profil hat oder ein anderes Profil als das Ihres Rechners?

Bilder wurden in den älteren Photoshop-Versionen noch ohne Profil gespeichert. Erst in der Version 5 eröffnet Ihnen Adobe Photoshop die Option, Bilder mit eingebettetem Farbprofil zu speichern (PROFILE EINBETTEN). Falls diese Option aktiviert ist (was für Arbeitsabläufe mit Farbmanagement obligatorisch sein sollte und bei TIFF-, JPEG-, EPS-, PICT-, PSD- und PDF-Dokumenten per Voreinstellung immer der Fall ist), bettet Photoshop in RGB- und CMYK-Bilder das Profil ein, das in der entsprechenden Farbeinstellung ausgewählt wurde. Je nach Einstellung im Graustufen-Setup ist es ebenfalls das RGB- oder CMYK-Profil.

Wenn die Programme, in denen die Plazierung der Bilder erfolgt, mit den Informationen dieser Farbbeschreibung etwas anfangen können, wird damit die farbrichtige Behandlung der entsprechenden Farbwerte ermöglicht. Auf diese Weise kann der Photoshop beim nächsten Öffnen einer CMYK-Datei die Bildschirmdarstellung dann entsprechend der Farbbeschreibung anpassen.

Die im Feld ERWARTETE PROFILE angegebenen Profile ordnet Photoshop automatisch allen Bildern zu, für die er kein ICC-Profil findet – etwa allen Scans früherer Photoshop-Versionen.

Stellen Sie alle drei Optionen auf BEIM ÖFFNEN WÄHLEN, wenn Sie beim Öffnen von Bildern die Wahl haben wollen, ob ohne Konvertierung geöffnet werden soll oder ob Farbprofile berücksichtigt werden. Die erste Wahl (RGB) verändert zwar die Bildschirmdarstellung, aber nicht den Inhalt der Bilddatei, während die zweite Option (CMYK) tatsächlich Pixel für Pixel konvertiert.

Eine RGB-Datei kann in den aktiven RGB-Farbraum umgewandelt werden, CMYK-Dateien können in jeden Farbraum konvertiert werden, während Graustufendateien nur in die gegenwärtig aktiven Graustufeneinstellungen überführt werden können.

Wollen Sie von Fall zu Fall entscheiden, wie Sie mit Dokumenten ohne eingebettetes Profil umgehen wollen, müssen Sie angeben,
- aus welchem Profil Sie die Datei konvertieren wollen,
- in welchen Farbmodus Sie die Datei konvertieren wollen (RGB, Lab, CMYK oder Graustufen),
- mit welchem Farbmanagement Sie die Konvertierung durchführen wollen (ColorSync am Mac, Kodak CMS in Windows oder das eingebaute CMM des Photoshops) und
- für welchen Rendering Intent Sie konvertieren.

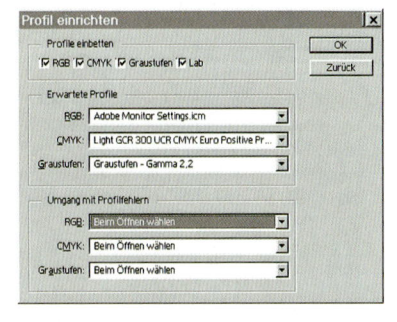

Wenn Sie möglichst kleine Dateien für das Internet speichern wollen, können Sie die Option PROFILE EINBETTEN deaktivieren – das liefert kleinere Dateien.

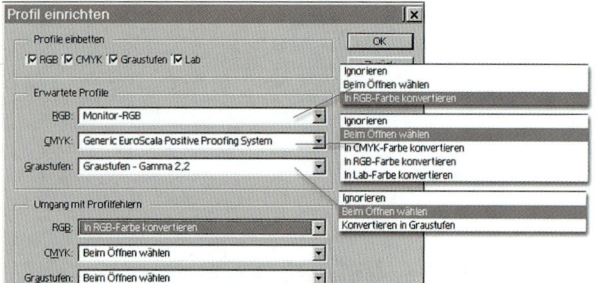

Was zu tun ist, wenn eine Datei ohne eingebettetes Farbprofil oder mit einem anderen als gegenwärtig eingestellten geöffnet wird, regelt die Einstellung im Feld ERWARTETE PROFILE.

Was tun, wenn ...

Wenn Sie häufig mit RGB-Dokumenten arbeiten, die in einer unkalibrierten Version von Photoshop 4 erstellt wurden, wählen Sie in ERWARTETE PROFILE Apple RGB als erwartetes RGB-Profil (seit Version 2.5.1 stützen sich die Mac-Versionen des Photoshops auf das in ColorSync eingestellte Monitorprofil. Wenn ColorSync kein Monitorprofil lieferte, stellte Photoshop AppleRGB ein).

Wenn Sie an einem kalibrierten Monitor gearbeitet haben

Photoshop 5 kann Monitorprofile aus der Version 4 in ICC-Profile umwandeln. Wenn Sie also häufig mit RGB-Dokumenten arbeiten, die an einem kalibrierten Monitor im Photoshop 4 gespeichert wurden, öffnen Sie Photoshop 4 und dort die Farbeinstellungen (ABLAGE/FARBEINSTELLUNGEN/ MONITOR). Speichern Sie die Monitoreinstellung durch einen Klick auf SPEICHERN. Unter Windows wird auf diese Weise eine Datei mit der Erweiterung *.ams angelegt, unter Mac OS zeigt sich die Datei als Photoshop-Setup-Icon.

Öffnen Sie jetzt den Photoshop 5 und laden Sie das so gespeicherte Monitorprofil (DATEI/FARBEINSTELLUNGEN/RGB LADEN). Unter Windows müssen Sie dazu den gesuchten Dateityp zu *.ams umstellen. Die so geladene Monitoreinstellung aus Photoshop 4 speichern Sie als ICC-Profil (in Windows unter WINDOWS/SYSTEM/COLOR, in Windows NT unter WINDOWS/SYSTEM32/COLOR, im SYSTEMORDNER des Mac OS unter PRÄFERENZEN/COLORSYNC PROFILE).

Beenden Sie die Dialogbox auf jeden Fall mit ABBRECHEN, um Ihre RGB-Einstellungen zu erhalten. Starten Sie den Photoshop neu und stellen Sie in FARBEINSTELLUNGEN/PROFILE EINRICHTEN die gespeicherte Monitoreinstellung aus dem Photoshop 4 ein.

Wenn Dateien aus unterschiedlichen Umgebungen auf Sie zukommen

Stellen Sie in FARBEINSTELLUNGEN/PROFILE für das RGB BEIM ÖFFNEN WÄHLEN ein. Wenn Sie eine Datei ohne eingebettetes Profil öffnen, wird der Profilfehler-Dialog geöffnet und Sie können die Bedingungen angeben, unter denen das Dokument erstellt worden ist:
- Bei Dateien, die unter Mac OS angelegt wurden, wählen Sie AppleRGB.
- Bei Dateien, die mit einem unkalibrierten Monitor unter Windows angelegt wurden, wählen Sie sRGB.
- Bei Dateien, die von anderen Anwendungen als Photoshop unter Windows angelegt wurden, wählen Sie sRGB oder OHNE im Profilmenü.
- Bei Screenshot wählen Sie OHNE im Profilmenü und deaktivieren die Anzeige mit MONITORAUSGLEICH im Menü FARBEINSTELLUNGEN: RGB EINRICHTEN.

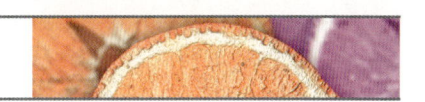

5.5 CD-Produktion und Internet

Bis hierher wurden die Arbeitsschritte und Einstellungen beschrieben, die für die Einrichtung eines Farbmanagements notwendig sind, wenn das Ausgabeziel der Druck der Bilddateien ist. Was aber liegt an, wenn die Bilder nicht für den Druck, sondern für das Internet geplant sind?

Einstellung der Farben für das Internet

Wer überwiegend Bilder für das World Wide Web oder für Multimedia-CDs bearbeitet, muß darauf vorbereitet sein, daß seine Bilder auf allen möglichen Monitoren und Systemen angezeigt werden. Zwar gilt es auch hier, die eigene Monitorausgabe zu optimieren, aber dabei sollten Sie auch andere Systemplattformen in Betracht ziehen und nach Möglichkeit ein Profil entsprechend den Bedingungen erstellen, unter denen die Bilder später betrachtet werden. Im Klartext heißt das: Wenn Sie am Mac arbeiten, aber die Mehrzahl der Besucher Ihrer Seiten mit Windows arbeiten (was die Regel sein wird), sollten Sie sich auf die Farbwiedergabe unter Windows einstellen.

RGB einrichten

Für die Darstellung der Bilder auf Mac und Windows-PC sollte man Apple RGB oder sRGB wählen. Dabei ist die Option sRGB stärker in Hinsicht auf Windows optimiert – bekanntlicherweise sitzt dort das Gros der Internetbesucher. Unter sRGB erscheinen Bilder dunkler und gesättigter. Außerdem wird sRGB langsam zum Standard in den Grundeinstellungen verschiedenster Geräte wie Tintenstrahldrucker und Programme. Immerhin bürgt dieser Trend dafür, daß in absehbarer Zeit Bilder auf dem Mac genauso aussehen wie unter Windows.

CMYK einrichten

Jetzt haben Sie sich in langer und aufopfernder Arbeit ein Profil für Ihren Druckprozeß erarbeitet, und dann heißt es: Die Daten der Sonderausgabe unserer Vereinszeitschrift kommen auf eine CD. Dabei liegen die Bilddateien jetzt sauber vierfarbsepariert im Archiv.

Wenn das Ausgabeziel an einem Arbeitsplatz das Internet oder die CD ist, braucht im Grunde genommen das CMYK nicht eingerichtet zu werden. Die Optionen der CMYK-Einrichtung sind nur dann interessant, wenn CMYK-Bilder in den RGB-Farbraum konvertiert werden sollen – etwa wenn Ausschnitte eines Buches im Internet veröffentlicht werden. Um Farbabweichungen zu vermeiden und den Papierton als Monitorweiß darzustellen, wählt man hier die RELATIV FARBMETRISCHE Umrechnung der Monitorfarben.

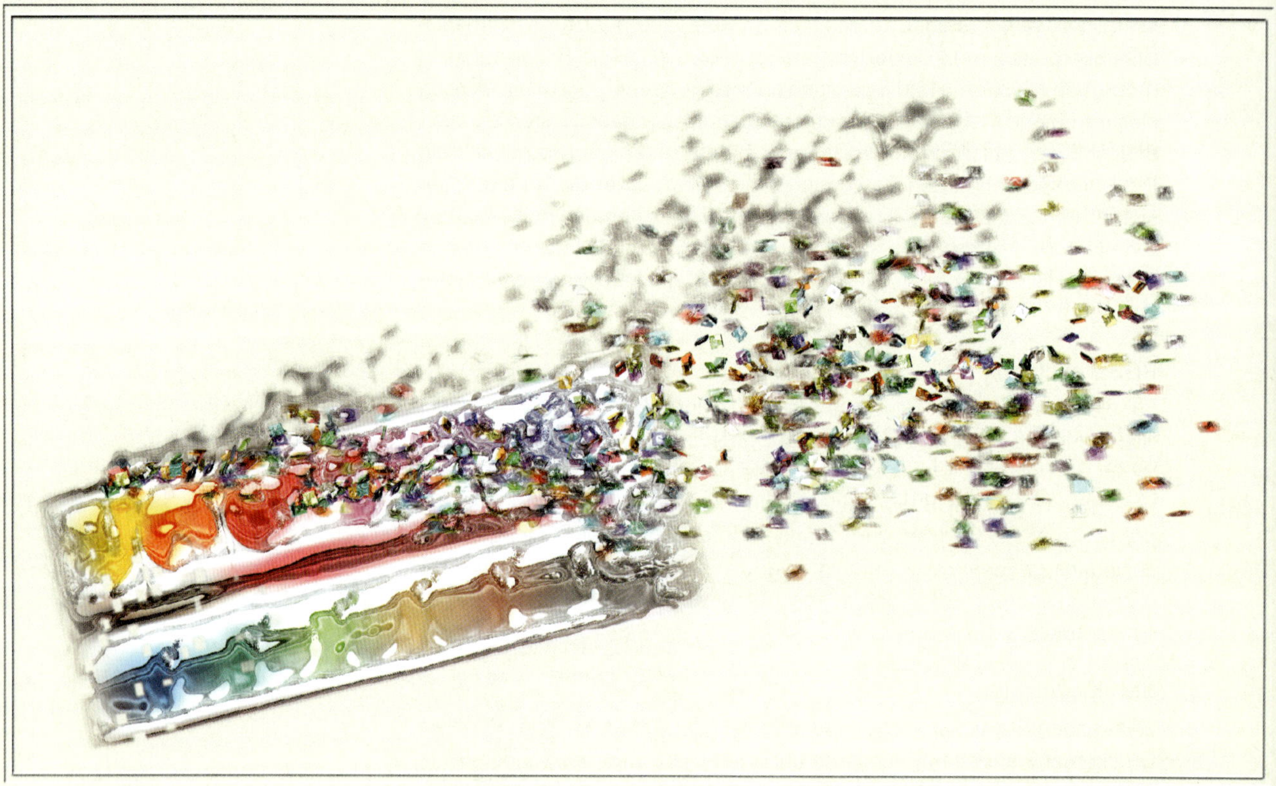

KAPITEL 6   WIE GEDRUCKT

6.1   Die 256 Stufen zum richtigen Ton

Bunt sei der Pixel und viereckig ... wie bunt er allerdings sein kann, darüber entscheiden der Bildmodus und das Datenformat, in dem ein Bild gespeichert wird. Und wie groß so ein Pixel sein kann, darüber entscheiden diverse Auflösungen und Geräte.

Die Natur des Pixels

Das digitale Bild – ob es sich nun um ein Foto handelt, das im Scanner digitalisiert wurde oder um ein digital erfaßtes Bild – besteht aus Pixeln, kleinen Quadraten, die jedes genau eine Farbe annehmen können. Wenn es sich bei dem Bild um ein gescanntes Schwarzweißbild (im Scanner oder im Photoshop als »Graustufenbild« bezeichnet) handelt, sind es 256 Farben – nämlich 256 Abstufungen zwischen tiefem Schwarz und Schneeweiß. In der Bildbearbeitung werden diese Abstufungen »Tonwerte« oder »Helligkeitsstufen« genannt.

Stellen Sie sich das Schwarzweißfoto einer weißen Kugel vor, die von oben beleuchtet wird: Auf dem Foto ist die Kugel oben weiß und geht nach unten im Schatten immer mehr in Schwarz über. Dieser Übergang geschieht auf einem fotografischen Abzug stufenlos über unendliche viele Grautöne. Bei der digitalen Erfassung des Bildes mit dem Scanner oder der digitalen Kamera wird diese Skala von Weiß bis Schwarz durch eine endliche Anzahl von grauen Pixeln simuliert.

Warum genau die Zahl 256?

Der Computer stellt eine Zahl intern durch eine Kombination aus Nullen und Einsen dar – den sogenannten Bits. Damit der Computer weiß, wo eine Zahl oder ein Buchstabe beginnt und aufhört, weist er jeder Zahl und jedem Buchstaben acht Stellen zu und nennt diese 8 Stellen ein »Wort«

oder »Byte«. In einem Wort aus 8 Bit lassen sich die Zahlen von 0 bis 255 oder 256 Zeichen (etwa Buchstaben und Sonderzeichen) darstellen. In der Welt der Farben speichert ein Wort eine von 256 möglichen Helligkeitsstufen einer Farbe.

Wenn´s etwas mehr sein darf

Heute bieten bereits die meisten digitalen Erfassungsgeräte die Option, das Bild mit 10, 12 oder 16 Bit Farbtiefe (pro Farbkanal; in einem RGB-Bild mit drei Farbkanälen spricht man auch von 30, 36 und 48 Bit Farbtiefe) zu erfassen. Dementsprechend wächst die Anzahl der Helligkeitsstufen in jedem Farbkanal des Bildes an und damit die Anzahl der gesamten Farben.

Nicht alle Bilderfassungsprogramme sind in der Lage oder Willens, diese Farbfülle auch an den Photoshop weiterzuliefern – noch immer geben die meisten Scanprogramme und Kamerabrowser ihre Bilder nur mit 8 Bit Farbtiefe heraus. Wenn 10, 12 oder 16 Bit Farbtiefe tatsächlich durchgereicht werden, liegen die Bilder im Photoshop immer im 16-Bit-Modus vor – einen 10-Bit- oder 12-Bit-Farbmodus kennt Photoshop nicht.

Hier sind nicht alle Operationen auf Bildern mit 16 Bit Farbtiefe möglich: Die gesamte Palette der Filter etwa bleibt ausgeblendet. Die Tonwert- und eine ganze Reihe von Farbkorrekturen allerdings funktionieren bei 16 Bit Farbtiefe und liefern die besseren Ergebnisse.

Auch die Ausgabe auf dem eigenen Desktopdrucker direkt aus dem Photoshop funktioniert bei 16 Bit Farbtiefe. Für den Offsetdruck müssen die Bilder in den 8-Bit-Farbmodus überführt werden, denn die Layoutprogramme akzeptieren bislang noch keine Bilder mit einer höheren Farbtiefe.

RGB – Farben aus Licht

Farbfotos beginnen ihr digitales Leben in der Regel mit einer Pixelmatrix, in der jeder Pixel eine Mischung aus den drei Farben Rot, Grün und Blau darstellt. Da jede der drei beteiligten Farben in einer von 256 Helligkeitsstufen vorliegen kann, enthält ein bunt gemischter Pixel eine von 16,8 Mio. Farben: eine Abstufung von 256 möglichen Helligkeitsstufen »Rot« gemischt mit einer Abstufung von 256 möglichen Stufen »Grün« gemischt mit einer von 256 möglichen Stufen »Blau«.

Aber auch andere Farbtiefen haben ihre Berechtigung: Die meisten Scanner und Kameras erfassen ihre Pixel in einer höheren Farbtiefe als 8 Bit. 12 Bit sind heute schon fast die Regel, und die Profis unter den Bilderfassungsgeräten steuern mehr und mehr auf eine Farbtiefe von 16 Bit zu.

Und wozu dieser Überschwang, wenn beim Druck nur ein kleiner Bruchteil dieser Farbpracht wiedergegeben werden kann? Bei höheren Farbtiefen als 8 Bit lassen sich Bilder besser korrigieren – vor allem Fehlbelichtungen und Farbstiche. Zwar müssen die Helligkeitsstufen für den Druck wieder reduziert werden, aber durch die Erfassung und Korrektur mit einer sehr hohen Farbtiefe liegen nach der Komprimierung auf 8 Bit auf jeden Fall 256 Helligkeitsstufen im druckbaren Bereich, so daß selbst bei heftigen Korrekturen die feinen Farbverläufe nicht aufbrechen (wobei deutlich sichtbare Streifen zwischen Farbfeldern entstehen würden).

Weniger als 8 Bit Farbtiefe wiederum werden im Internet eingesetzt. Je weniger Farben dargestellt werden müssen, desto kleiner wird die Bilddatei. Da bis heute die Übertragungsgeschwindigkeiten des Internets das Einspielen bildschirmgroßer Fotos unerträglich langsam macht, verringert man bei geeigneten Bilddateien die Anzahl der Farben im Bild, damit der Ladevorgang schneller geht.

Farbsysteme

Wenn wir über Farben sprechen, bemerken wir schnell, wie subjektiv wir Farben sehen: Was der eine »Dunkelrot« nennt, ist für den anderen »Karminrot«. Damit ein Computer Farben reproduzierbar bearbeiten kann, braucht er ein handfestes System: ein Farbmodell.

Systeme, die Farben durch Licht erzeugen, arbeiten mit dem RGB-Farbsystem. Der Monitor des Computers projiziert Strahlen aus rotem, grünem und blauem Licht durch die Lochmaske, so daß winzige Pixel auf einer Glasscheibe entstehen, die den Eindruck einer immensen Farbvielfalt liefern. Aber nicht nur Computerkomponenten wie der Monitor, der Scanner und die digitale Kamera – auch das menschliche Auge nimmt Farben als Mischung aus unterschiedlichen Intensitäten von Rot, Grün und Blau wahr. Das sind die Primärfarben, aus denen sich weißes Licht zusammensetzt – und die auch als »additive Farben« bezeichnet werden.

Vom Monitor-RGB in den Vierfarbdruck

Der Farbeindruck gedruckter Farben (auch »Prozeßfarben« genannt) basiert auf der Reflexion des Lichts auf Farbpigmenten. Die Druckfarben sind Cyan, Magenta und Yellow (Gelb), die zusammen theoretisch Schwarz ergeben. Da sich dabei aber in der Praxis nur ein sehr dunkles Braun zeigt, wird zusätzlich Schwarz als reine Farbe zugesetzt – von daher der Ausdruck »Vierfarbdruck«. Da Pigmentfarben einen Teil des auf sie fallenden Lichts absorbieren (oder subtrahieren), wird dieses Farbsystem auch als »subtraktiv« bezeichnet.

Die beiden Farbsysteme – additiv und subtraktiv – erzeugen jedes für sich einen Farbumfang, der sich nur in Teilbereichen mit dem jeweils anderen Farbumfang deckt. Darum muß das Bildbearbeitungsprogramm vor dem Druck auf dem Monitor anzeigen, wie das RGB-Bild im Druck als CMYK-Bild aussehen wird. Das RGB-Bild wird auf dem Monitor zu einem CMYK-Bild transformiert – wobei der Monitor die Druckfarben simuliert (weswegen dieser Vorgang auch häufig »Soft-Proof« genannt wird).

Besonders bei den kräftigen Rottönen, knalligen Farben und trendigen Neonfarben sehen Sie, wie die Farben bei der Umwandlung richtiggehend »wegkippen«. Um diesen Effekt bewußt zu vertiefen, sollten Sie bei der Umwandlung eines Bildes aus dem RGB- in den CMYK-Modus die Funktionen BEARBEITEN/WIDERRUFEN und WIEDERHERSTELLEN einige Male hintereinander aufrufen und das »Abflachen« der Farben bei diesem Vorgang beobachten.

Das Farbfenster zeigt immer nur einen kleinen zweidimensionalen Ausschnitt des Farbraums.

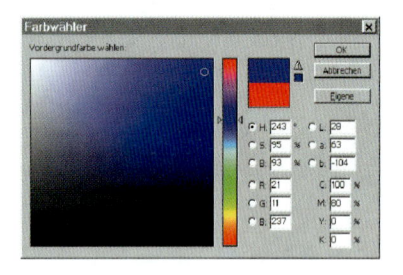

Immer eine gute Wahl ...

HSB oder HSL sind sehr intuitive Farbmodelle, die auf dem RGB-Farbraum basieren. Farben werden anhand ihres FARBTONS (Hue), ihrer SÄTTIGUNG (Saturation) und ihrer LEUCHTKRAFT (Brightness oder Luminanz) gemessen. HSB oder HSL sind insbesondere für den Einsteiger einfach handhabbare Farbmodelle, wenn es darum geht, eine gewünschte Farbe im Farbwähler einzugeben: Stellen Sie die Farbe in der Farbskala ein und bestimmen Sie dann Sättigung und Intensität der Farbe. Das ist einfacher, als eine bestimmte Farbe aus Rot, Grün und Blau zu mischen. Darum wird das HSL- oder HSB-Modell in der Bildbearbeitung so häufig als Farbmischmodell angeboten. Auch der Photoshop arbeitet unter Windows und Mac OS mit der Farbwahl im HSB-System.

Im Farbwähler des Photoshops sind vier Farbmodelle untergebracht: Auf der Farbskala wählen Sie Ihre Farbe und stellen SÄTTIGUNG und LEUCHTKRAFT im HSB-Farbmodell ein, mischen eine Farbe aus Rot, Grün und Blau im RGB-Farbraum, aus Cyan, Magenta, Gelb und Schwarz im CMYK-Farbraum oder aus Helligkeit, Grün/Rot und Blau/Gelb im Lab-Farbraum.

Lab

Lab ist ein geräteunabhängiger Farbraum, der 1931 von der Commision International d'Eclairage (CIE) zur internationalen Norm für das Messen von Farben erklärt wurde. Lab erzeugt konstante Farben unabhängig von Scannern, Monitoren und Druckern.

Lab-Farben bestehen aus einer Luminanz- oder Helligkeitskomponente (L) und zwei chromatischen Komponenten: Die a-Komponente reicht von Grün bis Rot; die b-Komponente von Blau bis Gelb. Bei der Farbwahl ist Lab kein intuitives Farbmodell – versuchen Sie mal ein dunkles Rot über numerische Werte für Luminanz, a- und b-Kanal einzustellen!

Das Dreieck mit dem Ausrufezeichen bedeutet übrigens, daß sich die eingestellte Farbe im Vierfarbdruck nicht drucken läßt.

Schmalspur in den Farbkanälen – die Lab-Farbkanäle weisen einen extrem kleinen Tonwertumfang im druckbaren Bereich auf.

Wird das Bild hingegen von der Scannersoftware in CMYK konvertiert, liegen ausreichend Informationen in den Farbkanälen.

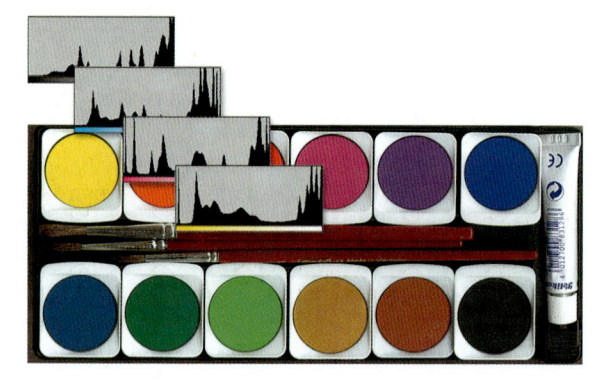

Der Lab-Modus wird bevorzugt bei der Arbeit mit Photo CD-Bildern verwendet, empfiehlt sich aber auch dann, wenn Sie die Luminanzwerte (Helligkeitswerte) in einem Bild unabhängig von den Farben bearbeiten wollen. Wenn Sie eine Tonwertkorrektur an RGB-Bildern durchführen, werden Sie häufig feststellen, daß eine Änderung des Gammas schnell zu Farbverschiebungen im Bild führt – im Lab-Modus können Luminanz- und Farbwerte unabhängig voneinander eingestellt werden.

Bilder im Lab-Modus müssen auch nicht für den Druck in CMYK-Bilder umgewandelt werden, wenn sie auf PostScript-Level-2- oder -3-Druckern ausgegeben werden.

Lab ist bei all seinen schönen Eigenschaften nicht anstelle des geräteabhängigen RGBs der Standard in der Bildbearbeitung: Zwar hat der L-Kanal des Lab-Bildes 256 Helligkeitsstufen, aber im a- und im b-Kanal des Bildes liegen nur etwa 50 Stufen vor. So sind Farbkorrekturen im Lab-Modus eine riskante Angelegenheit, die fast immer mit aufgerissenen Farbverläufen einhergeht. Erst wenn Bilder in einer Farbtiefe von 12 oder 16 Bit pro Farbkanal zum Standard geworden sind, wird der Lab-Modus eine breitere Anwendungsbasis finden.

LCH

Linotype-Scanner und die Software LinoColor bieten das LCH-Farbmodell an. Mit seinen Parametern LIGHTNESS (Helligkeit der Farbe), CHROMA (Buntheit der Farbe) und HUE (Farbton) kommt es der menschlichen Empfindung von Farben optimal entgegen. Im LCH-Farbraum lassen sich Buntheit und Farbton unabhängig voneinander korrigieren. Hier kann man ein Bild aufhellen, ohne anschließend noch eine Farbverschiebung kompensieren zu müssen.

Graustufenbilder

Im Graustufenbild hat jeder Pixel einen Helligkeitswert zwischen 0 (Schwarz) und 255 (Weiß). Sowohl Duplex-, Bitmap- als auch Farbbilder können in den Graustufenmodus umgewandelt werden. Für das Farbbild stellt dieses Verfahren die hochwertige Umwandlung des Bildes in ein Schwarzweißbild dar.

Da das Graustufenbild nur einen Farbkanal besitzt, braucht es weniger Speicherplatz als RGB- oder CMYK-Bilder. Insofern empfiehlt sich die Umwandlung eines Bildes in den Graustufenmodus, wenn es von vornherein für den Schwarzweißdruck vorgesehen ist.

Bitmap

Als Bitmap bezeichnet man Bilder, die nur zwei Farbwerte, nämlich Schwarz und Weiß, beeinhalten und somit die Farbtiefe 1 haben. Das Bitmapbild eignet sich für einen niedrigauflösenden Druck und stellt außerdem eine interessante grafische Variante dar, die dem Mezzotint-Effekt unter den Effektfiltern des Photoshops gleicht. Nur Graustufenbilder können in Bitmaps umgewandelt werden, und bei der Umwandlung muß die Ausgabeauflösung angegeben werden.

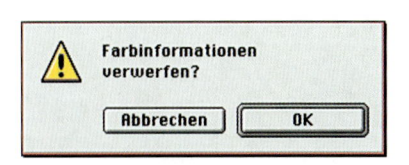

Wenn Sie das Farbbild in ein Graustufenbild umwandeln, werden die Farbkanäle gelöscht.

Bei der Umwandlung vom Graustufen- in ein Bitmapbild muß die Ausgabeauflösung angegeben werden.

Duplexfarben verleihen dem Graustufenbild mehr Tiefe.

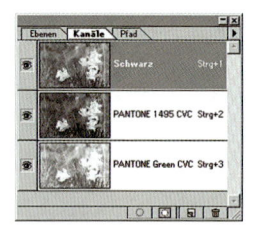

Nur bei einer vorübergehenden Umwandlung des Duplexbildes in den Mehrkanalmodus sieht man die zusätzlichen Farbkanäle des Bildes.

Bilder mit indizierten Farben zeigen keine Farbkanäle, sondern Farbtabellen.

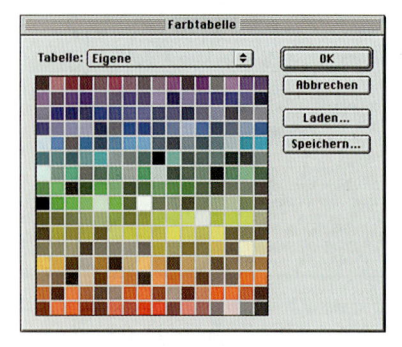

Duplexmodus

Sie können im Photoshop einem Graustufenbild eine zweite, dritte oder vierte Farbe zuweisen. Duplexbilder sind eine preisgünstige Alternative zum Vierfarbdruck: Anstelle von vier Filmen müssen nur zwei Filme erstellt werden. Durch die zweite Druckfarbe wird der Tonwertumfang des Bildes erweitert. Wird zum Beispiel den Lichtern eine zweite Farbe zugewiesen, erhöht sich damit die Anzahl der Töne für die Wiedergabe der hellen Grauwerte.

Das Duplexbild kann eine sehr elegante Darstellung eines Graustufenbildes ergeben, da die zweite Farbe dem Bild nicht nur mehr Tiefe, sondern auch einen speziellen Charakter verleiht. Ein warmer Sepiaton etwa erzeugt den Eindruck eines alten Fotos, ein Blauton bewirkt eine kühle Bildatmosphäre. Duplexbilder lassen sich nur im Photoshop-Format oder als EPS-Dateien sichern. Sie enthalten einen einzigen Farbkanal und die zusätzliche Farbinformation.

Nur Graustufenbilder können in den Duplexmodus versetzt werden – letztendlich bleiben sie dabei Graustufenbilder. Im Menü BILD/MODUS/DUPLEX wird die Anzahl der Farben eingestellt, denn das Bild kann auch mit zwei oder drei zusätzlichen Farben angelegt werden.

In der Kanalpalette sehen Sie bei einem Duplexbild nur einen Farbkanal. Erst wenn Sie das Bild vorübergehend in ein Mehrkanalbild (BILD/MODUS/MEHRKANAL) umwandeln, werden die zusätzlichen Farbkanäle in der Pfadpalette angezeigt.

Sonderfarben

Sonderfarben sind Farben, die mit einer vorgemischten Farbe gedruckt und nicht durch die vier Prozeßfarben Cyan, Magenta, Gelb und Schwarz (CMYK) dargestellt werden. Natürlich muß die Druckerei die gewählte Sonderfarbe auch im Fachhandel beziehen können. Aus diesem Grund bieten sich die Farben aus den Paletten von Pantone und HKS an. Auf die bei uns unüblichen Farbpaletten wie Truematch und Toyo sollte man hingegen verzichten, da es nicht für jede Farbe ein Äquivalent in einer anderen, gebräuchlichen Farbpalette gibt.

XPress und PageMaker können Sonderfarben auch mit Prozeßfarben darstellen. Die Sonderfarben lassen sich damit aber häufig nicht exakt wiedergeben. Im Digitaldruck werden in der Regel sowieso nur die Prozeßfarben verwendet.

Indizierte Farben

Ein indiziertes Farbbild basiert auf einer Farbtabelle mit maximal 256 Farben. Mit den ersten Farbmonitoren und VGA-Grafikkarten wurde dieser Modus im wesentlichen zur Darstellung von Bildern auf dem Monitor verwendet, denn die Grafikkarten unterstützten maximal diese Anzahl von Farben. Heute erlebt das Bild mit den indizierten Farben ein Revival im Internet, wo die Reduktion auf 256 Farben eine spürbare Verkleinerung

Das RGB-Bild nutzt bis zu 16,8 Mio. Farben – hier sind Abstufungen der Farbe zwischen benachbarten Pixeln erst in einer hohen Zoomstufe erkennbar.

Das Graustufenbild benutzt 256 Helligkeitsstufen, um sanfte Übergänge von Schwarz bis Weiß zu realisieren.

Bilder mit »indizierten« Farben weisen höchstens 256 Farben auf. In einer hohen Zoomstufe erkennt man, daß einige Farben »simuliert« werden müssen, weil sie in der Farbtabelle des Bildes nicht vorkommen.

Schon mit zwei Farben gelingt Bitmapbildern ein fotorealistischer Eindruck.

Nur ein Kanal: Das Graustufenbild ist platzsparend und kompakt.

Drei Kanäle beim RGB-Bild: dreimal so viel Platz auf der Platte.

Vier Kanäle für den Vierfarbdruck: noch einmal 33% Speicher dazu.

der Bilddaten mit sich bringt und so zu wesentlich schnelleren Ladezeiten im World Wide Web führt.

Wenn Sie ein Bild in diesen Modus umwandeln, wird eine Farbtabelle mit den Farben des Bildes angelegt. Falls eine Farbe aus dem Originalbild nicht in der Tabelle steht, verwendet der Photoshop die Farbe aus der Farbtabelle, die der fehlenden am ähnlichsten ist oder simuliert die Farbe mittels vorhandenen Farben. Sie können aber die Anzahl der Farben für ein indiziertes Farbbild noch tiefer als mit 256 Farben ansetzen. Das macht dann Sinn, wenn das Bild von vornherein weniger Farben aufweist (etwa eine Grafik aus einem Zeichenprogramm) oder wenn die Notwendigkeit besteht, das Bild noch stärker zu komprimieren.

Der richtige Modus für das Bild

Fotos und Grafiken lassen sich in verschiedenen Modi speichern: Für die Langzeitarchivierung ist es fast immer der RGB-Modus. In diesem Modus hat das Bild neben dem Farbkanal drei weitere Farbkanäle für Rot, Grün und Blau. Die Farbkanäle sehen Sie in der Kanalpalette (erreichbar über das Menü FENSTER/KANÄLE EINBLENDEN). Sehr viele der Effekte und Filter des Photoshops lassen sich nur an RGB-Bildern anwenden. Darum wird das Farbbild, solange es noch nicht für den Offsetdruck separiert wurde, fast immer als RGB-Bild gespeichert.

Für den Druck wird das Bild in den CMYK-Modus umgewandelt, bevor es an den Belichter oder Drucker weitergegeben wird. Wenn das Bild in den CMYK-Modus konvertiert wird, hat es vier Farbkanäle: Cyan, Magenta, Gelb und Schwarz. Der vierte Farbkanal des CMYK-Bildes kostet Platz: Der Speicherbedarf für das Bild wächst um 33% an.

Graustufenbilder – wenn etwa Schwarzweißfotos eingescannt wurden – weisen nur einen einzigen Farbkanal vor. Sie verbrauchen dementsprechend auch nur ein Drittel des Speicherplatzes wie das RGB-Bild.

Bitmapbilder, Bilder mit indizierten Farben und Bilder mit Sonderfarben lassen sich in dieser Form im Photoshop kaum weiterbearbeiten (also vergrößern, verkleinern, korrigieren ...). Sie sind vielmehr ein Endprodukt einer Bearbeitung und werden in den entsprechenden Formaten archiviert oder auf CDs und im WWW verbreitet.

6.2 Völlig aufgelöst

Auf dem Mac wird die Monitorauflösung in der Kontrolleiste geändert.

Die Größe des Bildes hängt im Druck nicht allein von der Anzahl der Pixel und der Farben ab. Die Frage lautet: Wie groß ist so ein Pixel eigentlich, wenn man ihn druckt? Wir lösen das Rätsel um die richtige Auflösung.

Die Monitorauflösung

Die Darstellungsgröße auf dem Monitor des Computers hängt von der Bildauflösung (beschrieben in Pixel), der Monitorgröße und der jeweils eingestellten Auflösung des Monitors ab. Unten sehen Sie ein Bild mit 640x480 Pixeln Auflösung auf verschieden großen Monitoren bei verschiedenen Monitorauflösungen.

Je größer die eingestellte Auflösung des Monitors ist, desto kleiner erscheint das Bild auf dem Bildschirm. Wie hoch die maximale Auflösung Ihres Monitors ist, hängt von Ihrer Grafikkarte ab. Die Monitorauflösung am Mac ändern Sie mit der Einstelleiste des Systems. Unter Windows 95/98 und Windows NT finden Sie das Einstellmenü unter START/ SYSTEMEINSTELLUNGEN/ANZEIGE.

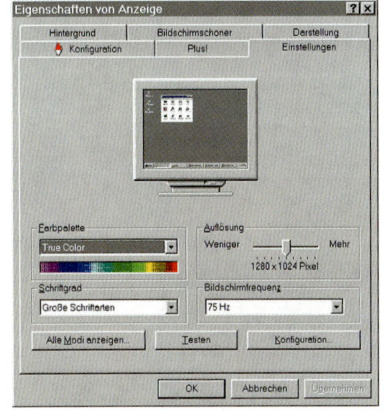

Auf dem PC finden Sie die Einstellungen des Monitors in der Systemsteuerung.

17"-Monitor
Bildauflösung 640x480
Monitorauflösung 640x480

17"-Monitor
Bildauflösung 640x480
Monitorauflösung 800x600

17"-Monitor
Bildauflösung 640x480
Monitorauflösung 1024x768

19"-Monitor
Bildauflösung 640x480
Monitorauflösung 640x480

19"-Monitor
Bildauflösung 640x480
Monitorauflösung 800x600

19"-Monitor
Bildauflösung 640x480
Monitorauflösung 1024x768

Bildauflösung 354x235 Pixel bei 100 dpi Druckauflösung (5 x 3,31 cm)

Bildauflösung 472x313 Pixel bei 200 dpi Druckauflösung (5 x 3,31 cm)

Bildauflösung 591x391 Pixel bei 300 dpi Druckauflösung (5 x 3,31 cm)

Bildauflösung 354x235 Pixel bei 300 dpi Druckauflösung (3 x 2 cm)

Bildauflösung 472x313 Pixel bei 300 dpi Druckauflösung (4 x 2,65 cm)

Bildauflösung 591x391 Pixel bei 300 dpi Druckauflösung (5 x 3,31 cm)

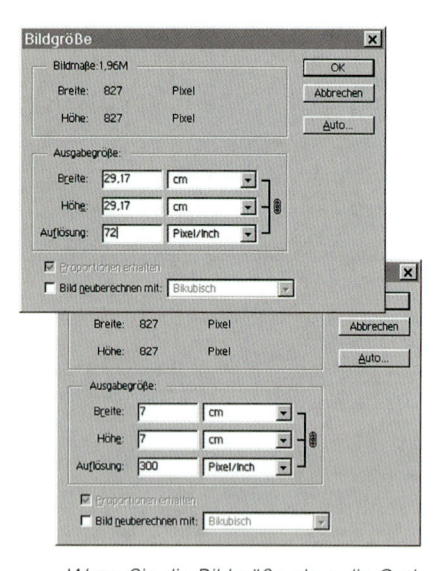

Wenn Sie die Bildgröße ohne die Option BILD NEUBERECHNEN MIT aktivieren, sehen Sie, daß sich zwar die Ausgabegröße verändert, nicht aber die Bildmaße – die Dateigröße und die Anzahl der Pixel ändern sich nicht.

Die Monitorauflösung setzt sich aus der Anzahl der Bildpunkte – etwa 1024 x 768 – und der Größe der Bildpunkte – etwa 72 dpi – zusammen. Ein Bildschirm kann also nicht so fein auflösen wie der Drucker. Darum erscheint das Bild auf dem Bildschirm so viel größer, als es nachher im Druck tatsächlich herauskommt. Dafür aber kann der Bildschirm drei Farben in je 256 Helligkeitsstufen darstellen.

Für die Einstellung der Monitorauflösung ist das Betriebssystem des Rechners verantwortlich. Auf dem Mac wird sie in der Kontrolleiste am unteren Rand des Bildschirms verändert, beim PC rufen Sie START/EINSTELLUNGEN auf und dort das Menü für ANZEIGE/EINSTELLUNGEN, wenn Sie die Auflösung verändern wollen. Je höher Sie die Auflösung wählen, desto kleiner erscheinen die Fenster und die Schriften auf dem Monitor. Außerdem ist die Auflösung des Monitors durch die Kapazität der Grafikkarte beschränkt. Wenn der Speicher der Grafikkarte nicht mehr ausreicht, die gewünschte Auflösung anzuzeigen, schaltet das Betriebssystem die Anzahl der darstellbaren Farben zurück, und Sie sehen eventuell nur noch 64.000 oder 32.000 Farben statt TrueColor mit 24 Mio. Farben.

Bildauflösung

Die Auflösung des Bildes wird in Pixeln angegeben und beschreibt, wie groß die Anzahl der beim Scannen oder bei der digitalen Aufnahme erfaßten Bildpunkte ist. Die Anzahl der Pixel ist zusammen mit der Farbtiefe wesentlich verantwortlich für die Größe der Bilddatei auf der Festplatte des Rechners. Im Photoshop wählen Sie im Bildmenü den Punkt BILD-GRÖß E mit der Option BILD NEUBERECHNEN MIT, um die Bildauflösung herauf- oder herunterzusetzen – das heißt, Sie setzen eine neue Anzahl von Pixeln ein oder entfernen Pixel aus dem Bild.

Die Ausgabeauflösung des Bildes

Die Ausgabeauflösung (AUFLÖSUNG) des Bildes bestimmt die Größe des Bildes im Druck. Je höher die Ausgabeauflösung, desto kleiner und schärfer erscheint das Bild im Druck. Die Ausgabeauflösung besagt letztendlich, wie groß oder wie klein jeder Pixel im Druck wird. Je feiner die Pixel, desto klarer und schärfer erscheint uns das Bild, desto kleiner sind allerdings auch die Bildmaße des gedruckten Bildes. Üblich sind 300 dpi in Bildern, die für den Offsetdruck bestimmt sind, 150 bis 180 dpi für Farblaserdrucker und 180 bis 220 dpi für Tintenstrahldrucker.

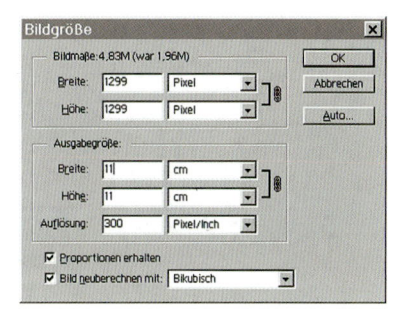

Sobald Sie hingegen die Option BILD NEUBERECHNEN MIT aktivieren, und die Auflösung oder die Ausgabegröße verändern, werden neue Pixel zum Bild hinzugerechnet oder herausgerechnet, um es zu skalieren. Seine Dateigröße verändert sich dabei.

Die Druckerauflösung

Wenn Sie einen Laser- oder Tintenstrahldrucker kaufen, werden Sie mit Sicherheit auf die Druckerauflösung Ihrer Neuerwerbung achten: 600 dpi, 720 dpi, 1440 dpi sind gängige Werte für die Druckerauflösung bei Desktopdruckern.

Die Druckerauflösung eines Druckers gibt an, wie fein das Druckraster des Druckers ist. Es wird in dpi (dots per inch) oder lpi (lines per inch) angegeben. Vom dpi-Wert des Druckers hängt allerdings nicht nur die Feinheit seines Druckrasters ab, sondern insbesondere auch die Anzahl der Helligkeitsstufen, die er in jeder Farbe ausgeben kann. Jeder Rasterdrucker simuliert ja durch mehr oder minder feine Rasterpunkte mehr Farben als er tatsächlich hat: Der einfachste Fall ist ein Laserdrucker, der mit zwei Farben, nämlich Schwarz und Weiß, verschiedene Grauabstufungen darstellt.

Aber die dpi-Werte eines Druckers bestimmen nicht nur die Größe seiner Druckpunkte, sondern auch den Abstand zwischen den Druckpunkten. Wird ein Bild mit einer für den Drucker zu hohen Auflösung gedruckt, überlagern sich die Rasterpunkte und lassen das Bild »zulaufen«.

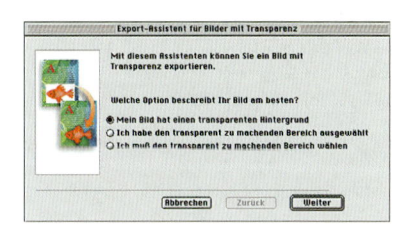

Für den Einstieg in die richtige Auflösung können Sie sich vom Export-Assistenten leiten lassen, den Sie im Hilfemenü unter BILD SKALIEREN finden.

Die Auflösung der Scanner und digitaler Kameras

Die Auflösung von digitalen Erfassungsgeräten wird in Pixel pro Inch (ppi) gemessen, während die maximale Auflösung von Ausgabegeräten als Anzahl der pro Inch druck- oder belichtbaren Punkte (dpi – dots per inch) angegeben wird.

Scanner und digitale Kameras bemessen die Leistungsfähigkeit nach dem Auflösungsvermögen ihrer CCD-Chips. Die echte optische Auflösung eines CCD-Eingabegerätes wird durch die Anzahl der mit CCD-Zellen tatsächlich erfaßten Meßwerte pro Inch und durch das optische System (das Objektiv der digitalen Kamera oder eine Linse in einem Filmscanner) bestimmt.

Viele Scanner besitzen ein horizontales und ein vertikales physikalisches Auflösungsvermögen – etwa 1000 x 2000 dpi. Die größere Zahl leitet sich dann nicht aus dem Auflösungsvermögen des CCD-Chips im Scanner ab, sondern aus einer feineren Schrittweite des Scanschlittens.

Die bunten Prospekte für Scanner liefern häufig zwei Werte für die maximale Auflösung des Scanners: Die optische Auflösung und die interpolierte Auflösung. Nur bei der optischen Auflösung erfaßt der Scanner echte Bildpunkte von der Vorlage – bei der interpolierten Auflösung vergrößert die Scansoftware das Bild nach mehr oder minder raffinierten Verfahren. Im Endeffekt ist die interpolierte Größe nichts anderes als eine Vergrößerung des Bildes durch eine Neuberechnung der Pixel im Photoshop.

Digitale Kameras »mogeln« schon mal mit einem ähnlichen Trick: Sie geben Zoomstufen in ihren Leistungsdaten an, die sie nur durch eine Vergrößerung eines Bildausschnitts des aufgenommen Bildes in der Kamerasoftware erreichen. Dabei geht ein großer Teil der »echten« Bildinformation verloren – besser wäre es, den Bildausschnitt erst in der Bildbearbeitungssoftware zu bestimmen.

Auch für die Auflösung der digitalen Kamera ist letztendlich nur die physikalische Auflösung des Chips und die tatsächliche Brennweite des Objektivs entscheidend.

6.3 Alles eine Frage des Formats

Für eine große Artenvielfalt und allerlei Verwirrungen sorgen unzählige Bildformate. Wenn dann auch noch die Frage nach der besten Komprimierung für das World Wide Web dazukommt, heißt es Farben und Pixel zählen.

Der Photoshop kann mehr als 20 Bildformate öffnen und speichern. Der Grund dafür, daß es so viele verschiedene Bildformate gibt, liegt sicherlich nicht nur darin, daß jeder Hersteller eines Bildbearbeitungsprogramms meint, die Welt um ein weiteres Format bereichern zu müssen. Vielmehr bringen verschiedene Bildformate auch verschiedene Funktionen und Optionen mit: So lassen sich Bilder als JPEG hervorragend komprimieren, müssen dafür allerdings auch mehr oder minder starke Qualitätsverluste hinnehmen, Targa (TGA)-Bilddateien hingegen lassen sich verlustfrei, dafür aber bei weitem nicht so stark komprimieren wie JPEG-Dateien. GIF komprimiert Bilder – wenn auch in der Regel nicht so stark wie JPEG – und kann Transparenzen darstellen.

Photoshop – die Hausmarke

Das Photoshop-Format bietet die größte Spannbreite an Möglichkeiten, eine Datei zu speichern. Nur im hauseigenen Format werden die Ebenen gespeichert – und davon lassen sich so viele sichern, wie der Speicher reicht. Zwar kann eine ganze Reihe von anderen Programmen Bilder im Photoshop-Format ebenfalls öffnen, importiert dabei aber keine Ebenen. Bilder im Photoshop-Format (PSD) enthalten auch eine auf die Hintergrundebene reduzierte Ebene, mit der einige Programme umgehen können. Layout- und Satzprogramme allerdings – wie zum Beispiel QuarkXPress und Adobe PageMaker – können Photoshop-Dateien nicht importieren. Außer den Ebenen kann das Photoshop-Format 25 Kanäle und unendlich viele Pfade speichern.

TIFF (Tagged Image File Format)

TIFF ist das im professionellen Sektor gebräuchlichste Format. Das liegt insbesondere daran, daß TIFF sehr viel kann: TIFF kann sowohl RGB- als auch CMYK-Bilder speichern, kann mit 8 Bit Farbtiefe ebenso souverän umgehen wie mit 16 Bit Farbtiefe. Dazu kann TIFF alle 21 Maskenkanäle, die der Photoshop anlegen kann, speichern, dazu mehr als 256 Zeichenpfade und den Beschneidungspfad eines Bildes.

Die LZW-Komprimierung, die für TIFF angeboten wird, komprimiert das Bild verlustfrei, dafür aber auch nur um 10 bis 30%. Die angebotene Option WINDOWS oder MACINTOSH können Sie fast immer beliebig einstellen, denn in der Regel läßt sich jede TIFF-Datei auf jeder Plattform

Für Bilder mit Beschneidungspfad bietet EPS noch immer die höchste Sicherheit beim Druck.

Der Beschneidungspfad ist ein Bildvektor, der das Motiv exakt einschließt.

problemlos öffnen. Mit all seinen Fähigkeiten ist TIFF der Liebling der Setzer, Grafiker und Drucker.

EPS (Encapsulated PostScript)

Ebenso wie TIFF kann auch EPS sowohl Pixeldaten als auch Vektordaten enthalten. EPS kann aber nicht nur den Beschneidungspfad speichern, sondern ebensogut ganze Vektorgrafiken aus Illustrator oder Freehand aufnehmen. EPS ist die erste Wahl des Setzers oder Grafikers, wenn Bilder mit einem Beschneidungspfad gespeichert werden, da EPS auch auf älteren Belichtern am besten funktioniert. Auch EPS-Bilder lassen sich komprimieren: entweder verlustfrei oder in verschiedenen Stärken entsprechend der JPEG-Komprimierung.

EPS-Dateien sind für die Druckvorstufe entwickelt worden. Im Dialogfeld wählen Sie zwischen der für Windows üblichen, sehr speicheraufwendigen ASCII-Kodierung und der am Mac und unter Windows 95/98 nutzbaren binären Kodierung, die nur halb so viel Platz verbraucht. Noch mehr Platz spart die JPEG-Komprimierung, die aber nur von PostScript-Level-2-fähigen Ausgabegeräten unterstützt wird.

Zu jeder EPS-Datei gehört eine Vorschau, damit der Setzer im Layoutprogramm nicht nur eine leere Platzhalter-Box sieht. Im Photoshop können Sie die »Rastereinstellungen« und ebenso die Tonwertkorrektur aus der Druckereinrichtung mitspeichern, um das Bild nach Ihren eigenen Werten aufrastern zu lassen.

Für CMYK-Dateien wird die Zusatzform DCS (Desktop Color Separation) angeboten. Sie speichert das Bild in vier CMYK-Auszügen sowie die Vorschau des Bildes – das spart Belichtungszeit.

Wenn Sie auch den Beschneidungspfad im Bild speichern, wird nur der Teil des Bildes gedruckt, der innerhalb des Beschneidungspfades liegt. Das ist die feinste Methode, um einen Bildausschnitt ohne seine Umgebung auszugeben, denn der Vektor des Beschneidungspfades schneidet die Umgebung runder und sauberer aus als die Entfernung der Pixel im Bildbearbeitungsprogramm.

TGA (Targa) und BMP (Bitmap)

TGA ist als Bildformat im wesentlichen auf dem IBM-PC Zuhause. Dort erfuhr es seine Blüte mit den 3D-Programmen der PC-Welt, die ihre Texturen gerne als TGA-Bilder aufnehmen und gerenderte Bilder als TGA ausgeben. Da TGA weder CMYK-Bilder noch Beschneidungspfade speichern kann, spielt es in der professionellen Bildbearbeitung keine Rolle. Ähnlich sieht es mit dem Windows-Format BMP aus: Auch BMP-Bilder können weder farbseparierte Bilddateien noch Beschneidungspfade speichern.

JPEG (Joint Photographic Expert Group)

JPEG ist fast immer die erste Wahl, wenn Fotografien für das Internet komprimiert werden. JPEG kann sehr hohe Komprimierungsraten bieten – 1:3 bis 1:20, je nach Bildcharakter und akzeptablen Qualitätsverlust –

	BMP	EPS	JPEG	GIF	PSD	TGA	TIF	FlashPix	PNG
Alphakanäle	nein	nein	nein	nein	ja	1 Farbkanal	ja	nein	ja
Freistellpfade	ja	ja	ja	nein	ja	nein	ja	nein	ja
Farbseparation	nein	ja	ja	nein	ja	nein	ja	nein	nein
Komprimierung	RLE	JPEG	ja	Farbreduktion	nein	RLE	LZW	JPEG	JPEG+LZW
Transparenz	nein	ja	nein	ja	ja	nein	nein	nein	256 Stufen
Max. Farbtiefe	8 Bit	8 Bit	8 Bit	256 Farben	16 Bit	8 Bit	16 Bit	8 Bit	16 Bit
Indiz. Farben	ja	ja	nein	ja	ja	ja	ja	nein	ja

Welches Format eingesetzt wird, darüber entscheidet die Verwendung des Bildes.

und erhält dabei die Farben des Bildes. Aber auch im Offsetdruck ist JPEG nicht unbedingt verpönt: Da es auch farbseparierte Bilddaten und Freistellpfade speichern kann, ist es das favorisierte Format, wenn es gilt, Bilder per ISDN-Leitung oder Diskette an den Setzer/Drucker/Belichter zu schicken. Alphakanäle und Ebenen muß der Benutzer allerdings eliminieren, bevor er ein Bild als JPEG-Datei speichern kann.

JPEG ist neben seinem Einsatz im Internet und als »Versandformat« auch als Archivformat sehr beliebt. Allerdings sollte JPEG erst dann als Archivformat gewählt werden, wenn das Bild nicht weiter verarbeitet werden soll. Denn wenn das Bild anschließend wieder gespeichert wird, erfährt es erneut die Qualen der verlustbehafteten Komprimierung und Artefakte werden jetzt sehr schnell schon bei einer schwächeren Komprimierung sichtbar.

GIF (Graphics Interchange Format)

Während JPEG aufgrund der Art und Weise der Komprimierung für Fotos mit vielen Details und feinen Verläufe geeignet ist, versagt es fast immer bei Bildern mit flächigen, wenigen Farben. Grafiken, Skizzen und Schriften sind eher ein Fall für das »andere« Bildformat des Internets: GIF.

GIF war das bevorzugte Bildformat der frühen Internet- und CompuServe-Zeiten. GIF komprimiert ein Bild auf der Basis einer Farbreduktion: Ein GIF-Bild kann maximal 256 Farben aufweisen. Da GIF keine Farbkanäle enthält, kann es weder RGB- noch CMYK-Bilder speichern und entfällt damit als Format, wenn das Bild gedruckt werden soll.

FlashPix

FlashPix ist ein relativ junges Bildformat, das genauso wie das Datenformat der Kodak Photo CD mehrere Auflösungen eines Bildes speichern kann. Auch in der Version 5 kann der Photoshop erst dann mit FlashPix-Bildern umgehen, wenn man ihm ein Plug-in zum Öffnen von FlashPix-Bildern spendiert.

Das FlashPix-Dateiformat wird bei einer einfachen Installation des Photoshops nicht mit installiert – sondern nur, wenn Sie die Option MANUELLE INSTALLATION im Installationsprogramm wählen. Aktivieren Sie FPX MIT MICROSOFT OLE 2.08. Aber auch dann eröffnet sich Ihnen das FlashPix-Format erst dann, wenn Microsoft OLE für FlashPix installiert ist.

Eine Frage der Anwendung

Welches Dateiformat für welche Anwendung? Generell ist TIFF das Dateiformat der Wahl, wenn es darum geht, Bilddateien ohne Qualitätsverlust weiterzureichen. Es ist das bevorzugte Format, wenn das Bild in ein Satzprogramm wie Adobe PageMaker und QuarkXPress eingefügt wird, außerdem ist TIFF ein Plattform-übergreifendes Format.

EPS wird zwar auch gerne für den Import von Bilddateien in Satzprogramme eingesetzt, wird aber auf dem Bildschirm nur in einer niedrigauflösenden Version angezeigt und kann auf Nicht-PostScript-fähigen Druckern auch nur in dieser niedrigauflösenden Form ausgedruckt werden.

Programme für den Videoschnitt wie Adobe Premiere, Ulead Media Studio und Quicktime 3.0 Pro bevorzugen Dateiformate wie TIFF, TGA, PICT und BMP. Wenn für den Videoschnitt auch Alphakanäle vorgesehen sind, reduziert sich diese Auswahl auf TIFF und TGA.

Illustrationsprogramme wie Adobe Illustrator, Freehand und Corel Draw! zeichnen sich dadurch aus, daß sie so ziemlich alles importieren, was an Bildformaten auf sie zukommt – es sei denn, es kommt mit 16 Bit Farbtiefe. Schwierigkeiten bereiten hier höchstens die modernen Bildformate wie FlashPix und PNG.

Bilder in Office-Programmen

Office-Programme wie Microsoft Word und PowerPoint stellen dem Benutzer eine reichhaltige Auswahl von verschiedenen Grafikformaten für den Import zur Verfügung. Bei einer Standardinstallation solcher Programme wird allerdings oft nur eine kleine Auswahl von Importmodulen eingebaut. Wenn sich also eine Bilddatei einmal nicht im Office-Programm positionieren läßt, hilft es fast immer, die entsprechende Import-Variante von der Programm-CD nachträglich zu installieren.

Probleme verursachen CMYK-Bilder, Bilder im Lab-Modus oder mit 16 Bit Farbtiefe bei älteren Versionen von Office-Programmen. Hier hilft nur eine Konvertierung in das RGB-Format mit 8 Bit Farbtiefe.

Mit dem Beschneidungspfad einer Bilddatei kann kaum ein Office-Programm etwas anfangen. Eine Maske im Alphakanal wird schon von einer ganzen Reihe von Programmen gelesen und interpretiert. Wenn also ein Freisteller gefragt ist, legen Sie einen Alphakanal aus der Pfadinformation an – wie das funktioniert, wird in Kapitel 5 erklärt. Ein versehentlich in der Bilddatei gespeicherter Alphakanal, der aus einer Montage übrig blieb, kann dabei zu interessanten, aber unerwünschten Freistelleffekten führen.

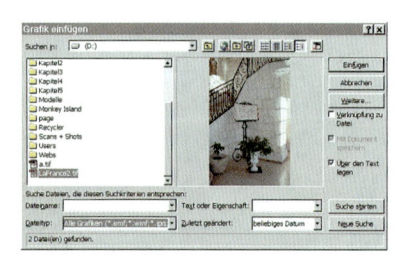

Grafikimport in Microsoft Word

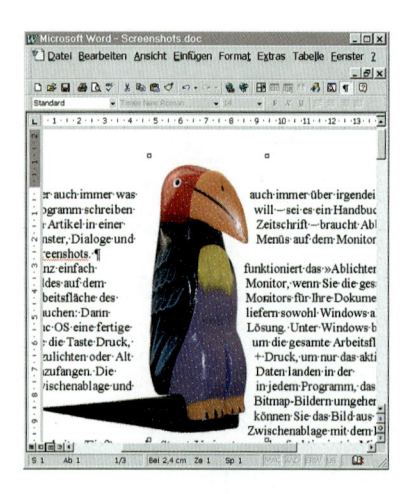

6.4 Bilder im Layout

Bilder werden gequält und geschunden: Sie werden im Layout verzerrt, gedreht und beschnitten, von einem Programm ins andere geschoben und im Druck viergeteilt und gerastert. Erfahren Sie jetzt, was Ihren Fotos und Grafiken alles zustoßen kann.

Die größten Verbraucher von Fotos sind die Satzprogramme wie QuarkXPress und PageMaker. Wie das Bild ins Layout kommt und was dort mit ihm geschieht, das sollte jeder wissen, der seine Fotos an manische Layouter und Setzer abliefert.

Viergeteilt

Im grafischen Gewerbe gilt es, auf den richtigen Farbmodus zu achten: RGB, CMYK oder Lab. Adobe PageMaker 6.5 und QuarkXPress sind zwar durchaus in der Lage, RGB-Bilder bei der Ausgabe zu separieren, dies sollte man diesen Programmen aber nur in Verbindung mit einem Farbmanagementsystem und entsprechenden ICC-Profilen zumuten. Wer ohne Farbmanagementsystem arbeitet, sollte passend separierte Farbbilder in seine Layouts einbinden. Bei XPress 3.x ist dies unbedingt notwendig, da das Programm mit RGB-Bildern nichts anfangen kann und nur einen Schwarzfilm ausgibt. Auch mit JPEG komprimierte Bilder werden von Quark in der Belichtung in der Regel nicht separiert ausgegeben, selbst wenn sie im CMYK-Modus vorliegen.

Mehrfarbige Bitmapbilder, die Sonderfarben enthalten, sind meistens nur im DCS-2-Format definierbar, das der Photoshop seit der Version 5 beherrscht. Für ältere Versionen des Photoshops benötigt man dafür Plug-ins wie Channel 24.

GIF-Bilder sind für hochauflösende Ausgaben vollkommen ungeeignet, da sie nur eine beschränkte Anzahl von Tonstufen beziehungsweise Farben enthalten.

Pixelbilder müssen für die Ausgabe auf Belichtern eine ausreichend hohe Auflösung haben, wenn sie durch den Ausgaberaster bestmöglich wiedergegeben werden sollen. Die Auflösung ermittelt man aus der für den Druck benötigten Rasterweite multipliziert mit einem Qualitätsfaktor, der zwischen 1,5 und 2 liegt. Für Bilder, die im 60iger Raster (60 Linien pro Zentimeter) gedruckt werden, ist beim Scannen eine Auflösung zwischen 225 und 300 dpi erforderlich. Wird ein passend gescanntes Bild später im Layoutprogramm vergrößert, reduziert sich die effektive Auflösung und führt in der Ausgabe zu einer deutlich schlechteren Bilddarstellung. Eine Verkleinerung ist dagegen eher unproblematisch.

Setzer contra Belichter

Dreht und skaliert man in Dokumenten die Bilder, erhöhen sich die Rechenzeiten im RIP. Viele Belichtungsfirmen berechnen deswegen die Belichtungszeit, die über ein gewisses Limit hinausgeht, extra.

Bilder im Layout einer Zeitschrift oder einer Werbeschrift erfahren oftmals eine krude Behandlung: Sie dienen unter anderem auch dazu, Texte auf Seiten anzupassen: Dann werden die Bilder im Text so lange vergrößert und verkleinert, bis der Text paßt. Die Verkleinerung des Bildes (in Maßen natürlich) schadet dem Bild kaum. Eine Vergrößerung allerdings führt zu einer Verringerung der Auflösung des Bildes und einem schnell sichtbaren Qualitätsverlust durch den damit verbundenen Weichzeichnungseffekt und schnell sichtbaren Aliasing im Bild.

Bilder für QuarkXPress und PageMaker speichern

Für Bilder, die mit einem Layoutprogramm gespeichert werden sollen, empfiehlt sich immer das TIFF- oder EPS-Format. Sowohl XPress als auch PageMaker unterstützen dabei Bitmap-, Duplex-, Graustufen-, RGB- und CMYK-Bilder. Duplexbilder müssen dabei als EPS-Dateien gesichert werden. Wenn Bilder mit Freistellpfaden in den Satz übernommen werden sollen, werden sie immer als TIFF oder EPS gespeichert.

Überfüllungsoptionen

Überfüllungen benötigt man für den Auflagendruck, da wegen der Maschinentoleranzen und der Papiereigenschaften ein hundertprozentig paßgenauer Zusammendruck der Farben nicht möglich ist. Auch wenn die Passerdifferenzen unter einem Zehntel Millimeter liegen, sind die entstehenden »Blitzer« für das menschliche Auge oft noch störend sichtbar und erscheinen als Farbverschiebungen oder Weichzeichnung.

Überfüllungen muß man so einrichten, daß die hellere die dunklere Farbe überfüllt, beziehungsweise die dunklere von der helleren Farbe unterfüllt wird. In XPress 3.x und 4 sind Überfüllungen nur objektbezogen einstellbar. So wird eine gelbe Linie, die nur teilweise auf einer blauen Fläche steht, bei Überfüllungseinstellungen nicht nur die blaue Fläche überfüllen, also dort stärker werden, sondern auch an Stellen, wo sie nicht auf einer Hintergrundfarbe steht. Mit PostScript 3 ergibt sich zumindest optional die Möglichkeit, bei entsprechenden Ausgabegeräten die Überfüllung dem RIP zu überlassen. Dann sind Überfüllungen auch bei XPress nicht mehr objektbezogen. PageMaker überfüllt seit der Version 6 allein farbbezogen und nicht nach Objekten, mit Ausnahme von Text zu Text.

Schwarz sollte in der Regel überdrucken, ausgenommen schwarze Elemente, die nur teilweise auf anderen Farben stehen. Schwarz wirkt auf Farben gedruckt tiefer schwarz als direkt auf weißem Papier. In diesem Fall wird Schwarz unterfüllt, um einen uneinheitlichen Ton zu vermeiden.

6.5 Bild und Illustration

Die Profis mischen Bilder gerne auf. In Adobe Illustrator, Freehand und Corel Draw! entstehen neue Bilderwelten, gemischt aus Foto, Text und Grafik.

Illustrationsprogramme erzeugen sogenannte »Vektorgrafiken«. Vektorgrafiken beschreiben Bildteile nicht als Pixelmatrix, sondern durch mathematische Funktionen.

Das gebräuchlichste Format, mit dem Vektorgrafiken für die Weiterbearbeitung in ein Bildbearbeitungsprogramm wie den Photoshop exportiert werden, ist EPS. Jedes vektorbasierte Illustrationsprogramm, das etwas auf sich hält, kann seine Grafiken in diesem Format exportieren.

Wenn Daten aus dem Illustrationsprogramm als EPS im Photoshop geöffnet werden, gehen die Vektoreigenschaften des Bildes verloren – die einzelnen Elemente der Vektorgrafik verschmelzen beim Import zu einem Pixelbild, das Bild wird in Pixel »aufgerastert«.

Aus der Vektorgrafik in den Photoshop

Beim Öffnen einer EPS-Grafik im Photoshop entscheidet der Benutzer, mit welcher Druckauflösung die Datei importiert wird. Da die EPS-Grafik durch Vektoren beschrieben wird und nicht durch Pixel, lassen sich Illustrationen beim Import fast beliebig skalieren.

Photoshop legt beim Öffnen einer EPS-Grafik aus dem Illustrator eine transparente Ebene an, in die er die Grafik plaziert. Die Grafik ist jetzt in ein Pixelbild aufgerastert und die einzelnen Elemente der Illustration lassen sich nicht mehr als Objekte manipulieren – von hier an gelten die Gesetze der Bildbearbeitung: Es gibt nur noch Farben und Helligkeitswerte in den Pixeln.

Die Funktion PLAZIEREN aus dem Dateimenü hingegen setzt alle Objekte einer Illustrator-Datei in eine separate, transparente Ebene. Wenn Sie vorher im Illustrator ein Rechteck um die Grafik aufziehen und Beschnittmarken erzeugen (OBJEKT/BESCHNITTMARKEN/ERSTELLEN), bleiben Abstände und Positionen der einzelnen Elemente bei dieser Form des Imports bestehen. Für Elemen-

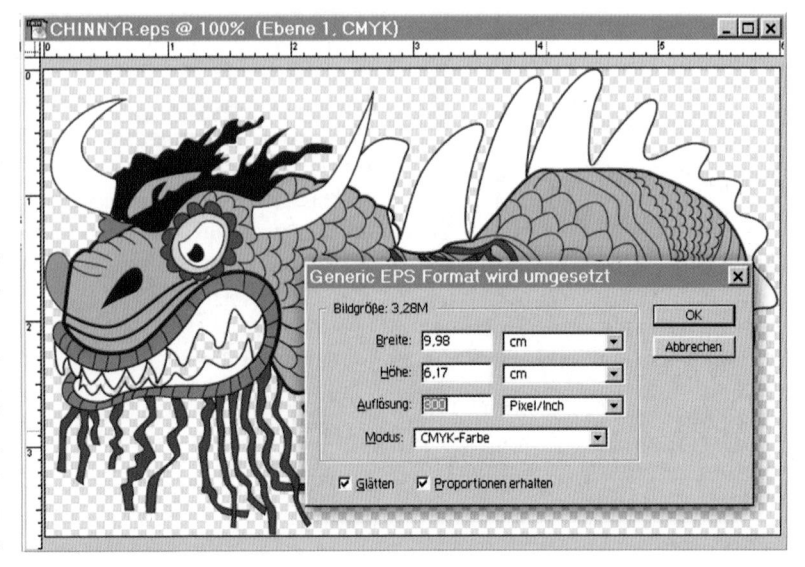

Wie große eine Grafik wird, die über die Zwischenablage in den Photoshop gezogen wird, hängt von der Druckauflösung des Bilddokuments ab.

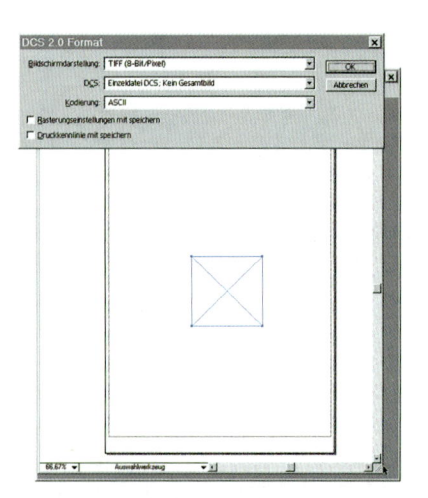

te der Illustration, die Sie nicht in den Photoshop importieren wollen, deaktivieren Sie im Illustrator die Option DRUCKEN in den Ebenenoptionen.

Einzelne Elemente und Pfade importieren

Wenn Motive aus dem Illustrationsprogramm erhalten bleiben sollen, um sie im Photoshop mit entsprechenden Filtern zu bearbeiten, kann man einzelne Elemente über die Zwischenablage des Rechners in den Photoshop kopieren. Erzeugen Sie im Photoshop ein Bild mit den Maßen der Illustration. Im Illustrationsprogramm markieren Sie die gewünschten Elemente der Grafik und kopieren sie in die Zwischenablage. Wird die Zwischenablage im Photoshop eingefügt, erscheint sie auf einer neuen, separaten Ebene.

Sie können auch eine Gruppe von Elementen, die Sie zuvor zusammen markiert haben, per Drag & Drop direkt vom Illustrator in den Photoshop ziehen. In beiden Fällen werden die Objekte entsprechend der im Bilddokument im Photoshop eingestellten Druckauflösung skaliert.

Vom Photoshop in den Illustrator

Um ein Bild aus dem Photoshop in Corel Draw!, Freehand oder Illustrator zu exportieren, können Sie die Bilddatei als TIFF-, EPS-, JPEG-, GIF- oder Photoshop-Datei sichern. Wenn es sich bei der Bilddatei um eine Photoshop-Datei mit Ebenen handelt, müssen alle Ebenen eingeblendet sein, die Sie in das Zeichenprogramm importieren wollen.

Wenn Sie die Bilddatei als EPS-Datei sichern, aktivieren Sie am besten die Option einer TIFF-Vorschau im Dialogfenster, damit die Bilddatei im Illustrator-Fenster dargestellt werden kann. Das EPS-Format erweist sich immer dann als besonders sinnvoll, wenn das Bild im Illustrator rotiert, verzerrt oder skaliert werden soll.

Genauso, wie Sie Pfade vom Illustrator in den Photoshop exportieren können, lassen sich auch Pfade im Photoshop erstellen und dann in den Illustrator versetzen. Das macht Sinn, wenn Sie im Photoshop die komplexe Kontur eines Fotomotivs mit der Zeichenfeder nachziehen oder ein Bilddokument bereits mit fertigem Pfad erhalten haben. Die Funktion, mit der Sie Pfade exportieren können, finden Sie im Dateimenü unter EXPORTIEREN. Der Pfad wird im Format »AI« gespeichert und kann nicht nur im Illustrator von Adobe, sondern auch in anderen Zeichen-, CAD- und 3D-Programmen geöffnet werden.

Aktivieren Sie beim Speichern einer EPS-Datei die TIFF-Bildschirmdarstellung, damit Sie im Illustrator mehr sehen als nur einen Umriß.

6.6 Separiert und aufgerastert

Irgendwann ist es so weit – das Bild muß aus dem Rechner und auf das Papier. Die richtige Druckauflösung und die korrekte Separation sind die Grundfesten der digitalen Druckkunst.

Vom Monitor aufs Papier

Während uns der Monitor die Pixelwelt in den drei Farben Rot, Grün und Blau darstellt, wird mit den vier Farben Cyan, Magenta, Gelb und Schwarz gedruckt. Das digitale Bild muß für den Vierfarbdruck aus dem RGB-Farbraum in den CMYK-Farbraum umgesetzt werden – ein Prozeß, der »Farbseparation« genannt wird und nicht immer verlustfrei abläuft.

Die Farbseparation beruht auf dem Prinzip der Übersetzung der drei additiven Farben – Rot, Grün und Blau – in ihre subtraktiven Gegenstücke – Cyan, Magenta und Gelb.

Für graues Grau und tiefes Schwarz

Daß im Druck aus der vollen Mischung der drei Primärfarben CMY Schwarz entsteht, ist eine bloße Theorie, da die Druckfarben nicht farbmetrisch »rein« sind. Das Ergebnis ist ein dunkles Braun, die stark gesättigten Farben wirken schmutzig oder flau. Um einen brillanten Bilderdruck zu erreichen, wird Schwarz als »Skelettfarbe« K zusätzlich gedruckt und muß in der Separation als vierte Farbe entsprechend angelegt werden: Die Anteile von Cyan, Magenta und Gelb werden aus den Bereichen entfernt, in denen sich diese Farben überlappen und statt dessen wird Schwarz zugegeben. Dabei ist bei jedem Drucker eine andere Schwarz-Zumischung erforderlich, um schließlich einen identischen Farbeindruck zu erhalten.

Die Umrechnung der Farben aus dem RGB- in den CMYK-Farbraum unter Berücksichtigung der zusätzlichen Schwarzanteile kann durch verschiedene mathematische Formeln geschehen. Entscheidend dafür, welches Verfahren gewählt wird, sind letztlich die Papiersorte und die Art des Bildmaterials. Es gibt eine ganze Reihe von Verfahren, Farben durch Schwarz zu ersetzen – üblicherweise benutzt die Repro die Unterfarbenentfernung (UCR = Under Color Removal) oder den Unbuntaufbau (GCR = Gray Color Replacement).

Der Schlüssel zum grauen Grau: GCR

Beim UNBUNTAUFBAU (GCR) werden in farbigen und neutralen Bereichen gleiche Anteile der drei Primärfarben Cyan, Magenta und Yellow entfernt, bis eine der drei Grundfarben verschwindet. Die Menge der verschwundenen Farbe wird durch Schwarz ersetzt. Der Unbuntaufbau bringt die gesättigten, dunklen Farben besser zur Geltung als die Unterfarben-

GCR ersetzt gleiche Anteile der Primärfarben durch Schwarz.

entfernung. Da die neutralen grauen Flächen fast nur noch aus Schwarz aufgebaut werden, ist die Graubalance stabiler – der Unbuntaufbau tendiert weniger zu Farbstichen.

GCR ist auch die Voreinstellung für den Schwarzaufbau im Photoshop, da diese Einstellungen für die überwiegende Zahl der Bilder die beste Wiedergabequalität liefert.

Beim GCR läßt sich der Schwarzaufbau im Photoshop noch weiter regeln: Die Option OHNE separiert die Farben ohne Schwarzauszug, von WENIG bis STARK wird entsprechend weniger oder mehr Schwarz in der Separation eingesetzt. Der Wert MAXIMUM eignet sich nur dann, wenn große Schwarzflächen zu drucken sind.

Brillante Tiefen: UCR

Bei der UNTERFARBENENTFERNUNG (UCR) wird schwarze Farbe benutzt, um Cyan, Magenta und Gelb in den neutralen Bereichen mit gleichen Farbanteilen zu ersetzen. Der Farbauftrag ist geringer und die Tiefen wirken brillanter. Insbesondere für die ungestrichenen Papiere des Zeitungsrollendrucks ist der geringere Farbauftrag und die damit verbundene geringe Trockenzeit attraktiv.

Die Unterfarbenentfernung kommt aber auch für andere Reproarbeiten zum Tragen. Zarte Farbverläufe allerdings, etwa in Pastelltönen und Hautfarben reißen im UCR-Verfahren leicht auf und zeigen schnell harte Kanten.

Auch für den eigenen Tintenstrahldrucker ist das UCR-Verfahren eine gute Wahl für Separationen: Durch den geringeren Farbauftrag bleiben die Tiefen des Bildes detailreicher. Gerade auf Glossy-Papieren hängt die Brillanz des Ausdrucks stark davon ab, wie schnell die Tinten auf dem Papier trocknen.

Tonwertzuwachs

Der Tonwertzuwachs, auch Punktzuwachs, ist eine Größenänderung der Rasterpunkte, die durch das Auslaufen oder Verschmieren der Druckfarbe entsteht, wenn diese vom Papier aufgesogen wird. Wenn ein 50%iges Raster eine tatsächliche Dichte von 55 % aufweist (gemessen mit einem Densitometer), entspricht diese Charakteristik einem Tonwertzuwachs von 5 %. Die empfohlenen Werte erfragen Sie bei Ihrem Belichtungsunternehmen.

Eine Änderung des Tonwertzuwachses läßt das Bild auf dem Monitor heller oder dunkler erscheinen, ohne das Bild tatsächlich zu verändern. Erst wenn das Bild separiert wird, geht der Wert in die Berechnung der CMYK-Werte ein.

Individuelle Separation in Photoshop 5

Seit der Version 5 erreicht man die Separationseinstellungen nur noch, wenn man in DATEI/FARBEINSTELLUNGEN/CMYK EINRICHTEN die Variante EINGEBAUT aktiviert. Ist hingegen das ICC-Farbmanagement aktiviert (ICC), werden die gerätespezifischen Vorgaben für das jeweilige Druckverfahren benutzt.

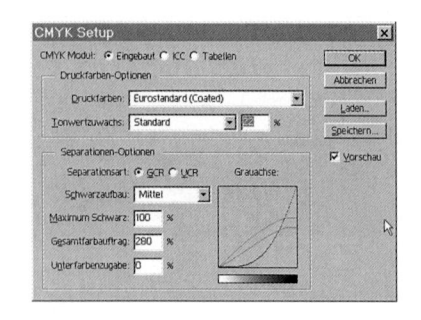

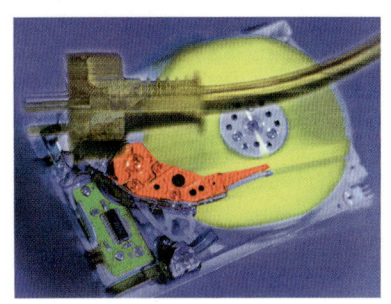

Rasterdruck

Die Rot-, Grün- und Blauanteile bei RGB lassen sich nicht direkt auf die vier Farben Cyan, Magenta, Gelb und Schwarz umrechnen. Die Ursache dafür ist, daß Drucker die Farbe nicht zunächst mischen und dann als Mischfarbe auf das Papier bringen. Vielmehr drucken sie Farbpunkte in reinen Farben unmittelbar nebeneinander und täuschen so das Auge. Dabei ordnen sich die Punkte-Ansammlungen nach einem Muster, dem Druckraster, auf dem Papier.

Vier Filme für den Druck

Anders als beim Tintenstrahler auf dem Schreibtisch, der alle Farben gleichzeitig auf das Papier aufbringt, durchläuft ein Farbdruck nacheinander vier Druckwalzen, wobei jede nur eine Grundfarbe aufträgt. Entsprechend müssen die Farbinformationen aufgespalten werden. Bei dieser Farbseparation sind vier Filme für die Belichtung der vier Druckfarben erforderlich.

Beim Offsetdruck für Zeitschriften und Papier-Drucksachen aller Art sowie beim Siebdruck, mit dem vor allem Folien und Kunststoffe bedruckt werden, müssen Druckwalzen oder Folien generiert werden, mit denen die Farbe auf die Oberfläche gebracht wird. Dies geschieht in einem fotochemischen Prozeß. Dabei wird ein Film, der Ähnlichkeit mit einem Schwarzweißdia hat, über die Walze gelegt. Bei deren Belichtung sorgt der Film dafür, daß nur bestimmte Bereiche auf der Walze Licht auffangen und so nach der Entwicklung Farbe beim Drucken aufnehmen, um sie an das Papier weiterzugeben.

Für die Erstellung des Films wird das Bild im Photoshop in den CMYK-Modus umgewandelt (separiert). Anschließend werden ein Raster-Image-Prozessor (RIP) und ein Filmbelichter benötigt: Das RIP im Belichtungsstudio wandelt die Bildinformationen in einzelne Punkte um, die der Belichter mit einem Laserstrahl auf den fotoempfindlichen Film überträgt.

Warum 300 dpi Druckerauflösung nicht ausreichen

Schon ein paar Mal wurde hier erwähnt, daß Bilder im Offsetdruck fast immer mit 300 dpi gedruckt werden. Warum in aller Welt veranstalten

Farbabstufungen und Rasterweite: Es besteht ein enger Zusammenhang zwischen der Rasterweite und den darstellbaren Farbabstufungen: Je größer die Rasterweite bei gleicher Druckerauflösung, desto geringer wird die Anzahl der darstellbaren Farben.

Auflösung und Helligkeitsabstufungen

Druckerauflösung (dpi)	Rasterfrequenz (lpi)	Anzahl der Helligkeitsstufen
300	300	2
	37	64
	19	256
600	600	2
	75	64
	37	256
1200/1270	1200	2
	150	64
	75	256
2400/2540	2400	2
	300	64
	150	256
3600/3386	3600	2
	450	64
	225	256

dann die Hersteller von Tintenstrahldruckern ein Wettrennen um die höchste dpi-Zahl und warum haben Belichter 2450 dpi und mehr?

Je höher die Druckauflösung, um so näher zusammen und kleiner werden die Pixel gedruckt und um so kleiner und schärfer erscheint das ausgedruckte Bild. Dabei ist es ein Trugschluß zu glauben, auf einem Drucker mit einer Auflösung von 600 dpi brauche das Bild auch 600 dpi Druckauflösung oder daß man auf einem 600-dpi-Drucker ein Bild mit 300 dpi ausgeben kann.

Bei gegebener Druckerauflösung können um so weniger Helligkeitsabstufungen dargestellt werden, je dichter das Druckraster ist. Das läßt sich sehr einfach anhand eines 300 dpi-Laserdruckers ausprobieren, wenn Sie das gleiche Bild mit zunehmend feinerem Raster ausdrucken: Die Anzahl der Graustufen nimmt zusehens ab, und beim 60er-Raster besteht das Bild höchstens noch aus drei bis vier verschiedenen Graustufen.

Tatsächlich wird das Bild nicht mit 300 Bildpunkten pro Zoll gedruckt, sondern mit einer wesentlich niedrigeren Auflösung – der einzelne Druckpunkt entspricht also nicht einem Bildpunkt.

Der Drucker ist nicht in der Lage, Hellrot oder Grasgrün zu drucken – er druckt Cyan, Magenta, Gelb oder Schwarz – und das war's. Für Mischfarben wird mit einer Ansammlung von Druckpunkten ein Bildpunkt ausgegeben, der aus der Entfernung betrachtet den gewünschten Farbton ergibt. Wenn der Drucker also mit 300 dpi Druckerauflösung druckt, wird ein Bildpunkt des Fotos nur aus einer Ansammlung dieser Punkte in einem viel gröberen als dem 300-dpi-Raster wiedergegeben.

Setzt ein Drucker beispielsweise seine Farben aus einer Matrix von 16x16 Punkten zusammen, reduziert sich die sichtbare Auflösung um den Faktor 16, aus 720 dpi werden 45 dpi.

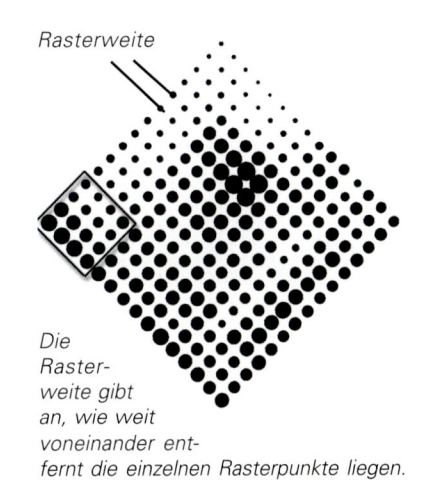

Ausgabe auf einem Drucker am Rechner

Sie möchten ein Bild auf einem Tintenstrahl- oder Laserdrucker ausgeben und dabei mindestens 64 Farbabstufungen drucken? Die maximale Anzahl der Helligkeitsstufen, die ein Drucker bei gegebener Rasterweite und Drucker- oder Belichterauflösung erzeugt werden kann, errechnet sich nach folgender Formel:

$$\text{Anzahl der Helligkeitsstufen} = \left(\frac{\text{max. Drucker-/Belichterauflösung}}{\text{Rasterfrequenz}}\right)^2$$

Das Bild dürfte also auf einem Drucker mit 720 dpi höchstens mit einer Ausgabeauflösung von 90 dpi gedruckt werden, damit 64 Abstufungen für jede Farbe zur Verfügung stehen. Wollen Sie eine höhere Ausgabequalität erreichen und darum mit einem feineren Raster arbeiten, so wird hierdurch die Anzahl der darstellbaren Farbabstufungen verringert. Farbverläufe können dann nicht mehr stufenlos dargestellt werden.

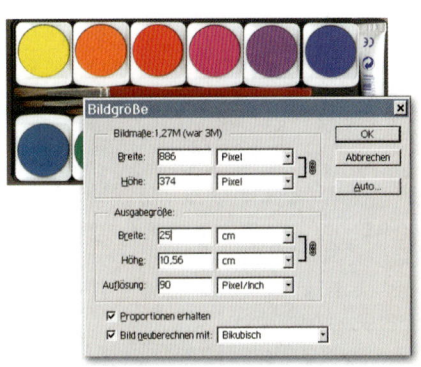

Rasterweite, Rasterfrequenz und Auflösung

Mit Begriffen wie Rasterweite, Rasterdichte, Rasterfrequenz bringt der Offsetdruck noch ein paar Maße in die Welt des digitalen Bildes ein. Die Rasterweite gibt an, wie weit voneinander entfernt die einzelnen Rasterpunkte liegen. Sie wird in Linien pro Zentimeter (l/cm) oder Linien pro Zoll (lines per inch, lpi) gemessen. Ein größerer Wert bedeutet hierbei ein feineres Raster – also wird hier eigentlich eine Rasterdichte bzw. die Rasterfrequenz beschrieben.

Im Offsetdruck hängt die Rasterweite vom Papier ab, auf das gedruckt wird – bei den preiswerten Papieren der Tagespresse etwa würde ein zu feines Raster durch den Tonwertzuwachs den Druck »zulaufen« lassen. Auf dem Tintenstrahl- bzw. Laserdrucker hängt die Rasterweite von der Auflösung des Druckers ab: Mit einem 300 dpi-Drucker kann man gerade noch ein 30iger Raster drucken, mit einem 720 dpi-Drucker ein 54iger Raster.

Da früher für jede Rasterweite eine spezielle Rasterfolie gekauft werden mußte, haben sich einige Standardwerte eingebürgert. Zwar kann heute auf dem Computer jede beliebige Rasterweite eingegeben werden, aber dennoch hält man sich in der Regel an die gängigen Rasterweiten.

Der Rasterfaktor

In der Praxis gelingt es nur mit großen Schwierigkeiten, daß die einzelnen Pixel genau mit den Rasterpunkten übereinstimmen, so daß Bildraster und Druckraster deckungsgleich sind. Würde die Scanauflösung genau

Rasterweite

Die Rasterweite gibt an, wie weit voneinander entfernt die einzelnen Rasterpunkte liegen.

Wieviele Farben braucht das gedruckte Bild?

In der Regel werden Magazine, Bücher und Broschüren auf gestrichenem Papier in einem 60iger Raster gedruckt. Zur Sicherheit wird das Bild dafür in etwa doppelter Auflösung gescannt oder angelegt: 300 dpi.

Rasterweite (l/cm)	Rasterweite (lpi)	Anwendungsbereich
34	86,4	Zeitungsdruck, Rollenoffset
40	101,6	Ungestrichene Papiere, Rollenoffset
48	121,9	Ungestrichene Papiere, Bogenoffset
54	137,2	Gestrichene Papiere, niedere Qualität
60	152,4	Gestrichene Papiere, mittlere Qualität
70	177,8	Gestrichene Papiere, hohe Qualität
80-120	203,2-304,8	Kunstdruck

der Ausgabeauflösung entsprechen, könnte der Rasterpunkt einen falschen Farbwert annehmen, was vor allem an scharfen Kanten im Bild sichtbar würde.

Darum kalkuliert man einen Sicherheitsfaktor (den sogenannten Rasterfaktor) ein, der die Scanauflösung erhöht und so dem Ausgabegerät eine bessere Berechnung des Farbwertes jedes Rasterpunktes ermöglicht. Üblicherweise beträgt dieser Sicherheitsfaktor 2. Dann wird der Farbwert jedes Rasterpunktes aus insgesamt vier Pixeln ermittelt und damit genauer.

Der Rasterwinkel

Bis hier hin war mit dem Ausdruck »Raster« immer das konventionelle Raster des Offsetdrucks gemeint. Der Tintenstrahl- und Laserdrucker bringt uns eine andere Methode der Rasterung: frequenzmodulierte Raster. Sie erlauben bei gleicher Auflösung des Druckers ein feineres Raster und liefern so eine bessere Druckqualität, als es mit den konventionellen Rastern möglich war.

6.7 Jedermanns Liebling: der Tintenstrahldrucker

Eine ähnlich steile Karriere wie der Scanner hat der Tintenstrahldrucker hingelegt. Ein A4-Drucker liegt schon lange unter 1000 DM und kann dabei bis zu 6 Farben und bis zu 1440 dpi Druckerauflösung vorweisen.

Die Tinten, die speziellen InkJet-Papiere und Druckertreiber neueren Datums haben sich in der letzten Zeit gut an die Euroscala angelehnt, so daß die Ausdrucke aus dem Tintenstrahler mit dem richtigen Papier schon Proofqualität aufweisen.

Aber auch Benutzer, die einfach nur ihre eigenen Fotos und Illustrationen per Tintenstrahler aufs Papier bringen, profitieren von diesem Fortschritt: Die Farbtreue des Drucks wurde verbessert und immer ausgereiftere Papiere für den Tintenstrahler sorgen für einen detailreichen und farbechten Druck.

Nur so gut wie sein Papier

Das richtige Papier ist allerdings immer noch die wichtigste Voraussetzung für einen randscharfen Druck mit stimmigen Farben. Spezielle InkJet-Papiere weisen eine beschichtete Seite auf und sind besonders weiß, um leuchtende Farben hervorzubringen. Immer mehr Papiere mit einer glänzenden Schicht, die den Fotopapieren nachempfunden sind, kommen auf den Markt und zeigen einen »fotorealistischen« Eindruck.

Dabei kann allerdings noch lange nicht jedes Papier für jeden Drucker eingesetzt werden. Die Tinte des Druckers harmoniert vielleicht mit einem Papier mit einer »Glossy«-Beschichtung, während auf einem anderen Glossy-Papier die Farben nicht schnell genug trocknen und verlaufen. Sicherheit bringen in der Regel nur die speziellen Papiere des Druckerherstellers. Zwar vermerken die Papierhersteller auf den Packungen, für welche Drucker ein Papier mehr oder weniger geeignet ist, aber mit welchem Papier ein Drucker zu seiner Höchstform aufläuft, kann nur durch Tests in Erfahrung gebracht werden. Das gleiche gilt für die Tinten von Drittanbietern.

Feine Farben für Verläufe

Sechs Farben sorgen für einen weiteren Anstieg der Qualität: Mit sechs Farben brechen Farbverläufe nicht so schnell auf – denn 600, 720, 1200 oder 1420 dpi Druckerauflösung alleine vollbringen noch keine stufenlose Verläufe. Das Spektrum der druckbaren Farben wird vergrößert und erzeugt durch die Wahl von Hell-Cyan und Hell-Magenta als fünfte und sechste Farbe feinere Pastelltöne und natürlichere Hauttöne.

Der Trick der Tintenstrahldrucker

Beim konventionellen Rasterdruck sind die Rasterpunkte in einem gleichbleibenden Abstand auf einem regelmäßigen Gitter angeordnet und verschiedene Helligkeitsstufen werden durch eine variable Punktgröße erreicht. Die elektronische Bildverarbeitung ermöglicht eine andere Rastertechnik, die auf fotografischem Weg nicht machbar war: die frequenzmodulierte Rasterung. Anstatt die Punktgröße zu variieren und die Abstände konstant zu lassen, wird mit gleichbleibenden Punkten gearbeitet, die aber je nach gewünschtem Deckungsgrad mehr oder weniger dicht beisammen liegen. Die Verteilung der Punkte folgt dabei einer Zufallsfunktion.

Die frequenzmodulierten Rasterpunkte wirken feiner: Die Größe der Rasterpunkte wird natürlich so klein wie drucktechnisch möglich gewählt. In den dunklen Bildbereichen, wo beim herkömmlichen Rasterdruck große Rasterpunkte sichtbar werden, werden beim frequenzmodulierten Raster sehr viel kleinere Punkte nebeneinander gesetzt, wodurch der Eindruck eines viel feineren Rasters entsteht.

Die Druckauflösung

Bei einem frequenzmodulierten Raster kann die Druckauflösung beruhigt auf niedrigere Werte eingestellt werden: Hier reichen schon 180 bis 220 dpi für einen detailreichen und scharfen Druck aus – mehr Auflösung bringt keinen Qualitätsvorteil mehr. Wie hoch die optimale Auflösung bei einem frequenzmodulierten Raster sein sollte, hängt allerdings auch vom Motiv ab. In der Regel gilt: Je detailreicher und strukturierter das Bild ist, desto höher sollte die Auflösung sein. Für Bilder mit feinen Verläufen, zarten Farben und Hauttönen setzt man die Auflösung lieber niedriger an, damit es auf keinen Fall zu Abrissen in den Verläufen kommt.

Dementsprechend braucht das Bild für den Druck auf dem Tintenstrahler auch weniger Scharfzeichnung: Während als Faustregel für den Offsetdruck gilt, daß ein Bild auf dem Monitor bei einem 50%igen Zoom leicht überschärft aussehen darf, kann man sich beim Tintenstrahler an das halten, was der Monitor anzeigt. Das Bild auf dem Monitor sollte also den Grad an Schärfung zeigen, der anschließend auch auf dem Papier landen soll. Stellen Sie im UNSCHARF MASKIEREN-Filter moderate Werte von 120 bis 140 für die Stärke, einen Radius von 1 bis 1,2 und einen dem Bildmaterial angepaßten Schwellenwert ein.

Alles eine Frage der Einstellung

Sollen Fotos und Illustrationen so »farbecht« gedruckt werden, wie der Monitor sie zeigt, müssen Einstellungen im Druckertreiber wie FARBMANAGEMENT IM DRUCKER und FOTO-OPTIMIERUNG tunlichst ausgeschaltet werden, damit auch hier der Druck hält, was der Monitor verspricht. Insbesondere Einstellungen wie FOTO-OPTIMIERUNG können Farben verfälschen und die Tiefen zulaufen lassen – hier versuchen die Druckertreiber, das Bild per »Autokorrektur« ohne Eingriff des Benutzers zu optimieren.

Bei Geschäftsgrafiken hingegen, wo es mehr auf die Farbsättigung als auf die Stimmigkeit der Farben ankommt, zeigen solche Einstellungen unter Umständen leuchtendere Farben und optimal gesättigte Farben – hier schöpft der Drucker seine Fähigkeiten voll aus.

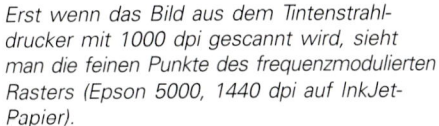

Erst wenn das Bild aus dem Tintenstrahldrucker mit 1000 dpi gescannt wird, sieht man die feinen Punkte des frequenzmodulierten Rasters (Epson 5000, 1440 dpi auf InkJet-Papier).

Der Offsetdruck liefert in der Vergrößerung sein typisches Rosettenraster.

RGB oder CMYK – das ist hier die Frage

Da geben die meisten Tintenstrahldrucker tatsächlich vor, RGB-Drucker zu sein, aber das ist natürlich glatt gelogen: Da auch der Tintenstrahldrucker mit den Farben Cyan, Magenta, Gelb und Schwarz druckt, ist er natürlich ein CMYK-Drucker. Da der Tintenstrahldrucker aber keine Filme erfordert, sondern die Daten aus dem Rechner direkt verarbeitet, kann er RGB-Bilder genauso drucken wie CMYK-Bilder – die Druckersoftware separiert bei RGB-Bildern die Bilddaten selbsttätig, ohne den Inhaber mit den technischen Details des Vierfarbdrucks und der Separation zu belästigen.

Einige Druckertreiber – insbesondere klassische Office-Drucker – sind gar nicht in der Lage, CMYK-Daten zu verarbeiten. Wird aus dem Photoshop gedruckt, wandelt das Programm die Bilder zum Druck wieder in RGB-Daten um.

Tatsächlich erzielt ein guter Druckertreiber mit RGB-Bildern ähnliche Ergebnisse wie mit CMYK-Bildern. Wenn allerdings Farben im RGB-Bild enthalten sind, die durch die Druckfarben nicht dargestellt werden können, ergeht es dem Ausdruck aus dem Tintenstrahler nicht anders als dem Offsetdruck: Die Farben des Bildes auf dem Monitor gehen beim Druck sang- und klanglos verloren. Das gilt auch hier besonders für leuchtende Farben, Goldtöne und Neonfarben. Wenn Sie also die Farben bereits auf dem Monitor kontrollieren wollen, müssen Sie das Bild vor dem Druck separieren.

Wer allerdings seine RGB-Bilder so farbecht wie möglich drucken will und sich dabei nicht dem Aufwand unterziehen möchte, ein Profil für seinen Drucker zu erstellen, bleibt insbesondere bei Druckern mit 6 Farben im RGB-Modus – mit sechs Farben ist das Spektrum der druckbaren Farben größer und die Separation im Druckertreiber ist auf Tinten und Papier (Glossy, Folien, Backfilm, InkJet) abgestimmt.

Ein Druck mit Profil

ICC-Profile auch für den heimischen Tintenstrahldrucker werden in der nächsten Zeit zur Regel werden – noch sind sie selbst für die professionellen Geräte der Mittelklasse kaum aufzutreiben. Dazu kommt, daß der Druck seine Farbtreue nicht allein durch die richtige Farbseparation gewinnt, sondern daß hier das Papier eine große Rolle spielt. Wer also die höchsten Ansprüche an seine Ausdrucke erhebt, wird sich auch der Mühe unterziehen, eigene Profile für die CMYK-Einstellung seines Druckers für die wichtigsten Papiere zu erstellen. Benutzen Sie dazu ein aussagekräftiges Bild mit kräftigen Farben, das im RGB-Modus vorliegt und das Sie mit unterschiedlichen Einstellungen im CMYK-Setup separieren.

Mit den traditionellen Einstellungen für die Separation (DATEI/FARBEINSTELLUNGEN/CMYK EINRICHTEN und TABELLEN) können Sie eine auf Ihren Drucker und das verwendete Papier abgestimmte Separation einstellen.

Um einen Farbstich auszugleichen, legen Sie ein Bild im CMYK an und erstellen einen Graukeil durch eine gleichmäßige Mischung aus CMY. Als Referenz erzeugen Sie einen weiteren Graukeil aus reinem Schwarz.

Frischzellenkur für den Drucker

Für den Drucker gilt das gleiche wie für Scanner und digitale Kameras: Ein neuer Treiber hält die technischen Gerätschaften auf dem Stand der Technik. Neue Druckertreiber für den eigenen Drucker findet man im Internet auf den Seiten der Hersteller, auf Beilagen-CDs in Computer-Zeitschriften oder fragt bei seinem Händler oder beim Hersteller an.

6.8 Verdruckt, abgesoffen und voll daneben

Wenn sich im Druck statt des erwarteten brillanten Bildes vom Bildschirm ein flauer Abklatsch zeigt, wenn Mitteleuropäer zu Indianern mutieren und der Monitor die irische Berglandschaft noch in frühlingshaften Farben darstellt, die sich auf dem Papier als Sonnenuntergang erweisen ...

Auf dem Weg vom Monitor zum Druck lauern viele Fallen. Fast immer hängen sie mit einer falschen Auflösung, einer falschen Separationseinstellung, dem falschen Bildformat und der Komprimierung von Bilddaten zusammen.

Das Bild zeigt Pixel

1. Die Ausgabeauflösung war zu klein. Erfassen Sie das Bild mit der Ausgabeauflösung, die Sie aus der Formel für den Halbtondruck oder den Rasterdruck entnehmen.
2. Das Bild wurde zu stark komprimiert. Bei starkem Komprimieren verliert das Bild an Informationen. Hoffentlich haben Sie das Original archiviert – denn die Rekonstruktion eines zu stark komprimierten Bildes ist nur sehr bedingt möglich.

Das Bild ist unscharf

1. Das Bild wurde mit einer zu niedrigen Auflösung erfaßt. Hier hilft nur eine erneute Aufnahme oder ein erneuter Scan.
2. Das Bild verliert an Schärfe, wenn es im Photoshop rotiert, verkleinert oder vergrößert wurde. Das Vergrößern und Verkleinern des Bildes in der Software bringt immer einen Qualitätsverlust mit sich. Benutzen Sie den Filter UNSCHARF MASKIEREN (USM) unter den SCHARFZEICHNUNGSFILTERN.
3. Das Aufrastern des Bildes führt zu einem Verlust an Bildschärfe. Dabei gilt: Je feiner das Druckraster, desto größer der Verlust. Diesem Verlust wirkt der USM-Filter entgegen.

Das Bild ist posterisiert

Das Bild sieht aus wie eine Tontrennung aus der Dunkelkammer: Statt weicher Farbverläufe erscheint die Farbe stufig wie eine Grafik.
1. Das Bild wurde in der Tonwertkorrektur oder per Gradationskurve zu heftig korrigiert.
2. Das Bild wurde versehentlich in einen Modus mit weniger als 8 Bit umgewandelt.
3. Das Bild wurde mit einer zu hohen Druckauflösung gedruckt, so daß nicht genug Farbabstufungen ausgegeben wurden.

Das Bild ist zu dunkel – die Tiefen laufen zu

1. Die Druckauflösung ist zu fein für das Papier. Setzen Sie die AUFLÖSUNG im Bildmenü des Photoshops zurück (mit dem Parameter NEUBERECHNUNG, wenn das Bild dabei seine Maße im Druck behalten soll). Benutzen Sie im Tintenstrahldrucker die speziell beschichteten InkJet-Papiere, auf denen die Farben nicht so stark verlaufen.
2. Einstellungen wurden an einem schlecht kalibrierten Bildschirm vorgenommen (Siehe Kapitel 5: Farbmanagement).
3. In DATEI/FARBEINSTELLUNGEN/CMYK ist der falsche Druckprozeß eingestellt. Erfragen Sie den korrekten Druckprozeß bei Ihrer Druckerei.
4. Tintenstrahldrucker haben einen höheren Tonwertzuwachs als der Offsetdruck. Wenn Sie ein eigenes CMYK-Profil für Ihren Drucker erstellen, setzen Sie einen höheren Tonwertzuwachs in DATEI/FARBEINSTELLUNGEN/CMYK/EINGEBAUT ein.
5. Viele Scanner – insbesondere ältere Modelle – scannen zu dunkel, weil ihre CCDs in den dunklen Bereichen die Helligkeitsstufen nicht mehr gut differenzieren können. In der Tonwertkorrektur (BILD/EINSTELLUNGEN/TONWERTKORREKTUR) heben Sie die Tiefen.

Wo sind meine Farben geblieben?

Die Farben stimmen nicht, insbesondere kräftige und leuchtende Farben sind flau und flach und sehen einfach falsch aus.

1. Das Bild wurde nicht in ein CMYK-Bild umgewandelt. Da der CMYK-Farbraum kleiner ist als der RGB-Farbraum des Bildschirms, können bei der Modusänderung Farben abgeschnitten werden – gerade leuchtende Farben werden im Vierfarbdruck nicht so wiedergegeben, wie sie der Monitor darstellt. Wenn Sie das Bild nicht am eigenen Bildschirm separieren, sondern die Separation dem Belichter oder dem Drucker überlassen, können Sie die Druckfarben nicht beurteilen und eventuelle Farbverluste der Separation ausgleichen.
2. Das Bild wurde von der Treibersoftware des Druckers separiert und/oder mit Einstellungen wie »Foto-optimiert« oder »Farbmanagement im Drucker« gedruckt.
3. Überprüfen Sie bei einem Tintenstrahldrucker Ihren Tintenvorrat; eventuell müssen auch die Druckköpfe gereinigt werden. Auch einige Papiersorten bringen schnell einen leichten Cyan- oder Magentastich ins Bild.

Auf dem Monitor zeigt das Bild zarte Farben und filigrane, gestochen scharfe Konturen.

Die Tiefen laufen zu: Das kann am falschen Papier liegen, an einem falsch eingestellten Monitor oder an einer zu hohen Druckauflösung.

Unscharf und pixelig: Hier wurde zu stark komprimiert oder die Bildauflösung ist zu niedrig.

Das Bild »posterisiert« – es zeigt Stufen zwischen den Farben, wenn es mit einer zu hohen Auflösung gedruckt wurde.

Ist das Bild unscharf und verschwommen, wurde es wahrscheinlich mit einer zu niedrigen Auflösung gedruckt.

Wenn die Farben dahinschwinden und unrealistisch wirken, kann ein falscher Druckprozeß die Schuld tragen.

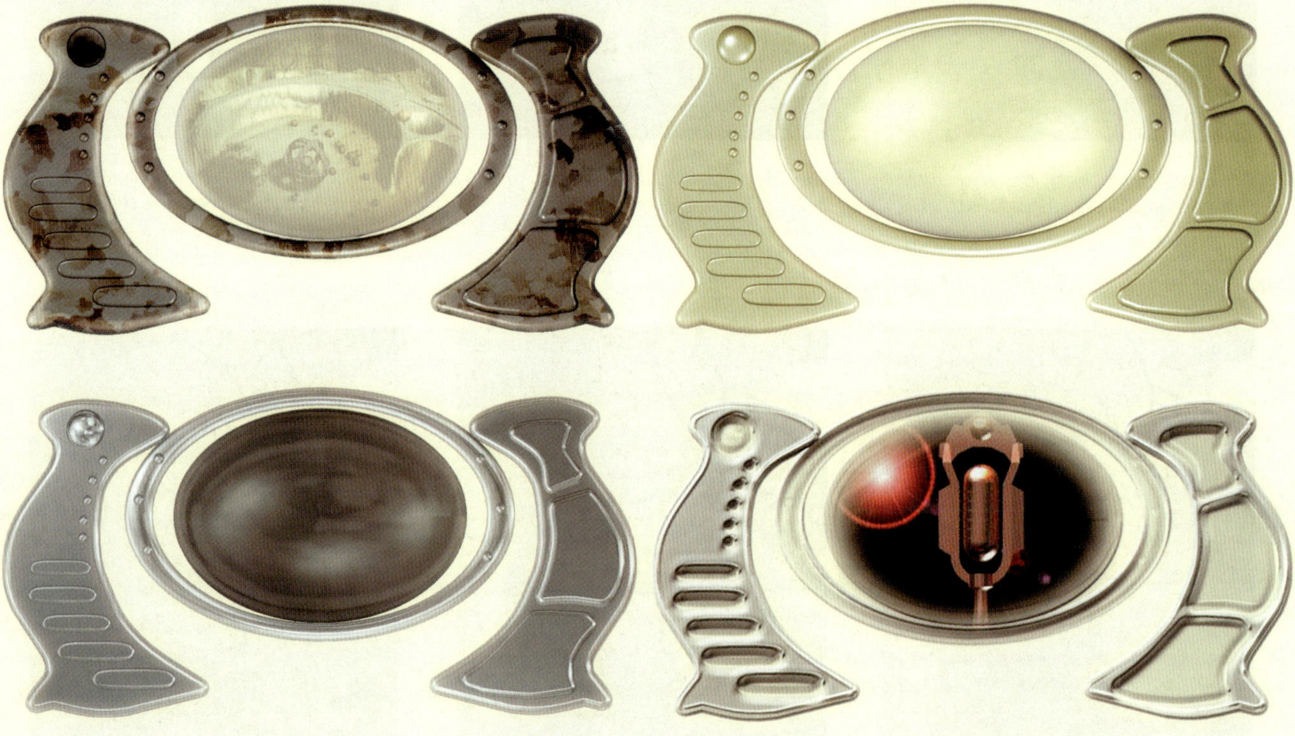

KAPITEL 7   NICHTS GEHT OHNE WEB

Wenn Bilder ins Web gestellt werden, müssen sie sich einer harten Operation unterziehen: Sie werden komprimiert und in den Farben reduziert, damit sie im Web nicht die Bandbreiten sprengen.

7.1   Komprimiert, reduziert und indiziert

Die beiden Klassiker, die ein Foto auf weniger als ein Zehntel seiner Originalgröße schrumpfen lassen, sind GIF (Graphic Interchange Format) und JPEG (Joint Picture Expert Group). Neu im Cyberraum der Computernetze sind die Bildformate PNG und FlashPix. Ohne Zusatzsoftware – sprich Plug-ins – zeigen Browser allerdings nur JPEG- und GIF-Dateien an.

Das passende Format fürs Bild

Alle Debatten um das richtige und bessere Format für die Komprimierung von Bildern für das World Wide Web sind eigentlich vollkommen überflüssig. Genauso wenig wie es das beste Auto oder die schönste Stadt gibt, existiert das beste Format für die Komprimierung von Fotos.

Farbtiefe, Bildcharakter, die geforderte Funktionalität des Bildes, seine Verwendung und der gewünschte Kompressionsfaktor lassen zahlreiche Möglichkeiten mit unterschiedlichen Qualitäten zu – es ist schon schwierig genug, die optimale Kombination für ein einzelnes Bild zu finden.

JPEG

JPEG ist fast immer die erste Wahl, wenn Fotografien für das Internet komprimiert werden. JPEG kann sehr hohe Komprimierungsraten bieten – 1:3 bis 1:20, je nach Bildcharakter und akzeptablem Qualitätsverlust – und erhält dabei die Farben des Bildes. Aber auch im Offsetdruck ist JPEG nicht unbedingt verpönt: Da es auch separierte Bilddaten (CMYK-Bilder)

Die typische Kästchenbildung einer heftigen Komprimierung wird als »Artefakt« bezeichnet.

Ob eine Komprimierung zu einem sichtbaren Qualitätsverlust führt, sehen Sie erst, wenn Sie das Bild schließen und erneut öffnen.

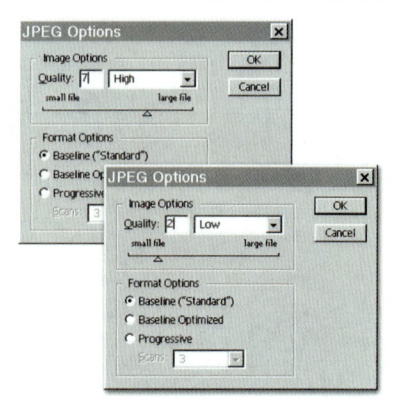

und Freistellpfade speichern kann, ist es das favorisierte Format, wenn es gilt, Bilder per ISDN-Leitung oder Diskette an den Setzer/Drucker/Belichter zu schicken. Alphakanäle und Ebenen muß der Benutzer allerdings eliminieren, bevor er ein Bild als JPEG-Datei speichern kann.

JPEG ist neben seinem Einsatz im Internet oder als »Versandformat« auch als Archivformat sehr beliebt. Allerdings wird JPEG erst dann als Archivformat gewählt, wenn das Bild nicht weiter verarbeitet werden soll. Ansonsten würde das Bild anschließend erneut den Qualen der verlustbehafteten Komprimierung unterworfen und die Artefakte wären schon bei einer schwächeren Komprimierung sichtbar.

Besser hell-dunkel als kunterbunt

Die Kompressionsstrategie von JPEG ist einfach erklärt: Helligkeitsinformationen sind für das menschliche Auge wichtiger als Farben. Wir können noch in der Dämmerung Konturen ausmachen, wenn wir schon lange keine Farben mehr sehen. Also speichert JPEG – gleichmäßig über das Bild verteilt – die Mehrzahl der Pixel nur mit der Helligkeitsinformation und spart pro Pixel zwei Drittel des Speicherplatzes. Die übrigen Bildpunkte erhalten die Helligkeits- und Farbwerte vollständig. Beim Öffnen des Dokuments errechnet die Software aus diesen noch vorhandenen Farben die Informationen für die verbleibenden Bildpunkte per Mittelwertbildung. Zusätzlich komprimiert JPEG noch mit rein mathematischen Verfahren, die keine weiteren Verluste mit sich bringen.

So klein war das Bild noch nie

Bis zu einem Faktor von 1:10 bis 1:15 läßt sich eine Bilddatei auf dieser Basis komprimieren, ohne daß wir einen Verlust bemerken. Eine 10 MB große Datei paßt somit noch locker auf eine Diskette. Bei einer Komprimierung von 1:50 können wir die ersten »Artefakte« erkennen, die allerdings in der Regel noch akzeptabel sind. Darüber hinaus komprimiert verliert das Bild seine Brillanz, und die viereckigen Artefakte springen selbst bei einem guten Offsetdruck noch ins Gesicht.

Der Photoshop liefert bei der Einstellung des Höchstwertes 10 die beste Qualität für das JPEG-Bild, komprimiert das Bild dabei allerdings auch nur sehr wenig: Je nach Bildtyp auf 20 - 30% der Größe des Originals. Werte von 8 bis 5 liefern ein Optimum an Komprimierung, ohne daß sich sichtbare Spuren der Komprimierung ins Bild einschleichen.

Damit das Bild so klein wie möglich ausfällt, verzichten Sie auf das Vorschaubild (MINIATURBILD SPEICHERN) und deaktivieren die Einbettung eines Profils (DATEI/FARBEINSTELLUNGEN/PROFILE) beim Speichern.

JPEG im Photoshop

Wenn Sie Photoshop dazu benutzen, Bilder als JPEG-Dateien zu speichern, sollten Sie sich im klaren darüber sein, daß Photoshop den Komprimierungsverlust nicht am Bildschirm anzeigt. Den mitunter großen Qualitätsverlust sehen Sie erst, wenn Sie die Datei schließen und wieder öffnen.

Wenig Struktur, flächige Farben – in der höchsten Qualitätsstufe wird das Bild von 1 MB auf 250 KB komprimiert.

Feine Strukturen und ein aufgelöster Hintergrund – nach der Komprimierung weist das Bild noch immer 450 KB auf.

Viele feine Details – in der Qualitätsstufe 10 ist das Bild immer noch 540 KB groß.

Erst unterhalb der Qualitätsstufe 8 zeigen sich Artefakte. Qualitätsstufe 5, 53 KB.

Auch bei mittlerer Komprimierung sind kaum Qualitätsverluste sichtbar. Qualitätsstufe 5, 97 KB.

Selbst bei mittlerer Komprimierung werden keine Verluste sichtbar. Qualitätsstufe 5, 120 KB.

An den Konturen und in den flächigen Farben sind die typischen Artefakte besonders deutlich. Qualitätsstufe 1, 32 KB.

Auch hier sind die Qualitätsverluste in den aufgelösten Flächen am höchsten. Qualitätsstufe 1, 54 KB.

In den feinen Strukturen erzeugt auch die höchste Stufe der Komprimierung kaum Qualitätseinbußen. Qualitätsstufe 1, 76 KB.

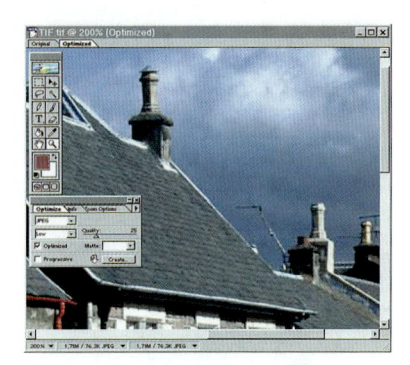

Adobe Image Ready zeigt in Echtzeit die Folgen der unterschiedlichen Komprimierungsstufen an.

Eine ganze Reihe von Sharewareprogrammen auf dem Mac und dem PC unterstützen ihre Benutzer bei der Wahl der richtigen Komprimierungsstufe. Auch Adobe sieht den Bedarf, den vor allem immer mehr Webdesigner anmelden und hat das Programm IMAGEREADY herausgebracht, mit dem Bilder kontrolliert komprimiert werden.

ADOBE IMAGEREADY zeigt seinem Benutzer, was bei der Komprimierung eines JPEG-, GIF- oder PNG-Bildes passiert. Anhand des Originals und des optimierten Bildes entscheidet der Benutzer, ob eine Komprimierung oder Farbreduzierung noch akzeptabel ist und ob die Speicherersparnis befriedigend ausfällt.

GIF (Grafic Interchange Format)

Während JPEG aufgrund der Art und Weise der Komprimierung für Fotos mit vielen Details und feinen Verläufen geeignet ist, versagt es fast immer bei Bildern mit flächigen, wenigen Farben und Schriften. Grafiken, Skizzen, Logos und Schriften sind eher ein Fall für das »andere« Bildformat des Internets: GIF.

GIF war das bevorzugte Bildformat der frühen Internet- und CompuServe-Zeiten. CompuServe, der Entwickler von GIF, wollte damit ein Dateiformat anbieten, das auf allen Betriebssystemen verwendet werden konnte. Dieser Schritt war so erfolgreich, daß GIF bis heute bei den meisten Webdesignern noch immer das beliebteste Grafikformat ist.

GIF komprimiert ein Bild auf der Basis einer Farbreduktion: Ein GIF-Bild kann maximal 256 Farben enthalten. Mehr Farben sind nicht möglich, weniger Farben schon. Je geringer die Anzahl der Farben ist, desto kompakter ist die entstehende GIF-Datei. Ein Bild, das bei 256 Farben gut wirkt, sieht meistens auch noch bei 128 Farben gut aus – spart aber schon die Hälfte an Speicherplatz. Da GIF keine Farbkanäle enthält, kann es weder RGB- noch CMYK-Bilder speichern und entfällt damit als Format, wenn es gilt, ein Bild für den Druck aufzubewahren.

Die Komprimierung wird in horizontaler Richtung durchgeführt: Farben mit demselben Farbwert können mit dem GIF-Algorithmus als eine horizontale Einheit beschrieben werden. Von daher werden GIF-Dateien mit horizontalen Verläufen stärker komprimiert als solche mit senkrechten Verläufen.

Komprimierung in GIF: Horizontale Verläufe münden in kleineren Dateien als senkrechte Verläufe.

Mehr als eine Bilddatei

Darüber hinaus kann GIF mehr, als nur Bilder speichern und komprimieren. Besonders sei hier an einem Beispiel erwähnt, daß GIF mit Transparenzen umgehen kann: Ein Freisteller oder eine runde Schaltfläche, die in eine Seite mit einem Hintergrundmuster eingesetzt werden, dürfen in der Umgebung des Knopfes den Hintergrund nicht überlagern, um den Knopf herum muß also das Bild durchsichtig – transparent – sein. In GIF läßt sich eine beliebige Farbe aus der Farbpalette des Bildes zur Transparenzfarbe erklären und wird dann dort im Webbrowser durchsichtig.

	TIFF	JPEG10	JPEG5	JPEG2	GIF 256 Farben	GIF 32 Farben
Fein	4.700 KB	2.223 KB	412 KB	264 KB	1.147 KB	671 KB
Flächig	4.700 KB	1.493 KB	314 KB	213 KB	1.180 KB	615 KB

Tabelle: Bei Fotografien gewinnt JPEG fast immer: Beim Vergleich zeigt GIF selbst bei einer starken Reduktion der Farben fast immer eine höhere Dateigröße.

Und noch mehr: GIF kann nicht nur ein Einzelbild speichern, sondern eine ganze Folge von Bildern, für die zusätzlich festgelegt werden kann, in welchem Tempo die einzelnen Bilder nacheinander eingespielt werden sollen. Auf diese Weise werden die kleinen Filme des Internets angelegt: GIF-Animationen ist hier das Schlagwort.

Zweimal GIF aus dem Photoshop

Der Photoshop kann GIF-Bilder auf zweierlei Weise speichern. Bei der ersten Methode überführen Sie das Bild in den Modus INDIZIERTE FARBEN (BILDMENÜ/MODUS/INDIZIERTE FARBEN). Wählen Sie als Palette FLEXIBEL, um eigenhändig die Anzahl der Farben festzulegen. Wenn die Option VORSCHAU aktiviert ist, sehen Sie die Folgen der Farbreduktion sofort.

Photoshop bietet eine interessante Möglichkeit, eine größere Kontrolle über die bei der Farbreduktion verlorengehenden Farben zu erlangen. Wenn Sie zuerst eine Fläche des Bildes markieren, die nicht verändert werden soll, wird das Programm so viele Farben wie möglich aus der ausgewählten Fläche verwenden. Daraus resultiert häufig ein viel besseres Ergebnis. Mit der Umschalttaste können Sie auch noch weitere Flächen hinzufügen.

Die zweite Methode arbeitet ohne explizite Umwandlung des Bildes in indizierte Farben, erlaubt Ihnen aber, eine Farbe für die Transparenz anzugeben. Für ein GIF legen Sie ein neues Bild an und wählen dabei die Option TRANSPARENT – nicht WEISS oder HINTERGRUND. Stellen Sie Ihr Motiv ein und wählen Sie im Dateimenü die Funktion EXPORTIEREN/GIF 89A EXPORT. Klicken Sie in das graue Farbfeld, um die Transparenzfarbe festzulegen und wählen Sie die adaptive Farbpalette. Aktivieren Sie VORSCHAU und prüfen Sie, ob das Bild nicht auch noch bei 64 oder weniger Farben ordentlich aussieht. Wenn Sie die Option INTERLACED ankreuzen, wird das Bild in Phasen geladen, braucht dafür aber auch etwas mehr Speicherplatz.

Interlacing und Transparenz

GIF hilft dem Surfer über die Wartezeit hinweg: GIF kann in Stufen geladen werden (»GIF Interlaced«) und dabei von Stufe zu Stufe ein immer detaillierteres und kompletteres Bild bieten. Der Vorteil dieses Verfahrens: Der Surfer sieht Teile oder Schemen der Grafik schneller in seinem Browser. Dieser Mechanismus soll dem Surfer über die Wartezeit hinweghelfen und bei der Stange halten.

In einem ersten Durchgang wird nur ein grober Anriß des Bildes auf den Bildschirm geladen, in dem man das Bild aber bereits erkennen kann; danach wird das Bild auf dem Monitor schrittweise verfeinert. Zwar wird

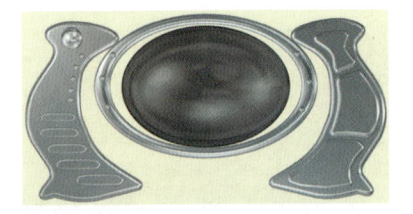

Damit das Bild auf einem farbigen Hintergrund frei stehen kann, muß es eine definierte Transparenzfarbe enthalten.

Eine GIF-Datei mit transparentem Hintergrund erzeugen Sie im Dateimenü mit EXPORTIEREN/GIF 89A.

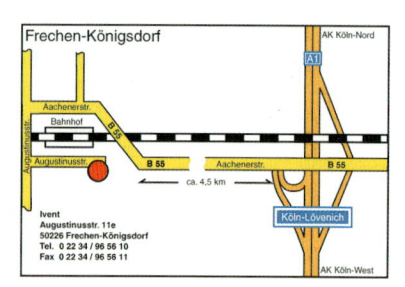

Für diese Art von Grafiken mit integriertem Text bietet GIF eine hohe Qualität bei hoher Komprimierung: 92 KB bei 114 Farben.

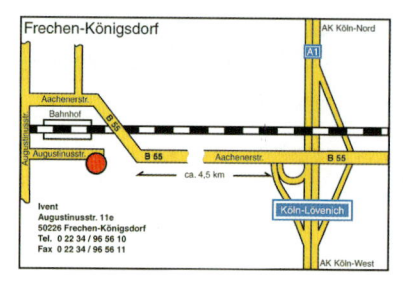

Selbst mit nur noch 10 Farben liefert das Bild klare Schriften und Konturen: 9KB bei 10 Farben.

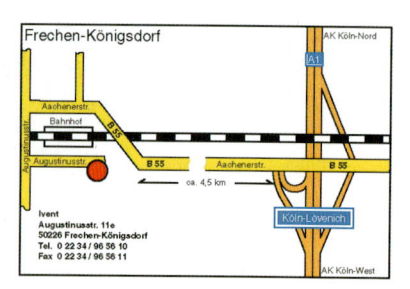

Für eine extreme Komprimierung verzichtet man beim Import aus dem Grafikprogramm auf das Glätten der Konturen und Schriften: 5 KB bei 6 Farben.

Bei nur noch 16 Farben werden deutliche Einbrüche in der Qualität sichtbar: 16 Farben, 21 KB.

»Dithern« verbessert zwar die Bildqualität, vergrößert aber die Dateigröße wieder: 16 Farben, 44 KB.

Mit 64 Farben und ohne Dithern ist die Bildqualität nicht nur deutlich besser, die Dateigröße ist auch geringer: 64 Farben, 32 KB.

Dabei ist GIF keinesfalls nur ein Fall für Grafiken. Wenn Fotos von vornherein wenige Farben aufweisen, kann GIF seine Fähigkeiten voll ausspielen: Unkomprimiert 1,91 MB.

Bei 128 Farben ist von der Farbreduktion noch nichts zu sehen: 128 Farben, 244 KB.

Erst bei einer weiteren Reduzierung der Farben werden die Folgen sichtbar: 32 Farben, 113 KB.

eine GIF-Datei durch das Interlacing etwas größer, aber für die Webdesigner ist Interlacing ein Segen: Der Ladevorgang wirkt spannender als ein leere Bildfläche während des gesamten Ladevorgangs.

Moderne Pixel fürs Netz: PNG

Portierbare Netzwerk-Grafiken (PNG) sind das neueste Webformat – und es wird sich auf der ganzen Linie durchsetzen, denn es vereint die guten Seiten von GIF und JPEG und vermeidet die Schwächen der beiden »Alten«.

PNG wurde als Ersatz für GIF entwickelt; von daher hat es auch eine andere Interpretation der Abkürzung: »PNG ist Nicht-GIF«. Insbesondere wollten die Entwickler von PNG den Lizenzgebühren, die beim Einsatz von GIF an die GIF-Entwickler CompuServe und Univac abzuführen sind, ein Ende bereiten. Und so kam es, daß ein Grafikformat, das erst 1995 der Weltöffentlichkeit vorgestellt wurde, schon ein Jahr später vom World Wide Web Consortium (W3C) akzeptiert und offiziell anerkannt wurde – das ist ziemlich schnell.

PNG-Dateien können mit Farbpaletten arbeiten, das heißt mit 256 oder weniger Farben, bieten aber auch TrueColor mit bis zu 48 Bit Farbtiefe und 16 Bit Graustufen und können dabei sogar als Alternative zum TIF eingesetzt werden. PNG beherrscht die Kunst der verlustfreien Kompression und läßt dem Benutzer die Wahl, mit welchem Filter er das Bild komprimieren möchte. Da die Filter für verschiedene Bildinhalte ausgelegt sind, kann PNG sogar um 10-30% stärker komprimieren als vergleichbare GIF-Dateien.

Die Komprimierung beruht auf einem Algorithmus von Lempel und Ziv, die schon an der Entwicklung des LZW-Algorithmus beteiligt waren. PNG verwendet die Variante LZ77, während GIF auf der Variante LZ78 basiert (für die keine Lizenzgebühren zu entrichten ist).

PNG und Interlacing

Bei GIF-Dateien wird ein Bild im Web bereits angezeigt, wenn erst 1/8 der Daten im Browser angelangt sind. Bei PNG-Dateien reichen bereits 1/64 der Daten, um das Bild anzuzeigen. Das verwendete Vorschauverfahren trägt den Namen Adam7 nach seinem Entwickler Adam Costello. Das Interlacing der PNG-Dateien erfolgt in acht Schritten (bei GIF sind es vier Schritte).

Transparenz

Von allen Webformaten besitzt PNG die feinste Transparenz – allerdings nur in der verlustfreien 24-Bit-Komprimierung. Während GIF nur die zwei Stufen Transparenz ein/Transparenz aus kennt, wird die Transparenz des PNG-Bildes über einen Alphakanal definiert. So sind bei PNG 256 Stufen von Transparenz möglich – endlich Freiheit für den weichen Schatten. Jeder einzelne Pixel kann einen Transparenzwert von völlig transparent bis völlig opak beinhalten, und Grafiken gehen hier weich und nahtlos in den Hintergrund über.

SUB: *Bilder mit horizontalen Mustern*
UP: *Bilder mit vertikalen Mustern*
STANDARD: *Bilder mit geringfügigen Störungen*
PAETH: *Bilder mit geringfügigen Störungen*
ADAPTIV: *wendet den für das Bild am besten geeigneten Filter an. Wählen Sie* ADAPTIV, *wenn Sie sich nicht sicher sind, welchen Filter Sie verwenden sollen.*

Aber bitte mit Gamma

Wenn Sie eine Grafik ins Netz stellen, die mit einem Mac erzeugt wurde, werden Ihnen die Windows-Benutzer erzählen, daß die Bilder arg dunkel wirken. Und setzen Sie die Grafik von einem PC aus ins Netz, bekommen Sie von den Mac-Benutzern zu hören, daß die Grafiken verwaschen aussehen. PNG löst das Problem der unterschiedlichen Gammaeinstellungen auf den verschiedenen Systemen, indem es den Gammawert des Systems speichert, auf dem die Grafik erstellt wurde. Auf dem Zielsystem wird die Grafik dann dem dort herrschenden Gammawert angepaßt.

PNG verwendet auch bereits den von Microsoft und Hewlett-Packard vorgeschlagenen sRGB-Farbraum, in dem sowohl Farbart und -sättigung wie auch Weißpunkt einstellbar sind, und liefert eine zuverlässige Farbwiedergabe auf unterschiedlichen Systemen.

Da hat doch jemand was vergessen ...

Die Animation ist der Bereich, in dem das GIF auch weiterhin seine Berechtigung haben wird. Das PNG-Format bietet keine Unterstützung für Animationen und ist hier auch nicht erweiterbar. Nachdem die PNG-Entwickler entdeckten, daß sie hier etwas übersehen hatten, kehrten sie an ihre Schreibtische und in ihre Labore zurück und entwickelten das MNG (Multiple-Image Network Grafic).

Wer sich aber nach den vorangegangenen Beschreibungen bereits in das PNG-Format verliebt hat, braucht sich keine Gedanken zu machen, das könne jetzt mal wieder alles Jahre dauern. Wenn Sie dieses Buch lesen, hat das W3C das MNG-Format bestimmt schon anerkannt.

Die Unterstützung des PNG-Formats bieten bislang nur der Microsoft Internet Explorer 4.0 und Netscape Navigator 4.04. Leider unterstützt weder der eine noch der andere die Transparenzeigenschaften des PNG-Formats korrekt.

JPEG, GIF oder PNG?

Das beste Format für das Bild läßt sich nur durch Ausprobieren ermitteln, indem Sie eine Datei in der besten, noch akzeptablen Qualität speichern und die Dateigrößen miteinander vergleichen. Selbst Programme, die eine ausgefeiltere Hilfestellung bei der Komprimierung bieten als Photoshop, basieren auf dem Trial-and-Error-Verfahren. Aber ein paar Daumenregeln helfen bei der Orientierung:

- Echtfarbenfotos werden fast ausnahmslos besser als JPEG komprimiert. Benutzen Sie bei Fotos nach Möglichkeit eine ungeschärfte Version des Bildes.
- Screenshots, einfarbige Buttons, Schriften, Grafiken mit wenigen Farben geben als GIF ein besseres Bild ab: Schriften bleiben scharf und besser lesbar und an den Konturen entstehen keine Artefakte.

7.2 Der Umgang mit Farbpaletten

Die Bildqualität im Web hängt nicht allein von der Scanner- und Bildbearbeitungssoftware ab. Die angezeigten Farben hängen auch vom Computer, von der verwendeten Farbe, der Grafikkarte und vom Betriebssystem ab.

Damit das Bild im WWW auch eine gute Figur macht

Unter diesen Voraussetzungen ist es nicht erstaunlich, daß ein Bild auf Ihrem Mac mit dem 19"-Monitor und der hochgezüchteten Grafikkarte in Netscape hervorragend dargestellt wird, auf einem Windows-PC mit 15"-Monitor und Standard-Grafikkarte bei 256 Farben aber ein armseliges Bild ergibt. Der Macintosh liefert bei 256 Farben ein schlechteres Bild als der PC, mit Millionen von Farben wiederum bietet der Mac das bessere Bild als der PC.

Im großen und ganzen ist die Farbpalette eines Web-Browsers für den Qualitätsunterschied zwischen Mac- und PC-Monitoren verantwortlich. Wenn eine Farbe gebraucht wird, die nicht in der Farbtabelle steht, wird sie durch die Farbe ersetzt, die ihr am ähnlichsten ist. Im ungünstigsten Fall wird die Farbe durch zwei Farben aus der CLUT (Color Lookup Table) ersetzt – die Farben werden gemischt, damit durch den sogenannten Dithereffekt eine ähnliche Farbe entsteht.

Farbreduzierung und Farbtabellen im Photoshop

Bei der Umwandlung eines Farbbildes aus dem RGB-Modus in den Modus INDIZIERTE FARBEN haben Sie die Wahl zwischen 8 Tabellenarten:

- EXAKT steht nur dann zur Verfügung, wenn das Bild bereits 256 oder weniger Farben enthält. In einem Foto wird dies kaum der Fall sein – diese Situation tritt eher bei Grafiken ein (etwa wenn eine Grafik aus Illustrator oder Corel Draw! als EPS-Datei in den Photoshop importiert wurde). Die exakte Farbtabelle erhält alle Farben des Originalbildes.
- WINDOWS SYSTEM setzt ebenso wie MACINTOSH SYSTEM die 8-Bit-Farbtabelle des jeweiligen Systems ein, die beide auf einer gleichmäßigen Verteilung der RGB-Farben beruhen.
- WORLD WIDE WEB erzeugt die Farbtabelle, die von Web-Browsern am häufigsten verwendet wird und die eine Teilmenge der Windows- und Macintosh-Tabellen darstellt.
- GLEICHMÄSSIG setzt eine Farbtabelle ein, die auf der gleichmäßigen Verteilung der Farben im Farbspektrum basiert. Der Photoshop wählt sechs gleichmäßig voneinander ent-

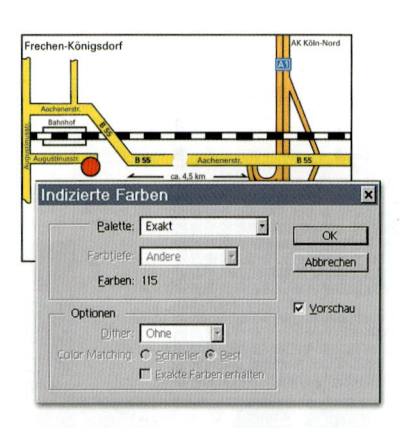

In der Regel gelingt es nur bei Grafiken, die exakten Farben bei der Umwandlung zu behalten.

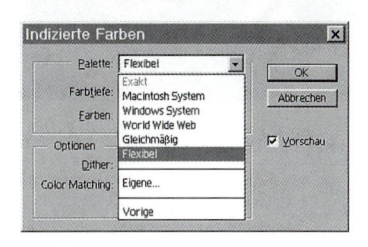

Diese verschiedenen Möglichkeiten zum Umwandeln in eine Datei mit indizierten Farben stehen Ihnen beim Aufruf von BILD/MODUS/ INDIZIERTE FARBEN zur Verfügung.

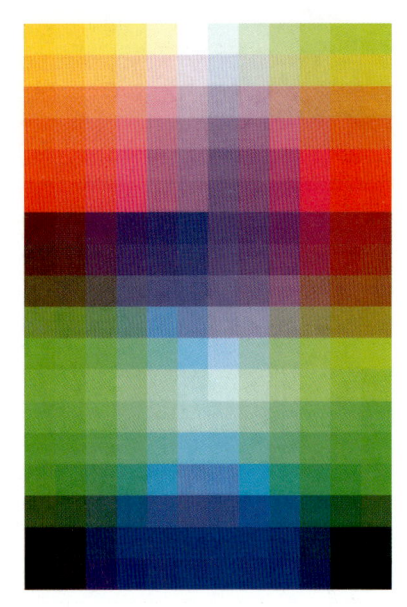

Die 216-Farben Netscape-Farbtabelle

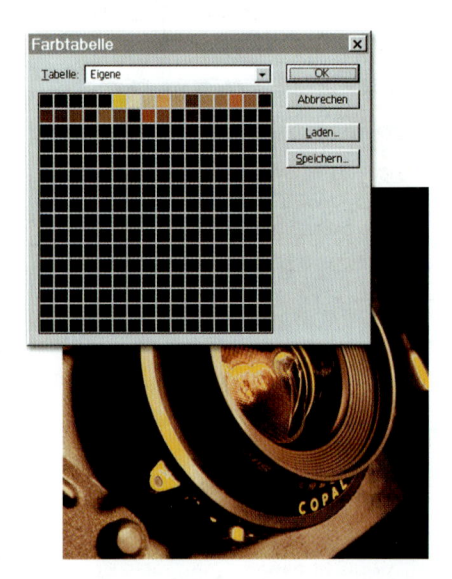

Klicken Sie in der Farbtabelle auf die Farbe, die Sie ändern wollen – leider bietet Photoshop 5 noch keine Möglichkeit, die Farbe direkt im Bild auszuwählen.

fernte Farbtöne für Rot, Grün und Blau und berechnet die Farbkombinationen für eine gleichmäßige Tabelle von 216 Farben (6x6x6).

- FLEXIBEL bevorzugt die Farben, die im Bild am häufigsten vorkommen und legt beispielsweise in einem Landschaftsbild eine Farbtabelle an, die im wesentlichen aus Grün- und Blautönen besteht, während sie in Portraits aus Rot und Gelbtönen bestehen wird. Wenn Sie sichergehen wollen, daß ein bestimmter Farbcharakter Ihres Bildes besonders gut unterstützt wird, treffen Sie vor der Umwandlung des Bildes eine Auswahl, in der die Farben Ihrer Wahl enthalten sind, und rufen erst dann die Umwandlung auf.
- EIGENE: Wenn Sie diesen Modus wählen, erscheint eine Farbtabelle, die Sie bearbeiten und speichern können.
- Die VORIGE FARBTABELLE sorgt dafür, daß die zuletzt verwendete Farbtabelle wieder zum Einsatz kommt. Auf diese Weise konvertiert man eine ganze Reihe von Bildern mit derselben Farbtabelle.

Sie können die Farben in der Farbtabelle eines indizierten Farbbildes ändern, bearbeiten und ersetzen, um dadurch die Farben einer vordefinierten Farbtabelle abzustimmen, und die Farbtabelle für die Benutzung mit anderen Bildern abspeichern. Um die Farbtabelle zu bearbeiten, wählen Sie FARBTABELLE im Bildmenü. Klicken Sie den Farbton an, den Sie ändern wollen – Sie können dann mit dem Farbpicker eine Farbe frei aussuchen und damit die gewählte Farbe ersetzen.

Farbtiefe und Ditheralgorithmus

Mit der Option FARBTIEFE legen Sie die Anzahl der Bits fest, in denen die Farbinformation eines Pixels gespeichert wird. Mit 6 Bit können Sie bis zu 64 Farben speichern, mit 4 Bit gerade noch 16 Farben.

Wenn die Farbtabelle nicht alle Farben des Bildes enthält, werden fehlende Farben aus Pixeln der vorhandenen gemischt. Wenn Sie als Dither-Option KEINE angeben, wird diejenige Farbe gewählt, die der fehlenden am ähnlichsten ist. Die DIFFUSION arbeitet mit einem Zufallsalgorithmus, der Strukturen beim Mischen fehlender Farben verhindert. FÜLLEN MIT hingegen verwendet ein Rastermuster.

Tips für kleine GIFs

- Bei der Umwandlung des Bildes probieren Sie aus, ob das Bild nicht auch mit 3,4 oder 5 Bit pro Pixel anstelle der Vorgabe von 8 Bit pro Pixel Ihren Qualitätsansprüchen genügt.
- Legen Sie Grafiken von vornherein mit wenigen Farben an und reduzieren Sie das Bild auf 32 und weniger Farben über eine flexible Farbtabelle.

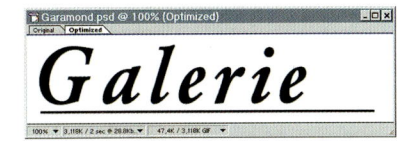

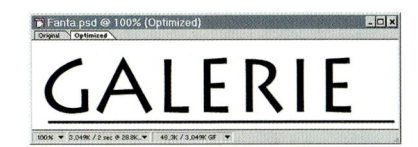

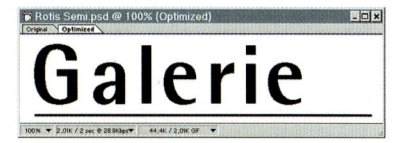

Serifenfreie Schriften ohne Antialiasing liefern die kleineren Dateigrößen bei der Komprimierung (Screenshots: Adobe ImageReady).

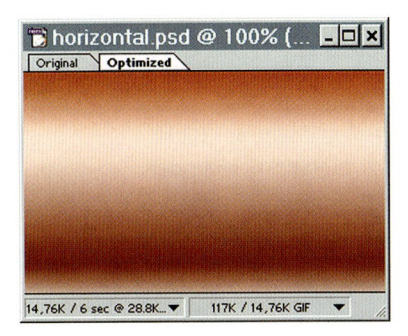

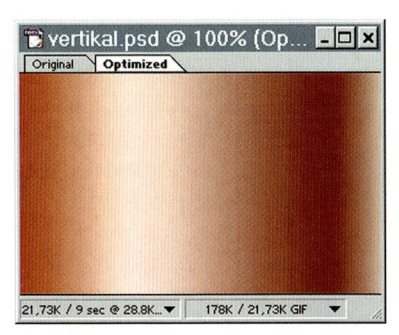

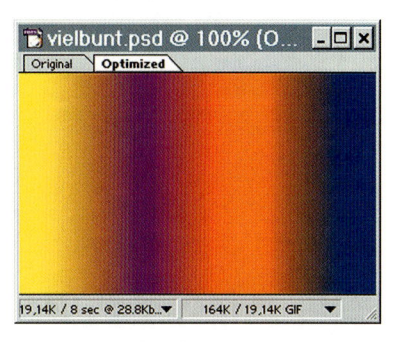

Wenn ein Verlauf unverzichtbar ist: Horizontale Verläufe erzielen die kleinsten Dateigrößen.

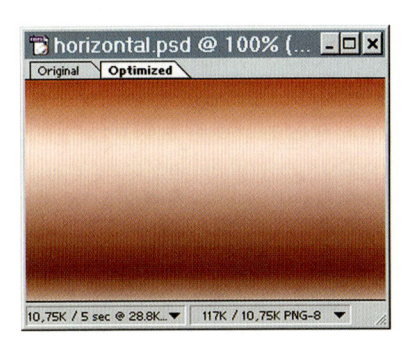

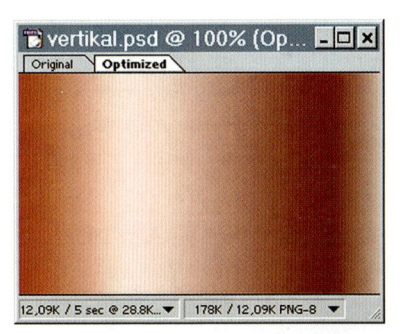

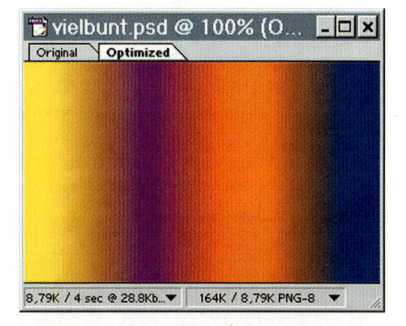

Bei Verläufen spielt PNG übrigens seine Stärken aus und komprimiert die Dateien auf die halbe Größe einer GIF-Datei.

Deaktivieren Sie die Option GLÄTTEN beim Öffnen von Vektorgrafiken im Photoshop.

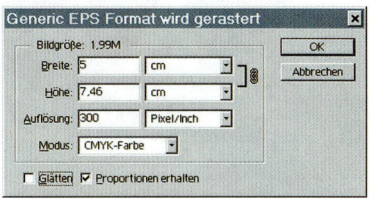

- Benutzen Sie in GIF-Bildern vorzugsweise serifenfreie Schriften ohne Antialiasing.
- Vermeiden Sie das Dithern von Farben. Prüfen Sie, ob Sie nicht eine ebenso gute Qualität bei kleinerer Dateigröße erreichen, wenn Sie das Bild mit mehr Farben pro Bit umwandeln.
- Legen Sie Grafiken von vornherein mit wenigen Farben an und reduzieren Sie das Bild auf 32 und weniger Farben über eine flexible Farbtabelle.
- Insbesondere horizontale, radiale und diagonale Verläufe lassen sich kaum ohne starke Qualitätsverluste in indizierte Farben umwandeln. Wenn Sie vertikale Verläufe ins Bild

setzen möchten, dann beschränken Sie den Verlauf auf relativ kleine Farbsprünge.
- In Grafiken aus Illustrator, Freehand oder Corel Draw! schalten Sie die Option POSTSCRIPT GLÄTTEN aus.
- Ein Unterteilen der Grafik in kleinere Bilder kann zu einer insgesamt kleineren Dateigröße führen, wenn auf diese Weise die einzelnen Dateien weniger Farben brauchen.
- Erstellen Sie eine Auswahl rund um einen Bereich, der besonders wichtige Farben enthält. Bei der Umwandlung in indizierte Farben verwendet Photoshop in der Auswahl den überwiegenden Teil der Farben einer Farbtabelle für die Auswahl und komprimiert die Umgebung stärker.
- Schalten Sie die Bildübersicht beim Speichern der Bilder aus (DATEI/VOREINSTELLUNGEN/BILDÜBERSICHT /NIE oder BEIM SPEICHERN WÄHLEN).
- Setzen Sie HIGHT und WIDTH im HTML-Editor, damit Bilddateien schneller geladen werden.

Das Tool für kleine Gifs: ImageReady

ImageReady kommt ebenfalls aus dem Hause Adobe und stellt ein paar Funktionen für die Aufbereitung von Bildern zur Verfügung, die der Photoshop nicht bietet: Es ermöglicht den kontrollierten Umgang mit der JPEG-Kompression und den Farbtabellen für GIF- und PNG-Bilder. Seine Oberfläche ist vollständig an den Photoshop angepaßt, so daß dem ungeduldigen Photoshop-Kenner die Einarbeitungszeit erspart bleibt.

Adobe ImageReady zeigt das Original und das »optimierte Bild« in einer besonderen Bildpalette an, in der man schnell hin- und herschalten kann, um die Auswirkungen der Komprimierung oder der Farbreduzierung in den Einzelheiten zu betrachten.

Neuer Wein in alten Schläuchen – unter der altbewährten Oberfläche des Photoshops zeigt sich Adobe ImageReady. Auch die allerneuesten Funktionen gehören schon dazu – so etwa die Protokollpalette.

Über die Möglichkeiten hinaus, die von den bekannten Shareprogrammen für die Komprimierung geboten werden, hat Adobe viel von der Funktionalität des Photoshops in ImageReady eingebaut – dazu gehören insbesondere die Ebenentechnik und die meisten der Photoshop-Filter.

In der Fußleiste des Bildfensters werden die Originalgröße der Datei, die Größe der komprimierten Datei und die voraussichtliche Übertragungsdauer bei einer eingestellten Geschwindigkeit angezeigt. Als Dateitypen bietet ImageReady GIF, JPEG und PNG an.

7.3 Auf ins Web

In den digitalen Zeiten sind Bilder nicht mehr still, flach und viereckig auf dem Papier. Sie bewegen sich wie ein Film, sie sind plastisch und überbieten sich gegenseitig mit den heißesten Effekten.

Sie sind das Salz in der Suppe des Cyberspace: Animationen und bewegende Effekte im Web.

Animationen

Eine GIF89a-Animation ist im wesentlichen eine Sammlung von in einem Dokument zusammengefaßten Bildern, die in schneller Abfolge »abgespielt« werden. Sie können Animationen mit Sharewareprogrammen, also frei erhältlicher Software, erstellen. Alle Vorteile des GIF89a-Formats bleiben in einer Animation erhalten: Transparenz, Interlacing und die GIF-Komprimierungstechnik.

Wandeln Sie alle Ebenen in gleich große Basisdateien mit der gleichen Farbpalette um. Die Ebenen des Photoshops sind eine hervorragende Hilfe bei der Erstellung einer GIF89a-Animation. Speichern Sie die Elemente der Animation in aufeinanderfolgenden Ebenen ab. Sorgen Sie dafür, daß alle Bilder dieselbe Farbpalette benutzen.

Sie können Schaltflächen, Logos und Schriften animieren. Eine ganz einfache Animation etwa kann nur aus einem Hintergrund auf Ebene 0 und einem einzigen Motiv bestehen, das in den darüberliegenden Ebenen stückweise von links nach rechts verschoben wird. In der fertigen Animation wird das Motiv fließend von links nach rechts durch das Bild fliegen.

Auf dem Mac ist das Programm GIFBUILDER von Yves Piquet verfügbar, mit dem sich die Bilder zu einer Animation binden lassen. Einen identischen Arbeitsablauf bietet das Programm GIF CONSTRUCTION SET von Alchemy Mindworks.

Obwohl es sinnvoll sein kann, ein Bild im Web im Interlacing-Verfahren anzuzeigen, sollten Sie dies bei einer GIF-Animation vermeiden. Ansonsten würde die Animation immer das Bild 1 im Interlacing-Verfahren anzeigen, die restlichen Bilder aber nicht.

OnMouseOver

Witzige Animationseffekte erzeugt auch der OnMouseOver-Effekt: Sobald die Maus über ein Bild gezogen wird, wird das Bild ausgetauscht – fast schon eine kleine Animation. Für den MouseOver-Effekt werden zwei Versionen eines Bildes erstellt: zum Beispiel ein monochromes und ein farbiges Bild, ein helles und ein dunkles oder eine Schrift wird noch ein weiteres Mal mit einem hellen SCHEIN NACH AUSSEN ins Bild gesetzt.

Nur zwei Bilder braucht der MouseOver-Effekt, um mit kleinen Blickfängern Leben auf die Seite zu bringen.

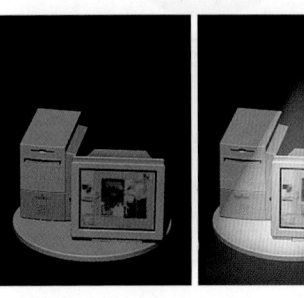

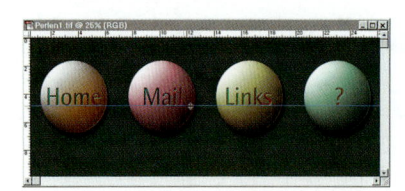

Auf einer Hilfslinie aus dem Lineal werden alle Elemente sauber aufgereiht.

Kugelschalter fürs Web

Einer der kleinen Kugelbuttons, wie man sie im WWW auf vielen Seiten sieht, ist im Photoshop schnell zusammengesetzt:

Legen Sie ein neues Dokument an: Transparenter Hintergrund und 3 x 3 cm groß bei 72 dpi. Erzeugen Sie eine kreisrunde Auswahl mit der Auswahlellipse und halten Sie dabei die Umschalttaste für einen perfekten Kreis gedrückt. Füllen Sie den Kreis mit einer Farbe Ihrer Wahl.

Damit der Kreis den typischen, plastischen Charakter bekommt, wählen Sie RENDERING-FILTER/BELEUCHTUNGSEFFEKTE. Benutzen Sie das Blitzlicht und schieben Sie das Zentrum des Lichts in den oberen Bereich des Kreises. Benutzen Sie eine mittlere Stärke und stellen Sie das Material auf GLÄNZEND und METALL ein.

Mit dem Ebeneneffekt SCHLAGSCHATTEN geben Sie der Kugel den letzten Schliff.

Mehr Kugeln

Um eine ganze Leiste bunter Kugeln aufzureihen, duplizieren Sie die Ebene, indem Sie die Ebenenminiatur auf das Symbol NEUE EBENE in der Ebenenpalette ziehen. Benutzen Sie die Funktion FARBTON/SÄTTIGUNG (BILD/EINSTELLEN/FARBTON/SÄTTIGUNG), um der Kugel eine andere Farbe zu geben: Stellen Sie die Farbe in der Liste auf die Farbe der Kugel, klikken Sie mit der Farbpipette in das Spitzlicht der Kugel und verschieben Sie den Regler für die Farbe.

Auf der Perlenschnur

Wenn Sie eine ganze Reihe von Kugeln erzeugt haben, richten Sie die Kugeln aus: Entweder ziehen Sie eine Hilfslinie aus dem Lineal (ANSICHT/ LINEAL anzeigen und mit der gedrückten Maustaste die Linie aus dem Lineal ziehen), stellen Einrasten ein (BILD/EINRASTEN) und ziehen die Kugeln aller Ebenen auf die Hilfslinie.

Oder Sie verketten alle Ebenen (ein Klick auf das kleine Viereck in der zweiten Spalte der Ebenenminiaturen) und rufen die Funktion EBENE/AUSRICHTEN/VERTIKALE MITTE auf.

Für den sauberen Rand

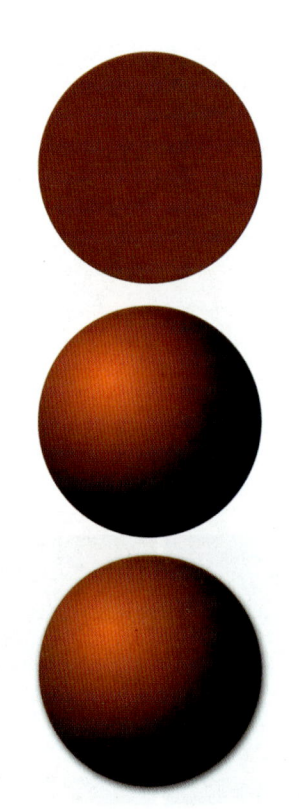

Damit runde, diagonale und unregelmäßige Formen auf einem farbigen Hintergrund freigestellt werden können, brauchen Sie die Transparenz von GIF oder PNG. Damit solche Freisteller auf farbigen Hintergründen oder auf einer der Kacheltexturen des Webs keinen fehlfarbenen Rand zeigen, werden Sie auf der Hintergrundfarbe oder Textur der Internetseite erzeugt. GIF-Grafiken werden als GIF89A-Dateien exportiert – im Dialogfenster der Exportfunktion können Sie die Hintergrundfarbe als Transparenzfarbe definieren.

Die Datei darf allerdings nicht vorher bereits in indizierte Farben umgewandelt oder auf die Hintergrundebene reduziert werden. Die Umwandlung erfolgt im Export-Dialog mit der gleichen Funktionalität wie im Aufruf BILD/MODUS/INDIZIERTE FARBEN. Photoshop braucht allerdings die Transparenz des PSD-Formats, um die transparenten Bereiche festlegen zu können.

Airbrush für coole Oberflächen

Die Benutzeroberflächen von Programmen wie Kai´s Powertools und Bryce sind immer einen zweiten Blick wert – und das nicht nur wegen der netten Funktionen, die hinter diesen Oberflächen liegen. Sie sind perfekte Beispiele für Airbrushtechniken im Photoshop. Hier empfiehlt sich der Einsatz eines Zeichentabletts – aber eine richtig gute Maus und ein guter Schuß gekonnte Feinmotorik liefern auch professionelle Ergebnisse.

Das Airbrushbild wird in einer wesentlich höheren Auflösung gefertigt, als man letztendlich benötigt – etwa 300 dpi für ein Bild, das später auf 72 dpi für die Bildschirmdarstellung im Internet verkleinert wird. Dieser Schritt eliminiert später kleine Unsauberkeiten in der Zeichnung. Das Bild ist monochrom, damit helle und dunkle Bereiche der Zeichnung besser herausgearbeitet werden.

Fangen Sie mit einer Auswahl mit Kofferecken an. Füllen Sie die Auswahl mit einem dunklen Ton, aber deaktivieren Sie die Auswahl noch nicht.

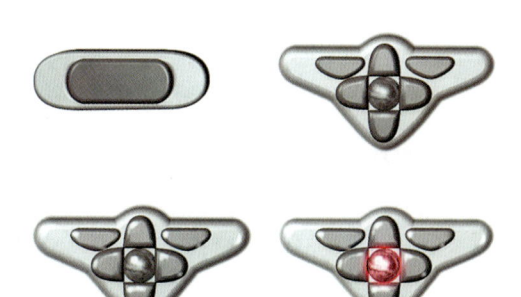

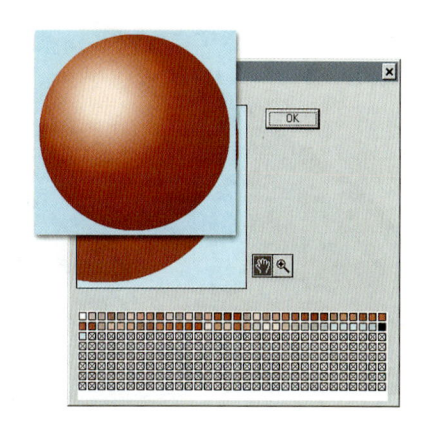

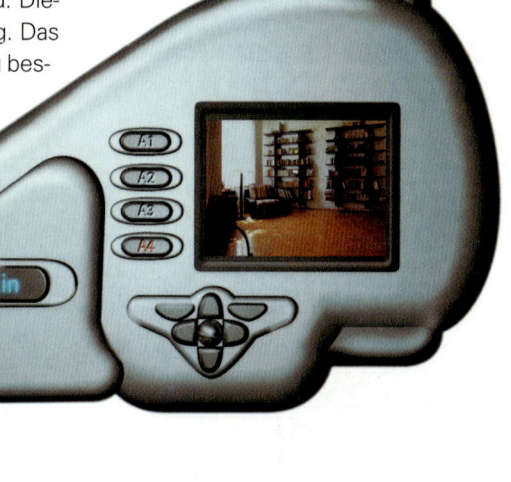

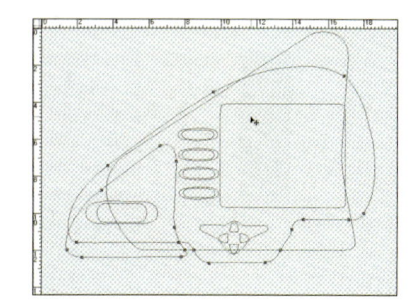

Drücken Sie Strg/Apfel + J, um eine Ebene aus der Auswahl zu erstellen. Schalten Sie die Option TRANSPARENZ ERHALTEN in der Ebenenpalette ein, damit – wenn Sie auf der Ebene malen – immer nur die Auswahl bemalt wird, nicht aber ihre transparente Umgebung. Suchen Sie sich unter den Werkzeugspitzen (FENSTER/WERKZEUGSPITZEN EINBLENDEN) eine passende heraus und malen Sie mit 7%-10% Druck mit Schwarz entlang der Auswahlkante und etwas weiter innen im Rechteck schwarze Linien. Mit weißer Farbe und dem gleichen Druck malen Sie dazwischen eine Linie mit Weiß. Wenn Sie die Umschalttaste dabei gedrückt halten, wird die Linie auch gerade.

Glas und Airbrush

Für den Effekt von Glas auf solchen Airbrushobjekten sorgt ein Spitzlicht. Es wird einfach mit einer kleinen weißen Pinselspitze auf das Objekt gesetzt.

Alles fängt wieder mit einer flachen grauen Auswahl an. Ein paar Striche mit dem Airbrush lassen die Auswahl sofort plastisch aussehen. Ein Spitzlicht in der linken Ecke und ein kleineres in der rechten Ecke verwandeln die Schaltfläche in glänzendes Plastik. Wenn Sie ein weiteres Spitzlicht an den unteren Rand setzen und den Kontrast etwas absenken, wird aus dem Plastik eine Glasoberfläche.

Für den klassischen OnMouseOver-Effekt aus dem WWW kopieren Sie das Licht, kolorieren es in blau, rot oder gelb und geben ihm einen starken Schatten in der entsprechenden Farbe (EBENEN/EFFEKTE/SCHLAGSCHATTEN).

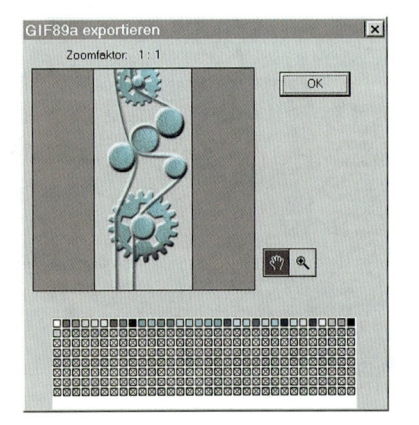

Laufleisten

Die Zahnräder beginnen Ihr Dasein als Pfade im Illustrator – natürlich können Sie den Pfad auch im Photoshop anlegen.

Die Pfade werden in Auswahlen umgewandelt (AUSWAHL ERSTELLEN) und mit der gewünschten Farbe gefüllt und dann zu einem Fließband arrangiert. Das schmale Fließband wird mit einem Pfad »vorgezeichnet«, in eine Auswahl verwandelt und anschließend wird die Auswahl durch AUSWAHL/TRANSFORMIEREN/RAHMEN zu einem 6 Bit breiten Rahmen, der ebenfalls mit Farbe gefüllt wird.

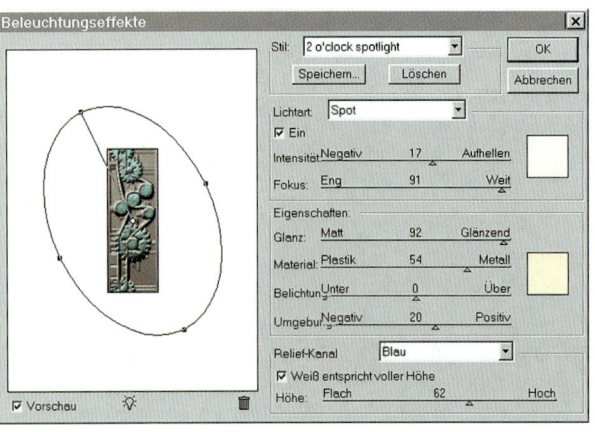

Ihr plastisches Aussehen erhalten alle Elemente durch den Ebeneneffekt ABGEFLACHTE KANTE UND RELIEF/RELIEF AN ALLEN KANTEN. Den ausgeprägten metallischen Charakter steuert der Rendering-Effekt BELEUCHTUNGSEFFEKTE durch einen Reliefkanal und die Einstellungen METALL/GLÄNZEND bei.

Die Zahnräder liegen noch immer auf einer ansonsten transparenten Ebene. Sie werden nicht in indizierte Farben umgewandelt, da Photoshop in diesem Fall keine Transparenz im GIF-Bild speichern könnte. Statt dessen werden sie als GIF 89a exportiert (DATEI/EXPORTIEREN/GIF 89A).

Eine schwingende Gradationskurve sorgt für den leichten Metalliceffekt.

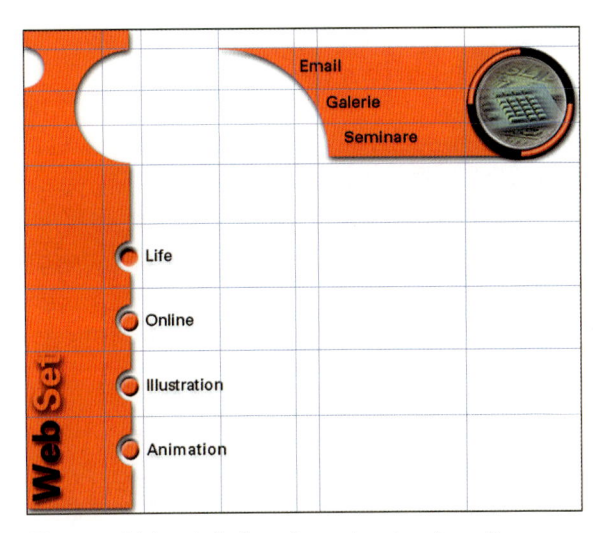

Eine geschickte Aufteilung kann derart aufwendige Grafiken auf ein Minimum reduzieren: Keine der Kacheln braucht mehr als 4 Bit pro Pixel.

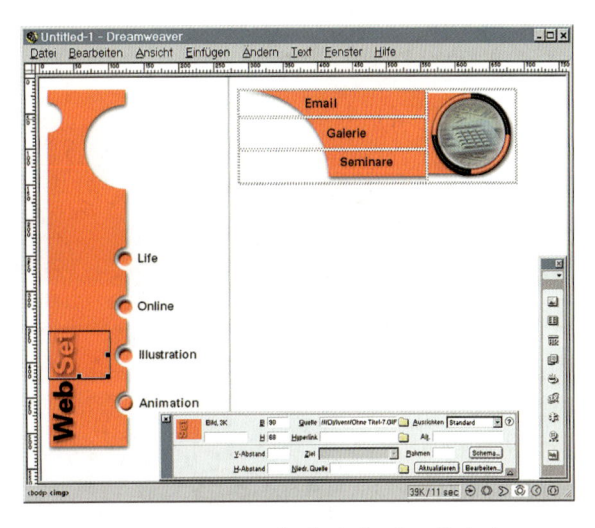

Im HTML-Editor werden die Kacheln ohne Zwischenraum neben- und untereinander gesetzt.

Klein, viel und schnell

Wenn ein Kunstwerk zu groß für eine flotte Übertragung auf den Monitor des Surfers wird, servieren Sie ihm das Bild in Häppchen. Unterteilen Sie es im Photoshop mit Hilfe eines Rasters in eine Matrix – zum Beispiel in 2 x 2 oder 3 x 2 Bildausschnitte.

Im HTML-Editor laden Sie die Bildausschnitte in eine Tabelle mit entsprechenden Zeilen und Spalten. Die Grenzen zwischen den Zeilen und Spalten müssen auf 0 Pixel gestellt werden. Insgesamt wird die Übertragung auf diese Weise nicht unbedingt schneller, aber Besucher sehen schneller Bruchstücke des Bildes auf ihrem Bildschirm.

Werden die Kacheln allerdings geschickt gelegt, so kann das Verfahren die Gesamtgröße der Datei auch noch verringern: Sorgen Sie dafür, daß die Kacheln mit möglichst wenig Farben angelegt werden, um die Anzahl der Bits pro Pixel in der Farbtabelle so gering wie möglich zu halten. Damit eine wichtige Farbe im Bild dabei in allen Kacheln exakt gleich bleibt, legen Sie eine Farbtabelle als Basis an, die Sie als Grundlage für alle Kacheln benutzen, und löschen die Farben, die in der jeweiligen Kachel nicht vorkommen.

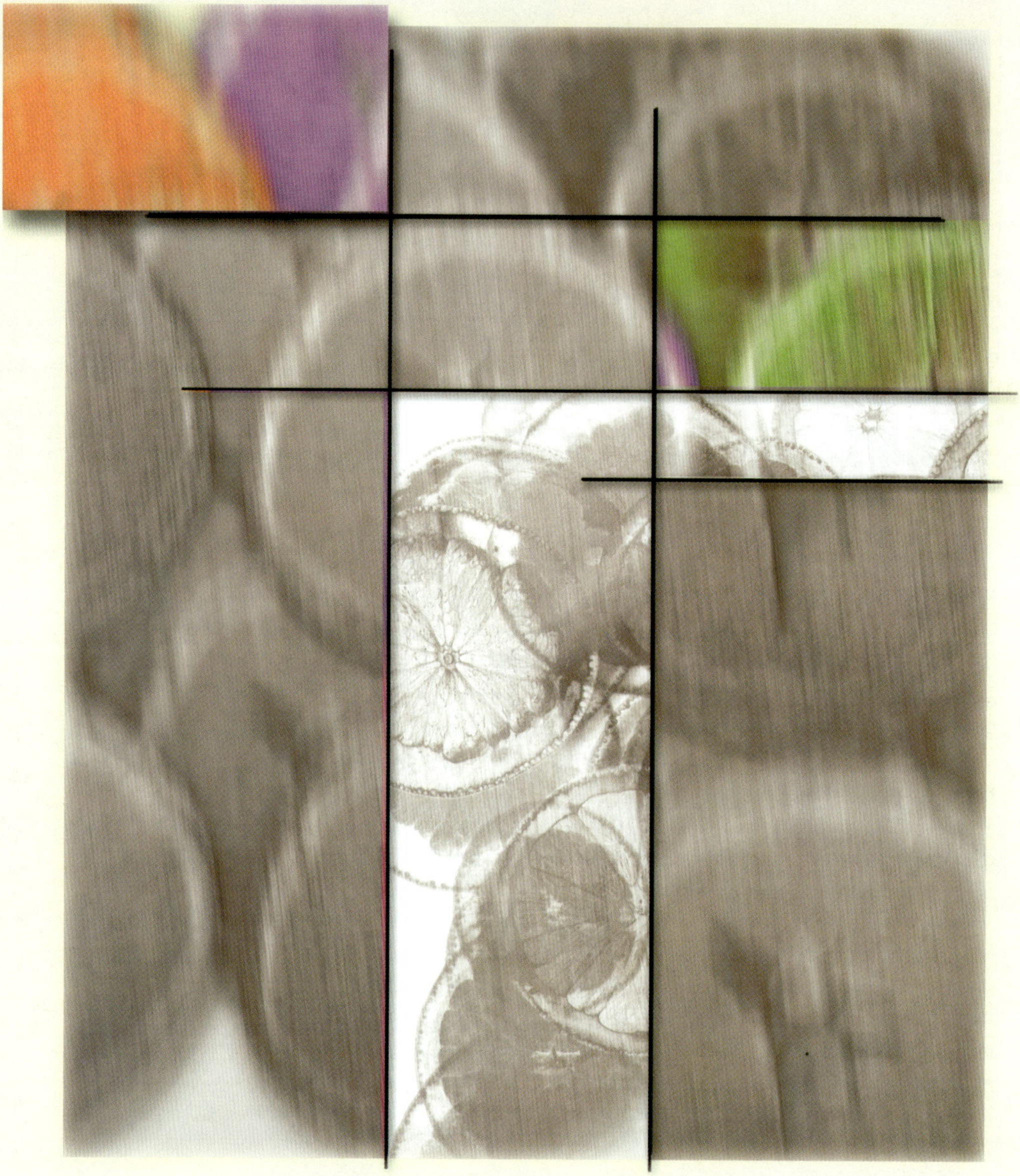

KAPITEL 8   PHOT-O-RAMA

Effekte und Montagen müssen nicht immer aufwendig, komplex und mit einem Höchsteinsatz von Feinmotorik verbunden sein.

Die unzähligen Photoshop-Effekte und -Plug-ins automatisieren zwar das Erstellen witziger und auffallender Bilder, erfordern aber trotz der Automatik ein gehöriges Maß an Erfahrung, bis sie ihre Wirkung entfalten. Darum gibt es hier eine Zusammenfassung der Effekte aus den Kapitelanfängen und ein paar Effekte mehr: das PHOT-O-RAMA. Alle Effekte sind einfach und erfordern nicht mehr als den Einsatz von ein oder zwei Filtern.

Damit sich der Hintergrund der Bilder nahtlos an das Gelb der Seiten anpaßt, wurden alle Bilder im Photoshop als CMYK-Bilder angelegt und der Hintergrund mit der gelben Farbe gefüllt.

Zeit

Hier zeichnen zwei einfache Effekte aus den Photoshop-Filtern verantwortlich: der RADIALE WEICHZEICHNER und der Effekt KUNSTSTOFFVERPACKUNG aus den Kunstfiltern. Anschließend wurde das Bild im Dialog BILD/EINSTELLEN/FARBTON UND SÄTTIGUNG koloriert.

Farben

Das Bild wurde vollständig auf eine eigene Ebene dupliziert. Der Hintergrundebene wird mit dem Filter CHROM unter den ZEICHENFILTERN die Farbe und fast jede Struktur entzogen. Die intakte Kopie des Bildes auf der Ebene 1 wird im Modus MULTIPLIZIEREN transparent und läßt den Chromeffekt durchschimmern.

Die fliegenden Partikel sind ein Effekt aus einem 3D-Programm.

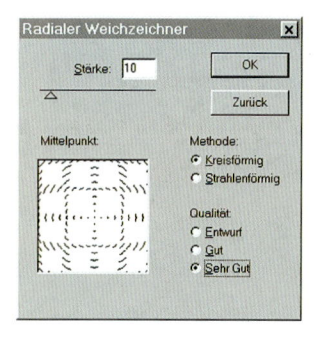

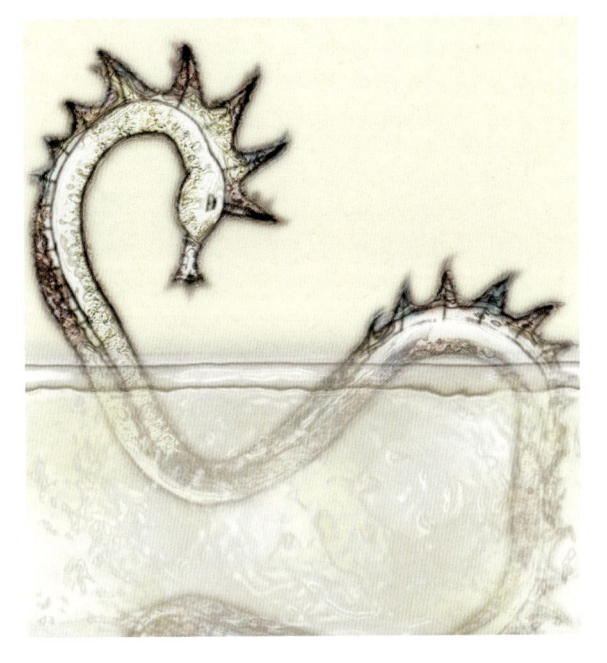

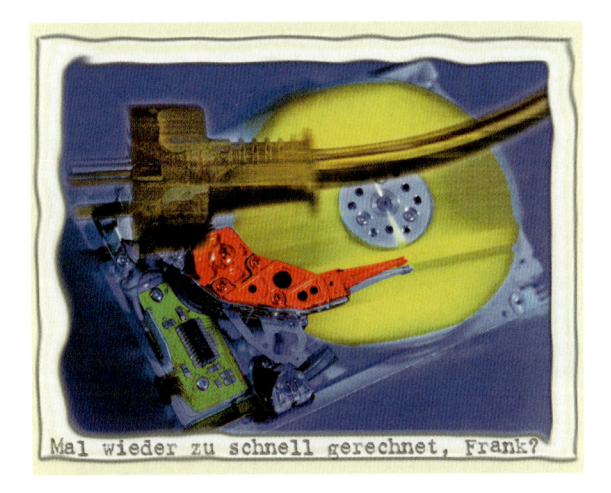

Kerstins Seeschlange

Kerstins Bild einer Seeschlange ist eine Bleistiftzeichnung. Die Zeichnung wurde als Graustufenbild mit 1000 dpi eingescannt und mit BILD/EINSTELLEN/SCHWELLENWERT in eine Strichzeichnung umgewandelt. Das Schwarz des Bleistiftes kann jetzt über eine Farbauswahl markiert und auf eine eigene Ebene kopiert werden.

Mit dem Zauberstab wird die Umgebung der Seeschlange markiert und die Auswahl umkehrt – die Bleistiftkontur der Seeschlange wird als Alphakanal gespeichert.

Die Farben der Seeschlange bestehen aus einer Textur, einer Musterdatei, mit der eine Ebene unter der Seeschlangenebene gefüllt wird. Mit Hilfe des Alphakanals wird die Textur auf die Kontur der Seeschlange »zugeschnitten«. Plastizität bekommt die Seeschlange mit dem Airbrush und weißer Farbe, für den Wischeffekt entlang der Form sorgt der Wischfinger aus der Werkzeugleiste.

Franks Platte

Nachdem Frank immer schon mal wissen wollte, wie eine Platte aufgebaut ist, blieb ihm von der Platte nichts als ein letztes Foto.

Im Photoshop wurden Einzelteile der Platte markiert, eingefärbt und mit Bewegungsunschärfe flotter gestaltet – so landete das Bild als Illustration in einer Zeitschrift.

Um ein Beispiel für Druckraster zu gewinnen, wurde das Bild eingescannt. Der Rahmen ist ein einfacher Ebeneneffekt: Im gelben Hintergrund des Bildes wurde ein Rahmen ausgewählt und auf eine eigene Ebene über dem Scan positioniert. Mit RELIEF AN ALLEN KANTEN und einem SCHLAGSCHATTEN kam ein plastischer, aber auch klinisch sauberer Rahmen hervor. Der Wischfinger aus der Werkzeugleiste sorgte mit einer superbreiten Werkzeugspitze dafür, daß der Rahmen ein wenig in Bewegung geriet.

Blaue Hortensie

Früher war es ein allseits beliebtes Hobby, zwischen Buchseiten gepreßte Pflanzen zu sammeln, zu rahmen und zu archivieren. Die Hortensie wurde direkt auf dem Vorlagenglas des Scanners digitalisiert.

Das Bild wurde auf eine weitere Ebene dupliziert und mit dem SELEKTIVEN WEICHZEICHNER in eine schwarzweiße Strichgrafik verwandelt. Das Negativ der Strichzeichnung (BILD/EINSTELLEN/UMKEHREN) liefert eine feine Zeichnung – jetzt Schwarz auf Weiß – und wird als Ebene unter das Originalbild gezogen. Der Überblendmodus DIFFERENZ sorgt für die Farbverfälschung und läßt die darunterliegende Zeichnung durchscheinen.

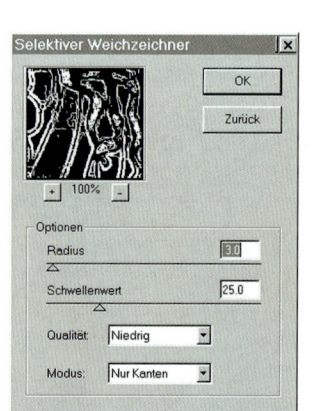

Farbrauschen

Eine Orangenscheibe aus einem Foto wurde freigestellt und mehrfach in ein eigenes Dokument kopiert, dabei jeweils mit einer anderen Farbe in FARBTON UND SÄTTIGUNG eingefärbt. Der Ebeneneffekt hier ist ein Renderingfilter: der BELEUCHTUNGSFILTER. Die Einstellung eines RELIEFKANALS in Verbindung mit den Eigenschaften GLANZ und METALL sorgt für die künstliche Anmutung.

Am Ende wurde die Ebene zwei mal kopiert und dabei jeweils versetzt. Etwas GAUSSCHER WEICHZEICHNER auf den unteren Ebenen sorgt für die Plastizität.

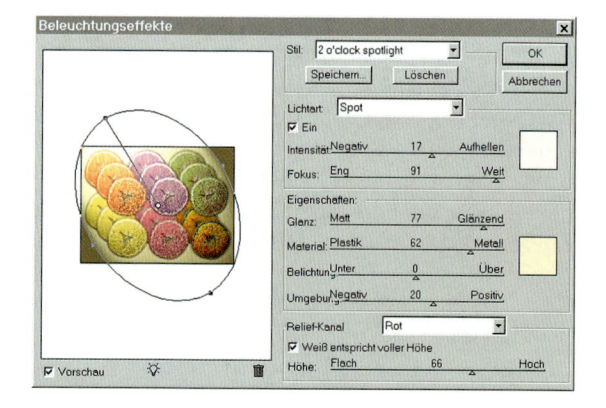

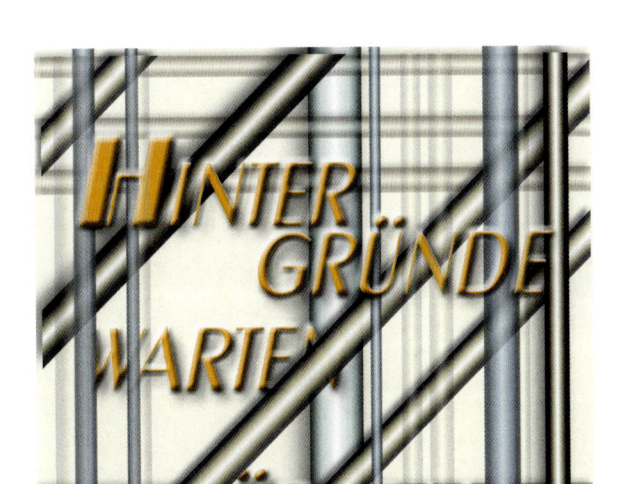

Fragen

Verläufe, die über einen schmalen Bereich ins Bild gezogen wurden, erwecken den Anschein sich kreuzender Röhren. Für mehr oder weniger Abstand sorgt ein weicher Schlagschatten.

Die Verläufe sind auf mehreren Ebenen untergebracht, eine der unteren Ebenen enthält den Text – ein schneller und einfacher Effekt ohne jeden Hintergedanken.

Verweht

Der RADIALE WEICHZEICHNER ist ein Effekt, der viel Geduld erfordert – deswegen hat er zwei Varianten mit verminderter Qualität. Die Variante ENTWURF liefert schwungvolle Pixel an den Ecken und Kanten des gedrehten und verwischten Motivs.

Auch die Maus hat ihren Schwung vom RADIALEN WEICHZEICHNER – die Qualitätsstufe GUT zeigt ein weicheres Ergebnis ohne windige Pixel.

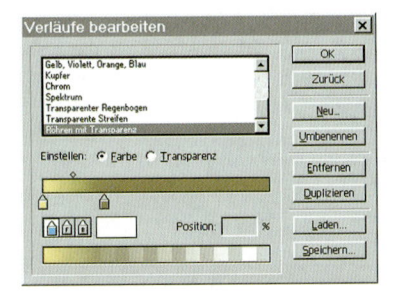

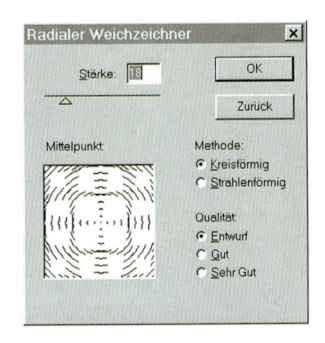

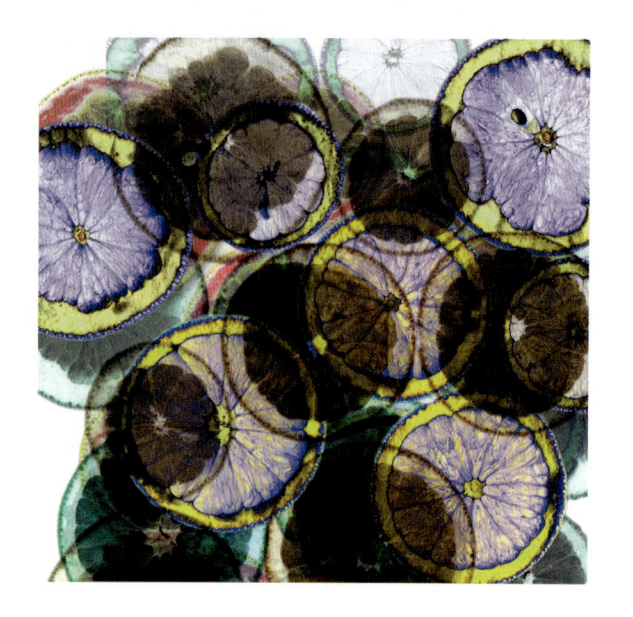

Überblenden

Die Zitronenscheiben sind ein simpler Scan – hauchdünn geschnitten direkt auf dem Vorlagenglas des Scanners erfaßt. Eine Luminanzmaske nimmt die ungesättigten hellen Bereiche stärker in die Auswahl auf als dunkle und gesättigte Bereiche des Bildes. Das schaltet den dunklen Hintergrund der Zitronen fast vollständig aus und macht gleichzeitig das Innere der Zitronenscheiben semitransparent, während die weiße Schale fast undurchsichtig wird.

Die Ebene wird einige Male kopiert (auf das Symbol NEUE EBENE in der Fußleiste der Ebenenpalette ziehen) und die einzelnen Ebenen werden gegeneinander verschoben. Die Ebenen wurden mit FARBTON & SÄTTIGUNG koloriert (BILD/EINSTELLEN/FARBTON & SÄTTIGUNG – Option KOLORIEREN aktiviert).

Bewegte Knöpfe

Mit der Rechteckauswahl werden Rechtecke in der Hintergrundebene maskiert und mit einer weichen Auswahlkante von 5 bis 20 Pixeln auf eine separate Ebene kopiert (Strg/Apfel + J). Dabei werden Rechtecke auch so ausgeschnitten, daß sie sich überschneiden. Die Rechtecke wurden mit Bewegungsunschärfe weichgezeichnet und mit der Funktion FARBTON UND SÄTTIGUNG koloriert und mit Bewegungsunschärfe versehen.

Dithermuster

Eigentlich werden Bilder gedithert, um sie mit möglichst wenigen Farben möglichst komprimiert ins World Wide Web zu stellen – hier sind die kleinen Punkte, aus denen das Bild besteht, zum Effekt erklärt worden.

Das Farbbild wurde zuerst in den Graustufenmodus überführt (BILD/EINSTELLEN/MODUS/GRAUSTUFEN), dann in eine Bitmap (MODUS/BITMAP) verwandelt. Die Umwandlung passiert in einem Dithermuster, durch welches das Bild aus vielen zarten kleinen Pünktchen zusammengesetzt wird, so daß bei einem Druck mit 300 dpi das Bild schon fast wieder den Eindruck eines Graustufenbildes erweckt. Jetzt wird das Bild wieder in ein Graustufenbild und von dort aus in ein Duotonbild (MODUS/DUPLEX) verwandelt. Als Duotonbild erhält das Bild seine monochrome Farbgebung.

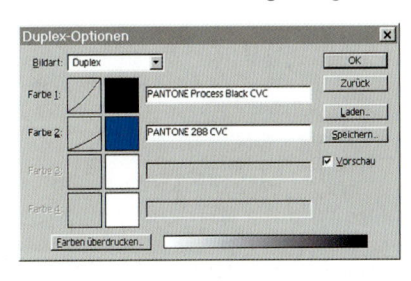

Gefüllt mit Bildern

Eigentlich liegt hier das gleiche Verfahren zugrunde, mit dem in diesem Buch auch Illustrationsgrafiken koloriert werden: Die Grafik aus dem Illustrator wird als EPS-Datei in den Photoshop geladen. Unterhalb der Bildebene werden weitere Ebenen angelegt, die mit Texturen gefüllt werden. Dazu werden die transparenten Flächen mit dem Zauberstab markiert.

Die Auswahl wird um ein oder zwei Pixel ausgeweitet (AUSWAHL/TRANSFORMIEREN/AUSWEITEN). Solange die Auswahl noch aktiv ist, wird die Ebene mit der jeweiligen Textur aktiviert und auf der Basis der Auswahl eine Ebenenmaske angelegt.

Ganz am Ende werden alle Texturenebenen auf eine Ebene reduziert. Die Ebene wird kopiert und die unten liegende Ebene wird weichgezeichnet (GAUSSCHER WEICHZEICHNER). Die obere Texturenebene wird auf die weichgezeichnete Ebene multipliziert.

Hintergründe
Warten
Überal

Glossar der Bildbearbeitung

Rot, Grün und Blau sind die Primärfarben des Lichts, aus denen alle anderen Farben hergestellt werden.	Additive Primärfarben
Sichtbare Treppenstufen an diagonalen Konturen aufgrund von scharfen Tonwertgegensätzen zwischen Pixeln.	Aliasing
Ein rechnerisches Verfahren, um bei niedrigaufgelöster Bildschirmdarstellung von Grafikobjekten und Buchstaben unschöne, treppenartige Kanten zu entschärfen. Dies erfolgt durch das Errechnen von Farbverläufen zwischen der Objekt- und der Hintergrundfarbe. Dadurch verlieren die Objekte jedoch ihre Randschärfe.	Antialiasing
Von Bildbearbeitungsprogrammen angebotener Kanal, der für das Maskieren von bestimmten Bildteilen vorgesehen ist und meistens eine Datentiefe von 8 Bit (entspricht 256 Farben) unterstützt.	Alphakanal
Das automatisierte Abarbeiten von Aufgaben, wie zum Beispiel das Scannen von mehreren Vorlagen nacheinander, nach zuvor definierten Einstellungen oder die Korrektur einer Serie von Bildern mit der Stapelverarbeitung des Photoshops.	Batch-Verarbeitung
Ein Gerät zur Aufzeichnung von digitalen Daten (Bildern oder Texten) auf Monochromfilm oder Offsetdruckfolien mit Hilfe eines oder mehrerer intermittierender Lichtstrahlen. Daten werden als eine Folge von leicht überlappenden Punkten aufgezeichnet, die entweder Volltonfläche für Strichbilder oder Rasterpunkte für den Druck von Halbtonbildern ergeben.	Belichter
Ein für den Computer verwendetes Zahlensystem, das nur mit Nullen und Einsen arbeitet.	Binärsystem
Die kleinste Informationseinheit in einem Computer. Ein Bit kann entweder den Wert Null oder den Wert Eins annehmen.	Bit
Ein digitalisiertes Bild, das in einem Raster von Pixeln dargestellt wird. Die Farbe jedes einzelnen Pixels wird durch eine bestimmte Anzahl von Bits definiert.	Bitmap
Die Anzahl der verwendeten Bits zur Wiedergabe jedes einzelnen Pixels in einem Bild. Sie bestimmt den Farb- bzw. Tonwertumfang.	Bittiefe

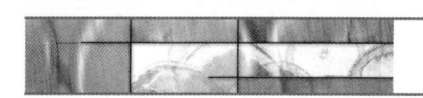

Blitzer	Kleine weiße Stellen, die im Druck bei aneinandergrenzenden Farbflächen entstehen, wenn die Bögen ungenau montiert wurden. Zur Vermeidung von Blitzern arbeiten Reprobetriebe mit Überfüllungen.
Byte	Eine Einheit von 8 Datenbits.
CCD (Charge-Coupled Device)	Ein integriertes, mikroelektronisches, lichtempfindliches Bauteil von Bilderfassungsgeräten.
CIE (Commission Internationale de l'Éclairage)	Die internationale Beleuchtungskommission entwickelt seit den 20er Jahren Farbsysteme und Farbmeßnormen. Unter anderem definierte sie die Farbräume CIEXYZ, CIELab und CIELUV.
CIELab (auch L*a*b*)	Ein 1976 definierter Farbraum zur Darstellung von Farbe in einer dreidimensionalen Matrix. Er erreicht eine dem Empfinden nach gleichabständige Farbdarstellung und eignet sich vor allem für die Messung kleiner Farbabstände. L steht für Helligkeit, a für den Rot-Grün-Wert, b für den Gelb-Blau-Wert.
CMS	Color- oder Farbmanagementsystem, das für einheitliche Farben über Ein- und Ausgabegeräte hinweg sorgt, damit das gedruckte Ergebnis möglichst weitgehend dem Original, der Vorlage, entspricht.
CMYK	Cyan, Magenta, Gelb und Schwarz sind die Grundfarben des Vierfarbdrucks. CYM sind die primären Farben des subtraktiven Farbmodells.
Colorimeter	Ein lichtempfindliches Gerät zur Messung von Farben, das die Rot-, Grün und Blauanteile wie das menschliche Auge filtert.
DCS (Desktop Color Separation)	Ein Bildformat, das aus vier separaten CMYK-PostScript-Dateien in voller Auflösung sowie einer fünften EPS-Master-Datei für die niedrigauflösende Plazierung in Dokumenten besteht.
Dichte/Densität	Der Grad der Opazität (Undurchsichtigkeit, Dichte) eines lichtabsorbierenden Filters, Pigments oder einer belichteten Foto-Emulsion.
Dekomprimierung	Die Aufschlüsselung komprimierter Bilddateien.
Densitometer	Gerät zur Messung der Schwärzungen fotografischer Schichten bei der Qualitätskontrolle und der Belichterkalibrierung sowie zur Erfassung des Dichteumfangs von fotografischen Vorlagen.
Digitalproof	Eine Art Andruck, der mit gängigen PC-Farbdruckern (Thermotransfer-, Thermosublimations- oder Tintenstrahldrucker) ein Vorprodukt erzeugt, das dem späteren Druckergebnis möglichst nahekommt. Er entsteht ohne die vorherige Belichtung von Filmen. Im Gegensatz dazu benötigen fotogra-

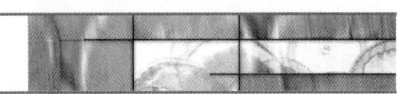

fische Andrucke, zum Beispiel das Cromalin-Verfahren, Matchprint von 3M und klassische Andrucke auf Druckmaschinen Filme. Der Digitalproof ist zwar preiswerter als der Andruck, aber er kann nicht immer auf dem später verwendeten »Bedruckstoff«, dem richtigen Papier durchgeführt werden – von daher ist er in der Darstellung der Farben und insbesondere auch des Tonwertzuwachses ungenauer als ein Andruck.

Die direkte Belichtung von Bilddaten auf Druckplatten/-folien durch direkte Übertragung der Bilddaten an die Druckzylinder auf der Druckmaschine. — Direct-to-Plate

Der Punkt der maximalen Dichte in einem Bild. — Dmax

Der Punkt mit der minimalen Dichte in einem Bild. — Dmin

Die Verringerung der Auflösung in einem Bild, die mit einem Verlust an Detailschärfe verbunden ist. — Downsampling

Ein Maß für die Auflösung eines Ausgabegerätes. Siehe auch lpi. — Dpi (Dots per inch oder Punkte pro Zoll)

Das Beseitigen von Rasterpunkmustern während oder nach dem Scannen bereits gedruckter Vorlagen durch eine Defokussierung des Bildes. Hierdurch werden Moirémuster und Farbverschiebungen bei der anschließenden Rasterreproduktion verhindert. — Entrastern

Ein Standardformat für eine Zeichnung, ein Bild oder ein komplettes Seitenlayout, das die Einbindung in andere Dokumente erlaubt. EPS-Dateien enthalten normalerweise auch noch zusätzlich eine niedrigauflösende Bilddarstellung für das Layout. — EPS (Encapsulated PostScript)

Zur korrekten Reproduktion von Bildern im Druck sollten sämtliche eingesetzten Geräte, etwa Scanner, Farbbildschirm und Grafikkarte, Farbdrucker und Belichter, aufeinander abgestimmt sein, so daß sie numerisch festgelegte Werte für Cyan, Magenta, Gelb und den Schwarzanteil übereinstimmend darstellen. — Farbkalibrierung

Anzahl der Speicherbits, die für die Klassifizierung von Farbwerten bereitstehen. Mit 8 Bit lassen sich zum Beispiel 256 Farbnuancen für jede der drei Grundfarben Rot, Grün und Blau unterscheiden, aus denen sich 16,7 Millionen von Farbnuancen mischen lassen. — Farbtiefe

Ein generelles Farbungleichgewicht in einem Bild, so als betrachte man es durch eine farbige Folie. — Farbstich

Ein Druckverfahren unter Verwendung kleiner Heizelemente zum Verdampfen von Farbpigmenten auf einem Trägerfilm, wodurch diese stufenlos auf einem Sichtträger abgelagert werden. — Farbsublimation

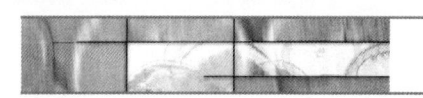

Farbumfang	Der begrenzte Bereich von Farben, den ein bestimmtes Eingabegerät, Ausgabegerät oder Pigment erlaubt.
FlashPix	Bilddatenformat, das verschiedene Auflösungsstufen innerhalb eines Dokuments in unabhängigen Ebenen anlegt, so daß der Rechner immer nur die Informationen für den vom Betrachter gewünschten Ausschnitt und die gewählte Auflösung in den Arbeitsspeicher laden muß. Die Firmen Kodak, Hewlett-Packard, Live Picture und Microsoft haben das Format entwickelt und im Juni 1998 eingeführt. Ein Zusammenschluß dieser und anderer Hersteller kümmert sich unter dem Namen Digital Imaging Group (DIG) um die Verbreitung des Formats, unter anderem zur Darstellung skalierbarer Bilder im Web.
Filmrekorder	Gerät zum Aufzeichnen von Farbdias. Insbesondere verwendet man Filmrekorder, um digitale Daten auf Dia- oder Filmmaterial zu belichten.
Frequenzmodulierte Raster	Rasterverfahren (korrekter: Bildaufbauverfahren) für den Vierfarbdruck und Schwarzweißdruck, das nicht mit Punktgrößen und Rasterwinkeln arbeitet, sondern mit der Streuung und Dichte von Rasterpunkten (Dithering). Daraus resultiert eine wesentlich feinere Halbtonwiedergabe.
Gammakorrektur	Die Korrektur des Tonwertumfanges eines Bildes, normalerweise durch die Einstellung der Tonwertkurven.
GCR (Gray Color Removal)	Wird auch als Unbuntaufbau bezeichnet. Je dunkler ein Farbton wird, desto mehr der drei Grundfarben müssen gedruckt werden. Da das Papier die Flüssigkeit nur bis zu einem bestimmten Grad aufnehmen kann, werden die Farben zurückgenommen und durch Schwarz ersetzt. So wird der Farbauftrag von maximal 300% auf 140% reduziert.
Graubalance	Die Balance zwischen CMY-Farbstoffen, die zur Erzeugung neutraler Grautöne ohne Farbstich erforderlich sind.
Graustufen	Diskrete Tonwertstufen in einem Halbtonbild, typisch für digitale Daten. Die meisten Halbtonbilder weisen 256 Graustufen pro Farbe auf.
Gaußscher Weichzeichner	Der Gaußsche Weichzeichner ist ein Filter in Bildbearbeitungsprogrammen, der Konturen weicher zeichnet. Der Effekt ähnelt dem Unscharfstellen einer Fotokamera. Dabei wendet der Gaußsche Weichzeichner die mathematische Formel, die ihm zugrunde liegt, nicht gleichmäßig über alle Bildpunkte an, sondern entsprechend einer Glockenkurve – der Gaußkurve –, die aus der Mathematik zur Beschreibung statistischer Verteilungen bekannt ist. Er analysiert die Punkte des Bildes hinsichtlich ihrer Lage und korrigiert einen Punkt, der nahe am Maximum der Kurve liegt, stärker als einen Punkt am flachen Ende der Kurve.

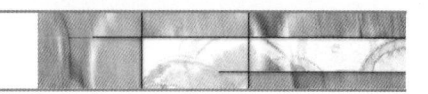

Von der Firma CompuServe entwickeltes komprimiertes Dateiformat, das vor allem für die Verbreitung von Bitmapgrafiken über Onlinedienste Verwendung findet.	GIF (Graphics Interchange Format)
Ein Farb- oder Graustufenbildformat, das im Gegensatz zu Strichbildern kontinuierlich variierende Tonwerte wiedergeben kann.	Halbtonbild
Eine helle Linie entlang der Kanten eines Bildobjektes, die durch die Unscharf-Maskierung entsteht.	Halo (Lichthof)
Ein helles Bild, in dem nur sehr wenige und kleine dunkle Bereiche auftreten, etwa eine Schneelandschaft mit einem weißgekleideten Skiläufer.	High-Key-Bild
Ein Diagramm, das den Tonwertumfang eines Bildes als eine Reihe vertikaler Balken darstellt. Die Höhe der Balken entspricht der Häufigkeit, mit der ein Tonwert auftritt.	Histogramm
Von einer Interpolation spricht man, wenn ein Zwischenwert aus zwei vorhandenen Werten berechnet, aber nicht tatsächlich physikalisch erfaßt wird. Im Zusammenhang mit der Vergrößerung eines Bildes wird das Hinzufügen neuer Pixel im gesamten Bild als Interpolation bezeichnet. Beim Scannen spricht man von einer Interpolation, wenn das Bild mit Hilfe von berechneten Werten künstlich vergrößert wird.	Interpolation
Eine standardisierte Farbvorlage zur Kalibrierung von Ein- und Ausgabegeräten.	IT8
Eine Organisation, die verschiedene Techniken zur Komprimierung digitaler Bilddaten definiert. Der JPEG-Standard hat sich mittlerweile über alle Rechnerplattformen und Systemwelten verbreitet.	JPEG (Joint Photographic Expert Group)
Die Verringerung der Dateigröße einer Bilddatei.	Komprimierung
Die hellsten Töne in einem Bild.	Lichter
Bezeichnet ein Flachdruckverfahren, das Alois Senefelder Ende des 18. Jahrhunderts erfand und zunächst Steindruck nannte. Die Druckform wird aus Kalkschieferplatten erstellt. Die Steine sind feinporig und nehmen Wasser und Fett auf. Auf die glattgeschliffenen Oberflächen wird mittels fetthaltiger Tuschen und Kreiden die Zeichnung aufgebracht. So entsteht fettsaurer Kalk, der wasserabstoßend wirkt. Durch das Ätzen mit Salpetersäure und Behandeln mit Gummi arabicum werden die zeichnungsfreien Stellen wasseraufnehmend und fettabweisend. Daher nimmt beim Einfärben nur die Zeichnung Farbe an. Der Druck erfolgte mit einer Handpresse. Bis zu 16 Steinplatten wurden für farbige Drucke benötigt.	Lithografie

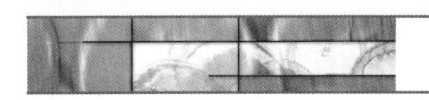

Lossy	Verfahren, die Bilder unter dem Verlust von Farben oder Helligkeitswerte komprimieren, was bei hohen Kompressionsergebnissen zu sichtbaren Qualitätsverlusten im Bild führen kann.
Low-Key-Bild	Ein dunkles Bild, in dem es nur wenige und kleine helle Bildbereiche gibt.
lpi/lpcm (lines per inch oder Linien pro Zentimeter)	Eine Maßeinheit für die Rasterweite.
LZW (Lempel, Ziv und Welch)	1977 von Lempel und Ziv entwickelter und 1984 von Welch erstmals verfügbar gemachter Kompressionsalgorithmus. LZW nutzt die Tatsache, daß sich Redundanzen überwiegend durch wiederholte Zeichenketten widerspiegeln.
Mitteltöne	Der Bereich der mittleren Tonwerte in einem Bild.
Moiré	Ein sich wiederholendes Störmuster, das durch die Überlappung regelmäßiger Punkt- oder Linienraster mit unterschiedlicher Neigung bzw. unterschiedlichen Winkeln verursacht wird. Ein Moiré entsteht z.B. beim Einscannen eines Fotos aus einem Magazin durch das Druckraster oder durch ein kleinkariertes Jackett. Moiré kann auch durch einen Fehler bei der Rasterung von Bildvorlagen für die Vierfarbseparation entstehen: Durch eine ungünstige Rasterwinkelung sind die Punkte der einzelnen Raster so angeordnet, daß sich bei der Überlagerung rosettenartige Muster im Bild ergeben.
Monochrom	Ein anderer Begriff für einfarbig. Ein Bild oder Medium, das nur Schwarzweiß- oder Graustufendaten zeigt. In einer Farbe angezeigte Graustufendaten sind ebenfalls monochrom.
Non-lossy	Ein Verfahren zur Bildkomprimierung ohne Qualitätsverluste.
OCR (Optical Character Recognition)	Die Analyse gescannter Daten zur Erkennung von Zeichen und Umwandlung dieser Zeichen in einen bearbeitbaren Text.
Offsetdruck	Ein Druckverfahren für hohe Auflagen, bei dem die auf einer Druckplatte haftende Druckfarbe auf einen Gummizylinder übertragen wird, bevor sie auf das Papier oder einen anderen Bedruckstoff aufgebracht wird.
OPI (Open PrePress Interface)	Von Aldus in Zusammenarbeit mit Linotype-Hell spezifiziertes Verfahren für den Austausch von niedrigauflösenden Bildern (Bildreferenzierung in Layouts) durch deren hochaufgelöste Originaldaten. So kann in einem Layoutprogramm wie QuarkXPress oder Adobe PageMaker eine niedrigauflösende Vorschau eines Bildes eingesetzt werden, die das System viel weniger belastet als das hochauflösende Original, und erst bei der Belichtung der Satzdaten wird die Vorschau durch das Original ersetzt.

Im Zusammenhang mit dem Scannen bezeichnet dies die Anzahl der aus einer Vorlage in einem bestimmten Abstand tatsächlich separat erfaßten Werte im Gegensatz zur anschließenden Erhöhung der Auflösung (jedoch nicht der Detailschärfe) durch die Scansoftware-Interpolation.	Optische Auflösung
Kleine Kreuze oder Kreissegmente, die außerhalb der Seite liegen und mitbelichtet werden. Sie helfen bei der exakten Montage mehrerer Farbauszüge.	Passermarken
Eine von Epson entwickelte Tintenstrahl-Drucktechnologie, die mit winzigen Kristallen arbeitet, die in jeder einzelnen Düse sitzen. Durch elektrische Spannung verformt sich der Kristall: Dehnt er sich aus, wird die Tinte auf das Papier geschleudert; zieht er sich wieder zusammen, wird Tinte aus dem Vorratsbehälter aufgesogen. Da sich mit dieser Methode die austretende Tintenmenge gut steuern läßt, erreichen Geräte, die mit diesem Verfahren arbeiten, zur Zeit Auflösungen von bis zu 1440 dpi. Sie bringen Fotodrucke in brillanter Qualität hervor, die sich von einem Papierabzug eines Fotos kaum noch unterscheiden lassen.	Piezo-Technik
Kurzbezeichnung für Bildelement. Digitale Bilder bestehen aus nebeneinanderliegenden Pixeln, die jeweils eine bestimmte Farbe oder Tonwert aufweisen. Im Auge verschwimmen die unterschiedlich gefärbten Pixel zu kontinuierlichen Halbtonbildern.	Pixel (Picture Element)
Vieleck aus beliebig vielen miteinander verknüpften Linien, die jeweils zwei Punkte auf kürzestem Wege miteinander verbinden.	Polygon
Die Umwandlung von Halbtonbilddaten in eine Folge von sichtbaren Tonwertstufen oder –bändern.	Posterisieren
Eine Grundfarbe, die verwendet wird, um andere Farben zu erzeugen.	Primärfarbe
Die Farbeigenschaften eines Ein- oder Ausgabegerätes, die von einem Farbmanagementsystem verwendet werden, um die Farbtreue zu gewährleisten.	Profil
Probedruck vor dem eigentlichen Druck, mit dessen Hilfe die Farbqualität beurteilt wird.	Proof
CMYK-Pigmente für den Druck, die gewählt werden, um den größtmöglichen Bereich an Mischfarben zu erzeugen.	Prozeßfarben
Ein Multiplikationsfaktor (zwischen 1 und 2), der auf die Ausgabe-Rasterweite angewendet wird, um die Scanauflösung für eine optimale Ausgabequalität zu berechnen. Wird auch als Rasterfaktor bezeichnet.	Qualitätsfaktor

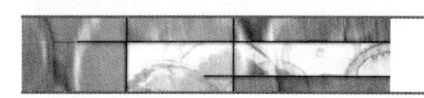

Rastern	Die Simulation von Halbtonbildern durch Verwendung von schwarzen oder überlappenden Prozeßfarben-Punkten verschiedener Größe und Position.
Rasterweite	Die Anzahl der Reihen oder Linien von Rasterpunkten in einem Rasterbild in einem bestimmten Abstand, normalerweise angegeben in lpi (Linien pro Inch) oder lpcm (Linien pro Zentimeter). Eine Rasterweite von 200 lpi wird z.B. nur für den hochwertigen Druck verwendet.
Rauschen	Im Zusammenhang mit dem Scannen bezeichnet dies zufällig verteilte, fehlerhaft gelesene Pixelwerte, die durch elektrische Störungen oder die Instabilität der Geräte entstehen.
Rendering Intent	Die Art der Umrechnung, die ein Farbmanagementsystem bei der Konvertiertung von einem Farbraum in einen anderen vornimmt.
Resampling	Eine Erhöhung oder Verringerung der Anzahl von Pixeln in einem Bild, die erforderlich ist, um die Auflösung, nicht aber die Bildgröße zu verändern.
RGB	Rot, Grün und Blau sind die Primärfarben des vom menschlichen Auge wahrgenommenen Lichts.
RIP (Raster Image Processor)	Hardware und/oder Software, die aus Texten, Fotos und Grafiken in Form von mathematischen Seitenbeschreibungssprachen, wie beispielsweise PCL und PostScript, Pixelmuster errechnet.
Sättigung	Das Ausmaß, in dem eine oder zwei der drei RGB-Primärfarben in einer Farbe überwiegen. Je ausgeglichener die RGB-Anteile sind, desto geringer die Sättigung, und die Farbe tendiert zu Grau oder Weiß.
Sekundärfarbe	Eine durch Mischen von zwei Primärfarben erhaltene Farbe. Cyan, Magenta und Yellow, auch bekannt als Primarfarbstoffe, sind die Sekundärfarben des Lichts. Rot plus Grün z.B. ergibt Gelb.
Schatten	Die dunkelsten Bereiche eines Bildes.
Schichtträger	Das Basismaterial zur Aufnahme eines Bildes, z.B. Papier oder Film.
Schwarzpunkt	Ein veränderlicher Referenzpunkt, der den dunkelsten Bereich in einem Bild definiert, damit alle anderen Bereiche dementsprechend eingestellt werden können.
Schwellenwert	Der Punkt, ab dem ein Vorgang beginnt oder sich ändert. Die Schwellenwert-Einstellung beim Scannen von Strichbildern bestimmt z.B. welche Pixel in Schwarz und welche Pixel in Weiß umgesetzt werden.

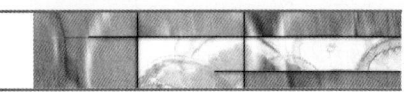

Eine helle Reflexion von einer Lichtquelle, die nur wenige oder keine Details mehr aufweist.	Spitzlicht
Bilder, die nur schwarze oder weiße Pixel enthalten.	Strichbilder
US-Standard für die Druckfarben. Er legt ähnlich der europäischen Normung durch die Euroskala fest, welche Farbwerte die Prozeßfarben Cyan, Magenta, Gelb und Schwarz haben sollten.	SWOP (Specification for Web Offset Publications)
Ein anderer Ausdruck für Primärfarbstoffe.	Subtraktive Primärfarben
Bilddatenformat aus der Workstation-Welt, ähnlich wie TIFF, mit einer Farbtiefe von 16 oder 32 Bit.	TGA (TARGA)
Ein gebräuchliches Bilddatenformat, das von den meisten Bildbearbeitungsprogrammen auf einer Vielzahl von Computer-Plattformen unterstützt wird.	TIFF (Tag Image File Format)
Auch als Gammakurven bezeichnet. Diese Kurven werden verwendet, um den Gesamttonwertumfang eines Bildes oder den individuellen Tonwertumfang eines einzelnen Farbkanals stufenlos einzustellen.	Tonwertkurven
Der Tonwertzuwachs, auch Punktzuwachs, ist eine Größenänderung der Rasterpunkte, die durch das Auslaufen oder Verschmieren der Druckfarbe verursacht wird, wenn sie vom Papier aufgesogen wird.	Tonwertzuwachs
Von Aldus, Caere, Kodak, Hewlett-Packard und Logitech federführend entwickelte, standardisierte Softwareschnittstelle für Scanner, über die sich alle Scannerfunktionen per Software steuern lassen. Geräte, die diesem Standard entsprechen, lassen sich aus jedem TWAIN-kompatiblen Programm heraus steuern.	TWAIN
Ein Verfahren, das beim Mehrfarbendruck dafür sorgt, daß sich zwei aneinandergrenzende Farbflächen leicht überlappen, so daß auch bei geringen Ungenauigkeiten in der Bogenmontage keine weißen Stellen, sogenannte Blitzer, auftauchen. Bei diesem Verfahren muß stets die hellere Farbe die dunklere überlappen.	Überfüllungen
Auch als Unterfarbenentfernung bezeichnet. Bei diesem Separationsverfahren wird schwarze Farbe benutzt, um Cyan, Magenta und Gelb in den neutralen Bereichen mit gleichen Farbanteilen zu ersetzen.	Under Color Removal (UCR)
Unschärfmaskierung. Ein Verfahren zur Erhöhung der Schärfe im Bild. Ein etwas ungewöhnlicher Name für einen Prozeß, durch den ein Bild für das menschliche Auge schärfer wird. Er stammt aus der konventionellen Farbseparation, in der unscharfe Masken aus Milchglas eingesetzt wurden, um die Kontraste zu verstärken. In der elektronischen Bildbearbeitung	USM

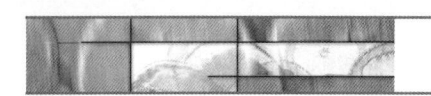

werden die Kontraste zwischen benachbarten Pixeln gemessen, und bei Dichtesprüngen (an Konturen also) wird der Kontrast durch Überzeichnung verstärkt. Durch die Überzeichnung entstehen kleine Höfe, die dem Auge eine größere Schärfe vorgaukeln.

Vierteltöne — Die Tonwerte zwischen den Schatten und Mitteltönen werden als Dreivierteltöne bezeichnet, die zwischen den Lichtern und Mitteltönen als Einvierteltöne.

Weißpunkt — Ein veränderlicher Referenzpunkt, der den hellsten Bereich in einem Bild definiert und anhand dessen alle anderen Bereiche des Bildes entsprechend eingestellt werden.

YCC-Format — Datenformat der Bilddateien einer Photo-CD. Das Y steht für Luminanz, die zwei C für zwei Chrominanzwerte, die die Farbleuchtkraft angeben.

Zoll — 1 Zoll = 2,54 cm.

ANHANG A BILDAUTOREN UND FOTOTECHNIK

Kodak DCS 520 (digital)

Kodak DCS 520 (digital)

Kodak DCS 520 (digital)

Kodak DCS 520 (digital)

Fuji 680 (MF analog)

Kodak DCS 520 (digital)

Kodak DCS 520 (digital)

Kodak DCS 520 (digital)

Wolfgang Hertwig, Leica (analog)

Kodak DCS 520 (digital)

Agfa ePhoto 1800 (digital)

3D-Programm Cinema 4D

Alexander Keupp/Ulrike Häßler Fuji 680 (analog)

Alexander Keupp/Ulrike Häßler Fuji 680 (analog)

Loni Liebermann, Hasselblad (analog)

Günther Paulsen, Leica (analog)

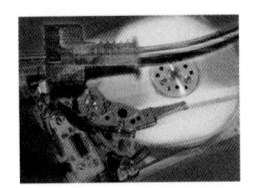

Frank Pfennig (digital)

Dietmar Wüller (analog)

Arthur Schneider, Tintenzeichnung

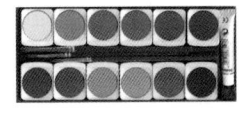

Scan auf Saphir Ultra in CMYK, Lab und RGB

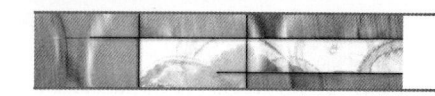

ANHANG B LITERATUR

Agfa Gevaert
Einführung in die digitale Fotografie, 1996

Agfa Gevaert
Einführung in die digitale Farbe, 1996

Agfa Gevaert
Einführung in das Scannen, 1996

Michael Baumgardt
Kreatives DTP
Springer-Verlag, 1998

Michael Baumgardt
Web Design kreativ!
2. Auflage, Springer-Verlag, 1999

Rudolph E. Burger
Colormanagement
Springer-Verlag, 1997

Häßler, Pfennig, Wüller
Digitale Fotografie
Springer-Verlag, 1998

Jan Peter Homann
Digitales Colormanagement
Springer-Verlag, 1998

Sybil Ihrig und Emil Ihrig
Professionell scannen
dpunkt, 1997

Mattias Nyman
Vier Farben ein Bild, 3. Auflage
Springer-Verlag, 1999

Norbert Welsch und Guido Stercken-Sorrenti
Adobe Photoshop für Durchstarter
Springer-Verlag, 1997

Stefan Zingg
Praxis digitaler Bildbearbeitung
Thomson Publishing, 1996

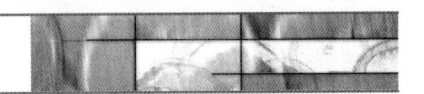

Quellen im Web

http://www.adobe.de
Demoversion vom Photoshop 5 und ImageReady zum herunterladen, Updates und viele gute Tips und Tricks.

http://www.boxtopsoft.com/
http://www.extensis.com/
Plug-ins für optimale GIF- und JPEG-Dateien für das Web als Demoversionen zum Download.

http://www.digfrontiers.com/
Plug-ins für die Aufbereitung von Bildern und Grafiken für das Internet auf der Basis des HVS-Farbsystems.

http://www.intensesoftware.com/
Photoshop-Plug-ins für besondere Separationen: Silvertone für metallische Farben und Powertone für den Druck mit nur zwei Farben.

http://www.ivent.de/
Die Seiten der Autorin im Netz: Tips und Tricks, Produktbesprechungen, Links und kleine Updates zum Buch.

http://www.germany-online.de/
Deutscher Vertrieb von TriCatalog, einem Programm für die Archivierung von Speichermedien.

http://www.lynda.com/
Rund um das Thema Webpublishing – mit vielen gute Links zu klasse gestalteten Seiten.

http://www.mindworkshop.com/alchemy/alchemy.html
Die Väter des Grafic Workshops für Windows – Shareware für die Bildverwaltung und -konvertierung.

http://www.pantone.com/
Demoversion von ColorReady für ein systematisches Colormanagement.

http://www.publish.com/
Das Online-Magazin von Publish RGB – eine professionelle Quelle für Informationen rund um das Digital Publishing (in englischer Sprache).

http://www.softline.de/
Das gesamte Spektrum der Software rund um Bildbearbeitung, Druck und Web.

W3C – World Wide Web Consortium
http://www.w3.org/

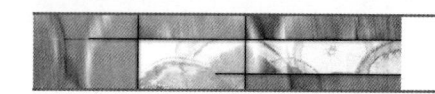

Anhang C   Referenzen

Ich möchte mich hiermit für die Unterstützung und Mitarbeit an diesem Buch bedanken, und zwar bei

Frau Drechsler, Frau Glaunsinger, Frau Zimpfer und Herrn Reichle vom Springer-Verlag, die mit viel Verständnis dieses Buch und das leidige Thema der Termine begleitet haben,

Dietmar Wüller, mit dem mich ein tiefer Graben zwischen zwei Schreibtischen und ein funktionierendes Netzwerk verbindet, und der sich liebevoll um die richtige Farbe auf meinem Monitor kümmert,

der Softline GmbH, die mich kompetent und zuverläßig mit frischer Software beliefert,

den Damen der Firma Conga in Hamburg, die mich schon früh mit der Beta-Version des Photoshops versorgt haben, damit dieses Buch so schnell in Gang kommen konnte,

Dialogik in Aachen, die mich mit einer flotten Internetverbindung an die große weite Welt anbindet,

Herrn Werner von der Firma Online-Computer, der meinen PC-Park in Gang hält.

Der Firma Mac-Service in Aachen, von denen meine Macs stammen, schulde ich keinen Dank, denn die Macs laufen einfach.

INDEX

Symbole

16-Bit-Modus 192
3D-Programm 15
3D-Transformation 155, 156, 161
8-Bit-Modus 44, 46

A

Abdunkeln 128, 149
Abkanten 20, 168
    Abgeflachte Kante 170
Abrisse 96
Absatzformate 170
Abwedler 90
Abzug 72
Additive Farben 193, 251
Adobe Acrobat 47
Adobe Gamma 178, 179, 180
Adobe Illustrator
    15, 122, 141, 157, 206
Adobe PageMaker
    138, 196, 207, 256
Adobe Premiere 206
Adobe RGB 182
Adobe Streamline 158
Agfa ePhoto 52, 53
Airbrush 28, 111, 115, 128
Airbrushgrafik 166
Aktionen 29, 41, 42, 43
    abspielen 43
    Aktionenpalette
        21, 29, 32, 42, 43, 45
    Aktionsset 44
    aufzeichnen 43, 44
    Befehle 43, 45
Aliasing 169, 208, 251
Alphakanal 30, 103, 113, 114, 115,f,
    143, 163, 166, 206, 251
Ankerpunkt 136, 144
Antialiasing 52, 170, 251
Anzeige 36
Apple RGB 182, 188f
Arbeitsablauf 9, 33, 41
    hybrider Arbeitsablauf 49
Arbeitsfläche 144
Arbeitsspeicher 35
Archivierung
    9, 10, 14, 145, 205, 226
    Langzeitarchivierung 198
Artefakte 50
Aufhellen 128, 149

Auflösung 41, 64, 199
    Ausgabegerät 201, 253
    Bildauflösung 200
    digitaler Kameras 201
    Druckerauflösung 201
    interpolierte 202
    Monitor 199
    optische 201, 257
    physikalische 202
    Scanner 58, 64, 201
Aufsichtvorlage 62, 71
Aufzeichnung 44
Ausgerichtet 146
Auslagerungsdateien 35
Aussparung 163
Auswahl
    20, 28, 103, 120, 139, 143, 163, 168
    -ellipse 105
    -optionen 29
    -rahmen 154
    -rechteck 23, 167
    -transformation 150
    -werkzeuge 115, 143
    abziehen von 106
    Begrenzung 133
    erweitern 105, 108, 163
    Farbauswahl 106, 138f, 166
    Farbbereich 106, 108
    Fließmarkierung 111
    invertieren 107
    laden 113
    speichern 113
    umkehren 107
    vergrößern 109
    verkleinern 105
    verschieben 108, 112
Auswahlkante
    107, 109, 139, 142, 148, 158, 165
Autokerning 170
Autokorrektur 63
Automatik 46
automatische Bildkorrektur 77

B

Batch-Verarbeitung 251. *Siehe auch*
    Stapelverarbeitung
Beleuchtung 161
Beleuchtungsfilter 246
Belichtung 10, 54, 138, 174, 251
Beschneidungspfad 31, 138, 203
Betriebssystem 11
Bewegen-Werkzeug 21, 28, 36
Bezierwerkzeug 134
bikubische Interpolation 65, 160
Bild
    -archiv 176
    -aufbau 88

    -ausschnitt 63, 103, 109, 124, 144
    -kanal 163
    -lage 155
    -maske 167
    -optimierung 45
    -qualität 61
    -rand 167
    -rauschen 54
Bildaufbauverfahren 254. *Siehe auch*
    Raster: frequenzmodulierte R.
Bildbearbeitungsprogramm 68
Bilddatenformate 203
    BMP (Bitmap) 204
    EPS (Encapsulated PostScript) 204
    FlashPix 205, 254
    GIF (Graphics Interchange Format)
        205
    JPEG (Joint Photographic Expert
        Group) 204
    Photoshop-Format (PSD) 203
    TGA (TARGA) 204, 259
    TIFF (Tagged Image File Format)
        203, 259
Bilddokument
    vergrößern 144
Bilderfassung 66
    -ssoftware 82
Bildserien korrigieren 90
Binärsystem 251
Bit 251
Bitmap 166, 195, 251
Bittiefe 251
Blauempfindlichkeit 52
Blitz 50
Blitzer 139, 153, 252
Blooming 54, 56
BMP (Bitmap) 204
Browser digitaler Kameras 52
Byte 192, 252

C

Cachespeicher 34
CCD (Charge-Coupled Device) 252
CIE (Commission Internationale de
    l'Éclairage) 252
CIE RGB 182
CIELab (auch L*a*b*) 252
CMS 252
CMYK
    -Bild 185, 193, 252
    -Druckfarbe 93
    -Farbraum 66, 129, 194
    -Modus 44, 193
    -Werte 94
ColorBlind 175
Colorimeter 178, 252
Colormanagement 173, 174, 178

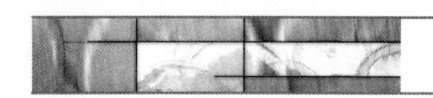

ColorMatch RGB 182, 184
ColorSync 177, 186
ColorTune 175
Commision International d'Eclairage (CIE) 194
Corel Draw! 15, 158, 206
Corel Trace 158
CPU (Central Processing Unit) 13

D

Dateien
    Öffnen 21
Dateiformate 86
Dateigröße 33
DCS (Desktop Color Separation) 204, 252
Deckkraft 30, 146, 161
Deckkraftregler 164
Dekomprimierung 252
Densitometer 252
Desktopdrucker 192
Dia 62, 66f, 71, 145
Diabelichtung 66
Dialogfenster 92
Diascanner 62
Dichte 57f, 71, 252, 253
Dichteumfang 62, 67
Differenz 128
Digital Imaging Group (DIG) 254
Digitale Kamera 10, 49
Digitalproof 252
Direct-to-Plate 253
Direktauswahl-Werkzeug 136, 139f
Display 50
Distanz 126
Dmax 253
Dmin 253
Dokumentenfenster 33
Doppelbelichtungen 82
Downsampling 253
Dpi (Dots per inch oder Punkte pro Zoll) 253
dpi (dots per inch) 201
Drag & Drop 36
Drahtgittermodelle 156
Drehen 20
Druck 41
Druck (eines Werkzeugs) 30
Druckaufbereitung 46
Druckauflösung 211
Drucker 15, 77, 174
    Ausgabeauflösung 215
    Raster 215
    Rasterweite 215
Druckfarbe 196
Druckfarben 175, 185, 193

Druckraster 72, 73, 201
Duplexbilder 208
Duplexmodus 196
Durchlichteinheit 62
Durchlichtscanner 71
Durchzeichnung 69, 86, 92
Dynamikumfang 79

E

Ebene 119, 161
Ebene ausblenden 132
Ebene
    -effekte 128
Ebenen
    -deckkraft 91
    -effekte 124, 126, 168, 170
    -maske 30, 124, 158
    -palette
        30, 124, 128, 132, 158, 164f, 170
    -technik 20
    ein- und ausblenden 122
    gruppieren 122, 170
    kombinieren 128
    markieren 120, 129
    maske 166
    palette 32, 119, 122, 161
    Reihenfolge 30, 120
    speichern 120
    transformieren 122, 150
    verbinden 122
Effekte 157, 168
Effizienz 34
Einfügen 34
Einstellungsebene 84, 119, 121, 165
Elipsenwerkzeug 162
Entrastern 72, 253
EPS (Encapsulated PostScript) 204, 253
    ASCII-Kodierung 204
    Beschneidungspfad 204

F

Fadenkreuz 146
Farbabstufungen 82, 165
Farbabweichungen 147
Farbanzeige 178
Farbbalance 79, 93, 94
Farbbereich 163
Farbbild 69
Farbcharakter 77
Farbebene 170
Farbeffekt 93, 170
Farben
    falsche F. 94
Farbfeld 163
Farbfelderpalette 31

Farbfotografie 68, 88
Farbkalibrierung 253
Farbkanal 80, 92, 93, 106, 118, 192
    Darstellung 34
    Duplexbild 196
    im CMYK-Bild 198
    im RGB-Bild 198
    in Graustufenbild 195
Farbkonsistenz 173
Farbkorrektur
    10, 20, 29, 59, 63, 93f, 165, 192
    Farbsättigung 160
    Farbton und Sättigung 93f, 165
    Farbverfälschungen 58
    Farbverschiebung 93, 179
    speichern 96
Farbmanagement
    10, 11, 174, 177f, 181
Farbmanagementmodul 177
Farbmanagementsystem 207, 258
Farbmanagementsystems 177
Farbmeßwerkzeug 86
Farbmodell 193, 194
Farbmodus 207
Farbnegativ 71
Farbnuance 94
Farbpalette 20
Farbpicker 86
Farbpigmente 193
Farbprofil 176
Farbraum 129, 174, 175, 179
    -änderungen 45
Farbreglerpalette 31, 32
Farbsäume 56, 75
Farbseparation 46
Farbstich
    10, 57, 63, 77, 79, 84, 90, 185, 253
    Hauttöne 93
    Negativ 71
Farbstimmung 94, 165
Farbstoffe 174
Farbstreifen 88
Farbsublimation 253
Farbsystem 193
Farbtabelle 11, 198
Farbtemperatur 181
Farbtiefe 20, 88, 192, 195, 203, 253
Farbtreue 66
Farbumfang 254
    eines Farbraums 177
Farbumrechnung 186
Farbverschiebung 184, 253
Farbverteilung 80, 94
Farbwähler 194
Farbwiedergabe 189
    Scanner 73
Farbzusammensetzung 86

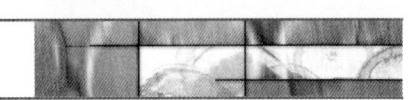

Fenster 19
    -inhalt 135
    -rand 135
Festplatte 14, 35
Festtintendrucker 174
Film 90
Filter 157, 158, 167, 192
    Beleuchtungsfilter 246
    Gaußscher Weichzeichner *Siehe unten*
    Radialer Weichzeichner 247
    Selektiver Weichzeichner 246
Flachdruckverfahren 255
FlashPix 205, 254
Flecken 145
Flusen 145
Fogra 176
Fokussieren 82
Formatkonvertierungen 45
Fotomontage 11, 133
Fotopapier 62, 145
FotoTune 177
Freehand 141, 157, 206
Freihandwerkzeug 136
Freisteller 104, 135, 137f
    Freistellobjekt 137
    Freistellpfad 133, 138
    Freistellrechteck 104f
    Freistellwerkzeug 80
Füllen 20, 31
Füllwerkzeug 28
Funktionsumfang 169
Fussel 61, 146

G

Gamma 17, 57, 88
    -korrektur 79, 86, 88, 93, 150
    Gammawert 50, 181
    Kontrollfeld 176
Gammakorrektur 254
Gaußscher Weichzeichner
    43, 112, 153, 167, 246, 254
GCR (Gray Color Removal) 254 *Siehe auch* Unbuntaufbau
gelbstichig 94
Gerätefarbraum 177
Gesamthelligkeit 80
Geschäftsgrafiken 178
GIF (Graphics Interchange Format)
    70, 205, 225, 255
Gradationskurve
    70, 79, 83, 86, 90, 170
Graubalance 254
Graukeil 67, 73
Graustufen 166, 254
Graustufenbild 67, 69f, 191, 195

Graustufendarstellung 69
Graustufenmodus 68, 161
Graustufenvorlage 74
Grey Component Replacement 173
Größe der Werkzeugspitze 146
Größe des Bildes 64

H

Halbtonbild 255
Halo 153
Halo (Lichthof) 255
Hand-Werkzeug 33, 112, 156
Hartes Licht 167
Hauttöne 69
Helligkeit 63, 92
Helligkeit interpolieren 20, 149
Helligkeitsinformationen 69
Helligkeitsregler 86, 180
Helligkeitsstufen 83, 191
Helligkeitsunterschiede 146
Helligkeitswerte 88
High-Key-Bilder 77, 82, 255
Hilfslinien 20, 112, 141f
Hintergrundebene
    73, 120, 129, 132, 165, 166
Hintergrundfarbe 163
Histogramm 80, 82, 84, 143, 255
Histogrammfunktion 52
Hochglanzfotografien 60
HSB (Hue, Saturation, Brightness) 194
HSL (Hue, Saturation, Luminanz) 194
HTML-Editoren 16

I

ICC (International Color Consortium) 174
ICC-Profil 186f
Illustrationsprogramm 15, 158
Illustrationsprogramme 142, 170
Import
    von Vektorgrafik 209
Importieren
    von Pfaden 210
Indizierte Farben 196
Ineinanderkopieren 164
Infopalette 32. *Siehe auch* Informationspalette
Integralmessung 50
Interferenzmuster 62
Internet
    11, 35, 42, 44, 168f, 189, 193, 204
Interpolation 64, 255
ISDN 44
ISDN-Anschluß 14

IT8 255
It8-Testchart 175

J

JPEG (Joint Photographic Expert Group) 70, 204, 225f, 255
    Freistellpfade 226

K

Kachel 168
Kalibrierkurve 60, 62
Kalibrierung 60, 176
Kamera 15
Kanal 113, 143
Kanalmixer 70
Kanalpalette 30, 106, 143
Kanten 133, 169
Kantenglättung 109
KCMS 177
Kerning 169
Kleinbilddia 14
Kleinbildfilm 14
Klonstelle 150
Knoll Gamma 179
Kodak DCS 520 50, 51
Koloration 166
Komprimierung 52, 225, 255
    Lossy 256
    Non-lossy 256
    Qualitätsverlust 225
Kontaktabzug 52
Kontaktbogen 47
Kontrast 63, 86, 88
kontrastarm 78
Konturschrift 170
Kopieren 34
Korn 149, 161
Korrektureinstellungen 90
Korrekturen, lineare 88
Korrekturen, nichtlineare 88
Kratzer 61, 145
Kunstlicht 50
Kurventoleranz 136

L

L-Kanal 177
Lab-Farbraum 175, 177, 194
Lab-Modus 195
Laden von Farbkorrekturen 96
Landschaftsbilder 60, 69
Laserdrucker 174
Lasso
    105, 115, 137, 139, 148f, 153
    magnetisches L. 105f
Layoutprogramme 115

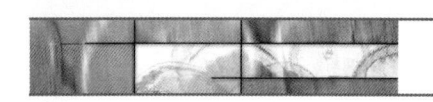

LCD-Farbdisplay 54
Leertaste 33, 135
Leinwand 160
Leuchtdioden 175
Lichtcharakter 50
Lichter 77, 88, 255
Lineal 141, 148
Linie 28, 166
linksbündig 170
LinoColor 195
Linotype Hell 177
Lithografie 255
Lochmaske 193
Logo 157
Low-Key-Bild 63, 82, 256
lpi (lines per inch) 201
Luminanz 73, 92, 118, 165, 175
   -auswahl 118
   -maske 92
LZW (Lempel, Ziv und Welch) 256
LZW-Komprimierung 45, 46, 203

M

Markierung 105
Maske 110, 112, 113, 167, 170
Maskenkanal 116
Maskierungsmodus 111, 112, 168
Maskierungswerkzeug 170
Maßeinheiten 141
Mauszeiger 135
Menüleiste 19
Meßcharakteristika 50
Meßwerkzeug 144
Mezzotint 161
Microsoft PowerPoint 206
Microsoft Word 34, 206
Mittelformat 49
Mitteltöne 86, 88, 256
Modem 44
Moiré 54, 256
Moirémuster 253
Monitor
   11, 14, 174, 175, 176, 179, 186, 188
   -ausgabe 189
   -ausgleich 188
   -einstellung 176, 188
   -gamma 181
   -profil 179, 188
Monitor-RGB 184, 193
Monochrom 256
Montagekanten 152
Montagen
   20, 82, 103, 109, 119, 135, 141
Multimedia-CD 11
Multiplizieren 128, 167
Muster 20, 147, 160, 168

   -datei 168
   -erkennung 147

N

Nachbearbeitung 77
Nachbelichten 128
Nachbelichter 90
Nahtstellen 168
Navigator 21, 30, 33
Nebenfarbendichte 52
Negativ 66, 71, 145
Negativ Multiplizieren 146
neutraler Punkt 79, 84, 93
Newtonglas 72
Newtonringe 62, 71
NTSC (1953) 182
Nullpunkt 141

O

Oberfläche 10, 19
OCR (Optical Character Recognition) 256
Offsetdruck 16, 176, 186, 213, 256
   Druckauflösung 214
   Druckpunkt 214
   Filmbelichtung 213
   Rasterfaktor 215
   Rasterweite 215
   Tonwertzuwachs 215
One-Shot-CCD 49
Opazität 126
OPI (Open PrePress Interface) 256
Orange-Schicht 71
Overviewscan 62, 63, 66

P

PAL/SECAM 182
Paletten 19, 32
Palettenmenü 138
Pantone 196
Papieroberfläche 160
Papierrolle 157
Passermarken 257
PC-Kartenleser 52
Perspektive 155, 161
Perspektivenkorrektur 154
Pfad 139, 170
   transformieren 137
   vergrößern 136
Pfadpalette 31, 138, 140
Pfadwerkzeug 143
   magnetisches P. 137
Pfeiltasten 112
Phosphorfarben 175, 176
Photo CD 77, 195, 205, 260

Photoshop-Dateien 86
Photoshop-Format (PSD) 120, 203
Pictrography 66, 174
Piezo-Technik 257
Pigmentfarben 193
Pinsel 28, 115, 147, 166
Pinselbreite 29
Pipette 28
Pixel (Picture Element)
   11, 94, 191, 257
Plug-in-Filter 16, 47, 63
Polygon 28, 106, 257
   -auswahl 105
   -lasso 106, 111
   -werkzeug 135
Portrait 60
posterisieren 257
PostScript 195, 258
Präsentationsgrafiken 186
Prescan 59, 63, 66, 82
Primärfarben 93, 184, 257, 258
   Subtraktive 259
Print, fotografischer 67
Profil 173, 187, 257
   -erstellung 175
   -konvertierung 178
   einbetten 187
ProfileMaker 175
Proof 257
Protokollpalette 29, 155
Protokollschritte 36
Prozeßfarben 193, 196, 257
Punktzuwachs. *Siehe auch* Tonwertzuwachs

Q

Qualitätsfaktor 88, 257
Qualitätskriterien für Scanner 57
QuarkXPress 34, 138, 196, 207, 256
Quicktime 3.0 206

R

Radiergummi 30, 111
Radius 142, 147
Rahmen 167f
RAM (Random Access Memory)
   13, 14, 33, 35
Raster 20, 34, 141f, 148, 169
   -dichte. *Siehe auch* Rasterweite
   -druck 61, 213
   -einstellungen 204
   -faktor 215. *Siehe auch* Qualitätsfaktor
   -frequenz. *Siehe auch* Rasterweite
   -punkt 61, 212
   -weite 64, 215, 258

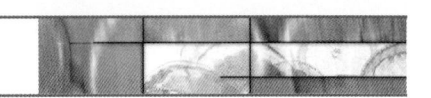

-winkel 216, 254
frequenzmodulierte R. 254
Raster-Image-Prozessor (RIP) 213
Rasterung 258
frequenzmoduliert 218
Rauschen 54, 56, 258
Rechteckauswahl
111, 139, 142f, 154, 168
rechtsbündig 170
Relativ Farbmetrisch 178
Relief 126
Rendering Intent 177, 186, 187, 258
Renderingfilter 155, 162
Reproduktion 79
Resampling 258
Retusche 61, 82, 103
RGB 193, 258
-Drucker 219
-Farbraum 66, 179, 181, 184
-Modus 42, 166
RIP (Raster Image Processor) 258
Rotation 105, 144, 155f
rückgängig 29

S

Sättigung 88, 258
Sättigung (Grafiken) 178
Satz
-datei 35
-programm 11
Scan 63
Scanauflösung 64, 66, 74
Scannen
Aquarelle 73, 157
Auflösung 200
Grafiken 73
Ölbilder 73, 157
Vergrößerung 64
Vorlagentyp 175
Zeitungsvorlagen 60
Scanner 10, 15, 63, 71–75, 174
Auflösung 201
Filmscanner 58, 66f
Flachbettscanner
57, 58, 63, 67, 75
kalibrieren 59
Scanrückteil 51
Scansoftware 58f, 68, 72, 79
Schärfen 29, 46
Schärfentiefenfokus 73, 75
Scharfzeichnen 74
Schatten 77, 258
Schichtträger 258
Schlagschatten
20, 126, 128, 168, 170
Schrift
-art 170

-attribute 169f
-satz 169
-werkzeug 169
Schwarzpunkt 258
Schwarzweißbild 191
Schwarzweißfoto 67, 68, 70
Schwarzweißmaske 163
Schwarzweißnegativ 67
Schwebung 56
Schwellenwert 74, 148, 258
SCSI-Schnittstelle 52
Sekundärfarbe 258
selektive Farbkorrektur 93
Separation 66, 176, 185f, 211
Einstellungen 175
Sepiatönung 165, 196
Serienbilder 54
Shortkeys 19, 27, 33, 34, 44
Sicherheitsfaktor. *Siehe auch*
Rasterfaktor
Siebdruck 158, 213
Signalfarben 178
Skalieren 20
Skelettfarbe 211
Smart-Media-Karten 50
SMPTE-240M 182
Software 15
Solarisation 88
Sonderfarben 196
Speicher
-medien 50
virtueller 33
Speichern 34
von Farbkorrekturen 96
Spektralphotometer 175
Spiegelreflexkamera 49
Spitzlicht 10, 161, 259
sRGB 181, 188f
Stapelverarbeitung
41, 45f, 62, 66, 91
Staub 61, 145, 148
Stempel
30, 61, 86, 128, 145,, 148, 153, 160f, 168
Störungsfilter 61, 148, 149
Streiflicht 58
Strichbilder 259
Strichstärke 75
Strichvorlage 74
Strichzeichnung 73, 158, 166
Studiokamera 49
stürzende Wände 10, 154
Subtraktive Primärfarben 259
Sucher 54
Sucherkamera 49
SWOP (Specification for Web Offset
Publications) 259

T

Tageslicht 50
Tangente des Zeichenpfades 143
Technikabbildungen 60
temporäre Dateien 36
Text
-attribute 169
-box 170
-ebene 169, 170
-effekt 11, 124, 170
-eigenschaften 170
-eingabe 169
-maske 170
Textur 168
Textwerkzeug 28, 170
TGA (TARGA) 204, 259
Tiefen 88
TIFF (Tagged Image File Format)
203, 259
Timing 34
Tintenstrahldrucker 15, 174, 201, 217
Druckauflösung 218
Farbtreue 217
ICC-Profil 220
Scharfzeichnung 218
Toleranz 29, 106f, 138f
Tontrennung 82, 157, 158
Tonwert 62, 83, 93, 191
-dialog 86
-korrektur 20, 46, 70, 82f, 86, 88,
90, 143, 166, 170
-kurve 259
-spektrum 88
-spreizung 79, 82, 84, 88
-umfang 74, 79, 80, 255
Tonwertzuwachs 185, 212, 259
Toyo 196
Transformation 20, 36, 155
Transparenz 116, 118, 161, 164f, 166
Treiber digitaler Kameras 52
Treppenstufen 169
Trommelscanner 66
Truematch 196
TWAIN 63, 259
Twainprogramm 10, 17, 52, 58, 63

U

Überbelichtung 69, 77, 80, 91, 118
Überblendmodus
29, 91f, 128, 160, 167
Überblendungen 164
Überfüllungen 208, 259
Übertragungszeiten 168
UCR (Under Color Removal). *Siehe
auch* Unterfarbenentfernung

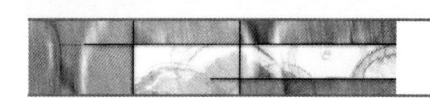

Ulead Media Studio 206
Umgebungslicht 58
Unbuntaufbau 211. *Siehe auch* GCR (Gray Color Removal)
Under Color Removal (UCR) 173, 259
Unsauberkeiten 166
Unscharf Maskierung (USM) 66, 70, 259
Unterbelichtung 77
Unterfarbenentfernung 211
USB-Schnittstelle 52

V

Vektor 138
Vektorformat 158
Vektorgrafik 10, 133, 141, 157f, 209
Vergrößerung 65
Verkleinerung 65
Verlauf 31, 162-164
Verlaufswerkzeug 28, 162f
Verschiebungseffekt 168
Verschmutzungen 145
Verzerren 154
Vierfarbdruck 193, 211, 254
Vierteltöne 260
Vignette 110, 114, 145
virtueller Speicher 33, 35
Vordergrundfarbe 31, 165
Voreinstellungen 34
Vorlagenglas 57, 61, 145

W

Wahrnehmung (Bilder) 177
Webgrafik 10
Wechselspeicher 14, 51
Weiches Licht 161
Weichzeichner 20, 30, 115, 152f, 168
Weichzeichnungseffekt 53, 61, 66, 73, 148, 153, 155
Weichzeichnungsfilter 149
Weißpunkt 59, 260
Werkzeug
 -leiste 19, 28, 33
 -optionen 30
 -spitze 20, 31, 34, 146f, 166
 -spitzenpalette 32
Wide Gammut RGB 184
Winkel 126, 144
Wischfinger 111, 152, 168
World Wide Web 11, 16, 198, 225

Y

YCC-Format 260

Z

Zauberstab 106, 115, 138f, 163
Zeichenfeder 86, 134f, 136, 137
Zeichenfilter 158, 167
Zeichenpfad 133, 138, 140, 163, 203
 Ankerpunkt 135f
 Endpunkt 136
 Hebel 136
 speichern 138
Zeichenstift 28
Zeichentablett 13
Zeichnung 88, 158
Zeichnungsdetails 90
Zeigerdarstellung 146
Zeilenscanner 49
Zeitungsrollendruck 212
zentriert 170
Zoom 33
 Zoomstufen 36
Zoomstufen
 digialer Kameras 202
Zwischenablage 36, 104, 129, 140, 144
Zylinder 156

Tips & Tricks step by step

A. Kiehn, I. Titzmann
Typographie interaktiv!
Ein Leitfaden für gelungenes Screen-Design

1998. 96 S. mit zahlreichen Abb. in Farbe, Hybrid-CD-ROM. (Edition PAGE) Geb. **DM 89,-**; öS 650,-; sFr 81,- ISBN 3-540-62879-7

Systemanforderung: Apple Macintosh: 68040, 8 MB RAM, System 7.x; IBM-kompatible PCs: 80486, 8 MB RAM, Windows '95, 16 Bit-Grafikkarte, 4-fach CD-ROM-Laufwerk.

Durch die Darstellung von Schrift in Medien, deren endgültige Ausgabe auf dem Bildschirm erfolgt, entstehen neue typographische Herausforderungen. Das Buch, und vor allem der interaktive Teil der CD-ROM, sensibilisieren den Anwender in der Praxis und vermitteln neben typographischem Hintergrundwissen Lösungsansätze und konkrete Gestaltungsbeispiele in mediengerechter Darstellung.

J.-P. Homann
Digitales Colormanagement
Farbe in der Publishing-Praxis

1998. VIII, 174 S., 300 Abb. in Farbe. (Edition PAGE) Geb. **DM 89,-**; öS 650,-; sFr 81,-
ISBN 3-540-60724-2

Der Einsatz unterschiedlicher Ein- und Ausgabegeräte (Scanner, Monitore, Druckmaschine etc.) beim computergestützten Publizieren führt oft zu einer unbefriedigenden Wiedergabe farbiger Vorlagen in Printmedien. Für eine Kalibrierung der gesamten Produktionsstrecke sind theoretische Grundlagen der Farbenlehre, Farbmessung und des Offsetdrucks unerläßlich. Praxisorientiert und anschaulich vermittelt das komplett vierfarbige Werk darüber hinaus zahlreiche Tips und Tricks für das farbsichere Arbeiten in der Druckvorstufe.

M. Baumgardt
Kreatives DTP
Tips und Tricks step-by-step

1997. 97 S. mit zahlreichen Abb., Farbtafelteil, CD-ROM mit 32 Praxistips als QuickTime-Movies mit einer Spieldauer von über 3 Stunden für Macintosh und Windows. (Edition PAGE) Geb. **DM 79,-**; öS 577,-; sFr 72,-
ISBN 3-540-60515-0

Systemanforderung: Macintosh: 68030 oder höher; mind. 8 MB RAM; System 7.0 oder höher; Windows: 386 oder höher; mind. 8 MB RAM; Windows 3.x oder höher; double-speed CD-ROM-Laufwerk.

Kreatives DTP ist eine Fundgrube für Graphikdesigner und Layouter, die mit QuarkXPress oder Adobe PageMaker erstellte Anzeigen, Zeitschriften oder Bücher schnell und effizient aufwerten wollen. Step-by-step-Anleitungen und zahlreiche Tips & Tricks zeigen, wie ausgefallene Layoutelemente und erstaunliche Effekte mit Graphik- und Bildbearbeitungsprogrammen gestaltet und in das Layout integriert werden.

Springer-Bücher erhalten Sie in jeder Buchhandlung.

■ ■ ■ ■ ■ ■ ■ ■ ■ ■ ■

Springer

Preisänderungen (auch bei Irrtümern) vorbehalten

Springer-Verlag, Postfach 14 02 01, D-14302 Berlin, Fax 0 30 / 827 87 - 3 01 / 4 48 e-mail: orders@springer.de

EDITION PAGE

M. Nyman

4 Farben - ein Bild

Grundwissen für die Farbbildbearbeitung mit Photoshop und QuarkXPress

3. Auflage 1999. VI, 88 S. Brosch.
DM 49,90; öS 365,-; sFr 46,-
ISBN 3-540-64678-7

Praxisorientiert, mit zahlreichen instruktiven Farbabbildungen und verständlichen Erläuterungen, beschreibt **4 Farben - 1 Bild** die DTP-gestützte Reproduktion. Zentrale Themen dieser 3., aktualisierten und ergänzten Auflage sind dabei Scannen, Monitorkalibrierung, Digitalproof und vor allem Colormanagement.

Darüber hinaus verhilft dieses Standardwerk zur digitalen Bildbearbeitung zu einem vertieften Einblick in die Arbeit mit Adobe Photoshop 5 und QuarkXPress 4.

4 Farben - 1 Bild ist sowohl für den Neuling als auch für den erfahrenen Reprofachmann ein unentbehrliches, zusammenfassendes Arbeitsbuch.

U. Schmitt

Computer Publishing

Grundlagen und Anwendungen

1997. XVI, 481 S. mit zahlreichen Abb.u. Screenshots.Geb. DM 89,-; öS 650,-; sFr 81,-
ISBN 3-540-60316-6

Das Buch behandelt die relevanten Grundlagen und exemplarischen Anwendungen des Computer Publishing bei der Erstellung papierbasierter und elektronischer Dokumente auf unterschiedlichen Hard- und Software-Plattformen.

Praxisorientiert wird dabei u.a. die Erstellung anspruchsvoller Broschüren, Zeitschriften und Bücher step-by-step vorgeführt.

Es eignet sich daher als Nachschlagewerk und Kompendium für Praktiker der Druckindustrie, der Druckvorstufe und jeden kreativ Tätigen in Design und Entwurf.

Das Buch richtet sich aber auch an Einsteiger aus anderen Bereichen, da neben den Konzepten immer die praktische Umsetzung dargestellt wird.

Springer-Bücher erhalten Sie in jeder Buchhandlung.

Springer

Preisänderungen (auch bei Irrtümern) vorbehalten

Springer-Verlag, Postfach 14 02 01, D-14302 Berlin, Fax 0 30 / 827 87 - 3 01 / 4 48 e-mail: orders@springer.de